중국 당대 황제릉 연구

| 유향양 _ 劉向陽 |

중국 서북대학교 졸업(문물, 박물관학 전공)

현재 섬서건릉박물관 부연구원

현재활동 : 중국문물학회, 박물관학회, 중국당사학회, 중국무측천연구회,
　　　　　 섬서성박물관학회 회원

주요논저 : 『乾陵文物史迹述叢』(共著), 『唐乾陵』(共著), 『乾陵文化硏究』 편집 참여
　　　　　 그 외 무측천과 건릉문화 및 당대 제왕능묘와
　　　　　 박물관학 연구에 대한 논문 및 문장 다수(多數)

| 추교순 _ 秋敎順 |

충북대학교 사학과 졸업, 북경대학교 역사계 석사학위 취득

현재활동 : 충북대학교, 목원대학교, 청주대학교 강의

주요논저 : 「북위전기 한인사족 초납정책」, 「무주의 성립 배경과 통치기반」,
　　　　　 『아주 특별한 중국사 이야기』(共譯),
　　　　　 『리더들의 리더가 된 중국의 제왕들』(共著)

중국 당대 황제릉 연구

초판인쇄일　2012년 2월 17일
초판발행일　2012년 2월 20일
지 은 이　유향양 · 추교순
발 행 인　김선경
책 임 편 집　김윤희, 김소라
발 행 처　도서출판 서경문화사
　　　　　　주소 : 서울 종로구 동숭동 199 - 15 (105호)
　　　　　　전화 : 743 - 8203, 8205 / 팩스 : 743 - 8210
　　　　　　메일 : sk8203@chol.com
등 록 번 호　제300-1994-41호

ISBN 978-89-6062-085-8　　93910

정가　23,000원

중국 당대 황제릉 연구

劉向陽 · 秋敎順

서경문화사

서문

序文

   사람은 반드시 죽음이라는 자연의 법칙에 따라야 하며 어떠한 사람도 이 법칙에 대항할 수 없는 것이 진리이다. 고대 중국의 제왕들은 불로장생에 심취했다. 그들의 막강한 권력도 언젠가는 모든 것을 버리고 죽어야 한다는 사실을 막을 수는 없었다. 그들은 죽음의 그림자가 자신에게 닥칠 때 현세의 삶을 연장하고 싶은 강렬한 욕망에 사로잡혔다.

   고대 중국인들은 사후세계를 중시하여 사자死者의 안식처인 무덤에 세심한 주의를 기울였다. 사람들은 죽은 자의 영혼을 편안하게 보내고 그들의 슬픔을 최대한 표현하기 위해 성대하게 장례를 치러야만 했는데 이러한 풍습은 특히 사회경제가 발전하고 문화가 꽃피웠던 시기에 더욱 다양한 형식으로 표현되었다.

   황제는 전통시대 가장 존엄한 위치에 있는 특별한 신분이었다. 그들의 삶과 죽음은 왕조의 흥망성쇠와 모두 깊은 관련을 갖고 있었기 때문에 제왕의 능묘는 곧 권력의 상징물이며 그 시대의 산물이라고 할 수 있다. 중국 고대의 전통적인 상례문화는 당시 정치와 사회경제, 문화예술을 집중시켜 놓은 것으로 볼 수 있다. 당왕조는 강력한 정치력과 풍요로운 경제기반을 토대로 제도를 완비하고 문화 기틀을 확립했다. 이 시기 황릉은 진한시기를 계승하여 웅장하고 다양한 건축기술과 공예기법으로 화려하게 발전했다.

당왕조는 618년 고조[唐高祖] 이연李淵이 건국하여 907년 애제哀帝 이축李柷에 이르기까지 290년간 21명의 황제가 통치했다. 하남성 언사시에 위치한 소종昭宗 이엽李曄의 능묘와 산동성 하택시에 있는 애제 이축의 능묘를 제외한 나머지 19명의 황릉은 모두 섬서성 위하渭河 북쪽 황토고원과 여러 산맥의 주봉 남쪽 기슭에 위치한다. 중국 역사에서 유일한 여황제 무측천은 남편 고종高宗과 함께 건릉乾陵에 묻혔기 때문에 섬서성에 있는 당왕조의 황릉은 모두 18기基이다. 황릉의 분포는 서쪽 건현乾縣에서부터 동쪽 포성蒲城에 걸쳐 있다. 중간에 예천禮泉, 경양涇陽, 삼원三原, 부평富平이 위치하고 있으며 동쪽에서 서쪽까지의 거리가 약 150km에 이른다. 지리적 상황을 보면 수도 장안을 중심으로 위하 북쪽과 102도 부채꼴 형상을 이루고 있다. 사람들은 이곳을 '위북당십팔릉渭北唐十八陵' 혹은 '관중십팔릉關中十八陵'이라고 부른다.

당십팔릉唐十八陵은 당나라 수도 장안성 북쪽 두 번째 황토고원을 중심으로 위치하고 있다. 장안성 북쪽 첫 번째 고원인 함양원은 진한秦漢의 황릉으로 사용되었기 때문에 당대 황제 능묘는 이곳을 택할 수 밖에 없었다. 당릉의 구조는 황토를 쌓아서 만든 것과 산악 모양을 그대로 이용한 두 가지 형태를 보인다. 삼원현三原縣의 북형원北荊原과 서목원徐木原에 위치한 고조의 헌릉, 경종의 장릉, 무종의 단릉, 그리고 건현 북쪽에 있는 희종의 정릉은 모두 황토를 쌓아서 만든 '적토위릉積土爲陵'에 속한다. 이곳 능묘는 해발 500~800m의 고원에 위치하고 있는데, 지형 자체가 두터운 토층으로 벽돌을 쌓아 지하 궁전을 만들기가 편리하다. 위북渭北 산악지대에 있는 태종의 소릉, 고종과 무측천의 건릉, 중종의 정릉, 예종의 교릉, 현종의 태릉, 숙종의 건릉, 대종의 원릉, 덕종의 숭릉, 순종의 풍릉, 헌종의 경릉, 목종의 광릉, 문종의 장릉, 선종의 정릉, 의종의 간릉 등 14기는 해발 750~1,200m에 이르는 산봉우리에 위치한다. 산봉우리의 남쪽과 북쪽은 가파르고 동쪽과 서쪽에는 깊은 계곡이 형성되어 있는데 그 형태는 대부분 원추형의 독

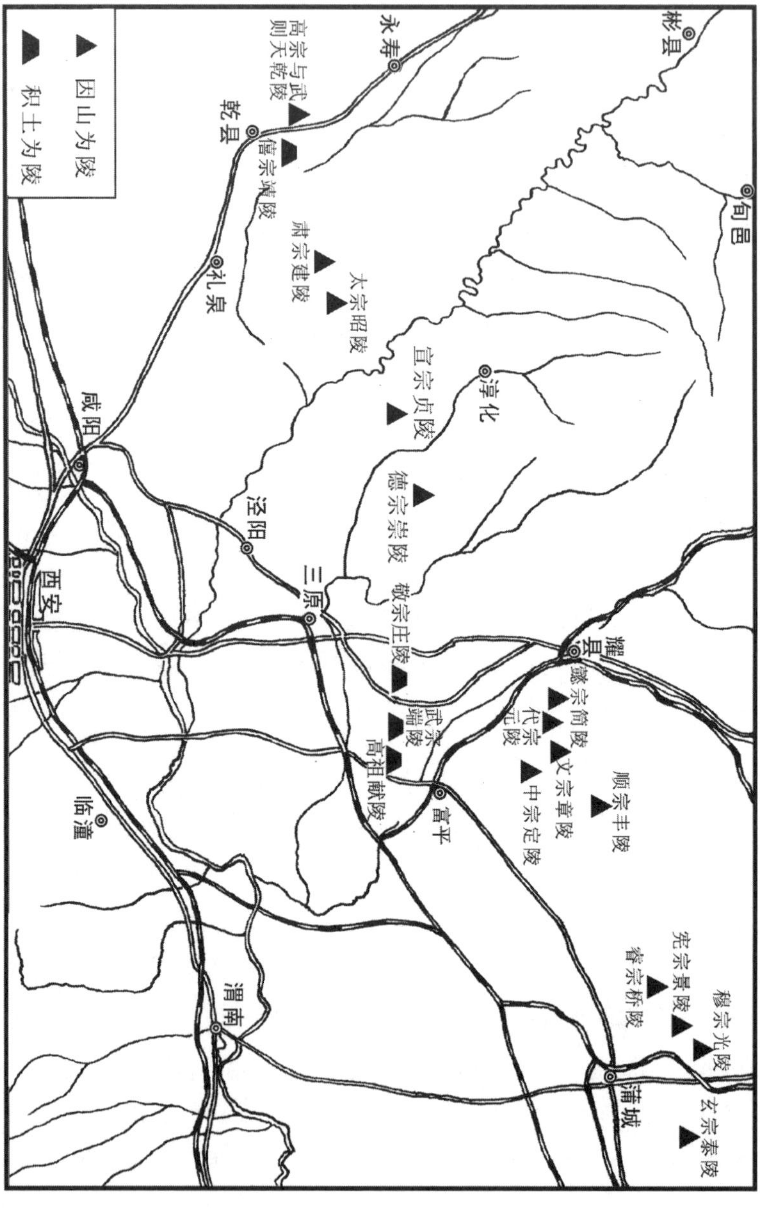
彬县
旬邑
永寿
高宗与武则天乾陵
乾县
僖宗靖陵
肃宗建陵
礼泉
太宗昭陵
宣宗贞陵
淳化
咸阳
泾阳
德宗崇陵
三原
敬宗庄陵
西安
耀县
懿宗简陵
代宗元陵
武宗端陵
高祖献陵
文宗章陵
中宗定陵
顺宗丰陵
富平
临潼
渭南
宪宗景陵
睿宗桥陵
穆宗光陵
蒲城
玄宗泰陵
因山为陵
积土为陵

섬서성 당십팔릉(唐十八陵) 분포도

립된 구조이다. 능묘 뒤쪽은 산으로 이어져 그 형상이 마치 날개 모양으로 펼쳐져 있고, 앞으로는 넓은 강을 가운데 두고 수도 장안성과 마주하는 형태이다. 능묘의 이러한 구조는 웅장하고 정숙한 분위기를 담고 있어 당왕조의 기상과 위엄을 느끼게 한다. 이곳에 분포한 14기의 능묘 중에 태종 이세민의 소릉과 현종 이융기의 태릉은 묘 주인이 생전에 직접 선택한 것이고, 나머지 12기는 황제들이 사망한 후에 후손들이 정한 것이다.

당대 황릉의 가장 특이한 점은 산 모양을 그대로 이용하여 능묘를 조성한 것인데 즉, '인산위릉因山爲陵'의 능묘 건축은 자연적으로 이루어진 험준하고 가파른 봉우리를 택하여 축조한 것이다. 이러한 능묘 건축 방식은 주봉主峰의 남향 가운데를 뚫어서 묘도를 만들고 그 속에 지하 궁전을 축조하여 관곽棺槨과 부장품을 안치했다. '인산위릉'의 능묘 건축은 태종 이세민의 소릉에서 부터 비롯되었다. 기록에 의하면 정관 10년(636), 문덕황후 장손씨가 사망하자 태종은 산 위에 검소하게 매장해 달라는 황후의 유언에 따라 능묘를 건축하기 시작했다. 역사 이래 멸망하지 않는 나라가 없으며 또한 능묘를 만들지 않은 예가 없다는 교훈에 따라 구종산 주봉을 택하여 소릉 현궁을 건축했다. 소릉의 건축 구조는 도굴범으로부터 안전하여 당대 제왕능묘의 '인산위릉' 제도의 선례가 되었으며, 고종과 무측천 시대에 이르러 제왕능묘 건축으로 제도화 되었다.

당대 능묘 건축은 수도 장안성을 모방하여 설계했으며, 능원 내에 수많은 전당과 누각이 즐비하게 들어서는 것 역시 이 시기 황릉 건축의 특징에 속한다. 능묘는 모두 북쪽에 자리 잡고 있으며 남향이다. 북쪽이 지세가 높고 남쪽이 낮으며 중심선 남북 방향으로 동쪽과 서쪽이 대칭을 이루고 있다. 능묘 내부의 현궁玄宮과 신도神道 및 유대乳臺(고대 제왕의 능묘에 있는 법물), 그리고 작대鵲臺(고대 제왕의 능묘에 있는 법물) 사이는 계단으로 이루어져 있고 능묘 내성은 북쪽으로 경사를 이룬다. 성벽은 항토夯土 축성으로 바깥에는 겹으로 담을 쌓고 내성 사방에 각각 문을 하나씩 두었다. '인산위릉'의 능묘건축은 대부분 내성이 불규칙한 다변형 구조를 띈다. 남문과 동문, 그리고 서문은 현궁玄宮으로 향한다. 북문은 지형에 따라 건축했으며 방위가 똑바르지 않다. 황토를 쌓아서 만든 방법은 내성이 대부분 사각형 구조이다. 동문과 서문, 그리고 남문과 북문은 모두 능대陵臺를 향하고 있다.

이 책은 문헌자료와 고고학자료에 근거하여 당대 제왕능묘의 형성과 발전, 지리적인 위치 및 능원 건축, 석각 특징 등을 정리한 것이다. 또 제왕능묘에 배장陪葬된 묘주의 일생 및 그 행적을 체계적으로 논술했으며, 당대 황릉의 특징과 당왕조의 정치와 사회경제 및 문화에 대해 분석했다. 필자는 당대唐代 정치와 문화 방면에 대한 연구 및 한국 고대사 연구에 필요한 자료로서 조금이나마 보탬이 될까하여 이 책을 발간하게 되었다. 미흡한 점에 대해서는 독자들의 아낌없는 질정叱正을 바란다.

2011년 11월 11일
필자(筆者)를 대표하여
유향양(劉向陽)

中國 唐代 皇帝陵 研究

목차

부록

고조의 헌릉

1. 고조 이연李淵

당왕조 건립자 고조 이연(566 ~635)은 감숙성甘肅省 임조臨洮 사람이다. 그의 선조는 북방 이 민족 중에 선비족이 세운 북위 北魏에서 정치기반을 쌓았다. 조부 이호李虎는 우문태宇文泰 의 서위西魏 통치하에서 팔주국 대장군八柱國大將軍이 되었고, 부친 이병李昞은 북주北周 안주 安州(현재 호북성 安陸縣)일대의 총관總管이 되어 주국대장군 당 국공唐國公을 역임했다. 이연의

001 고조(高祖) 이연(李淵)

어머니는 선비귀족 독고씨이며 수문제의 독고황후와 자매지간이다. 이연

은 북주의 무제 우문옹宇文邕 천화 원년天和元年(566)에 장안에서 출생하여 7세에 당국공의 작위를 물려받았다. 활달하고 너그러운 성품을 가진 그는 북주와 수왕조에서 임초任譙(현재 안휘성 毫縣), 농隴(현재 섬서성 隴縣), 기岐(현재 섬서성 鳳翔)의 자사를 역임했다.

이연은 수양제 대업大業 초, 형양滎陽(현재 하남성 鄭州市), 누번樓煩(현재 산서성 靜樂)의 태수가 되었다. 대업 11년(615), 산서와 하동의 무위대사撫慰大使에 임명되어 농민봉기를 진압했고, 다음 해 우효위장군右驍衛將軍에 임명되었다가 이후 태원유수太原留守가 되었다. 대업 13년 4월에 이르러 전국적으로 농민봉기가 발생하여 수왕조는 멸망직전에 있었다. 이때 이연은 둘째 아들 이세민과 함께 진양晉陽(현재 산서성 태원시 서남쪽 晉源鎭)에서 유문정劉文靜 등과 병사를 일으켜 3만의 군대를 거느리고 관중으로 향했다.

이연의 군대는 가는 곳마다 백성들의 환영을 받았다. 군대가 장안 부근에 이르렀을 때 그의 병력은 20만으로 불어났다. 이연은 11월에 장안을 함락시킨 후 백성들과 '약법 12조'를 약속하고 수왕조의 가혹한 법률을 모두 폐지했다. 이어서 그는 관중의 백성들을 안정시킨 후 수양제의 손자 양유楊侑(605~619)를 황제로 즉위시키고 당시 강도江都(현재 양주)에 머물고 있던 수양제를 태상황으로 삼은 뒤 본인은 대도독 대승상 당왕唐王이 되어 국정대권을 장악했다.

의령義寧 2년(618) 3월, 이연은 우둔위장군右屯衛將軍 우문화급宇文化及이 수양제를 강도에서 살해했다는 소식을 듣고 양유를 강압하여 황권을 빼앗고 제위에 올라 당왕조를 개창했다. 그 해 5월 20일 이연은 수도를 장안, 연호를 무덕武德으로 정한 후, 이건성을 태자에 책봉하고 이세민을 진왕, 이원길을 제왕에 봉했다.

당왕조의 개창자 이연은 지략과 용맹을 겸비한 인물로 풍부한 경험과 탁월한 식견을 가진 정치가였다. 그는 수왕조의 멸망이 임박했음을 예감하고 그 기회를 잘 포착하여 자신의 왕조를 수립하고 전국을 통일하여 수왕조 말기 혼란한 정치상황을 매듭지었다.

무덕 9년(626) 6월, 이세민이 황궁 북쪽 현무문玄武門에 군대를 매복시킨 후 태자 건성과 제왕 원길이 황궁으로 들어올 때 화살로 명중시켜 살해했다. 역사에서 이 사건은 '현무문의 변'으로 불린다. 현무문의 변을 겪은 이연은 어쩔 수 없이 그해 8월 아들 이세민에게 양위하고 태상황太上皇으로 물러났는데 그때까지 약 9년(618~626) 동안 당왕조를 통치했다. 이후 이연은 홍의궁弘義宮(후에 太安宮으로 명칭을 변경)에서 거처하다가 정관 9년(635) 5월, 70세에 세상을 떠났다. 군신들이 시호를 태무황제太武皇帝, 묘호를 고조高祖라고 올렸다. 10월, 삼원현三原縣(지금 섬서성 삼원현)에 장사지낸 후 그곳을 헌릉獻陵이라고 했다.

2. 능묘와 능원

1) 위치 및 형태와 규모

헌릉의 위치는 섬서성 삼원현三原縣 동북으로 약 20km 지점 서목원徐木原(현재 徐木鄕 永合村 동북쪽, 秦窯村 북쪽, 代庄東 및 富平縣 南庄村 남쪽)에 해당한다. 1956년 8월 6일 섬서성이 중점문물보호단위로 지정했으며, 2001년 6월 25일 국무원이 중국 제5차 중점문물보호단위로 공포했다.

서목원은 당대唐代에 만수원萬壽原(일설에는 白鹿原)이라고 칭했으며 지형이 평탄하고 시야에 거칠 것이 없다. 헌릉은 이곳 서목원 동서쪽 중간쯤에 위치한다. 능 서쪽 4km 지점에 당고조 11대손 무종武宗 이염李炎의 단릉端陵이 있으며, 다시 서쪽으로 6.50km에 이르면 무종의 장형長兄 경종敬宗 이담李湛의 장릉莊陵이 있다. 능묘의 동쪽 7.50km 지점에 서한西漢시대 유

고조의 헌릉(獻陵)

단劉端(한고조 유방의 부친)의 만년릉萬年陵(현재 臨潼縣 譚家鄉 昌平村과 富平縣
呂村鄉 姚村 근교에 위치하며 해발 450m에 달함)이 있다. 당고조 이연이 만년晚年
에 태상황太上皇이었듯이 만년릉의 주인 유단 역시 한 고조의 부친으로 태
상황에 있었다. 헌릉은 만년릉의 서쪽에 위치하며 서로 이웃하고 있다.

 헌릉의 형식과 건축규모에 대해 고조 이연의 유조遺詔에 "그 능원陵園
의 형식은 검소하게 하고, 한위漢魏의 능묘를 참작하여 표준으로 한다(『당
대조령집(唐大詔令集)』 권11)"고 했다. 태종은 한고조의 능묘인 장릉長陵에 버
금가는 웅장한 능침을 조성하도록 명령했다. 이때 비서감秘書監 우세남虞世
南이 상서하기를 "신이 듣건대, 옛날 성군들이 박장薄葬한 까닭은 비록 화
려한 능침과 진귀한 물건으로써 정성을 다하여 후장厚葬을 한다고 하더라
도 이를 가만히 살펴보면 능침이 웅장하고 진귀한 물건을 갖추기 위해 온
갖 수고를 아끼지 않을 것이므로 이는 효가 아닐 것입니다. 심사숙고하서
서 박장하고 그것으로써 만세의 계책으로 삼기 바랍니다. 인지상정의 정리

를 버리시고 정해진 바를 따르십시오. 옛날 한의 성제成帝가 연릉延陵과 창릉昌陵의 두 능묘를 조성하여 후장했는데 그 비용이 매우 컸습니다. 간의대부諫議大夫 유향劉向이 상서하기를 '효문제가 패릉覇陵에 거하여 슬프고 처참한 심정으로 군신群臣들을 돌아보며 : 슬프도다! 북산北山의 돌로 곽槨을 만들고, 모시와 솜으로 틈을 메워 그 사이에 옻칠을 했으니 어찌 움직일 수 있겠는가?' 또 장석지張釋之가 간언하기를 '그 마음속에 할 뜻이 있다면 견고한 남산南山이라도 틈이 있는 것과 같을 것이며, 그 마음속에 할 뜻을 버리면 석곽石槨이 아닌들 어찌 슬프겠습니까! 무릇 사자死者는 종극終極이 없으나 국가는 흥망성쇠가 있는 법입니다' 라고 했습니다. 장석지의 간언은 왕조를 피폐하게 하는 후장을 금하고, 박장하여 무궁지계無窮之計로 삼으라는 뜻이었습니다. 효문제는 그 뜻을 따라 박장薄葬 했습니다. 한의 법은 황제의 재위 기간에 천하를 삼분三分하여 공물을 바쳤는데 일분一分은 산릉山陵으로 했습니다. 무제는 오랫동안 재위에 있었으나 능 안에 부장품을 넣지 말도록 했는데, … 그 후 갱시의 패(更始의 敗)에 이르러 적미赤眉군(서한말 樊崇이 주도한 농민군)이 장안에 들어와 무릉茂陵(한 무제의 능)을 파헤쳐서 남김없이 모두 취했습니다. 백성들의 재물을 수탈하여 도적에게 쓰도록 하는 것은 매우 부당한 이치입니다. 위문제魏文帝(曹丕)가 수양首陽의 동쪽에 수릉壽陵을 조성했으나 죽음에 이르러서 말하기를 '옛날 요堯의 무덤은 산에 의거하여 나무도 심지 않았고, 분봉도 만들지 않았으며, 침전寢殿과 원읍園邑도 두지 않았다. 관곽棺槨은 시신을 담을 수 있으면 그것으로 충분했고, 수의는 시신이 부패하지 않으면 그것으로 족했다. 우리가 경영하는 이 불모의 땅도 바꾸어 놓으면 이후에는 그곳이 어딘지 알 수 없다. 금옥동철金玉銅鐵이 아니더라도 한 개의 와기瓦器만 있으면 충분하다. 옛날부터 지금까지 멸망하지 않은 왕조가 없었듯이 또한 도굴당하지 않은 무덤 역시 없었다. 상란喪亂이래, 한왕조의 능묘는 도굴되어 불태워지고 금은보화는 약탈되었으며, 시신은 편안하지 않았으니 이 어찌 슬픈 일이 아니겠는가! 라고 했습니다." 이 상소는 황제에게 전달되지 않았다. 이에 우세남은 다시 상소하기를 "한왕조 초기 능묘건축은 짧게는 10여 년, 길게는 50여 년이 걸려 비로소 완성되었습니다. 지금 몇 개월 사이에 수십 년이 걸릴 공사를 해야 한다면 그 인력 역시 수고로울 것입니다"라고 했다. 조정 대신들도 태종에게 상소하여 검약해야 한다고 하자 태종은 중랑시랑 잠문본岑文本에게 검약을 따르도록 명했다. 이때 사공 방현령 등이 의논하기를 "살피건대, 서한 고조의 장릉長陵 높이는 9장丈이며, 동한 광무제의 원릉原陵 높이는 6장인데, 한 효문제와 위 문제의 능묘는 봉분도 나무도 없는 '인산위릉'이다(『당회요』陵議)." 마침내 태종은 신하들의 의견을 수렴하여 원릉의 형태에 따라 헌릉을 축조하도록 했다.

헌릉 구조는 정복두형呈覆斗形이다. 높이는 19m이며, 밑바닥의 길이가 동서 139m, 남북으로 110m에 이르고 능의 윗부분은 동서로 길이 30m, 남북으로 10m이다. 판축기법을 써서 층마다 구분이 분명하나 매 층의 두께가 12~20cm로 일정하지는 않다. 능묘 평면은 방형方形으로 동서 781m, 남북으로 710m이다. 내성內城의 사방 담장은 동서 467m, 남북 470m이다. 능대陵臺 주위로 청룡·주작·백호·현무의 사신四神이 있다. 능대는 능묘 내 동서쪽에 위치하고 있는데 남신문南神門과 북신문北神門의 거리가 180m이며 청룡문과는 130m 떨어져 있고 백호문과는 198m의 거리를 두고 있다. 문헌기록에 의하면, 능묘 안 능대 남쪽에 일찍이 침궁과 헌전獻殿 등이 축성되었으나(『구당서』禮儀志) 이후 침궁은 능묘 바깥으로 옮겨졌다(『구당서』崔損傳). 때문에 『장안지』의 기록에는 "헌릉 봉내封內 길이가 20리이고 능묘 아래로 5리를 내려간다"고 되어 있는데, 현재 능묘 아래 동서 길이는 120m이고, 남북의 너비가 100m이다. 문헌에는 헌종憲宗 원화 10년(815) 11월에 농민반란으로 헌릉이 불탔으며 이후 북송시기에 수리했다는 기록이 있다.

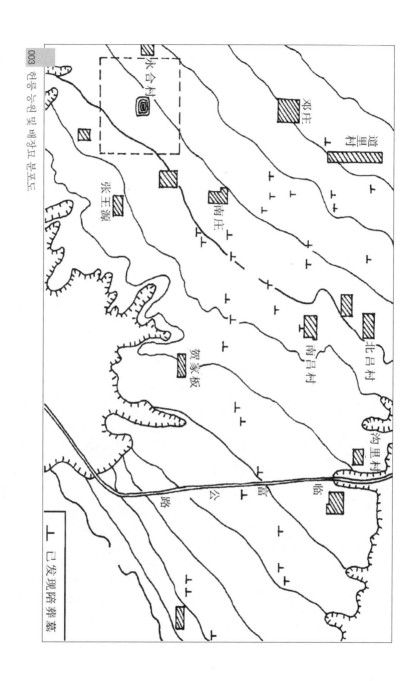

2) 능묘의 석각(石刻)

헌릉에 원래 설치된 석각으로는 사신문四神門 외에 각각 석호石虎 1쌍이 있었다. 남문 밖 357m에 달하는 신도神道 양측으로 석주石柱가 1쌍, 석서우石犀牛 1쌍과 석인石人 등이 있다. 양쪽으로 41.20m의 간격을 두고 늘어서 있다. 현재 능묘 안에는 12개의 석각이 있다.

| 석호(石虎) | 석호는 헌릉 석각 중에서 가장 뛰어난 작품이다. 능묘 안에 있는 사신문 밖으로 4.50m 부근에 석호 1쌍이 좌우로 나뉘어져 있다. 모두 4쌍의 석호가 있었는데 현존하는 것은 5개이며, 크기와 형태는 모두 같다. 석호의 신장身長은 2.38~2.60m에 이르며 흉관胸寬은 약 1m에 달한다. 몸체가 둥글고 자태는 품위가 있으나 머리가 매우 크고 목 부분은 짧고 조잡하다. 등 부분은 넓고 평평하며 네 다리를 세우고 꼬리를 내려뜨린 모습이며

004 헌릉 신도 동쪽 석호(石虎)

배 아래쪽은 문양을 새겨 넣었다. 네 다리는 주춧돌과 서로 이어져 있다. 전체 형상은 사납고 거친 모습으로 사람들에게 두려움을 느끼게 한다. 그 중에 남문 밖 동쪽 석호의 신장은 2.48m, 높이 1.70m, 흉관 0.85m에 달한다. 받침돌의 길이가 2.34m, 너비 1.14m, 두께는 0.25m로 보존상태가 완전하다. 1959년부터 섬서성박물관 석각실(현재 서안비림박물관)로 이전하여 전시하고 있다. 동쪽의 석호는 목 아래 부분에 '무덕武德 10년 9월 11일 석장石匠 소탕이기小湯二記'라는 명문銘文이 있다. 『구당서』 고조본기 권1과 『태종본기』 하 권3을 보면, 이연李淵은 정관 9년(635) 5월 경자庚子에 세상을 떠나 그해 10월 경인庚寅에 헌릉에 장사지냈다고 기록되어 있다. 『당회요』 능의陵議에 헌릉의 기록이 있는데 "일이 완료된 날 능측陵側에 각석刻石했다"고 되어 있어 이 때문에 어떤 사람은 석장石匠이 '정관 9년'을 잘못 표기하여 '무덕 10년'으로 새겼다고 보고 있다. 그러나 필자의 견해는 사료와 문헌기록을 통해 볼 때, '정관 9년'을 '무덕 10년'으로 했을 가능성은 매우 희박하다고 생각한다. 이 명문은 아마 이연의 생전에 능을 조성하고 있었기 때문에 석장은 이 점을 의식하지 못했을 수도 있고, 또는 석호가 이미 완성되었기 때문에 연호와 차이가 있을 수도 있다.

석호는 백수百獸의 왕이다. 『설문說文』에 기록하기를 "호랑이는 산수山獸의 군신君臣"이라고 한다. 헌릉에 석호를 둔 것은 백수의 왕이 갖고 있는 위엄을 통해 사악한 기운을 물리치려고 한 것은 아니었나 하는 생각을 해본다.

| 석주(石柱) | 석주(석망주(石望柱) 또는 화표(華表)라고 함) 1쌍은 남신문南神門 밖 석호가 있는 남쪽으로 부터 380m 지점에 위치하며 동서로 나뉘어 39.50m의 간격으로 배치되어 있다. 동쪽 석주의 보존 상태가 비교적 양호하며 서쪽은 이미 심하게 훼손되었다. 석주의 높이는 7.23m이며 상·중·하 세 부분으로 구성되어 있다. 하부는 주춧돌로 되어 있고, 사면에 화문花

紋이 새겨져 있는데 주춧돌 윗부분은 수미首尾가 맞물린 형태의 두 마리 교룡蛟龍이 서로 둘러싸여 조각되어 있다. 주신柱身은 팔각형을 띄는데, 각 면의 너비가 0.45m이고 덩굴 문양으로 새겨져 주신 위쪽에서 멈추고 있다. 상부는 팔각형 덮개로 되어 있고 덮개의 지름이 주정柱頂의 지름 보다 크다. 덮개 상부에 웅크리고 있는 석사石獅가 새겨져 있고 그 높이는 0.90m이다. 석사자는 흐트러뜨린 머리털과 큰 입, 머리를 쳐들고 있는 모습이며 가슴을 펴고 있다. 앞 다리는 굳세고 힘찬 모습으로 조각하여 맹수의 위엄을 잘 드러내고 있다.

| 석서우(石犀牛, 코뿔소) | 코뿔소 석상 한 쌍은 석주 북쪽 70m 지점에 동서로 마주보며 서 있다. 코뿔소는 매우 용맹스러운 포유동물에 속하며, 산지는 인도와 아프리카의 열대우림 지역이다. 그 생김새는 소와 비슷하지만 가죽이 두껍고 옅은 흑색이며 털이 없고 코 위에 긴 뿔이 있다. 인도지역의 코뿔소는 긴 뿔이 하나인데 비해 아프리카 지역의 코뿔소는 긴 뿔이 두 개이며 또한 앞뒤로 나 있는 것이 특징이다. 고대 전설에 코뿔소의 뿔에 흰 무늬가 있다고 했다. 이것은 코뿔소의 영민함을 뜻하며, 때문에 코뿔소를 '영서靈犀'라고도 불렀다. 헌릉 신도神道 서쪽 코뿔소 석상은 땅 속에 묻힌 상태이며, 동쪽 석상은 1960년에 지금의 서안 비림박물관으로 옮겨졌다.

006 헌릉 신도 동쪽 석서(石犀)

코뿔소의 석상과 받침돌은 하나의 몸체로 이루어져 있다. 처음부터 커다란 돌을 다듬어서 조각한 것이다. 받침돌의 길이는 2.46m, 너비 1.27m, 두께 0.24m이다. 코뿔소 석상 우측 앞발 밑 부분에 "□(高)祖懷□(遠)之德"이란 여섯 글자가 남아 있다. 석상의 모습은 마치 코뿔소가 걸어가는 자세를 하고 있으며 그 무게는 10톤 쯤 된다. 전체 몸체의 길이가 3.35m이며 석상의 높이가 2.12m에 달하는데 둥글고 위엄 있는 자태를 하고 있다. 코뿔소의 코 위에 뿔이 하나 있고, 눈을 부릅뜨고 있으며, 입은 다물고 있는 모습이다. 몸 전체에 기린 무늬가 새겨져 있는데 그것을 '피유주갑皮有珠甲(『爾雅』)'이라고 한다. 코뿔소가 능묘의 석각으로 사용된 예는 그 이전에는 없었는데 헌릉에 세워진 까닭은 중국인들에게 코뿔소가 상서로운 짐승으로 여겨진 때문일 것이다. 역사기록에 의하면 태종 시기 임읍국林邑國(현재 베트남 남부 일대) 국왕이 코뿔소를 당왕조에 조공했다는 내용이 보인다. 즉 헌릉의 코뿔소 석상은 고대 중국의 외교관계를 상징하는 기념물이라고 할 수 있다.

| 석인(石人) | 석인(翁仲 또는 直閤將軍이라고 함)은 현재 3개가 있으며 모두 사마도司馬道 동쪽에 늘어서 있고 그 높이는 2.20m이다. 석인은 헌릉 능묘 사신문四神門 밖, 특히 남신문南神門 밖 신도 양측에 서 있는 석의石儀와 같은 방법으로 만들어진 것인데 이후 당대 여러 황제들의 능묘에 설치하는 석각의 기본 양식이 되었다. 석인은 수수하면서도 고풍스럽고, 기개가 있으며 생동감을 주는 품격으로 조각하여 당 초기 정치, 경제, 문화의 풍요를 반영하고 있다.

3. 배장묘陪葬墓

고조 이연이 세상을 떠나자 그의 아들 태종 이세민이 부친의 능묘조성 사업을 실시하면서 한왕조의 능묘제도를 따라 공신 및 황실친척과 황제 능묘의 배장제도를 제정했다. 태종은 『사공신밀척배장황릉제도賜功臣密戚陪葬皇陵制度』에서 말하기를 "지금부터 (공신)들이 죽으면 관청에서 마땅히 정하여 헌릉 좌측에 장지葬地를 내리고, 동원東園의 비기秘器를 내려 주어 정성스럽게 뜻을 기리고 끝없이 생각하도록 한다(『전당문』 권6)"고 했다. 태종은 방대한 배장제도의 건립을 위해 장지의 위치까지 정해 주었을 뿐만 아니라 장례에 필요한 물품까지 후하게 지급하면서 대신들이 적극적으로 헌릉 배장에 참여하도록 했다. 당왕조의 공신과 인척들이 황릉에 배장된 것은 고조 이연의 헌릉에서부터 시작되었다.

1) 분포 현황

헌릉 배장묘는 능묘의 북쪽과 동북쪽 부평현富平縣 여촌향呂村鄉 일대에 집중적으로 분포되어 있다. 여촌향의 옛 명칭은 형산원荊山原인데 지형이 평탄하고 시야가 확 트인 곳으로 토층이 깊어서 원지園地로 활용하기에 매우 적합한 곳이다. 이곳 민요에는 "형산원은 사계절이 푸르러서 송백松柏이 우거진 높은 하늘을 비추고, 외로운 토끼는 흰새의 울음소리에 달아나는데 높은 무덤가에는 인적이 드물다"라는 노래가 있다. 이 민요는 바로 황실 능묘와 무덤들이 즐비한 이 지역의 경관을 묘사한 것이다. 문물고고학 조사자들의 보고에 의하면, 헌릉 배장묘 지역의 무덤 중에서 봉분이 있는 것은 26기, 이미 평지로 변해 버린 것이 20기, 또 훼손되었거나 발굴된 것이 6기로 모두 52기의 무덤이 있다. 그러나 『당회요』 배장명위陪葬名位에는 25기로 되어 있고, 『장안지』에는 23기로 기록되어 있다. 문헌기록과 고고학발굴 및 현존하는 봉토封土의 수효가 일치하지 않는다. 헌릉 배장묘 지역은 동서 길이 약 4km, 남북 너비 약 1.50km에 이른다. 서쪽으로 섬서성 부평현 여촌향의 신장新庄과 도리촌道理村에서부터 시작하여 동쪽으로 저가원褚家塬 쌍보촌雙寶村에 이르고, 북쪽은 북여촌北呂村에 이르며, 남쪽으로는 하가원賀家塬과 왕가장王家庄 일대에 도달한다.

『당회요』에 기록된 25기와 『장안지』에 기재된 23기의 배장묘 중에 제왕諸王묘 16기가 있는데 무덤 주인은 하간왕河間王 이효공李孝恭, 양읍왕襄邑王 이신부李神符, 청하왕淸河王 이탄李誕, 한왕韓王 이원가李元嘉, 팽왕彭王 이원칙李元則, 도왕道王 이원경李元慶, 정왕鄭王 이원의李元懿, 괵왕虢王 이봉李鳳, 풍왕酆王 이원형李元亨, 서왕徐王 이원례李元禮, 등왕滕王 이원영李元嬰, 등왕鄧王 이원유李元裕, 노왕魯王 이영기李靈夔, 곽왕霍王 이원궤李元軌, 강왕江王 이원상李元祥, 밀왕密王 이원효李元曉의 능묘이다. 또 태비太妃묘 1기가 있는데 이것은 초국태비楚國太妃 만씨萬氏의 것이며, 공주묘 1기는 관도공주관도공주主館陶公主의 것이고, 대신묘大臣墓 7기는 병주총관幷州總管 장륜張綸, 영국공榮國公 번흥樊興, 평원군공平原郡公 왕장해王長楷, 담국공潭國公 구화邱和, 소국공巢國公 전구롱錢九隴, 형부상서刑部尙書 유덕위劉德威, 형부상서 심숙안沈叔安 등이다. 『통감』권194 기록에 의하면, 이연이 헌릉에 안장된 이후, "목황후穆皇后(두씨는 처음에 수안릉에 안장했음)를 합장하여 태목황후太穆皇后로 추증했다"고 한다. 그 외 배장묘는 현재 고증하기가 매우 어렵다. 능묘 내에 현존하는 비석은 팽왕 이원칙의 신도비와 영국공 번흥의 신도비가 전해지고 있다. 전자는 비문의 글자가 상부에 새겨진 것만 비교적 양호하며, 후자는 비문 글자가 모두 양호한 상태로 남아있다.

2) 배장묘의 발굴 현황

현재 헌릉 능묘의 배장묘 발굴은 괵왕 이봉, 방릉대장공주房陵大長公主, 팽왕 이원칙, 영국공 번흥 등이다.

| 괵왕 이봉(虢王 李鳳) |

이봉李鳳은 당고조 이연의 15번째 아들로 괵왕虢王에 봉해졌다. 『구당서』괵왕 이봉전에 의하면, 이봉은 무덕 6년(623), 빈왕豳王에 봉해졌고, 정관 7년에 정주자사에 제수되어 6백호를 받았다. 이후 정관 10년 다시 괵왕으로 봉해지고 예주자사가 되었다. 정관 23년에는 천호天戶의 봉지를 받았으며, 인덕 초에는 청주자사靑州刺史가 되었다. 상원 원년(674)에 세상을 떠났는데 향년 52세였다. 이봉은 사후에 사도 양주대도독에 추증되어 헌릉에 배장되었다.

이봉의 묘는 섬서성 부평현 여촌향 북여촌 서쪽으로 350m 지점에 위치한다. 여기에는 이봉과 그의 처 유씨가 합장되어 있다. 1973년 9월 11일 섬서성 문화회와 부평현 문화관이 발굴정리 작업을 마쳤다.

봉토는 장복두형長覆斗形이고 항토夯土 축성법이다. 꼭대기 부분의 길이가 7m, 너비 5m, 밑부분 길이가 90m, 너비 30m, 높이 13.30m이다. 지하에는 묘도墓道와 4개의 과동過洞, 3개의 천정天井, 8개의 편방便房과 용도甬道, 묘실 등 6개 구조로 되어 있는데 전체 길이는 63.38m이다. 묘도는 경사진 구조이다. 용도와 묘실은 벽돌 구조이며, 용도 북쪽에는 석문石門 두 개가 있다. 묘실은 정방형正方形 구조로 되어 있으며 길이 4.36m, 너비 4m, 높이 5.53m의 아치형 구조이다. 묘실 서쪽은 체관상砌棺床이 하나 있는데 여기에서 부서진 관목棺木과 뼈 조각 잔해가 발견되었다. 이봉의 묘에서 유물 340건이 출토되었다. 도기 12건, 도용 225건, 석각 12건, 각종 장식물이 87건이었다. 출토된 유물 중에서 삼채쌍련반三彩雙聯盤 1건, 삼채탑三彩榻 2건은 최근까지 발견된 유물 중에서 가장 오래된 삼채기三彩器로 보고 있다. 묘 안에 남겨진 벽화는 주로 묘도, 과동, 천정, 용도와 묘실의 사방 벽면에 그려져 있다. 그 중에서 묘도, 과동, 천정 내의 건축벽화는 대문大門, 과청過廳과 정원庭院을 상징하고 있고, 용도 양측의 긴 회랑의 벽화는 대전大殿을 상징한다. 묘실 천정은 백회를 사용하여 은하수, 일월성신을 그려 넣었다. 이곳에서 인물 및 화조화가 16폭 발견되었다. 제2과동 서쪽 벽에는 호인胡人 한 사람이 낙타를 끌고 있는 모습이 있고 나머지는 모두 시녀도侍女圖이다.

이 묘에서 출토된 묘지문에 근거하면, 이봉은 상원 원년 12월 20일(675년 1월 21일) 낙양 회인리懷仁里의 집에서 세상을 떠났으며, 675년 12월 24일 헌릉 북원北原에 배장되었다는 것을 알 수 있다. 그의 처 유씨劉氏의 묘지문에 의하면, 유씨는 675년 6월 12일 장안의 자택에서 세상을 떠났으며 그해 12월 3일 헌릉에 배장되었다.

| 방릉대장공주(房陵大長公主) | 방릉대장공주는 당고조 이연의 여섯 번째 딸로 태목황후 장손씨 소생이다. 무덕 4년(621)에 영가공주에 봉해졌다. 좌

위장군 진주도독 두봉절竇奉節에게 시집갔으며, 당고조 영휘 5년(654) 방릉대장공주에 봉해졌다. 함형 4년(673) 55세로 세상을 떠났으며 사후 헌릉에 배장되었다.

방릉대장공주의 묘는 섬서성 부평현 여촌향 쌍보촌 북측에 위치한다. 동남쪽으로 헌릉과 2.50km 떨어져 있다. 현재 봉토는 남아 있지 않다. 발굴을 통해 무덤 지하는 묘도墓道, 과동過洞, 천정天井, 소감小龕, 용도甬道와 묘실 등으로 이루어져 있으며 전체 길이가 57.80m이고 북쪽에 위치하며 남향이라는 점이다. 비스듬한 구조의 묘도 너비는 2.56m이고 과동 5개, 천정 4개, 소감 6개로 되어 있다. 제 1, 2, 3 천정의 동서 양 벽 기단부가 각각 나뉘어져 있고, 용도는 전후 두 부분으로 되어 있으며 모두 벽돌로 되어 있다. 전 용도 길이는 8.76m, 너비 1.49m, 높이 2.21m이다. 남쪽 부분은 전 묘실과 이어져 있고 북쪽 부분은 후 묘실과 연접하고 있다. 북쪽 입구로부터 2.60m 지점에 석문石門 하나가 있다. 묘실은 모두 벽돌 아치형으로 전실前室의 남북 길이가 3.60m, 동서 너비가 3.54m이며, 아치형 천정 중심 높이는 4.45m이다. 후실後室 남북 길이는 4.10m, 동서 너비 4.16m이며 아치형 천정의 중심 높이는 5.20m이다. 후실 서쪽 부분에 석관상石棺床이 하나 있는데 석곽은 이미 도굴되어 곽 안에 어떤 유물이 있었는지 알 길이 없다. 묘 안에 그려진 벽화는 대부분 사라졌다. 그 가운데 제3 천정 동쪽 벽과 전후 용도, 전후 묘실에 인물화 37폭이 남아 있는데 모두 시녀도侍女圖이다. 이 무덤은 예전에 도굴당하여 현재 출토된 도용 및 유물은 대부분 파손된 것들 뿐이다. 이곳에서 돌로 만든 묘지명이 하나 발견되었는데 '대당고방릉대장공주묘지명'이란 글자 12자가 적혀 있다. 이 묘지문을 통해 방릉대장공주는 함형 4년(673) 6월 22일, 구성궁九成宮 거처에서 55세에 세상을 떠났으며 그해 11월 7일 헌릉에 배장 되었다는 것을 알 수 있다.

| 팽왕 이원칙(彭王 李元則) |　이원칙은 고조 이연의 12번째 아들이다. 무

덕 4년(621) 형왕荊王에 봉해졌다가 정관 7년(633) 예주자사가 되었으며, 10
년에는 팽왕에 봉해졌고, 17년에 예주자사澧州刺史에 제수되었다. 원칙은
성품이 절도가 있었고 모범적 행동으로 자못 명성을 얻었다. 당고조 영휘 2
년(651)에 세상을 떠났다. 고종은 이때 3일 동안 조정의 업무를 중단하고 그
에게 사도, 형주도독을 추증하고 '사思'라는 시호를 내린 후 헌릉에 배장
했다. 묘는 아직까지 발굴하지 않았는데 이후 고고학 발굴을 기대해 본다.

| 영국공 번흥(英國公 樊興) | 　　번흥은 안륙安陸(지금 산서성) 사람이다. 이연
이 태원유수에 있을 때 그를 따라 수왕조에 반기를 들었다. 당왕조가 성립
된 후 진왕 이세민을 따라 설거, 설인고를 토벌하는데 공을 세웠다. 평왕
왕세충, 두건덕 등과 함께 군공이 탁월하여 영국공에 봉해졌다. 정관 6년
(632), 병사들을 거느리고 능주陵州(지금 사천성 仁壽) 지역의 요獠를 토벌한
후 좌효위장군에 제수되었다. 이후 적수도행군총관赤水道行軍總管이 되어
이정李靖을 따라 토욕혼吐谷渾 공격에 나갔으나 군기軍期를 놓쳐 많은 병사
들을 잃었고 병기와 물자의 손실 역시 컸다. 얼마 후, 좌감문대장군에 임명
되어 양성군공襄成郡公에 봉해졌다. 당태종이 병사들을 거느리고 요동정벌
에 나섰을 때, 번흥의 충직함을 알고 방현령과 함께 남아 장안을 수비하도
록 했다. 그 후, 검교우무후장군이 되었다. 당고종 영휘 초에 세상을 떠나
자 좌무후대장군, 홍주도독洪州都督에 추증되어 헌릉에 배장 되었다. 묘는
아직까지 발굴하지 않았다.

태종의 소릉

昭陵

1. 태종 이세민李世民

이세민(599~649)은 고조 이
연의 둘째 아들이며 당왕조 제
2대 황제이다. 수왕조 개황 18
년(599년 1월 28일) 태목순성황후
두씨竇氏의 아들로 무공武功(지
금 섬서성 무공)에서 태어났다. 4
세 때 부친을 따라 기주岐州(지
금 섬서성 鳳翔)로 이주했다. 이
때 이연과 절친한 사람이 이세
민을 보고 용봉龍鳳의 자태이며
천일天日의 모습을 갖고 있다고
하면서 20세에 반드시 치세안

007 태종(太宗) 이세민(李世民)

민治世安民할 것이라고 했다. 이연은 그 말을 들은 후 매우 기뻐하면서 한편으로 근심하였다. 이후 이연은 농주隴州(지금 섬서성 용현), 기주岐州, 형양滎陽, 누번樓煩(지금 산서성 靜樂) 등지를 옮겨 다니며 벼슬했고, 이세민이 18세가 되었을 때 태원太原 유수가 되었다. 이세민은 어렸을 때부터 총명하고 과단성이 있는 성격으로 작은 것에 얽매이지 않았으며 장성한 후에는 무예를 즐기면서 호걸들과 교유하는 것을 좋아했다.

수왕조 대업 13년(617) 초, 이연이 태원 유수가 되었을 때 이세민에게 말하기를 "당唐은 본래 나의 국이며 태원이 즉 그곳이다. 지금 내가 이곳에 온 것은 하늘이 나에게 준 기회이므로 이것을 취하지 않으면 반드시 내게 화가 미칠 것"이라고 했다(『대당창업기거주(大唐創業起居注)』). 이즈음 수왕조는 농민봉기로 인해 거의 붕괴직전에 있었다. 이세민은 부친 이연과 함께 당시 진양령으로 있던 유문정劉文靜, 그리고 진양궁 책임자 배적裵寂 등과 준비하여 수왕조에 반기를 들 기회를 노리고 있었다. 617년 6월, 이연은 대장군부大將軍府를 세우고 삼군을 설치하여 정식으로 수왕조에 반기를 들었다. 7월 이연은 아들 이원길을 태원유수로 삼고 자신은 직접 군사 3만을 거느리고 태원을 출발하여 장안을 향해 공격을 개시했다. 당시 이세민은 일부 군대를 거느리고 서하西河(지금 산서성 汾陽)를 공격했다. 이세민은 질서 정연하게 군대를 통솔하며 뛰어난 작전으로 수왕조의 군대를 제압해 나갔다. 이후 이세민의 군대가 곽읍霍邑(기금 산서성 곽현)에 이르러 수의 대장 송노생宋老生이 거느린 2만의 정예병과 대치하게 되었다. 수의 군대가 성곽을 굳게 수비하고 있는 상태에서 여러 차례 공격을 시도했으나 성공할 수 없었다. 이러한 상황에서 계속 비는 내리고 거기다가 군량미도 바닥이 나고 있었다. 이연은 공격을 멈추고 군대를 철수시키고 싶었다. 이때 그의 두 아들 이건성과 이세민이 극구 반대하며 이연을 설득시켰고, 이후 이세민의 계책을 사용하여 마침내 송노생을 물리치고 곽읍을 함락시켰다(『구당서』 고조본기).

당왕조 건립 후 이세민은 상서령, 우무후대장군, 진왕, 옹주목에 제수되었다. 그는 무덕 원년(618) 9月부터 무덕 5년 10月 사이에 용서(지금 감숙성 용서 동남쪽) 일대의 설인고薛仁杲, 유무주劉武周 세력을 진압하고, 두건덕竇建德, 왕세충王世充, 유흑달劉黑闥이 통솔한 농민봉기를 제압하여 당왕조 건립과 통일을 공고히 하는데 탁월한 업적을 세웠다. 동시에 문학관文學館을 넓히고 전국의 문학지사들을 불러 모았다. 이때 두여회杜如晦, 방현령房玄齡, 우세남虞世南, 공영달孔穎達 등이 앞다 투어 이세민의 휘하에 모여들었다.

당왕조 건립과정에서 이세민의 업적은 태자 이건성을 능가했다. 그러나 그는 결코 순리대로 제위에 오를 수 있는 위치에 있지 않았다. 당시 태자 이건성 역시 이세민이 다른 사람 밑에 있지 않을 것이라고 생각했다. 이때부터 이세민 측과 태자 이건성과 연합한 제왕 이원길 사이에 암투가 시작되었다. 이건성은 한때 짐주鴆酒로 이세민을 제거하려는 음모를 꾸몄으나 실패했다. 또 재물을 보내 이세민의 심복이었던 울지경덕尉遲敬德, 정지절程知節, 단지현段志玄 등의 마음을 회유하려고 했다. 이건성의 음모를 알아차린 이세민 측에서 장손무기長孫無忌, 두여회 등이 이세민에게 먼저 일을 도모하도록 권유했다. 무덕 9년(626) 7月 2일, 이세민은 장손무기, 울지경덕, 방현령 등을 거느리고 현무문(장안성 태극궁의 북문)에 군대를 매복시킨 후 이건성과 이원길을 제거했다. 현무문 사건 이후 이세민은 태자의 자리에 올랐으며, 626년 9月 4일 이연으로부터 제위를 물려받아 황제에 즉위했다. 이세민은 아버지 이연을 태상황으로 하고, 장손씨를 황후로 봉하고 이승건李承乾을 황태자로 세운 후 그 다음 해 연호를 정관貞觀으로 했다.

이세민은 제위에 오른 후 수왕조의 멸망을 교훈삼아 나라가 편안한 때에도 항상 위기를 생각해야 한다고 여겼다. 그는 "천자란 도道가 있으면 사람이 추대하여 군주로 삼지만 도가 없으면 사람이 버리고 쓰지 않는다"고 하여 후손들에게도 이것을 항상 교훈삼아 잊지 않도록 당부했다. 위징, 방현령, 두여회 등 현재賢才들을 중용하고 허심탄회하게 이들의 직언을 수렴하여 정치에 반영했다. 또 사회방면의 중요한 시책들, 즉 균전제, 조용조, 부병제 등을 실시하면서 부역, 요역, 형벌을 가볍게 하여 당왕조의 통치근간을 수립했다. 이 시기 장안에는 국자감이 설치되고 2,260명의 생도가 이곳에서 학문에 정진했다. 주변의 고구려, 백제, 신라, 일본 등지에서 유학생들이 당의 수도 장안에 몰려들었다. 『당률』에는 요역을 가볍게 하고, 수리시설을 일으켜서 농업생산을 회복시키고 경제를 발전시켰다고 기록하고 있다. 이세민의 치세 동안 역사에 이름을 남긴 '정관지치貞觀之治'가 출현하게 된 것이다. 당태종 이세민은 성당시기 정치, 경제, 문화발전의 토대를 마련했다. 당대 시인 백거이白居易(772~846)는 태종의 업적을 다음과 같이 칭송했다.

> 태종은 열여덟에 의병을 일으켜서
> 백기[白旄]와 황월(黃鉞)로 양경(兩京)을 평정했네.
> 왕세충을 사로잡고 두건덕을 주살하여 사해(四海)를 평정하고
> 스물넷에 공업(功業)을 이루었네.
> 스물아홉에 제위(帝位)에 올라 서른다섯에 태평의 시대를 이루었네.

태종은 통치기간 동안 신하들의 직언을 적극 받아들여 폐정을 바로잡고 인재를 널리 등용하여 청명한 정치를 펼쳤다. 정관 11년(637), 자신의 통치력을 강화하기 위해 종실 21명의 왕과 창업에 공을 세운 14명의 신하들에게 '세습자사제世襲刺史制'를 실시하고자 했다. 그러나 우지령于志寧, 마주馬周 등의 반대에 부딪쳐 태종은 이 제도를 실시하지는 못했다. 정국공鄭國公 위징은 본래 태자 이건성의 막료였으나 현무문 사건 이후 이세민에게 붙들린 신세가 되었다. 이때 이세민은 위징에게 "너는 왜 우리 형제 사이를 이간질 했느냐?"며 다그쳤다. 위징은 조금도 두려워하지 않는 자세로 "나는 신하로서 당연히 그를 위해 계책을 세운 것이다. 그러나 태자는 안

타깝게도 내 말을 듣지 않았다. 만약 그렇지 않았다면 오늘과 같은 상황에 이르지 않았을 것이다"고 대답했다. 이세민은 위징의 인물됨을 알고 간의대부라는 중책을 그에게 맡겼다.

　태종은 모든 일을 먼저 위징에게 물었다. 그리고 주위 사람들에게 말하기를 "나는 하루라도 위징이 없으면 안된다"라고 할 정도로 그를 신임했다. 태종은 일찍이 위징에게 물었다. "역사상 수많은 군주가 있었는데 왜 어떤 군주는 현명한 정치를 했는가 하면 또 어떤 군주는 어리석은 정치를 했는가?" 위징이 대답하기를 "겸허하게 들으면 밝아지고, 치우쳐 들으면 어두워지는 법입니다. 천하를 다스리는 군주가 신하의 의견을 듣는다면 아래의 상황이 위로 잘 전달될 수 있어 잘못된 것을 은폐하지 못할 것입니다"고 했다. 태종은 위징의 말에 동감하며 군주가 옥석에 비유된다면 양신良臣은 그 옥석을 잘 다듬는 장인일 것이다. 아무리 아름다운 옥석이 있다 하더라도 장인의 기술에 의지해야만 하는 것과 같다고 비유했다. 정관 17년(643) 2월 11일 위징이 병으로 세상을 떠나자 태종은 매우 비통해 하며 대신들에게 말하기를 "동으로 거울을 만들어 의관을 바로잡을 수 있고, 역사를 귀감으로 삼으면 흥망의 이치를 알 수 있으며, 사람을 귀감으로 하면 그 득실을 살필 수 있다. 위징의 죽음은 마치 내가 거울을 잃어버린 것과 같다"라고 하며 슬퍼했다. 정관 19년(645) 태종은 직접 고구려 정벌에 나섰으나 성과 없이 끝나고 오히려 백성들의 생활에 큰 타격을 주었다. 이때 그는 위징을 생각하며 "만약 위징이 곁에 있었다면 요동정벌을 감행할 수 있었을까?"라고 탄식했다.

　태종의 통치시기에 민족정책은 융합과 외교를 통해 효과를 가져왔다. 정관 3년(629) 태종은 이정李靜 등을 파견하여 돌궐을 공격하게 하고 그 다음해 힐리가칸頡利可汗을 사로잡았다. 이후 서북의 여러 소수민족 수령들이 무리를 거느리고 앞다투어 당왕조에 귀부했다. 태종은 그들을 평등하게 대우했는데 철륵鐵勒, 회흘回紇 등으로부터 '천가한千可汗'의 칭호를 받았다. 정관 13년(639) 12월 토욕혼왕 모용慕容이 사람을 보내 당종실의 딸과 결혼하고 싶다고 했다. 다음해 7월 태종은 좌효위장군 회양왕 이도명李道明에게 홍화공주弘化公主를 호위하도록 하여 토욕혼 군왕 낙갈발諾曷鉢에게 시집보냈다. 정관 15년(641) 징월에 토번왕 송찬간포松贊干布(617~650)가 녹동찬緣東贊을 보내 당왕실과 혼인하기를 청했다. 태종은 예부상서 강하왕 이도종李道宗을 파견하여 종실의 딸 문성공주를 호위하여 토번왕에게 시집보냈다. 이때 토번왕 송찬간포는 친히 하원河源(지금 청해성 興海 동남쪽)까지 마중을 나왔다. 송찬간포는 문성공주를 위해 라사성邏些城(지금 서장티벳자치구 라싸)에 당양식의 궁전을 세우고, 동시에 토번의 귀족자제들을 당에 유학 보내는 등 당왕조와 문물교류에 힘썼다. 문성공주가 토번에 갈 때 대량의 서적 및 생활용품, 농기구, 씨앗, 수공예품, 약재 등을 가지고 갔다. 또 문성공주와 함께 당왕조의 뛰어난 장인과 예술가들이 토번에 갔는데 이들은 모두 토번왕국의 경제와 문화발전에 영향을 끼쳤다.

만년에 이르러 태종은 사치와 향락에 젖어들면서 대명궁大明宮, 낙양궁洛陽宮, 취미궁翠微宮 등 대형 궁전을 축조하고, 전국을 순시하며 여러 차례 대외정벌을 감행하여 백성들의 삶을 피폐하게 했다. 정관 17년(643) 태자 이승건이 모반했다는 사실이 누설되어 폐태자 되고 진왕 이치李治가 황태자에 올랐다. 태종은 제범帝範 12편을 지어 이치에게 주며 고대의 성군을 스승으로 삼고 자신을 본받지 말도록 당부했다. 정관 23년(649) 7월 10일, 태종은 취미궁에서 52세에 세상을 떠났다. 백관들이 진언하여 시호는 문황제文皇帝, 묘호는 '태종'이라고 했다. 8월 18일 경조 예천현(지금 섬서성 禮泉縣) 서북쪽으로 60리 떨어진 구종산九嵕山에 장례 지냈는데 이곳이 바로 소릉昭陵이다. 고종 상원 원년(674) 8월에 다시 시호를 '문무성황제'로 하고, 현종 천보 13년(754) 2월에 '문무대성대광효황제'라고 했다.

2. 능묘와 능원

1) 위치와 명칭 및 능원의 형태

소릉은 태종 이세민과 문덕황후 장손씨가 합장된 곳으로 섬서성 예천현 동북 22.50km 지점의 구종산 주봉主峰에 위치한다. 1961년 3월 4일, 중국 국무원에서 전국 제1차 중점문물보호단위로 공포했다. 구종산 주봉은 구도산九道山 등성이를 따라 형성되어 있어 산세가 험준하며 해발 1,224m에 달한다. 이곳은 경수涇水의 북쪽이며 남쪽으로는 위수渭水가 흐른다. 남쪽은 관중평원이 태백산, 종남산終南山의 여러 봉우리와 멀리 마주하고 있다. 산봉우리의 동서 양측으로는 깊은 골짜기가 종횡으로 펼쳐지고, 첩첩이 늘어선 산들이 기복을 이루어 드높은 산세가 장관을 이룬다. 소릉은 구

008 구종산(九嵕山) 전경

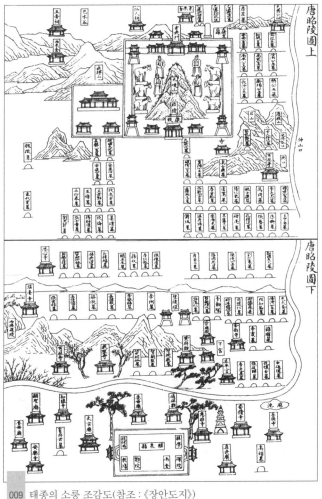

태종의 소릉 조감도(참조 :《장안도지》)

종산 주봉을 능침으로 했으며 태종 생전에 직접 이곳을 선정했다. 당왕조 건국 초, 태종은 군대를 이끌고 전쟁터로 향하면서 여러 차례 구종산을 지 나갔다. 왕조의 통일대업을 완성한 이후 태종은 자주 이곳에 와서 사냥을 즐겼으며 구종산에 오르는 것을 기뻐했다.

정관 10년(636) 7월 28일, 문덕황후 장손씨가 장안성 입정전立政殿에서 세상을 떠나자 태종은 조서를 내려 본인이 평소에 생각해 두었던 구종산에 능침을 조성하도록 했다. 이후 정관 23년(649) 7월 10일, 태종이 세상을 떠나자 고종은 태종의 유지를 받들어 구종산에 장례를 지내고 이곳을 소릉이라고 했다. 소릉의 명칭에 대해서는 문헌기록에 구체적인 언급이 없다. 고대 시호법에 근거하여 '소昭' 자를 해석해 보면 덕망이 있고 공적이 뛰어난 경우 '소' 라는 시호를 내렸다. 역사학자들은 5세기부터 15세기에 걸쳐, 특히 그 중에서도 당왕조의 정치 · 경제 · 사회문화는 세계에서 가장 선진적이었다고 평가한다. 소릉은 당왕조의 발전에 초석을 놓은 태종의 공덕을 칭송하여 지은 명칭이라고 볼 수 있다.

소릉은 당대 황제들이 산을 택하여 능으로 하는 매장제도의 선례를 남겼다. 즉, '인산위릉因山爲陵' 은 자연적으로 형성된 산봉우리를 선정하여 산 가장자리에서 파고 들어가 묘도를 만들고 산 밑바닥에 지하궁전을 조성하는 형태이다. 소릉에서부터 시작된 이러한 능침 조성 방법은 태종이 언급한 대로 '번비인공煩費人工', '무종검약務從儉約' 을 따른 것이다. 먼저 세상을 떠난 문덕황후의 경우 굴착을 하는 인원이 백여 명 정도였고 수십일 만에 마쳤다고 하는 사례에서 알 수 있듯이 매우 검소했다. 그러나 태종이 박장薄葬을 권장한 목적은 검약 때문 보다는 도굴을 피하기 위해서였다. 한 왕조의 여러 황제들 무덤이 도굴당하는 과정에서 분묘가 훼손되고 시신이 편안하지 못했다. 소릉은 문덕황후부터 태종 사후까지 13년 동안 축조되었고, 그 공정 또한 매우 까다로웠던 것을 보면 얼마나 많은 인원이 능묘건축에 투입되었는지 짐작할 수 있다. 『당회요』 권20에 근거하면, 소릉의 현궁은 구종산 주봉인 남파반南坡畔 산허리를 뚫고 들어가 능침을 조성한 것으로 그 공사 규모가 대단했음을 짐작할 수 있다.

2) 능묘의 건축

소릉은 정관 10년 문덕황후 장손씨를 안장한 이후부터 정관 23년 태종 이세민을 장례 지낼 때까지 13년간 건축되었다. 이 기간 동안 산 주위에 거대한 구조물들이 세워졌다. 능묘의 출입구에서부터 산허리를 따라 건축물이 들어서고, 산 정상에는 유전遊殿이 조성되어 묘주가 사후세계에서 편안하게 휴식할 수 있도록 배려했다. 산 남쪽은 지세가 험준하여 사람들의 왕래가 불편하여 절벽에 구멍을 뚫어 철장을 세우고 석판을 놓아 잔도棧道를 설치했는데 잔도는 산허리를 돌아 약 400m까지 이어졌다. 이 길은 곧장 현궁으로 이어져 궁인들이 공양할 때 편리하도록 조성되었으나 이후 능묘의 비밀을 지키기 위해 잔도를 제거했다. 이때부터 능침은 더 높은 곳에 위치하여 외부세계와 단절된 것처럼 보였다.

소릉은 사방으로 성곽이 둘러져 있고 네 모퉁이에는 각루角樓가 설치되어 있다. 동서쪽과 남쪽, 그리고 북쪽의 각루 중간에는 문이 하나씩 나 있는데 남문은 주작문, 북문은 사마문司馬門이다. 능원 안에는 주로 헌전獻殿과 북사마원北司馬院, 그리고 지하 궁전으로 이루어

010 소릉 석사(石獅)

011 소릉 북궐 유지(遺址)

져 있다. 헌전은 주작문 내에 위치하며 제사를 지낼 때 참배하는 곳으로 묘주가 생전에 사용하던 물건을 놓아둔 장소이다. 『소릉지』에 고력사가 태종의 헌전에서 소소상小梳厢 1개, 작목상柞木厢 1개, 검은색 참빗 1개, 풀줄기로 만든 솔 1개를 봤다는 기록이 있다. 이 물건들은 태종이 거병하고 황제가 된 이후에도 늘 사용했던 것으로 자손들에게 항상 근검하도록 교훈을 주려는 것이었다고 한다. 현지인들은 이곳을 전와릉傳瓦陵이라고 칭하는데, 즉 소릉의 헌전 유지를 말한다. 이곳에서 고대 건축양식인 용마루 형식의 치미鴟尾가 출토되었다. 그 높이는 1.50m, 길이 1m, 너비 0.65m, 무게 150kg에 달한다. 고고학발굴을 통해 헌전은 당시 가장 뛰어난 건축양식이었음을 알 수 있다.

북사마원 위치는 산릉山陵의 북쪽에 있다. 남북 세로 길이가 86m, 동서 최고 너비는 60m이다. 후대 문헌에는 이곳을 제단이라고 했다. 소릉을 건축할 당시에는 제단을 두지 않았다. 당대 중엽 이후 제왕들이 능묘에 와서 제사를 지낼 때 헌전의 산길을 따라 출입하기가 불편하여 북사마원으로 드나들었다. 이후 세월이 흘러 사람들은 이곳을 제단이라고 생각했다. 청대에는 여기에 제사 건축물이 있었다. 이곳 면적은 남북의 길이가 95.50m, 동서 너비는 54.50m에 이르며 산세를 따라 다섯 층계를 이룬다. 소릉 육준六駿과 14개국 추장 석각상이 바로 이곳에 위치한다. 유적터에서 당대

012 치미(鴟尾, 소릉 헌전 유지 출토)

기와와 벽돌 파편을 쉽게 찾아 볼 수 있다. 벽돌에는 공장工匠의 이름을 새긴 흔적이 남아 있는데 예를 들면, '관장장官匠張', '공장정工匠鄭', '관라통官羅通' 등 이다. 현재 제단 터에 석마와 석상 주춧돌과 석비 등이 남아 있으며 보존상태가 양호하다.

하궁下宮은 묘주를 공양하기 위한 음식과 물품을 보관하는 곳이다. 또 후대 제왕들이 능묘에 와서 잠시 머무르는 곳으로 사용했으며 능을 지키는 관원과 평소 시봉하는 사람들이 거주하는 곳이다. 섬서성고고학연구원이 최근 조사한 바에 의하면 궁성 유지 남쪽 길이는 301m, 동서 너비 242m, 담장의 너비 3.50m, 총면적 72,842㎡에 달한다. 『장안지』에 따르면 소릉 침궁은 원래 산에 있었는데 당덕종 정원 14년(798) 산불로 인해 소실되자 우간의대부右諫議大夫 최손崔損이 건의하여 요대사瑤臺寺 근처로 옮겼다고 한다. 건축 당시에는 378개의 방이 있었다.

3) 능묘의 석각

소릉은 능 남쪽이 가파르기 때문에 석각은 능산 북궐北闕 앞에 집중적으로 배치되어 있고, 동서 양쪽에는 태종이 생전에 타고 다닌 여섯 필의 말, 즉 '소릉육준昭陵六駿'이 있다. 현무문 내에는 당고종 영휘 연간에 만든 14존 번추장석상蕃酋長石像이 늘어서 있다. 이 석각들은 태종의 업적과 주변민족 관계를 설명해 주고 있다. '소릉육준'은 태종 이세민이 수없이 전쟁터를 누비고 다닐 때 애용했던 여섯 마리의 준마를 소재로 돌에 새긴 뛰어난 예술작품이다. 정관 10년(636) 11월, 문덕황후 장손씨가 세상을 떠나자 소릉에 장례 지냈다. 당시 태종은 당왕조 창건에 앞장선 자신의 공적을 세상에 알리기 위해 명장名匠 염립덕閻立德, 염립본 형제에게 명하여 전쟁터에서 자신과 함께한 6준六駿 도안을 그리도록 하고 그것을 청석靑石에 조각하여 북궐에 세우도록 했다. 처음에 6준은 북궐 앞 주춧돌 위에 있었는

013 소릉 북궐 서쪽 3준(三駿) 유지

데 후에 보수를 하면서 북궐 동서 양 옆 곁채 중앙으로 옮겨졌다. 동쪽에는 특근표特勤驃, 청추青騅, 십벌적什伐赤이 있고, 서쪽에는 삽로자颯露紫, 권모과拳毛騧, 백제오白蹄烏가 있다. 6준은 각각 6개의 거대한 청석 병풍 위에 조각되어 있고 석병石幷에는 태종이 직접 지은 6준마 찬미시가 새겨져 있다. 이 시는 당대 서예가 구양순歐陽詢(577~641)이 예서체로 쓴 것이다.

| 백제오(白蹄烏) |　　『전당문』 권10 소릉『육마도찬六馬圖贊』에 의하면, 준마 '백제오'는 무덕 원년(618) 9월부터 11월 사이에 이세민이 설인고와 천수원淺水原(지금 섬서성 長武縣 동남쪽)에서 격전을 치를 때 탔던 말이다. 소릉의 북궐 서쪽에 위치한 3준 중에서 맨 마지막에 해당된다. '백제오'의 몸은 흑색이며 네 발은 흰색을 띤다. 수왕조 대업 13년(617) 4월, 설거·설인고 부자가 금성金城(지금 감숙성 난주시)에서 기병하여 그해 7월 설인고가 칭제稱帝했다. 12월에 설인고 부자는 아직 이연의 권력기반이 미약한 틈을 타 10만의 대군을 거느리고 장안을 차지하려고 했다. 다음해 6월, 설인고 군대는 경주涇州(지금 감숙성 경천현 북쪽)를 공략하고, 계속하여 빈주豳州(지금 섬서성 팽현), 기주岐州(지금 섬서성 鳳翔) 일대를 장악했다. 고조 이연은 이세민을 서토원수 西討元帥에 임명하고 설인고를 토벌하도록 했다. 양 군대가 고척성 高摭城(지금 섬서성 장무현 북측) 일대에서 두 달 넘게 대치하게 되었다. 11월에 들어

014 소릉 6준(白蹄烏)

서자 설의 군대는 식량이 바닥나고 군심이 동요하여 진퇴양난에 처하게 되었다. 이세민은 이때 상황을 파악하고 야밤을 이용하여 병사들을 보내 안팎에서 협공을 가했다. 또 먼저 소량의 병력을 천수원으로 보내 적의 동태를 파악하게 한 후 후방에서 적을 공격해 들어갔다. 이때 그는 '백제오'를 타고 정예기병 몇 기만 거느린 채 직접 적진으로 향했다. 순식간에 기습을 당한 설의 군대는 대혼란에 빠져 병사들이 도망하기 시작했다. 이세민은 도망하는 적을 섬멸하기 위해 말을 재촉하여 2천여 명의 기병을 거느리고 추격했는데 하루 반나절 동안 2백리를 넘게 말을 달려 설인고를 포위하고 승리를 거두었다. 천수원 전투는 당왕조가 관롱지역을 평정하는데 결정적인 역할을 했다. '백제오'는 이때 이세민을 위해 분전했다. 석각에 표현된 '백제오'의 모습은 힘찬 근육과 골격, 질주하는 형상을 담고 있는데 당시 이세민이 황토고원에서 '백제오'를 타고 적진 깊숙이 들어가 설의 군대와 격전을 벌이는 상황을 그린 것이다.

갈승옹葛承雍의 견해에 의하면, '백제'라는 두 글자는 돌궐어 'bata'에서 유래한 것으로 어린 말 또는 어린 낙타를 의미하며 소칸[少汗]의 뜻이라고 한다. 당왕조는 뛰어난 군주를 칭송하는 의미로 돌궐의 소칸을 사용했다. 소칸(bata)은 중국어로 번역하면 '백제'가 된다(葛承雍,「唐昭陵六駿與突厥葬俗研究」,『中華文化史論叢』제60집).

| 특근표(特勤驃) | 준마 '특근표'는 무덕 2년 11월부터 그 다음해 이세민이 마읍馬邑(지금 산서성 朔縣)의 할거세력 유무주劉武周(?~622)를 격퇴하고 하동일대를 차지하기 위해 유무주의 대장 송금강宋金剛 등과 격전을 벌일 때 탔던 말이다. 소릉의 북궐 동측에 있는 3준 중에서 첫 번째에 해당한다. 특근표는 몸 전체가 황색에 흰색이 섞여 있으며 입 주위는 연한 흑색을 띄고 있다. 유무주는 본래 수왕조 시기 하간 경성河澗 景城(지금 하북성 獻縣 동북) 출신으로 부친을 따라 마읍으로 이주했다. 후에 마읍 응양부鷹揚府 교위가

되었으며, 대업 13년(617) 태수 왕인공王仁恭을 살해하고 돌궐에 사신을 보내 화친하며 마읍의 실질적인 지배자가 되었다. 유무주는 무덕 2년 3월 당군이 설인고 세력과

015 소릉 6준(特勤驃)

충돌하는 기회를 틈타 돌궐과 손을 잡고 남쪽으로 공격을 감행했다. 송금강이 거느린 군대는 개주介州를 함락시키고 당군을 여러 차례 패퇴시켰다. 태원을 지키고 있던 제왕 이원길은 성을 버리고 장안으로 피했다. 이때 유무주, 송금강은 산서성의 평원지대와 군사요충지 태원을 잠시 장악했다.

고조 이연은 크게 놀라 황하 이동을 포기하고 군대를 모아 관중을 방어하려고 했다. 이때 이세민은 하동을 버리면 관중은 즉시 고립 상황에 직면할 것이라며 오직 유무주 세력을 제거하고 잃어버린 하동지역을 회복하는 것이 관중을 방어하는 최선의 방법이라고 주장했다. 고조는 즉시 이세민을 보내 유무주 세력을 토벌하도록 했다. 11월 이세민은 군대를 이끌고 용문관으로 향하여 황하를 건넜다. 당군은 백벽柏壁(지금 산서성 新絳縣 서남쪽)에서 결집하여 송금강의 군대와 대치했다. 이때 이세민은 진영을 견고하게 구축하고 장기전을 준비했다. 무덕 3년 2월 송금강의 군대는 양식이 바닥나고 계책이 없는 상황에 직면했다. 때를 기다린 이세민은 특근표를 타고 하루 밤에 2백리를 질주하며 유무주 군대와 수십 차례 교전했다.

특근표는 매우 건장하며 작은 복부에 긴 다리를 가진 돌궐의 명마이다. 이 말은 전형적인 석이하錫爾河 유역의 대완마大宛馬로 한왕조 시기 유명한

'한혈마'에 속한다. 연구자들에 의하면, '특근'은 돌궐의 고위 관호 중 하나이며, 특히 지위가 높은 관호에 속한다고 한다. 태종이 돌궐어의 '특근'이라는 관명을 자신이 타고 다니는 말의 명칭으로 삼은 이유는 명마에 대한 칭송의 의미 뿐만 아니라 자신의 용맹과 공적을 드러내고 기념하기 위한 목적에서였다. 돌궐에서는 왕실 자제를 '특근'이라고 칭했다. 즉 '특근표'는 돌궐 가한可汗의 첫째 아들에게 주는 영예의 칭호였을 것으로 보인다. 태종은 하동을 다시 찾은 것을 기념하고 자신의 용맹과 공적을 기리기 위해 석각 '특근표'를 남겼다.

| 삽로자(颯露紫) | '삽로자'는 이세민이 낙양 할거세력 왕세충李世充을 평정할 때 탔던 명마이다. 능 북쪽에 위치한 3준 중에서 첫 번째에 해당한다. 이 말은 6준 가운데 유일하게 옆에 사람의 석상이 함께하고 있다. 『구당서』권59「구행공전丘行恭傳」을 보면, 이세민이 왕세충과 낙양 망산邙山에서 처음 교전하던 때 적의 상황을 파악하기 위해 '삽로자'를 타고 기병 수십기를 거느리고 적의 배후를 기습 공격했다. 예상치 못한 공격을 당한 왕세충 군대는 크게 동요했다. 그러나 이 전투에서 이세민은 왕세충의 군대에 포위당했고 '삽로자'는 화살을 맞았다. 당시 위급한 상황을 목격한 구행공丘行恭이 급히 말머리를 돌려 적진을 향해 화살을 쏘며 다가와 말에서 내린 후 타고 있던

016 소릉 6준(颯露紫, 복제품)

말을 이세민에게 넘겨주고 자신은 한 손으로 화살을 맞은 '삽로자'를 이끌고, 또 한 손으로는 칼을 잡고 이세민과 함께 적진을 뚫고 진영으로 돌아왔다. 구행공이 흉부에서 화살을 뽑아냈지만 '삽로자'는 곧 죽었다.

이세민은 구행공의 용맹과 '삽로자'의 공적을 표창하기 위해 석각을 남겼다. 이 석각은 화살을 맞은 형상을 표현한 것으로 말은 머리를 숙인 채 사람에 의지하여 서 있으며, 눈빛은 힘이 없고 엉덩이 부분은 약간 뒤쪽으로 처져 있다. 말은 심한 통증으로 몸 전체에 힘이 빠져 있고 네 다리 역시 풀려 힘없는 모습이다. 말 옆에서 구행공이 화살을 뽑아내는 모습을 볼 수 있다.

'삽로자'의 명칭은 태종이 칭송한 노래에서 비롯되었다고 한다. 갈승옹의 연구에 의하면, '삽로'는 돌궐어에서 유래한 것이며, 그 음은 '사발략沙鉢略', '시파라始波羅'를 한역한 것이라고 한다. 『통전』권197 돌궐 10등 관호와 『수서』전기 등 문헌 및 돌궐 비문 중에 나타난 기록에 의하면, '사발략'과 '시파라'는 돌궐의 최고 통치자의 영예성 칭호이다. 특히 용감한 돌궐 귀족에게 내리는 칭호이며 고위 관직명이라는 것을 알 수 있다. 태종은 돌궐의 풍속을 자신의 준마에 사용함으로써 그 용맹성을 상징하고자 했다. '삽로자'는 용감하고 건장한 자색의 준마라는 뜻을 담고 있다.

| 청추(靑騅) | '청추'는 창백蒼白이 섞인 준마이다. 잠중면岑仲勉과 갈승옹葛承雍의 고증에 의하면, 이 말은 서쪽 대진大秦에서 온 준마라고 한다. '청추'의 '청'은 일반적인 색을 뜻하는 것이 아니라 돌궐어 'cin' 혹은 'sin'에서 유래한다. 이것을 한어의 음과 유사한 '진'으로 번역한 것이고, '진'은 '청'과 음이 비슷하여 그 명칭을 얻게 되었다. 문헌에 의하면, 준마 '청추'는 이세민이 두건덕(수왕조 말 하북과 산동일대에서 농민을 규합하여 봉기했음)과 낙양 무뢰관武牢關 전투에서 격전할 당시 탔던 말이다. 소릉 북궐 동쪽 3준 중에서 중간에 위치한다. 이세민은 전투 당시 '청추'를 타고 선두

에서 정예기병을 통솔하며 두건덕 군대의 화살을 피해 적진 깊숙이 공격해 들어갔다. 이세민은 10만이 넘는 두건덕 군대를 무너뜨리고 우구저 牛口渚(지금 하남성 汜水縣 서북쪽 12.50km 지점)에서 두건덕을 생포했다. 이 전투에서 '청추'는 다섯 발의 화살을 맞았는데 모두 정면에서 날아온 것으로 전투가 매우 치열했음을 보여준다. 무뢰관 대첩은 당왕조 초기 할거세력을 진압하고 왕조의 기반을 다진 결정적인 전투였다고 볼 수 있다. 이세민은 '청추'의 용맹을 찬미하고 자신의 공적을 기리기 위해 준마 '청추'를 석각石刻하여 후세에 전하고자 했다.

| 십벌적(什伐赤) | '십벌적'은 적색 준마이다. 소릉 북궐 동쪽 3준 중에서 가장 끝에 위치한다. '십벌적'의 명칭에 대해 일본학자 원전숙인原田淑人의 견해에 따르면, '십벌'은 '질발叱拔'이며 페르시아어로는 '아현파阿灑婆', 중국어로는 '말'을 뜻한다고 한다. 미국학자 R.N.Frye는 '질발' 또는 '십벌적'을 모두 대완大宛의 한혈마로 보고 있다. 갈승옹은 '십벌적'은 돌궐의 관호官號이며, '설발設發', '설設' 또는 '살殺', '찰察', '사沙' 등의 음과 유사하다고 한다. 『통전』 돌궐 상上과 『구당서』 돌궐전에서 '설'은 돌궐 별부 영병장령領兵將領이다. '설'에 임명된 자는 모두 가한可汗의 직계 친속으로, 즉 가한 자제 및 종족이 그 직책을 맡게 된다. 직급은 가한과 협

호叶護의 아래이
며, 아장牙帳을 두
고 정예병 2만을
거느릴 수 있는 자
격을 갖게 된다.
학계에서 '설발'
의 해석은 여러 가
지 주장이 있으나
대부분 '설발' 혹
은 '설' 또는 '실

018 소릉 6준(什伐赤)

失'의 명칭에 대해 돌궐 고위 관호라는 점은 일치한다. 문헌에 의하면, 준
마 '십벌적'은 이세민이 왕세충, 두건덕 군대와 격전할 당시 탔던 말이다.
이 말은 격렬한 전투상황을 잘 나타내고 있다. 말은 다섯 발의 화살을 맞았
는데 모두 엉덩이 부분이고, 그 중에 하나는 배후에서 날아온 것이다. 이세
민은 준마 '십벌적'의 용맹을 표현하기 위해 역시 석각으로 남겼다.

| 권모과(拳毛騧) | '권모과'는 이세민이 무덕 4년 12월부터 그 다음 해 3
월까지 하북을 평정할 당시 유흑달劉黑闥과 낙수洛水(지금 하북성 曲周縣 경
내) 지역에서 전투를 치를 때 탔던 말이다. 소릉 북궐 서쪽 3준의 중간에 위
치한다. 이 말은 입 주위는 흑색이며 몸 전체는 황색을 띄고 있다. 본래 이
말은 '낙인과洛仁騧'라고 칭했다. 대주代州(지금 하북성 대현)자사 허낙인許
洛仁이 무뢰관 전투에 나가기 전 이세민에게 바친 것으로 처음에는 허낙인
의 이름을 사용했다. 허낙인은 사후에 소릉에 배장되었는데 그의 묘비에
무뢰관 전투시 이세민에게 말을 진상했다는 내용이 적혀 있다. 후에 사람
들은 말의 털이 곱슬곱슬하게 말린 모양 때문에 '권모과'라고 불렀다. 말
의 털이 전체적으로 곱슬하게 말리게 되면 예쁘지 않다. 그러나 이 말은 건

소릉 6준(拳毛騧 , 복제품)

장하며 날쌘 모습을 갖추고 있어 전혀 보기 싫은 형상이 아니다. 태종은 말의 색깔과 모습에 대해 전혀 상관하지 않고 말의 특색을 알아보고 선택하는 안목이 있었다. 갈승옹의 연구에 의하면, '권모'는 돌궐어 'khowar kho'이며, 『북사北史』에는 '권우마국權于摩國'이라고 기록되어 있다. '권모과'는 태종이 당 초기 대업을 이루는 시기에 함께 했던 말이다. 무뢰관 전투 이후 이연 부자는 두건덕 세력을 물리치고 하북 일대를 장악하여 통치력을 공고히 했다. 그러나 두건덕의 부장 범원范愿, 고아현高雅賢 등이 이연 부자에게 복수하기 위해 유흑달을 대장으로 삼아 하북 일대에서 반기를 들었다. 유흑달 세력은 성을 함락시키고 파죽지세로 당군을 패퇴시켰다. 약 반년 동안 이들은 두건덕의 세력 범위였던 하북 일대를 대부분 장악했다.

무덕 4년 12월, 이세민은 또 다시 출정했다. 그는 장기간의 전투를 준비하고 적의 식량 공급로를 차단하는 계책을 써서 유흑달의 2만여 기병과 결전을 벌였다. 매우 치열한 전투 중에 이세민이 탄 '권모과'는 아홉 군데의 화살을 맞았다. 태종은 당왕조 창업 당시 전쟁터에서 동분서주하며 전공을 세웠는데 그가 타고 다닌 말들 역시 그의 전공에 커다란 역할을 했다.

갈승옹의 연구에 의하면, 태종은 6준을 통해 영웅적인 기개를 노래하고 있는데 이것은 돌궐인의 매장풍습과 종교의식을 담고 있다고 한다. 돌궐인의 삶은 말과 불가분의 관계를 갖는다. 돌궐의 칸들은 말 위에서 제국을 이

룩했다. 돌궐의 장례의식은 영웅이 죽었을 때 그가 탄 말을 매장하는 풍습이 있었다. 지금까지 발견된 돌궐 비문 중에 전쟁터에서 승리했을 때 가한可汗 또는 영웅이 탄 말을 언급하고 있으며, 그 말들에게 영예로운 명칭을 부여하고 있음을 볼 수 있다. 이것은 모두 기마민족의 풍속에 나타난 특징이라고 볼 수 있다. 또 갈승옹의 주장에 따르면, 돌궐인은 높은 산을 숭상하는 것을 선조에 대한 예로 여겼는데 이는 당 초기 능묘제도에 영향을 준 것으로 파악하고 있다. 돌궐인은 선조의 영혼을 가장 높은 곳 또는 높은 산에 두어야 한다고 생각했다. 그 이유는 가장 높은 곳에 있으면 태양신에게 쉽게 다가갈 수 있다고 여겼기 때문이다. 산과 조상을 숭배한 돌궐인의 정신세계는 당태종의 소릉 건축에 영향을 준 것이다.

태종의 소릉 6준은 돌궐인의 신앙 즉, 배화교拜火敎와 밀접한 관계가 있다. 배화교는 현재 이란과 중앙아시아 일대에서 발생한 종교이다. 518년을 전후하여 중국에 전래되었으며 당 정관 5년(631), 장안에 파사사波斯寺가 세워졌다. 배화교의 경전 『아유사탑阿維斯塔』 및 그 밖의 문헌을 보면, 신비의 수 3 및 그 배수가 자주 보이는데 그 뜻은 '무한다無限多'를 의미한다. 즉, 육천신六天神, 육계六季, 육절六節, 육교六橋, 육백남녀六百男女 등은 배화교 신화 속에 등장하는 수에 해당하며, 소릉 6준의 6의 수에 매우 부합된다고 볼 수 있다. 특히 말을 찬미하여 제국을 창업한 공적을 기리는 것이 배화교의 기본 내용이며 준마는 곧 전쟁터에서 용맹을 떨친 영웅의 업적을 드러내고 있는 것이다. 만약 소릉 6준이 배화교의 영향을 받았다면 태종은 배화교에서 '영생의 성자'로 칭송된 것이며 또한 군주권 강화의 통치이념으로 삼은 것으로 볼 수 있다.

소릉 6준은 그 내용 및 형식에서 볼 때 중국 고대예술의 새로운 기법이며 불교조각 예술의 감저부조減底浮雕 기법을 사용했다. 각 준마의 자태와 성격은 모두 다르게 표현되어 독특한 품격과 소박하면서도 용맹스런 형상을 취하고 있으며, 마치 살아있는 듯한 느낌으로 다가온다. 이러한 기법은 당대 조각예술의 뛰어난 예술성을 담고 있으며, 고대 중국인들의 지혜와 창조성을 반영하고 있다. 이후 소릉 6준은 사람들에게 신성한 것으로 여겨졌다. 일설에 의하면 다음과 같은 이야기가 있다.

천보 14년(755) 11월 9일, 안록산이 범양(지금 북경 서남쪽)에서 반란을 일으켜 15만의 군대를 거느리고 장안을 공격했다. 다음 해 6월, 당의 가서한哥舒翰 군대와 반란군 최건우崔乾祐 군대가 동관潼關 동쪽 영보서원靈寶西原에서 격돌했다. 이때 반란군 최건우의 군대 앞에 황색깃발을 나부끼고 돌풍을 일으키며 기병부대가 돌진해왔다. 반란군은 혼비백산하여 도망쳤고 최건우의 군대는 패하여 물러갔다. 이후 그 기병 부대는 홀연히 사라졌는데 그 행방을 알 길이 없었다. 후에 소릉을 지키는 관원이 조정에 보고하기를 동관 전투가 있던 날 소릉의 석마石馬와 석인石人이 모두 목욕한 것처럼 땀을 흘렸다고 전했다. 이것은 소릉 6준이 동관전투에 참여했다는 이야기를 담고 있다.

『예천현지禮泉縣志』 청대 장초증張弨曾의 「소릉육준찬변昭陵六駿贊辯」을 보면, 그가 직접 소릉을 답사하고 남긴 글이 있다. 이 문헌에 근거하면, 6준은 여전히 소릉 북궐 제단 위에 의연하게 서 있으며, 제각題刻의 글자만 희미하여 알아 볼 수 없는 상태였다. 안타깝게도 이 진귀한 예술품은 1920년대 약탈당했다. 약탈 경위에 대해 곽기郭琦, 이신민李新民, 무백윤武伯倫, 부진윤傅振倫 등 관련 전문가들의 설명이 모두 일치하지 않는다. 1914년, 6준의 예술성을 듣게 된 미국 펜실버니아대학 고고인류학박물관, 노근재盧芹齋, 중국예술공사가 서로 결탁하고 골동품상 Bishop이 중국에 와서 석준을 운반해 갔다. 이들은 북경 유리창琉璃廠에 골동품상을 개업한 후 원세개의 아들을 통해 섬서성 독군督軍 육건장陸建章을 소개받았다. 육건장은 섬서성 지방 관리와 결탁하여 6준 중에서 '삽로자'와 '권모과'를 섬서에서 반출해 갔다. 우우임于右任 선생의 시구에 "석마가 바다를 건너갔다"라는 구절이 있는데 즉 이 부분을 말하는 것이다.

현재 미국 펜실버니아대학 박물관의 '삽로자'와 '권모과'는 소릉에서 직접 훔쳐간 것이 아니라고 한다. 『소암잡지蘇庵雜誌』(권3) 「소릉 6준」 부분과 『서북혁명사정고西北革命史征稿・장운산전張雲山傳』에 의하면, 신해혁명 후 섬서군정부 병마대도독 장운산이 6준 중에서 '삽로자'와 '권모과'를 구독서舊督署(군정부 소재지 南院)로 옮겨왔다고 한다. 이후 육건장이 섬서를 관장할 당시 장운산은 자신의 직위를 지키기 위해 두 석마를 육건장에게 보냈다. 육건장은 원극문의 편지를 받고 원세개에게 잘 보이기 위해 원극문의 촉탁을 받아들여 두 석마를 해외로 반출시키는데 협조한 것이다. 『소암잡지』의 저자이며 섬서성 신해혁명의 원로 중에 한 사람인 송련규宋聯奎는 1914년 섬서순안사陝西巡按使로 부임하여 장운산과 함께 일한 적이 있었는데, 그의 글에 장운산이 6준 중에 두 개를 남원으로 옮겼다고 했다.

1918년 초가을, Bishop은 다시 중국에 와서 나머지 4개의 석마를 몰래 운반해 가려고 했다. Bishop 일행은 당시 섬서독군 진수번陳樹藩의 아버지 진배악陳配岳과 결탁했다. 석준 반출사건이 그 전에 이미 사람들에게 알려져 있었으므로 매우 신중하게 행동했다. 그들은 위하渭河를 따라 서안 북쪽에 이르러 석준을 담은 상자를 수로를 통해 국경근처까지 운반할 계획을 세웠다. 그러나 배가 서안 북쪽에 이르렀을 때 사람들에게 발각되었다. 당시 위하 북쪽에 주둔하고 있던 군대는 북양군벌과 대립한 정국군靖國軍이었다. 정국군은 이 소식을 듣고 즉시 포고문을 써서 진수번의 행위를 질책했다. 진수번은 그 일에 자신의 아버지가 관련된 것을 알고 4개의 석준을 서안도서관으로 옮겨왔다. 그러나 석준은 이미 원래의 모습을 잃고 파손된 상태였다.

중화인민공화국 건립 이후, 4개의 석준은 섬서성박물관(현재 서안비림박물관)에 보관되어 있다. 여기에 있는 '삽로자'와 '권모과'는 복제품이며, 나머지 4개는 반출 과정에서 파손된 것을 다시 복원한 것이다. 6준에 새겨진 글자는 이미 식별하기 힘들 정도로 마모 되었고 조각의 세부적인 선 역

시 마모가 심한 상태이다. 다행히 북송시대 섬서전운사陝西轉運使 유사웅遊
師雄이 원우 4년(1089)에 세운 『소릉육준비』에 자세한 기록을 남겼다. 여기
에는 석마의 선각형태 및 전쟁참여 상황 등 세부적인 기록 및 태종의 6준
에 대한 칭송의 글 등이 남아 있어 6준 연구에 귀한 자료를 제공하고 있다.
현재 널리 알려진 6준의 세부적인 형상과 위치는 모두 유사웅이 세운 비석
의 내용에 기초한 것이다.

2002년 9월, 미국 펜실버니아대학 고고인류학박물관에서 근무하는 주
수금周秀琴이 서안비림박물관의 초청으로 중국에 와서 자신이 여러 해 동
안 수집한 자료를 정리하여 『소릉양준유실시말昭陵兩駿遺失始末』이란 글을
발표했다. 주씨는 이 글에서 소릉 석마가 서안을 떠나 북경으로 반출된 경
위와 이후 펜실버니아대학 박물관에 소장된 상황을 소개했다. 주씨의 주장
에 의하면, 6준의 가치를 먼저 알아본 사람은 파리의 상인 Paul Mallon이었
다고 한다. 그는 자신이 운영하는 중국 인도지나 수출공사(Imporatation de
Chine et deslndes)를 통해 중국의 골동품을 취급하고 있었다. 1913년 5월, 석
마는 소릉에서 반출되는 도중 중국인들에게 저지 당하였고 그 과정에서 파
손되었다. 당시 사람들은 부서진 석마를 몰수하여 서안도서관에 넘겼고,
이후 섬서독군 장운산에게 점유 당했다가 장안 구독서(속칭 남원)로 옮겨졌
다. 1914년 육건장이 섬서독군으로 왔을 때, 장운산은 병권을 박탈당할 상
황에 처하게 되자 육건장에게 두 개의 석상을 바치게 되었고 석마는 다시
육건장의 수중에 들어갔다. 당시 제제帝制를 꿈꾸고 있던 원세개의 권력에
기반한 세력과 결탁한 북경의 연길재延吉齋 사장 조복령趙福齡(1881~1936)이
양준을 북경으로 옮겨왔다. 필자가 추측하건대 골동품상 조복령은 소릉 6
준의 가치를 잘 알고 있었으며, 원세개의 환심을 얻기 위해 노력하는 육건
장의 상황을 십분 활용하여 손쉽게 사람들의 눈을 피하여 2개의 석준을 북
경으로 가져올 수 있었던 것으로 보인다. 양준은 이런 과정을 거쳐 1915년
초 북경으로 운반되었다.

펜실버니아대학 박물관 헤리슨(Charles Custis Harrison, 1844~1929) 박사의 글에 의하면, 양준은 북경으로 운반된 이후 1927년 9월 10일 미국으로 반입되었다. 노근재盧芹齋(1880~1957)는 1900년경 파리에서 경영학을 공부했다. 이후 그는 같은 지역 출신인 국민당 원로 장정강張靜江의 투자를 받고 몇 명의 파리 주재 중국대사관 직원들의 도움을 받아 통운고완공사通運古玩公司를 설립했다. 노근재는 이를 기반으로 파리, 북경, 상해, 뉴욕에 사무실을 열었다. 이후 그는 50여 년 동안 도자기, 회화, 청동기, 조각품 등 중국의 골동품을 유럽과 미국의 박물관 또는 개인에게 팔아 넘겼다. 양준이 노근재의 손에 들어가게 된 배경에 대해 주씨의 글을 살펴보면 두 가지 상황으로 파악된다. 첫째, 1927년 9월 10일, 노근재가 합리삼哈里森에게 보낸 편지에 양준은 "1915년 원세개 총통의 명령하에 정식으로 북경에 반입되었다. 그 후 몇 개월이 지나 어떤 사람이 우리에게 판매했다"는 내용이 있다. 노근재는 "이 매매는 매우 합법적인 것이었으며, 중국의 최고 통치자가 우리에게 판매한 것"이라고 강조했다. 양준이 반출된 경위에 관해 현재 남아 있는 자료에 의하면, 중간에 분명 개입한 세력이 있었을 것으로 보인다. 주씨의 글에서 '최고 통치자'라고 언급된 점으로 미루어 알 수 있듯이 조학방趙鶴舫이 원세개 세력을 빌려 섬서성에서 양준을 북경으로 옮겨온 이후, 원세개 제제운동帝制運動을 반대하는 분위기가 팽배하자 즉 곤란한 상황에 직면하지 않았을까 하는 것이다. 소릉 6준의 가치에 대해 누구보다도 잘 알고 있었던 조학방 또는 그 중간 역할을 한 사람 중에서 고위층 인물 혹은 상부의 지시를 받은 인물이 양준을 노근재에게 팔아넘겼을 것이다. 즉 조학봉이 '최고 통치자'의 이름을 이용하여 양준을 팔아넘긴 것으로 볼 수 있다.

둘째 가능성은 불법골동품 판매상인의 행위로 볼 수 있다. 주씨는 조학방이 양준을 북경으로 옮겨온 이후 몰래 다른 사람에게 팔아넘긴 것이라고 추측한다. 그러나 이 가능성은 그리 크지 않다. 왜냐하면 양준이 북경으로 옮겨진 이후, 곧 원세개의 아들 원극문과 섬서독군 육건장이 알고 있었기 때문에 조학방은 감히 두 사람을 속일 생각은 못했을 것이다. 만일 발각될 경우 조학방의 안전은 장담할 수 없는 일이기 때문이다. 그렇다면 불법골동품 상인은 조학방이 아닌 또 다른 사람이었을까? 이 가능성은 위에서 언급한 자료 외에 이후 또 다른 자료들을 발굴하여 해답을 줄 수 있는 날을 기대해 본다.

양준은 노근재를 통해 외국으로 반출되었다. 펜실버니아대학 박물관은 노근재를 통해 뉴욕에서 양준을 매입했다. 노근재는 1914년에 미국에 사무실을 열었는데 당시 펜실버니아대학 박물관장 G.B.Gordon(1870~1927)도 개업식에 초청을 받았다. 관장은 고예술에 조예가 깊었고 박물관 소장품 수집에 독특한 견해를 갖고 있었다. 때문에 현재 펜실버니아대학 박물관은 상당히 가치 있는 유물들을 많이 소장하고 있다. 그는 박물관 전시물을 임대전시, 구매, 기증의 방법을 통해 박물관의 고정 수장품으로 만들었다. 이 대학 박물관의 문헌자료에 의하면, 고든 관장은 1918년 3월 9일 뉴욕에서 처음 양준을 접했다고 한다. 그해 4월 19일, 대학박물관 이사회 회의기록에 근거하면, 고든 관장이 노근재에게 편지를 보내 양준을 무상으로 박물관에 전시해 줄 것을 요청했다. 즉 빌려오는 방식으로 먼저 대학박물관에 전시하고, 이후 돈을 지불한 것으로 이 방법은 고든 관장과 노근재 사이에서 수년 동안 행해졌다. 이런 경로를 통해 양준은 1918년 5월 8일 펜실버니아대학에 도착했다. 이후 1918년 6월부터 1921년 초 사이에 노근재는 펜실버니아대학 박물관과 여러 차례 협상을 거쳐 마침내 12.5만 달러에 양준을 매매했다. 현재 양준은 펜실버니아대학 박물관에 전시되어 있다.

2) 14국추장석각상(十四國酋長石刻像)

소릉에는 6준과 함께 북궐에 14국 추장 석각상이 즐비하게 늘어서 있다. 『당회요』(권20) 기록을 보면, "상(고종 이치)께서 선제의 공적을 드러내기 위해 장인들에게 여러 군장들의 석상을 만들도록 했다. 정관 연간에 귀화한 군장들 및 그들의 관명을 새기고 … 능 사마 북문 안 구종산 북쪽에 세워 (태종)의 무공을 드러내도록 했다"고 적혀 있다. 소릉 14국 추장 석각상은 당고종 영휘 연간(650~655)에 조각하여 능원 북사문 내에 배치했다. 14국 추장 석상은 11개 민족, 14개 국가를 대표하고 있다. 그들 중에는 전쟁에 패하여 당왕조에 굴복한 사람, 혹은 귀부한 사람, 또는 우호적인 교류를 한 사람들도 포함되어 있다. 이 석상은 당왕조와 주변민족 관계를 설명해 주고 있으며, 당태종 시기 서역교류의 공적을 드러내기 위한 상징물이다. 당태종은 돌궐을 평정하고 토번과는 화친관계를 표방했는데 이러한 정책은 중국과 주변민족의 융합을 도모하여 각 민족들로부터 긍정적 반응을 얻은 것으로 평가된다. 정관 4년 4월, 서역 각국 추장들은 태종을 '천가한天可汗'으로 추대했다. 소릉 14국 추장 석각상은 당태종 시기 서역 각국과 당왕조의 화친관계를 보여주는 대표적인 상징물이다.

전문가들의 고증에 따르면, 이 석상들은 당왕조 말기부터 5대10국 사이에 훼손되었을 것으로 보고 있다. 1965년 가을 섬서성문관회陝西省文管會와 예천현문교국禮泉縣文教局으로 구성된 조사팀이 소릉 북궐 유적터에서 아사나사이阿史那社爾, 토번찬보吐蕃贊普, 용돌기지龍突騎支, 국지용麴智勇의 석상좌石像座를 발견했다. 1982년 소릉박

020 설연타(薛延陀) 진주비가가한(眞珠毗伽可汗) 석상좌(石像座)

021 토번찬보(吐蕃贊普) 석상좌(石像座)

물관팀이 소릉 북궐 유적터를 정리하던 중에 우전왕于闐王 복도신伏闍信, 진주 비가가한眞珠毗伽可汗 이남夷男과 바라 문제국왕婆羅門帝國王 아나순阿那順의 석상 3개를 발견했 다. 아울러 상반신 석상 1개와 머리 부 분만 남아있는 파손 된 석상 몇 개도 발 견했다. 이 석상들 뒷면에는 모두 초당 시기 서예가 은중용 殷仲容이 예서체로

022 언기왕(焉耆王) 용돌기지(龍突騎支) 석상좌(石像座)

쓴 제명題名이 새겨져 있는데 오랫동안 땅 속에 묻혀 있었기 때문에 선명하 게 글자가 그대로 남아 있다. 14국 추장 석각상에는 돌궐 힐리가한 좌위대 장군 아사나초필突厥 頡利可汗左衛大將軍 阿史那礎苾, 돌궐 돌리가한 우위대장 군 아사나십발필突厥 突利可汗右衛大將軍 阿史那什鉢苾, 돌궐 을미니숙사리필 가한 우무위대장군 아사나사마突厥 乙弥泥孰俟利苾可汗右武衛大將軍 阿史那思 摩, 돌궐 답포가한 우위대장군 아사나사이突厥 答布可汗右衛大將軍 阿史那社 爾, 설연타 진주비가가한薛延陀 眞珠毗伽可汗, 토번 찬부 송찬간포吐蕃 贊府 松 贊干布, 신라 낙랑군왕 김진덕新羅 樂浪郡王 金眞德, 토욕혼 오지야발립 두가 한吐谷渾 烏地也拔立 豆可汗, 구자왕 가려포실필龜玆王 訶黎布失筆, 우전왕 복

도신于闐王 伏闍信, 언기왕 용돌기지焉耆王 龍突騎支, 고창왕 국지용高昌王 麴智勇, 임읍왕 범두리林邑王 範頭梨, 바라문제나복제국왕 아나순婆羅門帝那伏帝國王 阿那順의 명칭이 있다.

023 고창왕 국지용(麴智勇) 석좌상(石像座)

3. 배장묘

1) 분포 상황

능산 주변을 중심으로 거대한 배장묘가 분포되어 있는 모습은 소릉의 주요 특징 가운데 하나이다. 정관 11년 2월, 문덕황후 장손씨가 먼저 세상을 떠나자 소릉에 매장한 후 태종은 『구종산복릉조九嵕山卜陵詔』를 작성하여 "지금부터 공신 황실의 인척 및 덕업을 쌓은 사람이 세상을 떠나게 되면 마땅히 일정한 땅과 비기秘器를 내리고 …" 하는 소릉 능묘의 배장제도를 확립했다. 이후 공신과 막료들이 배장을 자청하면 허락하고, 아울러 그 자손 증조부와 조부의 합장까지도 허락한다고 했다. 『소방호재여지총초小方壺齋興地叢鈔』 기록에 의하면, "구종산 자락의 배장묘는 제왕 7명, 비빈 8명, 공주 22명, 3품 이상 관원 53명, 공신 대장군 이하 64명"이라고 되어 있다.

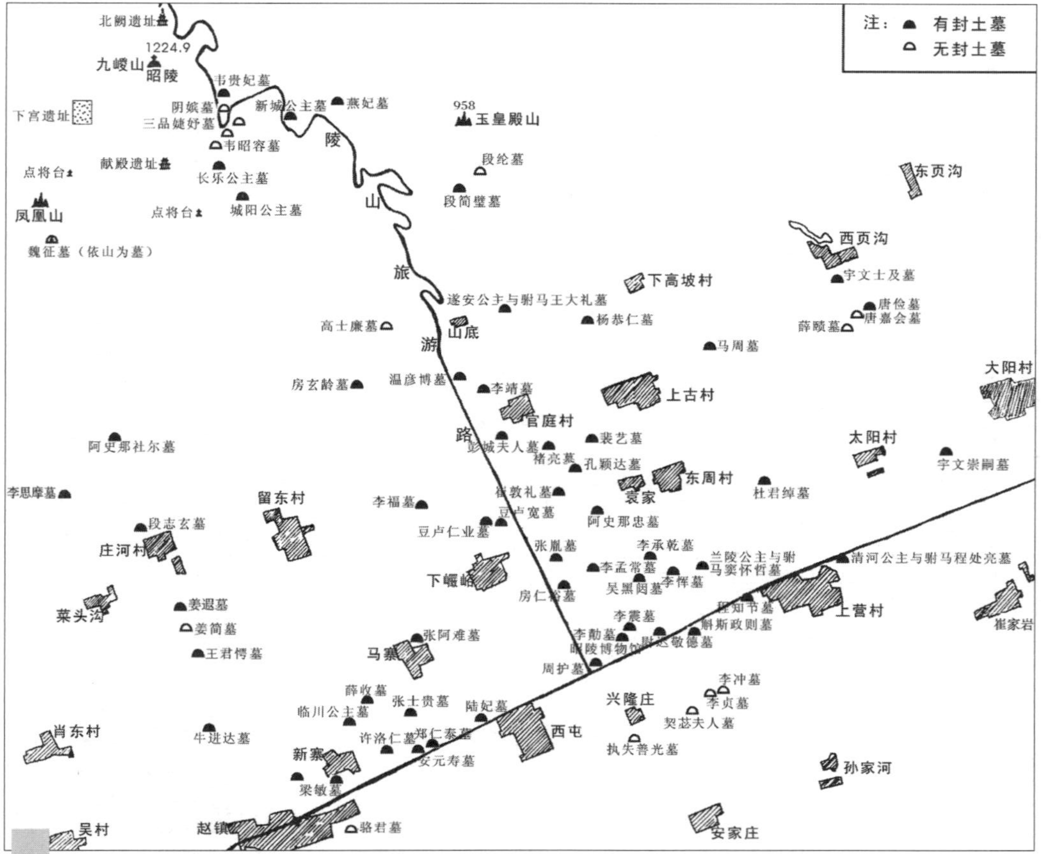

024 소릉 배장묘 중 묘주가 확인된 배장묘 분포도

그 중에 소수민족 지도자가 15명이다. 배장묘 중에서 공신들은 대부분 국장으로 성대하게 예우했으며, 장례에 필요한 기물도 모두 관청에서 지급했다. 최근 발굴조사를 통해 알 수 있듯이 정관 11년(637)부터 개원 27년(739)까지 계속 이곳에 분묘가 생겨났는데 현재까지 194기의 무덤이 발견되었다. 그 중에 신분이 밝혀진 것은 73기이고 대다수가 부부합장묘로 되어 있으며 총 인원은 모두 200명이 넘는다. 배장묘의 분포는 산 위 또는 산 아래 평지를 중심으로 위치하며 그 범위는 동서 12km에 달하고 남북의 범위는 16km에 이른다. 북쪽은 구종산의 북쪽 산봉우리가 시작되고 남쪽은 견수조촌汧水趙村 일대와 인접한다. 동쪽으로는 동혈곡촌東頁谷村에 이르고, 서쪽은 장하莊河로 이어진다. 배장묘 앞에는 각각 궁비穹碑가 서 있으며 주변은 울창한 송백이 넓게 펼쳐져 있다. 소릉 능원은 주변 길이가 60km에 달하며 총면적은 약 2만 헥타르에 이른다. 태종의 능침은 구종산 주봉에 위치하는데 이 구조는 마치 황궁이 장안성 북쪽에 있는 것과 같다. 이러한 형태는 전근대 황제정치의 지고무상至高無上한 권력을 반영한 것이다.

2) 배장묘 발굴 현황

소릉 주변의 배장묘 주인들은 황실인척 및 당왕조의 문무대신들이다. 그 중에서 태종시기 명신名臣 위징, 방현령, 울지경덕, 이적, 정교금, 이정, 공영달, 저량 등이 모두 이곳에 묻혔있다. 1971년부터 섬서문물고고팀이 정인태, 장사귀, 울지경덕, 이적, 안원수, 임천공주, 장락공주, 위귀비, 월왕 이정, 정교금, 단간벽 등 40기에 달하는 분묘를 발굴 정리한 후 이적, 장락공주, 위귀비의 묘를 사람들에게 개방했다.

| 시중 정국공 위징(侍中 鄭國公 魏徵) | 위징(580~643)의 자는 현성玄成이며

거록 곡성巨鹿 曲城(지금 하북성 진현) 사람이다. 위징은 중국 고대의 저명한
정치가이며 사상가이고 문학가이다. 부친이 현령을 지낸 적이 있었으나 젊
은 나이에 세상을 떠났기 때문에 집안이 몰락하여 할 수 없이 출가하여 도
사道士가 되었다. 수왕조 말에 이밀과 두건덕이 이끄는 와강군瓦崗軍에 참
여했으나 후에 당왕조에 투항하여 태자세마太子洗馬가 되어 태자 이건성을
도왔다.

　무덕 9년(626) 현무문 사건 이후, 이세민이 제위에 오르자 위징은 간의대
부諫議大夫에 발탁되었으며 이후 비서감을 거쳐 태자태사를 역임했다. 위징
은 태종 시기 가장 대표적인 인물이다. 그가 17년 동안 태종을 보좌하며 제
안한 수많은 정책들은 당왕조의 통치를 공고히 하는 밑거름이 되었다.

　정관 17년(643), 위징은 세상을 떠난 후 소릉 현궁 서남쪽 봉황산에 배장
되었다. 이곳은 소릉 현궁과 가장 가까운 산 위에 위치한다. 묘비의 높이는
4.03m, 너비 1.10m, 두께는 0.44m이다. 비문은 당태종이 직접 지었는데

025 위징(魏徵)의 능묘

태종말년 참언으로 묘비가 훼손당하여 현재 한 글자도 남아 있지 않다. 위징의 생애에 대해서는 『구당서』 권71, 『신당서』 권97에 기록되어 있다.

| **사공 태자태사 영국공 이적(司空 太子太師 英國公 李勣)** | 이적의 본성은 서씨徐氏이며, 이름은 세적世勣, 자는 무공懋功으로 조주曹州(지금 산동성 하택荷澤) 사람이다. 무덕 원년(619)에 고조 이연이 그에게 당왕조의 이씨 성을 하사했다. 영휘 연간에 이세민의 이름을 피하여 이적李勣이라고 했다.

이적은 당왕조 건국에 공훈을 세운 무장출신으로서 재상의 반열에 오른 인물이다. 그는 고조 이연에서 부터 태종을 거쳐 고종 시대까지 황제들의 신임을 얻었고 영화를 누렸다. 이적은 17세부터 수말의 농민봉기에 참여하여 한때 와강군의 명장으로 이름을 떨쳤다. 무덕 원년 와강군이 패하자 이밀과 함께 당에 귀부했다. 이후 당왕조의 장군이 되어 상주국, 조국공, 우무후대장군, 요동도행군대총관에 봉해져 지금의 산동, 강소, 안휘, 하남의 동남쪽을 관할했다. 무덕 5년 이세민을 따라 동도東都를 평정했으며, 이후 유혹달劉黑闥, 서원랑徐圓郎, 보공우輔公祐의 세력을 진압하는데 참여하여 공적을 세웠다. 정관 4년(630)에는 이정李靖과 함께 막북의 돌궐 힐리가한 세력을 격파하기도 했다. 이적은 고조 이연에서부터 정관 연간에 이르기까지 당왕조의 수많은 위협세력을 제압하고 평정하는 전쟁에 참여하여 업적을 세운 대표적인 장군이었다.

총장 2년(669), 이적이 76세에 세상을 떠나자 고종 이치는 7일 동안 조회를 그치고 직접 조문하며 그의 죽음을 애도했다. 장례를 치르는 날 고종은 미앙궁未央宮에 임하여 그의 영구를 보내고 성루에 올라 멀어져 가는 영구차를 전송하며 눈물을 흘렸다고 한다.

이적의 묘는 구종산 아래 평지(지금 소릉박물관)에 있다. 봉토 높이가 18m, 직경은 약 120m의 원추형으로 3개의 봉분이 품品자 형태를 이루고 있다. 묘 앞에는 2.36m의 석인이 있고, 좌측에는 1.78m 높이의 석양石羊

026 이적(李勣)의 묘 봉토 및 신도비

세 마리가 있다. 우측에는 석호 세 마리가 있는데 높이가 1.80m이다. 묘 앞에는 또 6.65m에 달하는 비가 서 있다. 비석의 하부 너비는 1.80m, 두께가 0.54m이다. 머리는 이무기의 형상을 하고 있으며 비석 받침은 돌거북 형상으로 되어 있다. 이 비석은 소릉의 배장묘 중에서 가장 큰 비석이며 의봉儀鳳 2년(677)에 세워진 것인데 현재 보존상태가 양호하다. 비석에는 전서체篆書體 음각으로 '대당고사공상주국증태위영정무공비大唐故司空上柱國贈太尉英貞武公碑'의 16자가 새겨져 있다. 비문은 행초서체行草書體로 고종이 직접 짓고 썼다고 한다. 내용은 이적의 생애와 당왕조에 대한 공적을 칭송한 것이다. 이 비문은 이적과 당왕조 초기 정치와 군사 방면의 상황을 알 수 있는 중요한 자료이며 또한 당 초기 공신 배장제도를 연구할 수 있는 실제 증거물로 가치 있는 유물이다.

광택 원년(684), 무측천이 임조칭제한 후 얼마 지나지 않아 이적의 손자 유주자사 이경업이 장안 주부 낙빈왕 등과 결탁하여 양주에서 거병했다.

무측천은 좌옥금위대장군左玉
鈐衛大將軍 이효일李孝逸을 양주
도대총관에 임명하고, 장군 이
지십李知十, 풍경신馮敬臣을 부
총관으로 임명하여 30만 군대
로 이경업을 토벌하도록 했다.
이후 다시 좌응양대장군左鷹揚
大將軍 흑치상지黑齒常之를 강남
대총관으로 임명하여 진압하도
록 했다. 그해 11월 양주의 반
란군은 무측천이 파견한 군대
에 의해 토벌되었다. 반란의 진

027 이적의 신도비(唐高宗 撰)

압과 함께 무측천은 주동자 이
경업의 조부 즉, 이적의 관작을
삭탈하고 무덤을 파헤쳐 부관
참시한 후 성을 다시 서씨로 부
르게 했다. 손자 경업 때문에
이적은 사후세계에서 한 때 편
안함을 얻지 못했다. 이후 중종
이 복위하여 조서를 내려 이적
의 분묘를 복구하고 그의 관작
을 다시 회복시켰다. 1971년 분
묘를 정비한 결과 한 차례 복구
한 흔적이 발견되었고, 의관 역

028 삼량진덕관(三梁進德冠)

시 다시 정비된 점을 미루어 보아 역사기록과 일치한 점을 알 수 있다.

| **장락공주(長樂公主)** | 장락공주의 이름은 이여질李麗質이고, 당태종 이세민의 다섯 번째 딸로 장손황후 소생이다. 정관 7년(632) 13세의 나이에 외삼촌 장손무기의 아들 장손중에게 시집을 갔다. 문헌기록에 의하면 공주의 혼인 때문에 태종과 황후, 재상 위징 사이에 한 차례 사건이 발생했음을 보여 준다. 『자치통감』권194 태종 정관 6년 3월 기록에 의하면, "태종은 황후 소생인 공주를 특히 사랑하여 유사有司에게 칙령을 내려 영가장공주永嘉長公主 보다 배에 달하는 지참금을 보내도록 했다"고 한다. 당시 위징은 "옛날 한의 명제가 황자皇子를 봉하고자 하여 나의 아들을 어찌 선제의 자식들과 비교할 수 있겠는가 하였는데, 지금 공주에게 보내는 예물이 장공주長公主 보다 배를 넘게 정한다면 어찌 한 명제의 뜻과 다르다고 할 수 있겠습니까?"라고 간언했다. 태종은 위징의 말을 들은 후에 불쾌한 심정을 후궁에 들어와 장손황후에게 전했다. 현명한 황후는 위징의 뜻을 받아들이

029 의위도(儀衛圖, 장락공주묘 출토)

자고 태종에게 제안했다. 태종이 사랑했던 공주는 정관 17년 8월 10일(643) 갑자기 병이 들어 23살의 나이에 세상을 떠났다. 그해 9월 공주는 소릉에 배장되었다.

공주의 묘는 소릉 능산 동남쪽 예천현禮泉縣 연하향烟霞鄕 능광촌陵光村에 위치한다. 1986년 8월부터 11월까지 문물팀에서 발굴 정리작업을 마쳤다. 봉토는 복두형覆斗形이고 주변 길이가 30m이다. 봉토 꼭대기 부분은 장방형을 이루며 동서 길이 8m, 남북의 너비가 5m, 높이가 9.80m이다. 원래는 봉토 앞 뒤로 4개의 토궐이 있었으나 지금은 남쪽 4개만 남아 있다. 비문은 전서체로 '대당고장락공주지묘大唐故長樂公主之墓'라고 새겨져 있다. 본래 묘 앞에 석인, 석양, 석호, 석주가 1쌍씩 배치되어 있었으나 현재 석인 하나와 석주만 남아 있다.

지하 부분은 묘도, 과동, 천정, 소감小龕, 용도甬道와 묘실 등 모두 6개 구조로 되어 있으며 전체 길이는 48.18m이다. 묘도의 너비는 2.31m, 길이가 16.90m이다. 4개의 과동은 아치형이고 천정 5개, 용도 4개가 있다. 다섯 번째 천정은 용도 중간에 위치한다. 소감 4개는 각각 세 번째와 네 번째 천정 동서 양쪽 벽에 위치하며 용도 벽돌은 아치형 구조로 길이가 8.25m이다. 내부에는 3개의 석문이 있다. 이러한 구조는 소릉 능원 뿐만 아니라 기타 당대 고관高官의 묘에서도 쉽게 발견된다. 그러나 장락공주는 태종이 특히 총애했고 장손황후의 소생이었기 때문에 최고의 격식을 갖추어 후장厚葬했다.

장락공주의 분묘는 여러 차례 도굴되어 묘실 내 벽화가 심하게 훼손되었다. 남아 있는 부장품 역시 파손이 심하다. 이곳에서 123건의 유물과 다수의 벽화가 출토되었다. 유물 중에는 채색도용, 짐승 모양의 도용, 남녀 기마용, 자기류, 청룡백호도, 운중거마도雲中車馬圖, 의위도儀衛圖 및 건축 벽화 등이 있다.

이 분묘에서 특히 주의할만한 점은 두 개의 전봉闐封 구조이다. 한 곳은 입구가 용도 쪽으로 나 있고 다른 한 곳은 과동 남쪽 부분에 입구가 나 있다. 이러한 구조는 특히 연구자들의 관심을 불러일으키고 있는데 공주의 부마 장손충長孫沖과 연관이 있는 것으로 보고 있다. 현재까지 발굴된 당대 무덤을 보면 이러한 경우가 종종 나타난다. 합장할 경우 제2천정을 열고 북쪽으로 난 통로를 이용했음을 알 수 있다. 공주와 함께 부마 장손충을 합장했다는 내용은 『장안지』, 『문헌통고』, 『당회요』에 기록되어 있으나 발굴 과정에서는 어떤 흔적도 찾아볼 수 없었다. 문헌기록에 의하면, 당 고종 현경 4년(659) 공주가 세상을 떠난 지 13년 후, 장손씨가 화를 당하여 장손무기는 자살했으며 그의 가족들도 모두 연루되어 죽임을 당했다. 장손충은 『신・구당서』에 전傳이 없다. 다만 장손무기 전傳에 기록하기를 "그의 아들 비서감, 부마도위 충忠 등이 모두 제명당하여 영외嶺外로 유배당했으며 충은 죽임을 면했을 뿐이다"라는 내용이 있다. 상원 원년(674), 당고종은 장손무기의 관작을 회복시켰다. 장손무기의 무덤은 소릉에 안장되었는데 추측하건대 당시 그의 아들 장손충은 이미 세상을 떠났고, 장락공주는 자식을 두지 못하고 세상을 떠났기 때문에 장손충의 다른 처 소생인 연延이 아버지를 장락공주 묘에 합장시키는 것이 쉽지 않았을 것이다. 장손씨의 집안이 장손무기 사후 절멸되다시피 하여 장손충의 사망 시점을 자세히 알 수 없다. 때문에 장락공주와 합장한 사실여부도 아직까지 미해결로 남아 있다. 이 점은 앞으로도 계

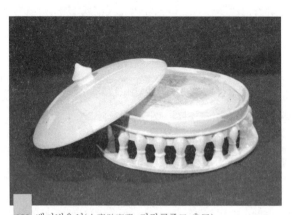

030 백자벽옹연(白瓷辟雍硯, 장락공주묘 출토)

속 연구하여 구명해 볼 만하다.

| 충무공 울지경덕(忠武公 尉遲敬德) |　울지경덕의 선조는 수왕조 시대 하
남군 낙양을 기반으로 성장했다. 이후 당의 삭주(지금 산서 삭현)로 이주했는
데 수왕조 말기 수의 군대에 참여하여 그 용맹을 떨쳤다. 대업 13년(617),
유무주劉武周가 마읍에서 거병하자 경덕은 유무주의 부장으로 참여했다.
무덕 3년(620), 이세민이 유무주를 격퇴하자 경덕은 개휴介休(지금 산서성 개
휴 동남쪽)에서 당에 귀부했다. 후에 이세민을 따라 두건덕, 유흑달의 군대
를 토벌하면서 그 명성을 세상에 알렸다. 무덕 9년 6월 4일, 현무문의 사변
때 태자 이건성의 세력을 제압한 공로를 인정받아 이세민의 일등공신이 되
었다. 정관초년 울지경덕은 스스로 그 공덕을 자만하여 일찍이 문책을 당
하기도 했다. 말년에는 방술에 심취하여 빈객들과도 연락을 취하지 않고
칩거했다. 울지경덕은 당왕조 24명의 개국공신에 속하며 관직은 개부의동
삼사開府義同三司에 이르고 악
국공鄂國公에 봉해졌다. 당고종
현경 3년(658), 74세에 세상을
떠났다. 시호는 '충무'이며 소
릉에 배장되었다.

울지경덕의 묘는 소릉 동남
쪽, 현재 예천현성 동북 18km
지점의 연하신촌烟霞新村에 위
치한다. 1971년 10월부터 1972
년 1월까지 발굴 작업을 마쳤
다. 봉토는 원추형이고 항토 축
성법으로 직경 26.50m, 높이
8.80m이다. 무덤은 묘도, 과동,

031　울지경덕의 묘 앞 석호
　　　(현재 섬서역사박물관 소장)

천정, 전후 용도, 전후 묘실로 되어 있고 전체 길이는 56.30m이다. 묘도는 13도 가량 기울어져 있으며 길이는 16.50m이다. 과동은 4개로 구성되어 있는데 아치형 토동土洞이다. 천정 4개는 모두 묘도 쪽으로 나 있다. 용도는 전후 양 부분으로 이루어져 있으며 앞쪽 용도 남쪽 끝에 석문이 하나 있다. 묘실 역시 전후 두 부분으로 되어 있다. 전방 묘실은 장방형 구조로 남북 2.60m, 동서 2.50m이고 천정 높이는 3.70m이다. 남북 양 벽 정중앙에 아치형 문동門洞이 있다. 후방 묘실은 전방 묘실 축성법과 비슷하다. 길이와 너비는 각각 5.10m, 높이 5.70m 아치형 천정이다. 전후 용도와 묘실은 모두 벽돌 축성법이며 바닥에는 방형 벽돌을 깔았다. 후방의 묘실에 석관을 안치했는데 방형 구조이며 길이와 너비는 각각 3.90m, 높이 0.30m이다. 발굴 당시 묘실은 진흙으로 가득 차 있었고 진흙 사이에 관목 파편이 끼어 있었다. 묘실 내 부장품들은 이미 도굴당한 상태였으며 남아 있는 것 역시 모두 파손되어 있었다. 그 중에 묘지명墓誌銘은 양호한 상태로 남아 있었는데 하나는 울지경덕의 묘지이고, 또 하나는 그의 부인 소씨의 묘지이다. 울지경덕의 묘지는 한 변의 길이가 1.20m, 두께 0.25m인데 이 묘지는 최근까지 발견된 소릉 배장묘 중에서 가장 큰 것으로 알려져 있다. 지

032 울지경덕묘지개(尉遲敬德墓誌蓋)

개誌蓋에는 '대당고사도병주도독상주국악국공충무공울지부군묘지지명大唐故司徒幷州都督上柱國鄂國公忠武公尉遲府君墓誌之銘'의 26자가 새겨져 있으며 최근까지 소릉에서 발견된 유일한 비백서체飛白書體로 되어 있다. 비백서체는 동한의 서예가 채옹蔡邕이 만든 것으로 당나라 장회관張懷瓘의 『서단書斷』에 다음과 같은 내용이 있다. "한 영제 희평 연간(172~178), 채옹에게 조서를 내려 『성황편聖皇篇』을 짓도록 했는데 완성된 후 (황제가) 홍도문鴻都門에 이르렀다. 이때 마침 홍도문은 수리중이었다. … 영제가 (홍도문) 글씨를 보고 기뻐했고 궁궐로 돌아와 비백지서飛白之書라고 칭찬했다"고 한다. 비백서체에 대한 문헌기록은 많지 않다. 또 현존하는 실물 역시 세월의 흐름 속에 온전하게 전해져 오는 것이 없기 때문에 울지경덕 지개의 비백서체는 매우 귀중한 자료이다. 소씨 묘지 지개는 '대당고사도병주도독상주국악국공충무공부인소씨묘지지명大唐故司徒幷州都督上柱國鄂國公忠武公夫人蘇氏墓誌之銘'의 26자가 새겨져 있다. 이 두 묘지문을 통해 소씨는 수양제 대업 9년에 죽었으며, 울지경덕은 당고종 현경 3년(658)에 소씨와 함께 이곳에 묻혔다는 것을 알 수 있다.

| 위귀비(韋貴妃) | 위귀비의 이름은 규珪이고, 자는 택澤이다. 경조 두릉杜陵(지금 서안시 장안구) 사람이며 수왕조 개황 17년(597)에 태어났다. 증조부 위효관韋孝寬은 북주의 재상이었으며 아버지 원성圓成은 수왕조의 개부의동삼사開府儀同三司를 지냈다. 위씨는 처음 수왕조 시절 이웅李雄의 아들 이우민李友珉과 혼인하여 정양공주定襄公主를 낳았다. 이후 이웅은 양현감을 따라 수왕조에 반기를 들었다가 죽임을 당했고 그의 집안은 모두 적몰 당했다. 이세민이 낙양을 점령한 후 위씨는 이세민의 비가 되었고 임천공주 이맹강李孟姜과 기왕 이신李愼을 낳았다. 정관 원년에 귀비에 봉해졌으며, 당고종 영휘 원년에 기국태비紀國太妃가 되었다. 위씨는 인덕 2년 9월 28일(665년 11월 11일) 낙양에서 세상을 떠났으며 그 이듬해에 소릉에 안장되었다.

위귀비의 묘는 소릉 능산 동남쪽 야고령冶姑領에 자리 잡고 있으며 능산과는 골짜기 하나를 사이에 두고 있다. 산을 자연스럽게 능묘로 삼은 구조이다. 능묘 앞에는 석인, 석양, 석주 등이 늘어서 있다. 묘장 규모는 소릉의 배장묘 중에서 최상위에 속한다. 이 묘는 1990년 9월에 발굴했다. 지하부분은 묘도를 따라 과동, 천정, 용도, 묘실로 구성되어 있으며 총 길이가 50m이다. 부장품은 모두 174건이 출토되었으며 그 중에 채색도용이 101건에 달한다. 이 유물 중에는 남녀입용男女立俑, 기마용, 쌍두인면진묘수雙頭人面鎭墓獸, 천왕용天王俑 등이 있다. 묘에서 발견된 72폭의 벽화는 묘도와 용도, 묘실 내에 분포하고 있다. 벽화 내용은 청룡, 주작, 백호, 현무 사신도와 의위儀衛, 열극列戟, 비마도備馬圖, 급사給使, 남장여시男裝女侍, 악기樂伎 등이다. 그밖에 석질묘지石質墓誌 하나가 발견되었다. 이 묘지에는 '대당태종문황제고귀비기국태비지명大唐太宗文皇帝故貴妃紀國太妃之銘'의 16자가 새겨져 있다. 묘지는 영호덕분令狐德棻이 지었으며 해서체로 위귀비의 생애가 자세히 기록되어 있다.

| 임천공주(臨川公主) | 임천공주의 이름은 이맹강이다. 당태종 이세민의 11번째 딸이며, 위귀비 소생이다. 그녀의 부마는 주도무周道務이다. 공주는

당고종 영순 원년(682), 59세에 유주에서 사망했으며 683년 1월 27일 소릉에 안장되었다.

임천공주의 묘는 현재 예천현 조진趙鎭 신채촌新寨村 북쪽에 위치하며 동북쪽으로 소릉과 약 5km 떨어져 있다. 1972년 3월부터 4월까지 발굴정리 작업을 마쳤다. 지하부분은 경사진 묘도를 따라 과동 4개, 천정 4개, 용도와 묘실로 되어 있으며 전체 길이가 48m이다. 묘실은 장방형 벽돌 구조이며 남북 길이가 4m, 동서 너비가 3.40m인데 발굴 당시 꼭대기 부분은 이미 무너져 내린 상태였다. 용도는 전후 두 부분으로 되어 있다. 앞 부분은 흙으로 축조된 반면 뒷 부분은 벽돌 구조이다. 벽돌구조의 용도 내부에 목문木門과 석문石門이 설치되어 있다. 목문은 이미 부식된 상태이고 그 위치는 석문 앞이다. 흙으로 축조된 용도 안쪽은 남북으로 약 0.44m 두께의 봉문전封門磚으로 되어 있다. 묘도 벽면에 채색벽화가 있었지만 현재 모두 떨어져서 남아 있지 않다. 이곳에서 발굴된 유물은 도용이 300건에 달한다. 그 가운데 천왕용, 남녀입용, 남기용男騎俑, 여기용女騎俑, 진묘수鎭墓獸, 도마陶馬, 도우陶牛, 도낙타陶駱駝, 도양陶羊 등이 있다. 그 밖에 동소銅銷, 등鐙, 오鍑, 석문, 석주가 출토 되었다. 여기에서 발견된 묘지墓誌에 '대당고임천군장공주묘지명大唐故臨川郡長公主墓誌銘'의 12자가 새겨져 있다. 묘지명에는 이맹강을 장공주長公主라고 칭했다. 당의 제

034 도진묘수(陶鎭墓獸, 임천공주묘 출토)

도에 황제의 딸은 공주, 황제의 누이는 장공주, 황제의 고모는 대장공주라고 불렀다. 이맹강은 고종 이치의 누나이며 고종 연간에 세상을 떠났으므로 장공주의 칭호를 받은 것이다.

임천공주의 자가 맹강인 것은 그녀의 어린 시절 이야기와 관련이 있다. 묘지문에 근거하면 정관 초에 태종이 감천궁으로 피서 갔을 때, 임천공주가 쓴 서표계書表啓를 보고 기뻐하면서 장손무기에게 말하기를 "내 딸이 나이가 어리고 또한 글씨를 체계적으로 배운 적도 없는데 이토록 잘 써서 나를 기쁘게 하오. 들기에 왕희지의 딸 맹강이 글씨를 잘 썼다고 하는데 그 이름을 취하여 공주의 자를 지어주어 맹강과 같이 서예에 능한 딸이 되기를 희망하오"라고 했다. 이 기록을 통해 당시 궁중 내에서 왕희지의 서체를 매우 흠모하여 추종했다는 것을 알 수 있다.

| 신성장공주(新城長公主) | 신성장공주는 당태종 이세민의 21번째 딸이며 장손황후 소생이다. 정관 23년(649), 장손전에게 시집갔으나 후에 장손전이 죄를 지어 휴주巂州(지금 사천성 西昌)로 유배당하자 다시 위정구韋正矩와 결혼했다. 당고종 용삭 3년(663), 병으로 갑자기 세상을 떠났는데 당시 나이가 30세였다. 고종은 공주를 황후의 예를 갖추어 소릉에 배장했다.

신성장공주의 묘는 현재 섬서성 예천현 연하향 동평촌 북쪽 산에 위치한다. 북쪽에 자리잡고 있는 묘는 남향이며, 서북쪽으로 소릉과 겨우 1km 정도 떨어져 있다. 봉토는 복두형覆頭形이며 높이는 약 14m이다. 능묘 안에는 4개의 각궐角闕과 남북으로 각각 2개의 문궐터가 있다. 봉토 남쪽으로 석인, 석호, 석양이 있고, 석주石柱가 2개씩 있다. 묘 앞에 있는 석비의 머리는 이무기 형상이고 받침은 거북 모양으로 되어 있다.

1994년 10월부터 1995년 7월까지 섬서성고고학연구소가 발굴작업을 마쳤다. 발굴결과 지하의 길고 경사진 묘도를 따라 과동 5개, 천정 5개, 벽감 8개, 용도와 묘실이 드러났다. 전체 길이가 약 50.80m에 달한다. 이 무

035 신성장공주의 묘(멀리 소릉이 보임)

덤은 도굴당한 적이 있으나 공
주의 묘지墓誌, 채색 기마용, 남
녀 시용侍俑 등 진귀한 유물이
300건 출토되었다. 묘도, 과동,
천정, 벽 하부와 용도, 묘실 내
에 70여 폭 정도 되는 벽화가
남아 있다. 묘도 양 벽에 남아
있는 벽화는 서로 대칭구조이
며, 청룡, 백호, 문리門吏, 의장
儀杖, 안마鞍馬, 독우犢牛를 주제
로 했다. 묘도 북쪽 벽 과동 입
구 상부에 채색 궐루도闕樓圖가
있다. 과동, 천정, 용도와 묘실
벽면은 비교적 넓은 홍갈색을

036 시녀도(侍女圖, 신성공주묘 출토)

띤 회방목繪仿木 구조의 낭주廊柱와 두공頭拱을 사용했다. 동시에 홍주紅柱를 세워 벽화를 구분하여 각각 독립적인 벽화를 이루도록 했다. 첫 번째 천정의 열극도列戟圖를 제외하고 나머지는 모두 인물을 주제로 했다. 제1과동 양 벽에는 5명의 남시男侍가 그려져 있고 제2과동 부터는 모두 시녀를 주제로 했다. 과동과 용도 천정 색깔은 연두색이며 묘실 천정에는 천상도天象圖가 그려져 있다. 벽화의 전체적인 분위기는 기백이 넘쳐나고 아름다운 곡선을 중심으로 한 초당시기 회화의 품격을 느끼게 한다.

고종과 무측천의 건릉

1. 고종 이치李治

고종 이치(628~683)의 자는 선善이며, 어렸을 때 자는 치노雉奴이다. 당태종 이세민의 아홉 번째 아들이고 당왕조 3대 황제(649~683)이다. 정관 2년 6월 경인(628년 7월 21일), 문덕순성황후 장손씨의 아들로 동궁 여정전麗正殿에서 태어났다. 4세에 진왕晉王에 봉해졌고 6세에 병주도독幷州都督이 되었다. 이치의 유년시절은 어질고 효

037 고종(高宗) 이치(李治)

성스러웠으며 품행이 단정했다고 한다. 문덕황후 장손씨는 이치가 9살이

되었을 때 세상을 떠났다. 어머니의 죽음을 그 누구보다 슬퍼했던 이치는 주위 사람들의 마음을 안타깝게 했다. 그 때문에 이치는 더욱 더 아버지 태종의 사랑을 받게 되었다.

정관 17년(643) 3월, 이치의 형이며 태자였던 이승건이 모반죄에 연루되어 폐위되자 태종은 장손무기, 방현령, 이적, 저수량과 의논하여 이치를 황태자로 책봉했다. 이후 태종은 이치를 곁에 두고 정치를 가르쳤으며, 직접 『제범帝範』 12편을 지어 정치능력을 길러주고 군신들을 제어할 수 있는 방법을 터득하도록 했다.

정관 23년(649) 5월, 태종이 취미궁 함풍전에서 세상을 떠났다. 649년 7월 15일 이치가 22세의 나이에 제위에 올라 연호를 영휘永徽로 정하고, 왕씨王氏를 황후로 봉했으며 유씨劉氏의 소생 이충李忠을 태자로 책봉했다.

고종 이치는 즉위 초부터 백성들의 고충을 살피고 당왕조의 기강을 확립하는데 힘쓰면서 중흥의 영주가 되고자 노력했다. 그는 장손무기와 저수량 등 원로대신들의 도움을 받아 국사에 힘쓰고 인재를 중용하여 백성의 고충을 정치에 반영했다. 고종 치세동안 당왕조의 사회경제는 지속적으로 발전하고 정치는 안정되었으며 백성들은 자신의 업에 편안했다. 653년 2월, 부마도위 방유애房遺愛, 시령무柴令武, 설만철薛萬徹, 고양공주 등이 밀모하여 이치를 폐위시키고 고조의 아들 이원경李元景을 황제로 옹립시키고자 했다. 일은 사전에 발각되어 음모에 연루된 자들은 모두 죽임을 당했다. 이후 고종은 왕황후가 자식을 낳지 못한다는 이유를 내세워 그녀를 폐위시키고 당시 무소의(무측천)를 황후에 앉히려고 했다. 장손무기 등 노신들이 결사적으로 반대했으나 영휘 6년 마침내 왕황후가 폐위되고 무측천이 황후에 책봉되었다. 태자 이충 역시 폐위되었고 무측천의 첫째 아들 이홍이 황태자에 책봉되었다. 장손무기와 저수량 등 반대파들은 모두 조정에서 쫓겨났으며 누구도 감히 이 일에 대해 간언하는 자가 없었다. 조정은 재상 이의부 등과 같은 신진세력들이 장악했다.

현경 5년(660) 이후부터 고종은 눈이 보이지 않게 되고 두통에 시달리며 자주 어지러움을 호소했다. 이때부터 국정대사는 황후 무측천에게 조금씩 넘어갔다. 무측천은 이 기회를 이용하여 국정대권을 장악해 나갔다. 건봉 원년(666) 정월, 고종은 무측천과 함께 태산에 올라 봉선하고 공자의 사당에 제사를 지냈다. 이때부터 당왕조는 두 명의 황제[二聖]가 통치하는 상황이 출현했다. 재상 상관의가 "황후가 멋대로 권력을 행사하여 천하가 화합하지 못하니 청컨대 폐위 하소서"라는 상주를 올렸다가 죽임을 당했다.

홍도 원년(683) 12월 27일 저녁, 고종은 56세에 낙양 정관전에서 세상을 떠났다. 황제는 임종전에 장안에 묻어달라고 유언했다. 또 "7일 동안 장례를 치르고 황태자는 영구 앞에서 제위에 오르도록 하라. 장례는 검소하게 치르고 군국대사 중에 어려운 사안은 황후의 처분에 따르도록 하라"는 유언을 남겼다. 군신들은 '천황대제'의 시호를 올리고 고종이라고 했다. 문명 원년(684) 5월, 무측천은 고종을 건릉에 장사지냈다.

2. 여황제 무측천武則天

무측천(624~705)의 이름은 조照이다. 그녀의 선조는 문수文水(현재 산서성 문수현 남서촌) 사람들이다. 무측천은 장안에서 태어났다. 부친 무사확은 원래 목재 상인이었는데 수왕조 말기 당시 태원 유수 이연이 거병하자 그 세력에 참여했으며 이후 당왕조의 성립과 함께 개국공신에 봉해졌다. 당 초기 무사확은 공부상서, 형주도독의 관직에 올랐다. 무측천의 어머니 양씨는 수왕조 재상 양사달楊士達의 딸이다. 무측천은 14세에 입궁하여 무미武媚의 칭호를 받고 태종의 궁녀가 되었다.

정관 17년(643) 4월, 태종은 당시 16세의 진왕 이치를 황태자로 책봉했

038 무측천(武則天)

다. 이치는 어질고 효성스러운 성품을 지녔지만 웅대한 지략은 없었다. 정관 말년 태종의 병환이 깊어졌다. 이때 이치는 태종의 시중을 들던 무측천을 보고 매우 마음에 들어 했다. 정관 23년 5월, 태종이 세상을 떠나자 이치가 즉위하여 고종의 시대를 열었다.

당시 26세의 무재인 및 후궁 중에서 태종의 자식을 낳지 못한 사람들은 궁중의 제도에 따라 비구니가 되어 감업사에 들어가 선황에게 기도하며 생을 마치도록 되어 있었다. 영휘 3년(652), 태종의 기일을 맞아 고종은 감업사에 와서 분향을 마친 후 무재인과 눈물을 흘리면서 상봉했다. 당시 황후 왕씨는 궁중에서 고종의 총애를 한 몸에 받고 있는 소숙비와 암투 중이었는데 고종이 감업사에서 무재인을 만났다는 사실을 알고 몰래 무씨에게 사람을 보내서 머리를 기르도록 하고 고종에게 권하여 무재인을 후궁으로 불러들여 고종으로부터 소숙비를 떼어내려고 했다. 고종은 왕황후의 요청을 받아들여 무재인을 소의로 입궁시켰다. 이후 갈수록 고종은 무소의를 총애하여 '신비宸妃'라는 칭호를 내렸다. 다시 궁궐에 들어온 무측천은 영민한 머리로 왕황후와 소숙비의 갈등을 기회로 삼아 자신의 입지를 착실하게 다져 나갔다.

영휘 6년 11월, 무측천은 장안 숙의문肅義門에서 황후의 옥새를 받았다. 황후의 자리를 차지한 무측천은 이때부터 당왕조의 정치에 참여하여 조정 대권을 장악해 갔다. 그녀는 탁월한 정치적 안목과 인재등용을 통해 자신의 권력을 구축했고, 또한 강인한 정신력을 발휘하여 반대세력들을 물리치고 고종의 적극적인 신뢰를 얻었다. 현경 5년(660) 10월 이후부터 고종이 질병에 시달리게 되자 백관들이 올리는 상주문은 모두 무측천의 손에서 처리되었다.

홍도 원년(683), 고종이 세상을 떠나자 태자 이현이 즉위했고 무측천은 태후의 자격으로 여전히 정치에 관여했다. 다음해 이현은 여릉왕廬陵王으로 폐위되고 예왕 이단이 즉위한 후 조정은 무측천의 권력하에 놓이게 되었다. 이때 백관의 명칭을 바꾸고 동도 낙양을 신도神都라고 칭한 후 무측천의 시대를 열었다. 광택 원년(684) 9월, 미주자사眉州刺史 서경업이 용병 10만을 거느리고 여릉왕을 복위시킨다는 명분을 내세워 양주에서 거병했다. 서경업은 무측천의 전횡을 반대하는 낙빈왕이 쓴 『토무조격討武曌檄』을 내걸었으나 얼마 지나지 않아 진압되었다. 수공 4년(688) 8월, 박주자사 낭야왕 이충 및 그의 아버지 월왕 이정이 무측천에게 반기를 들었으나 이 역시 얼마 되지 않아 진압되었다.

재초 3년(690), 승려 법명法明이 『대운경』에 근거하여 무측천을 미륵불이 세상에 내려온 즉, 천하를 다스릴 주인이라고 했다. 무측천은 이 불경을 천하에 반포하도록 하고 장안과 낙양에 칙령을 내려 여러 주에 대운사를 짓도록 했다. 이후 조정 신하들과 종친 및 지방 수령과 백성들이 무측천에게 상소하여 제위에 오르도록 청원했다. 천수 원년(690) 9월 9일, 67세의 무측천은 정식으로 황제에 즉위하여 '무주' 의 시대를 개창하고 중국역사상 유일한 여황제가 되었다.

무측천은 황제가 되어 자신에게 반대하는 세력을 가차 없이 제거하면서 한편으로는 인재중용의 방법으로 과거제도를 적극 확대하고, 직접 『신궤臣軌』를 편찬하여 백관들에게 암송하도록 했다. 15년 무주의 통치기간 당왕조는 정치와 사회경제 및 문화발전의 전성기를 맞이했다. 무측천은 특히 농업과 양잠을 장려하여 『조인본업기兆人本業記』라는 농서를 반포하는 등 농업경제를 발전시켰다. 또 변방 소수민족과의 관계를 개선하여 당왕조의 영토를 확장했다. 이 시기 안서 4진, 북정도호부를 설치했다. 나이가 들어 무측천은 사치와 향락에 왕조의 재정을 소모했고 무리한 토목공사를 일으켜 백성들의 세금을 무겁게 했다. 또 조카 무삼사 등의 전횡을 바로잡지 않아 한때 정치혼란을 가져오기도 했다.

신룡 원년(705) 정월, 무측천의 병세가 악화되자 재상 장간지 등이 정변을 일으켜 폐위당한 중종 이현을 복위시켰다. 중종은 어머니 무측천에게 '측천대성황제' 라는 시호를 올렸다. 그해 11월, 무측천은 82세에 낙양궁 선거전에서 세상을 떠났다. 무측천은 죽기 전에 자신이 황제가 되어 부른 칭호를 거두어 주도록 유언했다. 조정 신하들은 그 유언을 받들어 그녀에게 '측천대성황후' 라는 시호를 부여하고 그 다음 해 정월, 고종과 함께 건릉에 합장했다. 예종 시기 '천후天后' 라고 했다가 다시 고쳐 '대성천후' 라고 했으며 이후 '측천황태후' 로 칭했다.

3. 능묘와 능원

1) 능묘의 위치와 명칭

건릉은 고종 이치와 무측천이 합장되어 있는 곳이다. 섬서성 건현에서 약 6km 떨어진 양산梁山에 위치한다. 1961년 3월 4일, 중국 국무원에서 전국 제1차 중점문물보호단위로 지정했다. 양산은 주왕조 때부터 명승지로 알려진 곳이다. 이곳은 기산岐山 지맥과 서로 마주하고 있어 주周 태왕太王이 기산으로 이주했을 때 양산은 주왕조의 동쪽 경계에 속했다. 『사기』 진시황 본기에 "(시황제)가 35년에 양산궁으로 행차했다" 는 기록이 있다. 그 궁전유적은 양산 남쪽으로 약 5km 떨어진 거북등 모양의 완만한 터에 위

건릉(乾陵) 전경

치한다. 진왕조 시기 흉노를 방어하고, 서한시기 장건이 서역으로 진출하고, 당왕조에 이르러 실크로드로 향할 때 모두 이 산을 지나 갔다. 양산은 지세가 험준하고 동서쪽으로 진출하는 길목인 까닭에 전략적으로 매우 중요한 곳이다. 현재도 이 길은 서안에서 서역으로 가는 요충지이다. 양산은 건현 경내에 있는 모든 산의 근원이 된다. 산기슭의 길이가 18km, 너비는 1km이다. 양산은 석회암으로 이루어져 있고 산릉 중심은 건릉의 침궁 역할을 한다. 산 정상에 오르면 동쪽으로 구종산이 보인다. 산세가 돌출되어 있으며 봉우리들이 솟아올라 남쪽으로 태백산을 바라보고 있고, 북쪽으로는 멀리 오봉산을 마주하고 있다. 양산의 형세는 황토고원의 대지에서 시작하여 동쪽으로는 표곡豹谷에 이르고 서쪽으로는 막곡漠谷에 인접하고 있다. 깎아놓은 듯한 절벽과 험준한 산세, 그리고 무성한 수목에 싸여있는 모습 때문에 이전부터 이 산을 '금령金嶺'이라고 불렀다. 남쪽 봉우리 두 개는 낮은 편이고 동서로 대치하여 원만한 구조를 이룬다.

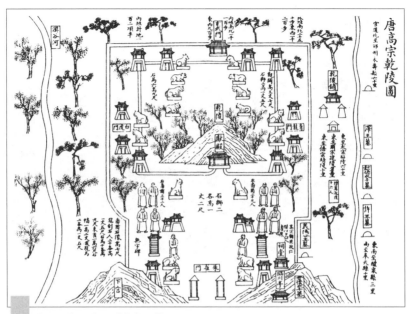

건릉 조감도(참조 :《장안도지》)

필원(畢沅)의 건릉비(乾陵碑)

무측천은 양산을 마음에 두어 남편 이치의 무덤을 이곳에 정했다. 당 초기에는 미신적인 풍수지리 관념이 강했다. 당시 이 방면에 능한 이순풍李淳風이 궁중에 자주 출입하면서 이세민의 총애를 받기도 했다. 또 풍수 전문가 감여가堪輿家의 말에 의하면 양산의 풍수는 "여주女主에게 매우 유리하다"고 했다.

건릉 명칭에 대하여 『신·구당

서』, 『당회요』, 『통감』 등 문헌에 나타나 있다. 홍도 원년(683) 12월, 고종이 낙양 정관전에서 세상을 떠났다. 이후 당 예종 문명 원년(684) 5월, 장안으로 옮기고 8월에 양산에 장례를 지낸 후 건릉이라고 했다. 때문에 건릉의 명칭은 대략 684년 초에 무측천이 명령하여 고종의 능묘를 축조할 당시 이미 확정되었던 것으로 보인다. 건릉의 유래는 고종 이치의 생전에 '천황', '천황대제', '천황대성황제'라고 칭했는데, 『역경·설전說傳』에 "건乾은 천天이다"라는 말이 있다. '건'은 즉 하늘을 뜻하므로 건릉은 즉 천릉天陵이라는 것이다. 능묘는 장안의 서북쪽 가장자리에 위치하며 장안을 중심으로 볼 때 팔괘八卦의 방위상 '건'의 위치와 맞아 떨어진다.

2) 능묘의 건축 구조 및 발굴 현황

사료에는 건릉 건축의 자세한 기록이 전하지 않는다. 다만 『당회요』·능의陵儀, 건릉 『술성기述聖記』비, 『신당서』 진자앙전陳子昻傳의 기록에 비추어 볼 때 홍도 원년(683) 12월, 고종이 세상을 떠나자 무측천은 이부상서 사공司空 위대가韋待價를 산릉사山陵使로 임명하고, 호부낭중 조산대부朝散大夫 위태진韋泰眞을 장작대장將作大匠으로 삼아 건릉을 조성하도록 했다. 건릉은 '인산위릉因山爲陵'의 당왕조 능묘건축 제도에 근거하여 산봉우리를 능총陵塚으로 삼고 산허리를 파고 들어가 지하궁전을 조성했으므로 그 공정이 매우 거대했다. 『신당서』 진자앙전에 의하면, 산허리를 뚫고 현궁을 짓는 건릉 공사에 낙양 주변에 거주하는 백성들과 군대가 동원되었다고 한다. 원명 원년(684) 8월, 고종을 건릉에 안장할 즈음 공사는 거의 끝난 상태였다. 고종이 이곳에 매장된 이후에도 능원 건축 작업은 계속되었고, 신룡 2년(706) 5월에 건릉의 현궁 수도隧道를 증축하여 무측천을 합장하고, 영태공주 이선혜李仙蕙, 의덕태자 이중윤李重潤, 장회태자 이현李賢을 배장했

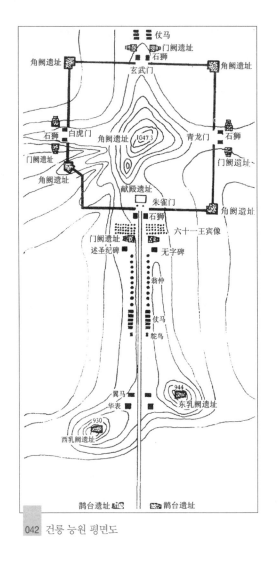

The figure contains these labels:
仗马 / 门阙遗址 / 石狮 / 角阙遗址 / 角阙遗址 / 玄武门 / 石狮 / 白虎门 / 角阙遗址 / 1047.3 / 青龙门 / 石狮 / 门阙遗址 / 门阙遗址 / 角阙遗址 / 献殿遗址 / 朱雀门 / 角阙遗址 / 石狮 / 门阙遗址 / 六十一王宾像 / 述圣纪碑 / 无字碑 / 翁仲 / 仗马 / 鸵鸟 / 翼马 / 944 / 东乳阙遗址 / 华表 / 930 / 西乳阙遗址 / 鹊台遗址 / 鹊台遗址

042 건릉 능원 평면도

다. 예종시기 장회태자의 비 청하방씨淸河房氏를 이곳에 배장했으며 빈왕邠王 이수례李守禮를 건릉에 배장했다. 건릉 능묘 건축은 무측천, 중종, 예종의 시기를 거치면서 57년의 세월이 흐른 후 마침내 완공되었다.

건릉이 건축된 시기는 당왕조의 전성기였으므로 건축규모가 웅장하고 화려하여 역대 제왕 능묘 중에서 최고라고 할 수 있다. 능묘 건축 구조는 당 장안성 구조와 같이 내성, 외성, 배장묘 세 부분으로 이루어져 있다. 즉 장안성의 궁성, 황성, 외곽성의 구조를 취한 것이다. 원왕조 이호문李好文의 『장안도지』 당고종 건릉도에 근거하면, "건릉은 주위가 80리 이고, 내성 성벽은 남북으로 1,100보, 동서쪽으로는 900보이다. 외성의 담장은 남북으로 2,050보, 동서 1,200보이다"라는 기록이 있다. 성내에는 헌전獻殿, 편방偏房, 회랑回廊, 궐루闕樓, 비정碑亭, 적인걸 등 육십

조신상六十朝臣像 사당, 하궁下宮 등 휘황찬란한 건축물이 곳곳에 조성되었다. 안사의 난을 겪으면서 건릉 건축물은 심하게 훼손되었다. 『당회요』기록에 의하면, 당덕종 정원 14년(798)에 378개의 방을 만들었다. 이 건물들은 건릉 내 건축물 중에서 처음 중건한 것이며 무측천 사후 92년의 세월이 흘렀다. 당문종 개성 2년(837), "건릉 침궁에 화재가 났다." 또 애제 말년(907), "건릉 지하궁전이 도굴되어 불탔다"는 기록을 통해 건릉 내 지상건축물이 또 한 차례 크게 훼손되었음을 알 수 있다. 당 멸망 이후, 934년 후당後唐 이종가李從珂의 『수봉렬성릉침조修奉列聖陵寢詔』에 "열성列聖의 침궁 대부분이 관서關西에 위치하고 있어 중흥 이래 수리할 겨를이 없었다. 경조京兆, 하남河南, 봉상鳳翔 등 부서에 명하여 … 해당 인력을 파악하여 보수하도록 한다"는 기록이 있다(『전당문』권113). 이것은 건릉 보수에 관한 두 번째 기록이다. 역사기록에 의하면 세 번째 대대적으로 진행된 보수공사는 금대金代 천회天會 연간이다. 건릉 무자비 정면 중앙에 '대금황제도통경략랑군행기大金皇帝都統經略郎君行記'라는 글자가 새겨져 있고 보수공사를 했다는 내용이 적혀 있다. 건릉 능묘의 지상 건축물에 대해서는 여러 차례 증축과 수리를 했지만 현재 옛 건축물은 모두 남아 있지 않다. 이 능묘는 1960년대 여러 차례 발굴조사를 거쳐 역사유적과 유물 흔적을 조사했다.

침궁은 능묘의 가장 중추적 역할을 하는 구조물인데 능묘 주작문 북쪽에 위치하며 장방형 구조이다. 헌전 규모 및 구조에 대해서는 아직 발굴을 마치지 않았기 때문에 자세한 상황을 알 수 없다. 연구자들의 추론에 의하면 건릉 능묘 안 건축구조는 당 장안성의 구조를 그대로 모방했으므로 헌전 건축형식 역시 장안성 대명궁 내의 대전 건축방식과 비슷한 구조일 것으로 보고 있다.

상선관上仙觀은 의례적 성격을 띤 건축물이다. 옛날 사람들은 황제의 죽음은 곧 '상선上仙'이라 하여 그 영혼이 휴식할 장소를 '상선관'이라고 칭했다. 건릉 상선관 건축물에 관하여 『구당서』대종본기에 의하면, 대력

8년(773), "여름 4월 술신戌申에 건릉 상선관 천존전天尊殿에 까치 한 쌍이 보라색 진흙을 물어와 갈라진 틈을 메웠는데 무려 50여 곳이었다"는 기록이 있다. 이것을 보면 당시 상선관은 여러 건물로 이루어져 있었다는 것을 알 수 있으며 천존전 역시 그 건축물 중 일부에 속한 것으로 볼 수 있다. 현재 양산 북쪽 봉우리 정상에 동서쪽으로 길이 27.50m, 남북으로 너비 16.50m에 달하는 석상 유적이 있는데 이곳이 상선관의 유지이다.

육십조신화상사당六十朝臣畵像祠堂은 사마도司馬道 동쪽 동유봉東乳峰 아래에 위치한다. 이 건축물은 장방형 구조이며 내부에는 적인걸 등 60조 신상 벽화가 있다. 『장안도지』에 의하면, 장설張說, 소정蘇頲, 적인걸狄仁傑, 루사덕婁師德, 유인궤劉仁軌, 당휴경唐休璟, 송경宋璟, 이교李嶠, 하지장賀知章, 마주馬周, 이소덕李昭德, 왕침王綝, 장인원張仁願, 최신경崔神慶, 이무광李務光, 장간지張柬之, 위원충魏元忠, 육원방陸元方, 이회원李懷遠, 필성畢城, 두경전杜景佺(佺을 잘못 쓴 것), 무삼사武三思, 위거원韋巨源, 최식崔湜, 무승사武承嗣, 소미도蘇味道, 봉덕이封德彝 등이다. 건축물은 이미 사라지고 터만 남아 있기 때문에 사당 구조에 대해서는 고증하기가 어렵다. 문헌기록에 근거하면 정관 17년(643) 2월, 당태종이 장안성 대명궁 내 삼청전三淸殿 옆 능연각凌烟閣을 수리했는데 그 안에서 조공趙公 장손무기長孫無忌, 조군원공趙郡元公 이효공李孝公, 내성공萊成公 두여회杜如晦, 정문정공鄭文貞公 위징魏徵, 양공梁公 방현령房玄齡, 신공申公 고사렴高士廉, 악공鄂公 울지경덕尉遲敬德, 위공衛公 이정李靖, 송공宋公 소우蕭瑀, 포충장공褒忠壯公 단지현段志玄, 기공夔公 유홍기劉弘基, 장충공蔣忠公 굴돌통屈突通, 운절공鄖節公 은개산殷開山, 초양공譙襄公 시소柴紹, 비양공邳襄公 장손순덕長孫順德, 운공鄖公 장량張亮, 진공陳公 후군집侯君集, 담양공郯襄公 장공근張公謹, 여공廬公 정지절程知節, 영흥문의공永興文懿公 우세남虞世南, 투양공渝襄公 유정회劉政會, 거공莒公 당검唐儉, 영국공英國公 이세적李世勣, 호장공胡壯公 진숙보秦叔寶 등 24명의 공신을 그린 벽화가 있었다.

하궁下宮은 황제들이 제사를 올리기 위해 능묘에 왔을 때 목욕을 하고 휴식을 취하는 행궁이다. 평상시에는 능묘를 지키는 관원과 시봉侍奉하는 사람들이 거주하는 곳이다. 『통감』 권204 무측천 천수 2년(691) 정월 기록에 "당의 능묘에는 서령署令 1명, 종5품상從五品上, 부府 2명, 사史 4명, 주의主衣 4명, 주련主輦 4명, 주약主藥 4명, 전사典事 3명, 장고掌固 2명을 둔다. 또 능령陵令 1명을 두어 산릉山陵을 지키고 능호陵戶를 거느리며 수호守護하도록 한다"는 기록이 있다. 이러한 관원과 시종 인원들은 평상시 하궁에 거주했다. 건릉 하궁은 산 아래 어도御道 서쪽 가장자리에 위치한다. 건축구조는 황토대지에 위치하고 있다. 발굴조사에 의하면 하궁 유적지는 남북으로 장방형 구조를 이룬다. 담장은 항토夯土 건축법으로 되어 있다. 담장 기초 부분의 너비는 2.70~3m 정도이다. 그 가운데 동·서 담장은 남북으로 약 298m이며, 남·북 담장은 동서쪽으로 약 282m이다. 담장 총 면적은 84,036m²이다. 현재 담장 상태는 오랜 세월이 흐르고 사람들의 왕래로 인해 거의 파손되어 유적의 일부 흔적만 남아 있다. 1960년대 발굴조사 당시 동쪽 담장의 잔고殘高가 0.45~2.10m, 서쪽 잔고는 0.35~1.30m, 북쪽 잔고는 0.45~1.60m였다. 남쪽 지형이 비교적 낮고 동서쪽은 마치 숫돌처럼 평평하게 고른 직선으로 되어 있다. 유적은 남아 있지 않고 단지 동남쪽 모퉁이에 0.20m 높이의 흔적만 있으며 항토층이 조금 보존되어 있는데 깊이가 0.55m이다. 바닥에는 당대 연화방전蓮花方磚, 통와筒瓦 등이 흩어져 있다. 이 근처에서 농사를 짓고 있는 사람이 기왓장과 자갈을 밭에서 주워 모아 쌓아 놓았다. 그 중에 어떤 것은 길이 12m, 너비 8m, 높이 2.50m에 달한다. 이러한 점을 통해 추측해 보건대 당시 하궁의 규모가 매우 웅장하고 화려한 건축물이었다는 것을 알 수 있다.

그 밖에 섬서성 고고학 발굴자가 1995년 늦가을 능묘 주작문 바깥 동서 양쪽에 있는 술성기述聖紀 비와 무자비 유적을 정리 조사했다. 조사결과 무자비 정亭 유지遺址 한 면의 너비가 15.80m, 깊이 15.55m의 9간九間 방형비

정方形碑亭으로 나타났다. 기단 부분은 한 층의 항토대를 기초로 하여 무자비가 중심에 들어서 있고 비석 사방에 방형의 무늬 없는 석주石柱 주춧돌이 배열되어 있다. 주춧돌의 두께는 0.60~0.70m 정도 되는 청석靑石으로 두껍고 견고하다. 비정碑亭 사방에는 너비 1.45m의 산수散水(빗물에 의한 지반 침수를 막기 위해 건축물 주위에 벽돌로 만든 보호층)가 설치되어 있다.

육십일왕빈전六十一王賓殿 유지는 주작문 바깥 동서 양측에 위치한다. 남쪽으로는 동서 궐루터와 인접해 있고, 북쪽은 동서쪽 건물과 서로 이어져 있어서 이들과 같은 건물에 속해 있었음을 알 수 있다. 1997년 7월부터 10월까지 섬서성고고학연구소에서 이곳을 발굴조사 했다. 당시 조사 자료에 의하면 동쪽 왕빈전王賓殿 유지의 동서 길이가 19.70m, 남북 너비가 12.80m로 파악되었다. 서쪽 왕빈전은 동서 길이 20.65m, 남북 너비 12.50m이고, 북쪽은 12.60m, 너비 12.50m로 나타났다. 북쪽 담장은 겹층으로 되어 있는데 그 용도는 전문가의 고증을 기다려 봐야 할 것 같다. 이곳에서

043 건릉 무자비 및 비정유지(碑亭遺址)

기와 파편, 연화문 와당 등 건축물에 사용된 재료가 발견되었다.

1994년 4월, 섬서성문물고고학팀에서 항공사진 촬영을 통해 건릉의 지형을 조사한 후 실제 지형을 탐사하여 대조한 결과 거대하고 웅장한 외성 성곽 유지를 새롭게 찾아낼 수 있었다. 새로 발견된 외성 유지는 내성 성벽과 평행을 이루고 있으며 둘의 간격은 약 220m로 파악되었다. 당시 건릉 밖 산성 아래쪽에 높고 끝없이 이어진 울퉁불퉁한 땅이 드러났는데 고고학팀은 이것을 지계地階라고 했다. 지계의 고도는 일반적으로 약 3~4m 정도이며 바깥 부분은 낮고 안쪽은 높다. 상하 지표는 일반적으로 평탄하고 지계 바깥쪽 상부는 면적이 넓은 항토층으로 노출되어 있다. 지표에서 관찰해 보면 안쪽이 높고 바깥쪽이 낮은 이러한 지계의 형태는 양산梁山을 에워싸고 있는 수많은 외저내고外低內高의 지세에 의거하여 하부는 참호로 하고 상부는 항토 건축으로 했다. 발굴팀은 또 상공에서 촬영한 1 : 12,000의 사진과 지형도를 대조하여 지면을 조사한 결과, 고고학발굴을 통해 밝혀낸

044 건릉 술성기비 및 비정유지(碑亭遺址)

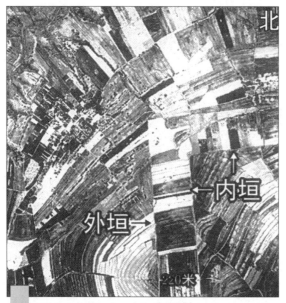

外垣→

←內垣

北

←220米→

항공사진으로 본 건릉 성벽 서북쪽 전경

건릉 내 외성 성곽 유지는 양산 주봉을 중심축으로 하여 사방으로 규칙적인 선상구조를 나타내고 있다는 것을 알아냈다. 발굴팀 조사 결과는 『장안도지長安志圖』 당고종건릉도唐高宗乾陵圖에 기록된 건릉의 능묘 외성 성벽 유지와 모두 일치했다. 문헌에 기록된 건릉 내성 성벽은 동서 900보이고, 외성은 동서 1,200보이다. 현재 지형도 상에서 측량해 보면, 내외 성벽 북쪽 끝의 동서 길이는 1,320m와 1,760m이며, 두 길이의 비례는 약 9 : 12가 된다. 새로 발견된 외성 성벽 유지의 가장자리 부분은 대체적으로 뚜렷하게 남아 있어 당시 설계가 규칙적으로 이루어졌음을 알 수 있다. 건릉 외성 성벽은 웅장한 산세에 의거하여 산과 계곡을 가로질러 매우 힘찬 형상으로 축조되었다.

이번 발굴은 고고학계의 고증을 거쳐 더 연구를 해야겠지만 당대 제왕 능묘 발굴에서 처음으로 이중 성벽을 발견한 것이다. 이러한 구조는 당 장안성과 비교했을 때, 내성은 장안성의 궁성에 해당하는 중심 부분에 능묘의 현궁을 건축했다는 점이다. 바깥 성벽은 장안성의 황성에 비교될 수 있으며 수많은 대형 석각들이 늘어서 있는 형상은 마치 백관들의 관아를 나타내는 것 같다. 능묘 동남부 배장묘 지역은 관료와 백성들의 거주지, 즉

외곽성에 해당된다고 볼 수 있다. 이렇게 볼 때, 건릉 능묘의 전체 배치는 장안성의 건축구조와 매우 흡사하다. 건릉 능원의 이러한 설계 구조는 중국 고대의 도성 건축 특징을 반영하고 있는 것이다.

3) 능원 내성의 성벽과 문궐

1960년대 발굴 자료에 근거하면 능원 내성의 기본 구조는 방형으로 조사되었다. 성벽 총 길이가 5,918m, 총면적은 약 229.30만㎡, 담장 두께는 2.10~2.50m이다. 동쪽 성벽은 현재 심가료지촌瀋家獠池村에서 시작하여 동화문촌東華門村 서쪽을 경과하여 서북쪽으로 824m 지점에서 멈춘다. 전체 길이는 1,582m이다. 남쪽 성벽은 심가지촌 북쪽에서 시작하여 서쪽으로 석마도촌石馬道村을 경과하고 다시 황소구黃巢溝 산지를 지나서 멈추는데 전체 길이가 1,450m이다. 이 성벽은 높은 곳이 약 1m이며 직경이 약 10m로 되어 있다. 주변 지역에서 대량의 기와 조각을 쌓아놓은 곳이 발견되었으며 깨진 벽돌조각, 석회찌꺼기 등이 출토되었다. 서쪽 성벽은 현재 서화문촌西華門村에서 북쪽으로 842 m 지점에 위치한다. 남쪽으로는 서화문촌 하가구의 구저溝底를 지나고 다시 산과 언덕을 넘어 멈추는데 전체 길이가 1,438m이다. 하

046 건릉 성벽 서남쪽 각루유지(角樓遺址)

가구 밑바닥 성벽 유지에서 돌로 쌓은 수동水洞이 발견되었다. 북쪽 성벽 유지는 현재 동화문촌 북쪽 842m 지점에서 시작하여 서쪽으로 후재문촌後宰門村을 지나 다시 서쪽으로 708m 지점에 이르러 그치는데 전체 길이가 1,450m에 달한다. 능묘의 사방 모퉁이에 위치한 궐루 유지는 아직 남아 있다. 동남쪽 궐루 유지 높이가 7.50m, 서남쪽 10m, 동북쪽 5.10m, 서북쪽은 5.50m 잔고殘高이며 모두 항토 축성법으로 되어 있다. 이곳에서 벽돌조각, 기와 파편, 석회찌꺼기 등이 발견되었다. 동남 성벽과 서북 성벽 모퉁이에서 돌로 쌓은 유지가 발견되었다. 성벽 모퉁이에 궐루를 설치하는 형식은 진시황릉과 한왕조 황제들의 능묘에서는 나타나지 않는다. 당 건릉 이후부터 제왕 능묘에 각궐角闕이 설치되었다.

내성에는 동쪽에 청룡문(즉 동화문), 남쪽은 주작문(능묘 정문), 서쪽은 백호문(서화문), 북쪽 현무문(후재문)으로 사신문四神門이 위치한다. 사신문의 너비는 약 27m이다. 사신문 밖에는 각각 궐루 유지 한 쌍이 마주하고 있는데 좌우 대칭 구조이다. 건릉 능묘에 남아 있는 궐루 토대는 5쌍이다(남신문 밖에 2쌍, 나머지 3문에 각각 한 쌍씩 위치한다). 궐루 토대는 항토 축성으로 되어 있다. 항토는 매우 깔끔하게 처리되어 바깥 부분은 벽돌로 쌓았으며 상부는 작은 벽돌로 하고, 하부는 큰 벽돌을 이용하여 사다리형 구조로 되어 있다. 능묘 앞에 궐루가 세워지는 형식은 아마 한왕조 제왕 능묘 앞에 석궐石闕을 배치하는 풍속에서부터 유래한 것이 아닌가 싶다. 당대 궐루의 의미는 주로 주변을 살피는데 중점을 두었다. 『중화고금주中華古今注』 기록에 "궐闕이란 살피는 것이다. 고대에는 문 양 쪽에 주변을 살피기 위해 나무를 세웠는데 이것이 후에 궁문을 표시하는 유래가 되었다. 그 위에 머물 수 있고 올라가서 멀리까지 살필 수 있다"는 내용이 있다. 건릉 능묘에는 3개의 궐이 있다(母闕 1개, 子闕 2개). 궐(망루)은 제왕 능묘건축에서 매우 중요한 건축 구조에 속한다.

1955년 늦가을 섬서성고고학팀은 동·서 유봉乳峰에 위치한 궐루 유지 발굴조사를 실시했다. 당시 발굴조사 자료에 의하면, 동쪽 유봉 궐루 높이는 14.40m이다. 꼭대기 부분에는 일부 벽돌을 쌓았고 높이는 동쪽 유봉 삼출궐대三出闕臺의 원래 높이였을 것으로 보인다. 서쪽 유봉 궐대는 오랫동안 빗물에 쓸려 잔고가 9.70m에 불과하다. 이곳 삼출궐터 평면은 두겹으로 '凸' 자 모양이며 면적은 23m이고 가장 깊게 들어간 곳의 깊이가 12.85m, 가장 낮은 곳의 깊이는 10.50m이다. 동쪽 궐루터는 대단大端이고, 서쪽 부분은 소단小端으로 되어 있는데 이러한 구조는 동쪽 유봉 궐대와는 상반된 모습이다. 대단은 서쪽으로 15m 떨어진 곳에 있다. 기좌基座(건축물의 기반이 되는 부분)에는 약 4.40m 길이의 석조石條를 놓아 그 중심부가 동서 축선에서 0.70m 이동했고 깊이는 약 11.45m이다. 또 이곳에서 서쪽으로 약 3.60m 떨어진 남북에 위치한 석조는 기좌 중심축을 안쪽으로 0.70m 이동시켜 가장 깊게 들어간 곳이 10.50m에 이른다. 전체 궐대 기초는 석조를 쌓아올린 구조이며 기좌 평면 사방에 벽돌을 쌓아올린 흔적이 있고, 또 상·하를 분명하게 구별하여 항토 축성법으로 견고하게 쌓아올렸다.

　내성 주작문 바깥쪽 동서 양측에 위치한 궐대는 동쪽 잔고가 11m이고,

047 건릉 남쪽 쌍유봉(雙乳峰) 및 궐루유지(闕樓遺址)

048 건릉 내성 주작문 밖 서쪽 궐루유지

서쪽은 12m이며 둘 사이의 거리는 약 42m이다. 그 형태와 구조는 동·서 유봉 쌍궐 건축 형식과 거의 비슷하다. 기초 부분은 석조石條를 깔았으며 중심 궐대는 항토 축성으로 되어 있다. 동쪽 궐대 기초는 평평한 지반 위에 쌍중철雙重凸 구조로 되어 있다. 면적은 23.50m, 최대 깊이가 12.45m, 최소 깊이는 9.80m이다. 凸자형으로 돌출된 부분은 남북 가장자리 첫 번째 계단에서 0.725m, 두 번째 계단에서는 0.625m 안쪽으로 들어온 구조로 되어 있다.

4) 현궁(玄宮) 및 수도(隨道)

건릉 현궁의 도굴 여부에 대해 많은 사람들의 관심이 집중되었다. 『신오대사新五代史』 온도전溫韜傳의 기록에 "온도는 경조京兆 화원華原 사람이다. 후당後唐 말제末帝 시기에 후량後梁의 요주耀州(현재 섬서성 요현) 절도사로 7년 동안 이곳에 주둔했는데 당대 황제의 능묘가 이곳에 있다는 것을 알고 발굴하여 금은보화를 취했다. … 그러나 건릉은 비바람 때문에 발굴할 수 없었다"고 한다. 『송사』 태조 본기에 송태조 조광윤이 개보 3년(970) 9월, "서경西京, 봉상鳳翔, 웅웅, 요주耀州 등지에 조서를 내려 주왕조의 문왕, 성왕, 강왕과 진시황, 그리고 한왕조의 고조, 문제, 경제, 무제, 원제, 성제, 애제…" 등 27명의 제왕 능묘에 대해 도굴상황을 알리고 이를 보수하도록 명령하고 있는데 이 기록에서도 역시 건릉의 명칭은 보이지 않는다.

건릉 현궁의 수도隧道 발굴은 1960년 4월 3일 시작하여 5월 12일까지 작업을 마쳤다. 조사발표에 따르면 수도와 현궁 문동門洞은 석회암층을 파고 축성했다. 수도의 참호 깊이가 17m인데 매장을 마친 후 모두 석조를 이용하여 틈을 메우고 석조 위에 항토 축성으로 매우 견고하게 구축했다. 수도는 사파형斜坡形, 경사형, 비탈형 구조이며 전체 길이가 63.10m이고 입구 너비는 3.87m이다. 북쪽으로 가면 점점 축소된 구조로 되어 있어 현궁 문동 입구에 이르면 동서쪽 너비는 2.75m 정도밖에 되지 않는다. 동쪽은 자연적으로 형성된 석저石底가 凹자형으로 되어 있어 수도 입구가 북쪽으로 21m 향하고 있는데 석조石條를 이용하여 6층 높이로 쌓아 올렸다. 수도 내부의 전체 길이는 1.25m, 너비가 0.40~0.60m, 두께는 0.10~0.45m이고 장방형과 방형 구조로 석조를 쌓아올려 틈을 메우는 공법으로 되어 있다. 석조는 남쪽에서 북쪽으로 비탈을 따라 겹겹으로 포개어 쌓아올려 모두 39층으로 축성했는데 지면에서 보면 매 층마다 410여 개의 석조를 이용했다는 것을 알 수 있다. 39층이면 대략 헤아려 봐도 8,000개의 석조가 들어갔을 것이다. 석조 좌우 사이에 凹자형으로 홈이 파여 있는데 길이가 18~27cm, 두께 5~8cm, 무게 9~10.50kg 정도 나가는 연미형燕尾形 세요철전판細腰鐵栓板 상감을 했다. 구멍은 철곤鐵棍으로 뚫고 석조를 사용하여 견고하게 고정시켜 움직이지 않도록 했다. 석조 틈을 메우는 방법은 소량의 석회

049 건릉 수도(隧道) 및 봉석(封石)

분말을 먼저 뿌린 다음 용해된 주석액을 부어넣어 석조와 일체가 되도록 하는 공법이다. 이 부분은 『구당서』 엄선사전嚴善思傳에 "건릉 현궐玄闕 문은 돌로 틈을 메우고 사이를 봉한 후 주철을 부어넣어 중심을 견고하게 만들었다"는 기록과 일치한다. 동시에 능묘 주변을 조사한 결과 도굴당했거나 파손된 흔적을 찾을 수 없었다. 이러한 정황을 근거로 하면 건릉 현궁은 현재까지 당대 황릉 중에서 유일하게 도굴당하지 않은 것으로 추정된다.

수도隧道 석조에 여러 군데 글자가 새겨져 있는데 '내상구萊常□', '상황常黃', '상혜常惠', '상칙常則', '고편문高便文' '초재焦才', '왕직王稷' 및 '합일合一', '합삼合三', '원이元二', '좌이左二', '좌우左右', '육십사六十四', '일日', '월月', '성신星辰' 등이다. 글자에는 빨간색이 칠해져 있으며 지금까지도 선명하게 남아 있다. 여기에 새겨진 글자는 분명 그 당시 돌에 구멍을 팠던 석공들의 이름일 것이며, 번호는 석공이 완성한 수량 혹은 돌을 쌓아올린 위치를 표시해 놓은 것으로 보인다. 예를 들면, '합일', '합삼', '좌이', '좌우'를 표시한 것은 무측천을 이곳에 합장할 때 수도를 팠던 공장이 표시하고 다시 원상태로 마무리할 때 편리하게 알아볼 수 있도록 해 둔 것으로 보인다. 그 밖에 수도 중간 허리부분 양측 석장石墻 벽 위에 석회자국과 벽화 흔적이 남아 있다. 북단北端 석벽石壁 위에는 검은색 붓으로 '□中古社至', '渭南居上□'의 글자가 두 줄 커다랗게 쓰여 있다.

발굴 중에 발견된 것인데 수도隧道의 체석砌石 부분 항토층 두께가 16~23cm 정도로 나타났다. 항토는 황갈토와 흙갈토 석회를 혼합하여 매우 견고하게 만들었다. 또 항토 사이에는 소량의 벽돌조각, 깨진 기왓장, 석회가루, 떨어져 나온 벽화 조각이 끼워져 있었다. 돌의 배열은 모두 일정하게 되어 있지만 글자를 새겨 놓은 부분은 번호가 어지럽게 되어 있고 또 어떤 것은 돌 사이에 凹자형으로 홈이 파여 있다. 또 어떤 것은 석회를 가득 채워 넣었고 어떤 것은 凹자 입구 부분이 떨어져 나갔다. 이러한 문제가 발생한 원인은 아마 무측천을 매장할 당시 재차 수도를 굴착했기 때문인 것으

로 파악된다. 이곳에
서 세요철전판細腰鐵
栓板 5개, 석철정錫鐵
錠 5개가 발견되었
다. 그 중에 '숙오宿
五'라는 글자가 새겨
져 있는 것은 18kg,
'유구鈕臼'가 새겨진

050 철전판(鐵栓板, 건릉 수도(隧道)에서 출토)

것은 17kg, 장방형 모양은 17kg, 원형 모양이 2개인데 각각 14.75kg에 해당
한다. 그 밖에 보전폐寶錢幣 1개, 다량의 부서진 석철錫鐵 조각 및 벽화 조각
이 발견되었다.

현궁 수도의 발굴작업을 마치고 작성된 보고서에 근거하면 도굴 흔적
은 찾아볼 수 없었다. 또한 산릉 주변을 조사한 결과 역시 마찬가지로 의심
할만한 도굴 흔적은 찾지 못했다. 앞으로 고고학 발굴을 기대해 볼만 하다.

4. 능원 석각

건릉 능묘 내성 4문 밖에는 거대한 석상조각이 배치되어 있다. 이곳의
석상규모 및 수량과 그 종류를 비교해 보면, 중국의 제왕 능묘 중에서 가장
거대하고 웅장하다는 것을 알 수 있다. 당대 제왕 능묘의 석각 배치는 건릉
이후부터 일정한 형식을 갖추게 되었다.

건릉 내에 배치된 석각의 수량은 모두 124건에 이른다. 내성의 동·
서·북쪽문 밖에 각각 석사자 2개가 있고, 북문 밖에는 의장용 말, 말을 부
리는 사람이 각각 3개씩 있다. 또 육룡六龍이라고 부르는 것과 그 나머지는

051 건릉 사마도(司馬道) 및 석각

모두 능묘의 주작문 밖에 있는 사마도司馬道 양측에 분포되어 있다. 능묘
남쪽 쌍유봉 토궐 사이에서부터 시작하여 북쪽을 향해 차례로 대칭적으로
배열되어 있다. 석주, 익마, 타조, 의장용 말, 말을 부리는 사람, 칼을 차고
있는 석인상이 이곳에 늘어서 있다. 또 좌측으로는 무자비, 우측에는 술성
비가 있고 석사자와 61인번신석상이 배치되어 있다. 건릉내 이러한 석각
들은 고도로 발전한 당왕조의 석각예술을 반영하는 걸작들이다.

1) 사마도(司馬道)의 석각

| 석주(石柱) | 석주는 다른 말로 통천주通天柱 혹은 석망주石望柱라고 칭한
다. 석주는 고대 중국인들이 해의 그림자를 관측하는데서 비롯된 규표圭表
와 건축기법에서 측량공구를 나타내는 표목表木(건축시공을 할 때 위치를 표시

하는 나무)에서 유래되었다. 이후 점차 봉건사회로 진입하게 되면서 이러한 표시는 건축구조에서 일종의 특수한 의미를 상징하는 예제禮制를 반영한 장식물로 변모했다. 석주는 또 항표恒表 혹은 방목謗木이라고도 한다. 봉건시대 석주는 군주가 신하들의 납간納諫을 겸허하게 받아들인다는 의미를 담고 있었다. 당왕조의 석주는 궁전, 성벽, 교량, 능묘를 장식하는 대표적인 건축물로 발전했다. 건릉의 석주는 8각형기둥 구조이

052 건릉 사마도 서쪽 석주(石柱)

며, 높이는 약 7.80m, 직경 1.12m, 무게는 약 40톤에 이른다. 전체 구조를 보면, 초좌礎座, 주신柱身, 주두柱頭의 세 부분으로 이루어져 있다. 초좌와 주신은 음선陰線기법으로 만초蔓草(덩굴풀), 해석류海石榴 문양과 짐승류 도안으로 장식되어 있는데 그 기법이 매우 섬세하다. 방형 모양의 석좌는 대지를 의미하며, 원구 형태의 주두(어떤 것은 주두 모양이 복숭아 형태인데 장수를 상징함)는 하늘을 상징한다. 중간의 8각형 주신은 8괘를 나타낸다. 석주의 전체 조형은 전형적인 당대 '천원지방天圓地方'의 우주관을 나타내고 있다. 주춧돌의 방형 부분은 연꽃잎 16장을 덮어씌우고 주두의 연꽃은 위를 향하게 하여 화주火珠의 원구체를 받치고 있는 구조이다. 이러한 형식은 고대 중국인들이 생식을 숭배하고 자손의 번식을 염원하는 상징을 담고 있다. 중국인들이 석주를 능묘 가장 앞에 세우는 까닭은 장수를 염원하고 군주의 덕정德政을 희망하는 전통에서 생겨난 것이다.

| 익마(翼馬) |　　익마는 천마 혹은 비룡마飛龍馬라고도 하는데 고대 중국의

전설 속에 등장하는 상서로움을 나타내는 짐승이다. 고대 문헌 『산해경山
海經』 권3 「북산경北山經」에 "마성馬成산에는 문석文石이 많으며 …, 그곳에
는 짐승이 있는데 그 모습이 마치 흰 날개를 닮았으며 머리는 검은색이다.
사람의 눈에 띄면 곧 날아가 버린다. 그 이름은 천마天馬라고 한다"는 기록
이 있다. 옛날 사람들은 비룡飛龍을 제왕에 비유했다. 건릉을 건축할 당시
능묘의 신비한 분위기와 지하궁전의 웅장한 기세를 잘 드러내기 위해 상서
로운 의미를 지닌 짐승의 형상을 조각하여 능묘를 장식했다.

　당대 건릉에서부터 모든 제왕의 능묘(교릉, 橋陵의 익수는 제외)에는 반드
시 익마 한 쌍을 배치했다. 건릉에는 익마를 석주 북쪽에 배치하고 타조는
남쪽에 두었다. 사마도 서쪽에 위치한 익마를 보면 높이가 3.45m, 길이
3.53m, 무게 40톤에 이른다. 주춧돌은 3층 구조로 되어 있고 상층 동서 길
이는 3.02m, 남북 길이가 1.22m, 높이 0.24m이다. 중간층은 동서 길이
3.31m, 남북 너비가 1.45m, 높이 0.57m이다. 하층은 대부분 땅속에 묻혀
있다. 양마兩馬의 동서 간격은 25m 거리를 두고 있으며 질이 좋은 거대한
흑옥석黑玉石을 정교하게 깎아 만들었다. 말 복부 아래는 투조기법을 사용
했다. 익마는 골격이 튼튼하고 간결한 모습으로 조각하여 생동감을 주며

웅장한 기개를 드러낸
다. 그 외형을 보면 머
리는 쳐들고 있고 돌출
된 눈, 굳게 다문 입, 확
장된 콧구멍을 하고 있
으며 목은 우측을 향하
고 있는 형상이다.
　건릉의 익마는 페르
시아산 말의 모습으로
그 본연의 특색을 갖고

053 건릉 사마도 동쪽 익마(翼馬)

있다. 서역에서 전래된 말의 기상을 보여주는 강렬한 표정을 음영 기법을 사용하여 잘 드러냈다. 양측 어깨 부위는 소용돌이 문양을 중첩하여 조각했는데 그 모습이 아주 선명하게 표현되었다. 동쪽 익마의 머리와 흉부 형상은 서쪽 익마 모습 보다 꼿꼿한 형상은 아니지만 자태는 오히려 풍만한 모

054 건릉 사마도 서쪽 익마(翼馬)

습이다. 말의 돌출된 눈, 다문 입술은 신비로운 자태와 역량을 느끼게 한다. 말 어깨 양측의 날개 부분은 거침없이 흘러내리는 소용돌이 물결모양의 선으로 조각하여 부드러움과 세밀한 조각기법을 엿볼 수 있다. 이러한 조각기법은 한·위진남북조시대 이래 중국전통의 석각예술과 외래로부터 전래된 조각기법이 결합된 새로운 형태의 조각예술 흔적을 엿볼 수 있게 한다.

익마 양측에 아주 정교하게 조각된『행룡도行龍圖』, 『쌍해치도雙獬豸圖』, 『사상도獅象圖』가 배치되어 있다. 『행룡도』는 길이 2.48m, 너비 0.51m인데 몸체가 매우 길며 고개를 돌리고 급히 전진하는 모습이다. 용의 머리 부분과 꼬리 문양은 감아올린 가지와 둘둘 말아 올린 잎 모양으로 조각했다. 용상하 부분은 와식臥式인데 질주하는 형상을 표현했다. 『쌍해치도』는 길이가 2.54m, 너비 0.65m이다. 해치는 다른 말로 독각수獨角獸 혹은 신양神羊이라고도 한다. 해치는 선악을 식별하고 충신과 간신을 알아내는 영험을

가진 중국 고대 전설 속에 등장하는 상서로운 짐승이다. 전설에 의하면 고도皐陶가 순으로부터 법관에 임명되었을 때 늘 해치에게 판결하도록 했는데 해치는 뿔로 간사한 무리들을 쫓아버렸다고 한다. 고대 중국의 법관들이 해치관獬豸冠을 쓴 이유는 이 전설에서 비롯된다. 해치의 형상은 머리를 쳐들고 우뚝 서 있는 자태로 눈과 입이 크고 늘어진 귀와 소 코를 닮은 모습, 우뚝 솟아오른 뿔 모양을 하고 있다. 전체적인 모습은 거칠고 포악하여 마치 산하山河를 집어 삼킬듯한 기세를 담고 있다. 고대 중국의 조각예술은 정적인 기법을 토대로 하여 사물을 있는 그대로 표현하여 마치 살아있는 듯한 느낌을 준다. 이러한 기법은 당대 여러 석각에서 쉽게 찾아볼 수 있다.

『사자도』는 길이 3.58m, 너비 0.69m이다. 사자상은 도약하며 전진하는 형상을 표현했다. 문양과 기법은 중국인들의 상상 속에 등장하는 상서로운 짐승을 주제로 하여 선명한 도안, 신비스러운 자태, 간결하고도 힘찬 기개를 표현했다.

| 타조(鴕鳥) | 타조는 익마가 있는 곳에서 북쪽으로 약 230m 지점에 위치하고 있으며 좌우 대칭으로 배치되어 있다. 두 마리 타조는 각각 높이 2.08~2.26m, 너비 1.64~1.73m, 두께 0.35~0.38m의 돌병풍에 조각되어 있다. 타조, 돌병풍, 밑받침이 일체형으로 되어 있으며 그 무게가 약 9.6~9.8톤에 이른다. 타조 높이는 1.73~1.76m, 너비 1.32~1.38m, 두께 0.40~

055 건릉 사마도 서쪽 타조(鴕鳥)

0.42m이다. 두 타조는 다리 하나가 훼손되었을 뿐 나머지 부분은 완전한 형태로 남아 있다. 타조는 풍성한 깃털, 머리를 치켜들고 가슴을 활짝 펴고 전진하는 모습이며 그 자연스러운 조각기법은 생동감이 넘친다.

타조는 아프리카와 서아시아 지역이 원산지이다. 한왕조 시기 페르시아를 거쳐 중국으로 전래되었는데 먼저 타조알이 들어왔던 것 같다. 『한서』 기록에는 타조알을 '대작란' 혹은 '대조란' 이라고 했다. 『구당서』 파사전波斯傳을 보면, "타조는 마치 낙타처럼 생겼으며 높게 날지 못하고 초식과 육식을 한다" 는 내용이 있다. 돌에 조각된 타조는 당왕조와 아프리카의 교류를 상징하는 유물이다. 고종 사후에 능 앞에 타조석각을 세우는 풍습이 생겼다. 이후 타조석각은 능묘 사마도 앞에 세우는 상서로운 조각상으로 능묘를 장식하는 역할을 하게 되었다.

| 장마, 견마석인(杖馬, 牽馬石人) | 장마와 견마석인은 타조 북쪽에 위치한다. 황제 능묘에 석마를 배치하는 건축양식은 동한 광무제의 능에서부터 시작되었다. 당대 황릉 중에서 고조의 헌릉을 제외하고 모두 석마가 배치되어 있다. 건릉 사마도에 배치된 5쌍의 장마 중에 한 쌍은 보존 상태가 완전하고 나머지는 모두 훼손되었다. 장마의 높이

056 건릉 사마도 동쪽 장마(仗馬) 및 견마인(牽馬人)

는 1.95m, 너비 0.94m, 길이 2.60m이다. 받침 부분 길이는 1.91m, 너비 0.89m, 높이 0.26m이다. 초석 길이는 2.50m, 너비 1.50m, 지면 위로 노출된 부분은 0.73m이다.

견마석인은 말 머리에서 북측으로 서 있다. 현존하는 것은 8개이며 그 중 완전한 상태로 남아 있는 것은 2개 뿐이다. 석인상은 모두 머리 부분이 없다. 석인은 둥근 목깃에 소매가 짧은 옷을 입고 있으며, 허리띠를 차고 장화를 신고 있다. 가슴에 두 손을 모으고 건장하게 서 있는 모습이다. 목 부분은 없으나 보존이 그나마 양호한 석인의 높이는 1.54m, 너비 0.62m이다. 장마伏馬와 견마석인牽馬石人, 석좌石座는 모두 각각 별개로 조각하여 한 곳에 배치한 것인데 총 무게는 16.30~18.25톤에 이른다. 석마와 석인은 모두 능묘 앞에 배치하는 장식물에 해당한다.

│ 괘검석인상(挂劍石人像, 칼을 집고 서 있는 석인상) │ 이 석인상은 모두 10 쌍이 있다. 주작문 밖 사마도 양측에 위치하며 보존상태가 양호하다. 석인

057 건릉 사마도 동쪽
검을 짚고 있는 석인상

상의 명칭은 다른 말로 옹중翁仲이라고도 한다. 옹중은 인명으로 본래 성은 완阮이고 진왕조의 장군이다. 전체 높이가 2.40m에 달하는 이 석상의 주인공은 용맹을 상징하는 장군의 형상을 갖추고 있다. 진시황이 6국을 병합할 당시 완옹중에게 명하여 병사들을 거느리고 임조臨洮(지금 감숙성 임조현)를 지키도록 했다. 이곳에서 옹중은 여러 차례 출병하여 이민족을 격퇴했는데 이후 서쪽 오랑캐

들은 옹중의 이름만 들
어도 두려워했다고 한
다. 옹중이 세상을 떠난
후 진시황은 동상을 만
들어 함양궁 사마문 밖
에 설치하고 그를 기념
했다. 이후 흉노가 침략
해 왔을 때 옹중의 동상
이 마치 살아있는 것 같

058 건릉 능원에서 발견된 석인모배(石人毛坯)

아 흉노 병사들이 옹중의 모습을 보고 물러갔다는 이야기가 있다. 이때부
터 통치자들은 옹중의 동상을 능묘 앞에 세우게 되었다고 한다. 당대에도
그 풍습이 계속 이어진 것이다. 진한 이후부터 금속 사용이 증가하게 되어
동상은 석상으로 대체되었다.

직각장군直閣將軍은 다른 말로 중랑장中郎將의 관명인데 그 명칭 및 직
책은 진왕조의 낭중령郎中令에서 유래한 것이며 궁의 액문을 수호하는 임
무를 맡았다. 한무제 시기에는 광록훈光祿勳이라 칭했고 평제 시기에는 중
랑장이라고 했다. 직책은 모두 황제를 호위하는 임무를 담당했다. 동한의
좌 · 우 · 호虎 · 분賁 · 우림羽林 등 중랑장 명칭은 모두 광록훈에 속하며,
동한과 위진시기 무위武衛, 사흉노使匈奴 등이 중랑장에 해당한다. 당대에
이르러 중랑장은 하급관리에 속했으며 황제를 보위하는 임무를 수행했다.

건릉의 석인상은 모두 입체조각으로 높이 3.75~4.16m, 흉관은 1~1.32
m, 측면의 두께는 0.64~0.90m이다. 석인은 머리에 관을 쓰고 있고, 허리띠
를 매고, 소매가 크고 폭이 넓은 도포를 입고 있다. 큰 키에 풍만한 두상, 8
자형 수염(어떤 것은 수염이 없다)을 하고 있으며, 양 손은 짚고 있는 칼 위에
가지런히 두고 두 눈은 정면을 주시하고 있는데 엄숙하고 절도 있는 자세
로 능묘를 지키고 있는 형상이다.

2) 술성기비(述聖紀碑)

술성기비는 능묘 주작문 밖 사마도 서쪽 궐루유적 앞에 서 있다. 비석의 전체 높이는 6.78m, 너비 1.86m이다. 비석 기단은 2.97m이고 밖으로 노출된 부분 높이가 0.38m이며 총 무게는 89.60톤에 달한다. 비석은 머리, 몸체, 기단 세 부분으로 이루어져 있다. 머리 부분은 무전식廡殿式이며 처마 모서리 부분은 네 개의 호법역사상護法力士像이 조각되어 있다. 그 중 북쪽에 위치한 석인상 2개는 이미 훼손되었다. 비석 몸체는 방형구조이며 4개의 방형 돌로 이루어져 있다. 정면은 음선으로 해석류 문양을 넣었고 『해치도』를 조각했는데 길이가 2.54m, 너비 0.63m이다. 해치는 익마와 같은 기법으로 조각했다. 비석이 일곱 단계로 이루어져 있기 때문에 이 지역 사람들은 '칠절비七節碑' 또는 '칠요비七曜碑(즉 일·월·금·목·수·화·토)'라고도 부른다. 그 의미는 당고종 이치의 문치무공文治武功이 마치 '칠요七曜'처럼 천하를 비춘다는 것이다.

『내재금석각고략來齋金石刻考略』의 기록에 의하면, 『술성기』 비문은 무측천이 직접짓고 중종 이현이 글씨를 쓴 것으로 되어 있다. 비문의 "글씨가 매우 힘이 있으며, 구양순의 깊이와 우세남의 유지를 담고 있다"고 한다. 비문 내용은 당고종의 생애와 통치기간의 '문치무공'에 대한 것이며, 모두 46행으로 매 행마다 120자를 새겼는데

059 건릉 술성기비(述聖紀碑)

현재 5,600자 정도 남아 있다. 이 비석은 명나라 만력(1573~1620) 연간에 몇 개로 무너져 내려앉은 후 사람들에게 잊혀졌다. 1957년 비석을 보수한 이후 식별 가능한 글자는 십분의 1 내지 십분의 2에 불과했다. 필자가 검증한 결과 식별할 수 있는 글자는 사실상 2,011자 밖에 되지 않았다. 비석의 몸체 첫 번째 돌에는 글자가 없다. 그밖에 2, 3, 5번째 돌 양면陽面에는 음각으로 글자가 새겨져 있다. 4번째 돌에 새겨진 글자는 현재 마모되어 식별하기 어렵다. 글자를 처음 새겼을 때는 금가루를 사용하였기 때문에 능묘 주위가 반짝거렸다고 한다. 오랜 세월이 흐른 지금 찬란하게 빛나는 황금 글자는 볼 수 없지만 자세히 들여다보면 아직도 희미한 흔적을 엿볼 수 있다. 비석 몸체 동·서 양쪽에는 송나라와 명나라의 문인 학자들이 건릉을 유람한 후 지은 시문이 새겨져 있다. 지금 남아 있는 비문의 글자를 보면 주로 다음과 같은 내용으로 요약된다.

1. 고조 이연이 천하의 대세에 부응하여 수왕조를 배반하고 거병했을 당시 상황
2. 태종 이세민이 반란세력을 평정하고 당왕조의 기초를 다진 후 정관의 치세를 이룩한 상황
3. 황후가(장손황후) 고종 이치를 가졌을 때 상서로운 징조가 있었다는 내용
4. 고종 초기 황태자를 책봉한 내용
5. 태종이 고종 이치에게 '총지군국사(總知軍國事)'를 명령한 내용
6. 태종이 병석에 누웠을 때 고종 이치의 효행을 칭찬한 내용
7. 고종의 즉위와 재위시기 '문치무공(文治武功)'에 관한 내용
8. 고종이 유지를 내려 후장을 금하도록 한 내용

당나라 사람들은 왕희지(303~361) 서체를 매우 좋아했다. 고종 이치와 무측천 역시 왕희지 필법에 심취하여 직접 베껴서 소장하거나 잘 쓴 모사본을 수집하기도 했다. 『담빈록譚賓錄』과 『구당서』 왕방경전王方慶傳에 근거하면, 고종과 무측천이 "평소에 왕희지 서체를 좋아하여 봉각시랑 왕방

경이 구하여 바쳤는데 10편으로 이루어진 것"이었다고 한다. 술성기비에 기록된 고종의 임종전 유언을 보면, 고종이 소장한 서예를 모두 함께 묘지에 넣어 달라고 했다. 건릉 지하궁전에 왕희지의 친필『난정서』,『보장집』등이 혹시 묻혀 있지 않을까 추측해 본다. 이후 건릉 지하궁전을 발굴한다면 그 점을 기대해 볼 만하다.

3) 무자비(無字碑)

무자비는 주작문 밖 사마도 동쪽 궐루유지 앞에 위치한다. 이 비는 중국 역대 비석 중 가장 큰 것으로 보고 있다. 비석 전체 높이가 8.03m이며 머리 부분은 원형이고, 기단은 방형 구조이다. 비신碑身은 한 덩어리의 거대한 돌을 그대로 사용했다. 비신 전체 높이는 6.54m, 너비 2.10m, 두께 1.48m이다. 기단 구조는 방형이고 동서 길이 3.38m, 남북 너비는 2.46m, 높이 1.49m이다. 지면 위로 1.07m 노출되어 있으며 총 무게는 98.84톤에 달한다. 비수碑首 부분은 여덟 마리의 용이 서로 얽혀 있는 모습으로 조각되어 있는데 생동감이 넘친다. 이룡螭龍의 머리는 아래를 향하고 있다. 이 짐승은 전설 속에 등장하는 뿔이 없는 용이며 높이 날아오르는 것을 좋아하는데 고대 청동기 또는

060 건릉 무자비(無字碑)

비석, 옥척, 대들보를 장식하는 문양으로 자주 사용되었다. 비신 양쪽에는 최근까지 발견된 것 중에서 가장 큰 『승룡도升龍圖』가 한 폭 조각되어 있다. 그 높이는 4.12m, 너비 1.19m인데 용 발톱이 아주 날카롭게 표현되어 있다. 구름을 타고 민첩하게 날아오르는 용의 모습이 매우 인상적이다. 비좌碑座 양면陽面 중앙에 위치한 『사마도』의 길이는 2.14m, 너비 0.66m이다. 사자의 모습은 머리를 처들고 눈은 부릅뜬 위엄 있는 자태를 하고 있다.

제왕의 능묘 앞에 '무자비'를 세우는 풍습은 건릉이 최초라고 할 수 있다. 건릉 무자비는 성당 시기 세워졌는데 당대에 새긴 글자는 하나도 없다. 그 까닭에 대해 후세 사람들은 여러 가지 추측을 하게 되었다. 현재 비석에 남아 있는 글자는 송과 명대 문인 및 학사들이 건릉을 찾았을 때 글을 짓고 새긴 글자인데 모두 42단으로 되어 있다. 양면陽面 32단, 음면陰面 10단인데 대부분의 글자가 마모된 상태여서 알아보기 어렵다. 그 중에 양면 정중앙에 소수민족 글자만 식별할 수 있다. 이 문자는 언어학자들의 견해에 따르면 아직까지 해독하지 못한 거란문자인 것으로 판명되었다. 일본학자 산로광명山路廣明은 이 문자에 대해 '20세기의 미스테리'라고 했는데 지금은 사용하지 않는 거란 소자小字로 보고

061 건릉 무자비의 거란문자(탁본)

있다. 그 옆에는 한어로 번역된 문장이 있는데 윗 부분에 '대금황제도통경략랑군행기大金皇弟都統經略郎君行記'라고 쓰여 있다. 『금사』시조이하제자전始祖以下諸子傳에 보면, 완안성完顔晟의 부친 금 세조世祖 핵리발劾里鉢은 여섯 명의 아내로부터 열 한명의 자식을 두었으며 또 데려다 키운 아들도 12명이 더 있었다. 『금사』고전杲傳, 『송사』오개전吳玠傳, 『건염이래계년요록建炎以來系年要錄』, 『대금국지교증大金國志校證』에 기록된 12명의 아들 중에 살리갈撒離喝이라고 하는 왕자가 중원을 공격할 때 섬서陝西를 거쳐 갔는데 이때 섬서를 관할하는 최고행정장관 즉 '도통경략'에 임명되었다. 천회天會 9년부터 14년 이 기간에 살리갈의 군대는 건릉 서남쪽 봉상부鳳翔府에 주둔했다. 살리갈의 경력은 바로 이 비문에 기재된 내용과 일치한다. 즉 이 비문에 기록된 '금국황제金國皇弟'는 살리갈을 가리키는 것이다. 살리갈은 송왕조와의 전쟁에서 실패한 후 "두려워하고 울었다[懼而泣]"하여 송나라 사람들로부터 '제곡랑군啼哭郎君'이라고 칭해졌다. 이 비석에 남겨진 문자는 오늘날 거란문자의 역사와 서예, 그리고 산서 지역의 역사 및 건릉 능묘에 반영된 건축사를 연구하는데 매우 가치 있는 자료를 제공한다.

석비는 사자死者의 공적을 칭송하고 그 업적을 후세에 전하기 위해 만든 것이다. 그러나 무측천의 비석에는 한 글자도 새기지 않았는데 그 원인에 대해 역사학자들의 논쟁이 끊이지 않았다. 이 부분에 관심을 갖고 있는 연구자들의 견해에 따르면 그 원인을 '덕대설德大說', '칭위설稱謂說', '유언설遺言說', '자참설自慚說', '비비설非碑說' 등 다섯 가지로 정리할 수 있다. 필자가 조사한 바에 따르면 무자비 양면陽面에 4.50cm 정도의 네모칸이 가득 새겨져 있었다. 그 흔적은 모두 95행이었고 매 행마다 44개의 네모칸이 있었다. 이 많은 네모 칸은 절대 후대 사람들이 새긴 것이 아니다. 처음 비석을 세울 당시 먼저 칸을 만들고 그 안에 글자를 새기려고 했던 것으로 보인다. 네모 칸의 수는 약 4,200개 정도였다. 그런데 왜 비문을 새기지 않았는지 그 이유는 무측천 사후 정세와 연관해서 분석해 봐야 할 것 같다.

무측천은 대업을 세워 자신의 공명을 천하에 드러내고자 했다. 필자는 무자비 건립은 중종 시대라고 본다. 무자비의 글자가 없는 원인은 중종 또는 예종이 그들의 생모 무측천에 대한 공적을 평가하기가 어려웠거나 혹은 조상들의 술성비를 위배하지 않을까 하는 곤란한 점 때문이었던 것 같다. 또 한편으로는 당시 조정 안팎의 형세가 영향을 주었을지도 모른다.

4) 61번신석상(六十一蕃臣石像)

61번신석상은 왕빈상王賓像이라고도 부른다. 주작문 앞 동 · 서 양쪽에 위치하며 원래 64개 석상이 있었는데 현재 60개(61개는 잘못 전해진 것으로 보임. 동쪽에 29개, 서쪽에 31개)가 남아 있다. 처음 이곳은 두 개의 커다란 측전側殿과 편방偏房이 동 · 서로 마주보고 있었고 석상들은 측전 중앙에 위치했던 것으로 보이나 현재 건물은 사라지고 그 터만 남아있다.

석인상은 모두 원형으로 일반 사람과 같은 크기로 조각되어 있다. 석상의 높이는 1.50~1.77m이고, 어깨 너비는 0.54~0.65m이다. 석좌는 0.85~0.90m인데 지면으로 드러난 높이가 0.08~0.21m이다. 석인은 거의 둥근 목, 좁은 소매의 옷을 입고 있거나 접힌 옷깃과 좁은 소매의 무사복을 입고 있다. 양손은 홀을 잡고 있거나 또는 홀을 잡고 손을 가슴 앞에 모은 형상이다. 많은 석상들이 허리띠를 차고 있으며, 허리에 조그마한 주머니(붓을 넣은 주머니로 생각된다) 또는 '어대魚袋'를 차고 있다. 어대는 당나라 제도에 의하면 5품 이상 관원은 어부魚符를 받았는데 그것을 주머니에 넣고 다녔기 때문에 어대라고 했다. 무주武周시대 어부는 귀부龜符로 바뀌어 '귀대龜袋'라고도 했다. 건릉 석인상 중에 '어대'를 차고 있는 석인상이 모두 44개이다. 석인상들은 끈이 있는 가죽 신발을 신고 있다. 동쪽에 위치한 석인상의 머리는 모두 훼손되었다. 그 중에서 둥근 깃에 헐렁한 소매, 그리고 우임右衽 무사복武士服을 입은 석인상은 왼손에 활을 잡고 왼쪽 어깨에 올려 놓고 있다. 또 다른 하나는 둥근 깃에 좁은 소매, 좌임 무사복을 입고 머리에는 풍피風披를 쓰고 있다. 또 하나는 둥근 깃에 좁은 소매, 좌임 무사복을 입고 배 부분에 칼을 하나 차고 있다. 서쪽에 위치한 31개의 석인상 중에 두 개의 석상만 머리가 불완전하게 남아 있다. 석상은 열린 깃에 좁은 소매, 좌임 무사복을 걸치고 있다. 그 중에 하나는 귀 위에까지 머리띠를 하고 있고, 머리띠 아래는 머리카락이 13가닥으로 등과 양쪽 어깨에 걸쳐져 있으며(등 뒤에 5개, 양쪽 어깨에 각각 4개), 목 부위에는 둥근 장식물이 조각되어 있다. 또 하나는 변발을 뒤로 올리고 팔자수염을 하고 있다.

석인상이 처음 세워졌을 때 등 부분에 국명, 종족, 관직, 함작衡爵과 성명이 있었다. 지금 어렴풋하게 식별할 수 있는 석인상은 일곱 개 밖에 되지 않는다. 그 명칭은 주구반국왕사타륵朱俱半國王斯陁勒, 우전왕울지경于闐王尉遲敬, 토화라왕자특근갈달건吐火羅王子特勤羯達建, 토화라협호돌가십성대수령염박도독吐火羅叶護呬伽十姓大首領鹽泊都督 아사나충절阿史那忠節, 묵철사이력탐한달간默啜使移力貪汗達干, 파선성주하복제연播仙城主何伏帝延, 고대가한표기대장군행좌위대장군곤릉도호故大可汗驃騎大將軍行左衛大將軍昆陵都護 아사나미사阿史那彌射이다. 나머지는 글자가 모두 없어져서 자세한 상황을 알 수 없다.

건릉 석인상은 『섬서통지陝西通志』 권71에 "고종의 장례 때 여러 국가에서 왕들이 참석했다"는 기록이 있다. 이 내용 때문에 일반적으로 건릉 석인상 주인공들은 고종의 장례에 참석한 소수민족의 추장 혹은 사신이라고 생각했다. 고종의 장례를 마친 후, 무측천은 이 일을 기념하기 위해 석상을 조각하여 건릉 능묘 주작문 밖 양측에 세우도록 했다. 석상은 당왕조의 위엄을 주변민족에게 알리고 또 그들과 우호관계를 나타낸다는 뜻으로 '육십일왕빈상'이라고 칭했다. 일본학자 족립희육足立喜六은 이들 석인상에 등장한 인물들이 건릉을 만들 때 도움을 준 사람들이라고 주장한다. 또

건릉 주작문 밖 동쪽 번신석상(蕃臣石像)

일부 학자들은 장회태자 이현의 무덤에 있는 벽화 『객사도客使圖』에 근거하여 석인상의 인물들은 '알릉조언객사謁陵吊唁客使'라고 주장하기도 한다.

건릉 석인상은 좁은 소매, 헐렁한 목깃과 허리띠를 하고 있으며 장화를 신고 있다. 두 손은 앞으로 가지런히 모으고 의연한 자세로 당태종 소릉을 수호하고 있는 모습이다. 『통감』(권199)에 의하면 태종의 장례가 치러진 후 고종은 태종 생전의 '사이빈복四夷賓服' 상황을 재현하기 위해 "만이군장蠻夷君長으로서 선제先帝(당태종)에게 사로잡히거나 항복한 자 중에서 힐리頡利 등 14명을 돌에 조각하여 북사마문 내에 진열했다"고 한다. 당나라 사람 봉연封演의 『봉씨문견기封氏聞見記』(권6)에 "태종은 구종산에 묻혔고, 문 앞에 석마石馬를 세웠다. 능 뒤 사마문 내에는 또 번신蕃臣 14인상을 세우고 모두 그 관명을 새겨 넣었다"는 기록이 있다. 이 석상들은 역사상 '번신상蕃臣像' 또는 '번추상蕃酋像'으로 칭해졌다. 당고종 사후 무측천은 소릉 건축구조를 그대로 본받아 당왕조에 입조入朝한 번장蕃將 이근행李謹行을 건릉에 배장하고 또 능묘 주작문 앞 동쪽과 서쪽 양측에 고종과 무측천의 통치 시기 입조했거나 헌금軒禁한 적이 있는 번신추장蕃臣酋長의 석상石像 64존尊을 만들고 등에는 그들의 관직명과 성명을 새겨 넣었다. 봉연封演은 소릉 석상에 대해 "고종이 그의 부친의 공적을 천하에 드러내기" 위한 것이라고 했다. 이렇게 볼 때 건릉 석인상은 고종과 무측천의 공적을 후세에 드러내기 위해 만든 것임을 알 수 있다.

건릉 석인상 뒤에 새겨진 함명銜名은 천년의 세월 동안 비바람에 침식되고 또 사람들에게 훼손당하여 현재 대부분 알아볼 수 없을 정도로 마모되었다. 현존하는 당대 문헌에서도 석인상에 대한 이름은 전하지 않고 있다. 북송 원우元祐(1086~1094) 연간, 섬서 전운사轉運使 유사웅游師雄이 건릉 석인상 뒤에 새겨진 문자를 조사한 적이 있었다. 유사웅은 현지인들이 탁본을 뜬 자료에 근거하여 4개의 석비에 석인상의 명칭을 새기고 동쪽과 서쪽 양측에 나누어 세웠다고 하는데 아쉽게도 현재 전하지 않는다.

원대元代 이호문李好文이 『장안도지長安圖志』를 편찬할 때 유사웅이 새긴 비석 중 3개를 찾아 39명의 이름을 기록했다고 한다. 이후 청나라 초기 협혁포叶奕苞의 『금석록보金石錄補』에 38명으로 기록되었으며, 잠중면岑仲勉, 진국찬陳國燦의 고증을 거쳐 현재 36명의 이름만 밝혀졌다. 그 가운데 어떤 사람의 생애는 당대 문헌에 기록이 있다. 36명의 석상 주인공들은 대다수가 당왕조에 소속된 각 민족의 관원 혹은 경사에 와서 머무르고 있던 주변민족의 국왕과 왕자들이다.

36개 석인상의 관직 명칭에서 이름 첫 자에 '고故'라는 글자가 많이 나타난다. 이것은 건릉에 석상을 세울 때, 그들은 이미 죽은 사람이라는 것을 의미한다. 예를 들면, 서쪽에 위치한 아사나미사阿史那彌射의 석상 이름 앞에 '고故' 자가 들어 있다. 『신·구당서』의 기록에 아사나미사는 "정관 13년 처월處月, 처밀處密 부족을 거느리고 입조入朝"한 서돌궐의 수령으로 표기대장군驃騎大將軍에 봉해졌다. 고종이 즉위한 후, 당의 명령으로 군대를

건릉 주작문 밖 서쪽 번신석상(蕃臣石像)

이끌고 서돌궐의 내란을 진압한 공로를 인정받아 현경 2년 초 흥석망가한 겸좌위대장군興昔亡可汗兼左衛大將軍, 곤릉도호昆陵都護에 책봉되었다. 미사彌射는 당대 쇄엽하碎葉河(현재 초하 楚河) 지역인데, 이곳을 관할하는 최고 지방 군정장관 직책이다. 당 초기 유명한 장수 아사나미사는 고종 용삭 2년(662), 모함을 당해 세상을 떠났다. 함형 4년(673), 조정은 그의 억울함을 풀어주고 장안에 다시 새 묘비를 세웠다. 고종 이치는 홍도 원년(683) 12월 낙양 정관전에서 세상을 떠난 그 다음해 8월 건릉에 묻혔다. 아사나미사는 고종 보다 20여 년 전에 세상을 떠났으므로 고종의 장례에 당연히 참석하지 못했고, 또한 무측천의 장례에도 참석할 수 없었기 때문에 석상 이름 앞에 '고'자를 넣은 것이다. 이와 비슷한 석인상이 10여 개가 된다. 이러한 사례를 통해 볼 때, 석인상 인물들이 모두 고종과 무측천의 장례에 직접 참여한 사람이라고 보기는 어렵다. 현재 전하는 명칭에 '국왕', '왕자'라고 칭해지는 사람은 모두 당왕조에서 내린 것이며, 당왕조에 예속隸屬 또는 신속臣屬한 소수민족 수령에 속한다. 예를 들어, 현재 서쪽 석인상 중에 우전왕于闐(지금 신강 화전 일대) 울지경尉遲敬과 주구반국왕朱俱半國(대당서역기에 나오는 '작구가斫句迦'이며 현재 신강 엽성葉城 일대) 사타륵斯陁勒이다. 왕자라고 칭한 석인상의 예를 보면, 서쪽에 위치한 석인상에서 4번째 줄 남쪽 첫번째 석상이 토화라吐火羅 왕자 특근갈달건特勤羯達健이다. 6세기 말 토화라는 서돌궐의 통치를 받았다. 7세기 중엽 서돌궐은 당왕조에 귀부했고 토화라도 함께 당나라에 신속臣屬하게 되었다. 당시 당왕조 주변의 속국 혹은 번장蕃將 관계에 있던 국가들은 그들의 충성과 신임을 표시하기 위해 자주 친왕親王 또는 자제들을 장안에 보내 머무르게 하거나 궁성을 숙위하도록 했는데 이러한 제도를 질자숙위質子宿衛라고 한다. 조정을 숙위하는 질자는 대부분 금위군랑장禁衛軍郎將, 장군, 대장군의 칭호를 받았다. 토화라 왕자 특근갈달건 역시 이러한 신분으로 당왕조의 수도 장안에 왔던 것이다.

현재 36명의 명칭 중에서 순수한 객사客使로 파견된 사람은 3명으로 본다. 그들은 무측천 시기 동돌궐족 가한 묵철默啜이 보내 장안에 온 이력탐한달간移力貪汗達干, 막하달간漠賀達干과 토번의 사신 실낭열悉曩熱 이다. 모두 구혼과 화친을 위해 당왕조에 파견된 특사特使들이었다. 주변민족과 혼인으로 사람들에게 잘 알려진 문성공주와 금성공주 외에 당왕조는 번국蕃國, 번주蕃州 세력과 혼인관계로 맺어진 사례가 여섯 개 국가 28명에 이르렀다. 이처럼 당왕조가 소수민족에게 취한 광범위한 혼인 정책은 주변민족을 당왕조에 결속시키는 정책 가운데 하나였던 것이다.

건릉 석인상 중에 이미 밝혀진 인물들의 사적을 보면, 고종 사후 무측천과 중종 이현李顯의 통치시기에 조각하여 무측천이 건릉에 합장된 후 이곳에 세워졌다는 것을 알 수 있다. 석상은 태종에서부터 고종을 거쳐 무측천 시기 '통치사이統治四夷' 정책을 반영하고 있다.

5) 석사자(石獅子)

당대 제왕 능묘에 석사자를 세우게 된 것은 태자 이홍李弘의 무덤이 최초이다. 건릉에서부터 당대 제왕 능묘에 석사자가 1쌍씩 세워졌다. 건릉에는 원래 4쌍, 즉 8개의 석사자가 사문 밖에 있었다. 현존하는 석사자 중에 주작문 앞에 있는 1쌍을 보면, 그 조각기술과 예술 조형 면에서 다른 것 보다 매우 뛰어나다는 것을 알 수 있다.

064 건릉 내성 주작문 밖 동쪽 석사(石獅)

이 석사자는 웅크려 앉아 있는 모습이고, 한 덩어리의 푸른 옥석으로 되어 있다. 두 사자의 거리는 약 16m인데, 동쪽의 석사자 높이는 2.35m, 너비 1.40m, 길이 2.32m, 가슴 너비 1.50m이다. 사좌獅座는 두 층으로 되어 있다. 상좌上座 길이는 2.35m, 너비 1.40m, 높이 0.29m이며, 저좌底座 길이는 3.33m, 너비 1.66m, 높이 1.13m이며, 두

065 건릉 내성 청룡문 밖 석사(石獅)

사자의 무게는 약 40톤에 이른다. 석사자의 모양은 피라미드형을 띤다. 머리는 쳐든 모습이고, 가슴을 펴고 앞 다리에 힘을 주고 버티고 있다. 가슴

건릉 내성 백호문 밖 남쪽 석사(石獅)

근육은 우뚝 솟아나 있고 단단하다. 머리는 크며 마치 물고기의 비늘처럼 생긴 곱슬머리를 하고 있다. 넓은 이마, 진한 눈썹, 밖으로 튀어 나올 것 같은 눈동자, 높은 코, 큰 입, 날카롭게 생긴 이빨, 혀는 위 턱에 붙이고 있다. 석사자의 전체 모습은 매우 생동감 있고, 하늘을 떠받치고 땅 위에 우뚝 서 있다. 사자는 만수萬獸의 왕으로 사납고 위풍당당한 신태神態를 갖고 있으며, 사람들에게 기개와 도량, 웅건한 모습을 보여준다. 황릉 앞 석사자는 신비스럽고 위엄 있는 모습으로 사람들로 하여금 범할 수 없는 분위기를 느끼게 한다. 석사자 조각상은 당대 황릉의 위엄과 왕조의 힘을 부각시키는 조형물 가운데 대표적인 작품이다.

사자는 아프리카, 서아시아에 서식하는 동물이다. 『한서』서역전에 근거하면, 한무제가 장건張騫을 파견하여 서역과 왕래한 이후 실크로드를 따라 사자가 중국에 들어왔다고 한다. 동한 순제順帝 시기, 서역 소륵국疏勒國 국왕이 낙양에 사신을 보냈을 때 사자를 공물로 보내왔는데 이것이 중국 최초 살아있는 사자가 들어온 계기가 되었다. 사자는 당시 낙양의 유원囿苑에서 사육되었으므로 평민들은 사자를 보는 것이 쉽지는 않았다. 때문에 한왕조 시대 민간예술가들은 사자에 대해 신비감을 갖고 있었으며 사자의 형상을 조각할 때, 중국 전통의 상서로운 동물을 조각할 때처럼 환상적인 표현기법을 십분 발휘하여 사자의 위엄, 강건함과 용맹스러운 기질을 표출했다. 이렇다 보니 어떤 사자의 어깨에는 날개가 달려 있고, 또 어떤 사자의 머리에는 한 개 혹은 두 개의 뿔이 있거나 몸에는 구름 또는 불꽃 모양의 조각이 있다. 사자는 해치獬豸, 천록天祿, 벽사辟邪라고 불렀다. 『구당서』 강국전康國傳을 보면, 정관 9년(635), 강국 사신이 조공품으로 사자를 가져왔는데 태종이 매우 기뻐하며 우세남虞世南에게 특명을 내려 『사자부獅子賦』를 짓도록 했다는 기록이 있다. 또 당시 유명한 화가 염립본閻立本이 사자도獅子圖를 그렸다. 이후 사자 수량이 증가함에 따라 사람들은 사자의 본래 모습을 분명하게 인식했다. 건릉 석상을 조각할 즈음 중국인들은 진짜 사자 모습을 알게 되었다. 건릉 석각은 사자의 본래 형상을 표현한 것이다.

건릉 능원 석각은 무측천 광택光宅 원년에서 중종 경룡景龍 연간(약 684~708)에 만들어졌다. 석각의 성질과 용도는 다섯 가지로 구분할 수 있다.

1. 표지기사류(標志記事類) : 석주(石柱)와 석비(石碑)
2. 수위거사류(守衛祛邪類) : 석사(石獅)와 석인(石人)
3. 의장류(儀仗類) : 무장(武將)과 장마(仗馬), 공마자(控馬者)
4. 중외문화교류류(中外文化交流類) : 타조와 번신(蕃臣)상
5. 승선사상류(升仙思想類) : 익마와 북문의 6마(六馬)

다양한 주제를 담고 있는 건릉 석각들은 어떤 의미를 갖는 것일까? 연구자들의 주장을 종합해 보면, 석각은 능묘를 지키는 역할을 하면서 또한 황제권력의 절대성을 상징하는 조형물이라고 한다.

능묘 사문四門의 주요 장식물로 석사자를 배치하게 된 것은 건릉에서부터 시작되었는데 그것은 '존군尊君' 사상을 반영하고 있다. 석사자는 제왕 능묘에 배치된 여러 석각상 중에서도 그 예술성이 뛰어나고 신비로움과 웅장함을 더한다. 석사자 외에 익마와 타조는 먼 나라 또는 이국적인 이미지를 조각으로 나타낸 것이다. 중국인들은 전설 속에 등장하는 '익마' 는 서쪽에서 온 '천마' 라고 생각했다. 타조는 고종과 무측천 통치시기 주변민족과 우호적인 왕래를 상징한다. 건릉에는 익마와 타조를 조각하여 능묘 앞

에 배치한 것 외에 더욱 두드러진 점은 주작문 앞 동·서 양측에 64개(현재 60개)의 번신석상을 배치했다. 번신상 중에는 깊은 눈, 짙은 눈썹에 오똑한 콧날, 짧은 수염을 하고 몸에는 서쪽 소수민족의 복장을 한 석상들이 있다. 이러한 석상은 당대 통치자의 천하관을 담고 있으며, 소수민족을 당왕조에 신복臣服 하도록 하여 중국 중심의 정치질서를 구축한 당왕조의 기세를 반영한 것이다. 건릉 석각상은 내용이 매우 풍부하고 종류도 다양하며 서로 다른 문화특징을 반영하고 있다. 당왕조의 석각들은 제왕 능묘의 웅장함과 절대성을 상징한다. 특히 건릉 석각의 배치와 예술적 기법은 후대 제왕 능묘의 본보기가 되었다

5. 배장묘

1) 분포 현황

건릉 배장묘 위치는 능묘 동남쪽 모서리 황토층에 자리 잡고 있으며, 묘주 생전의 지위에 따라 배치되어 있다. 『당회요』 권21에 의하면, 배장자는 장회태자 이현李賢, 의덕태자 이중윤李重潤, 택왕 이상금李上金, 허왕 이소절李素節, 빈왕 이수례李守禮, 의양공주義陽公主, 신도공주新都公主, 영태공주永泰公主, 안흥공주安興公主, 특진 왕급선王及善, 중서령 설원초薛元超, 특진 유심례劉審禮, 예부상서 좌복야 두로흠망豆盧欽望, 좌복야 유인궤劉仁軌, 좌위장군 이근행李謹行, 우무위장군 고간高侃 등 16명이다. 『문헌통고』 기록은 『당회요』 내용과 같으나 좌복야 양재사楊再思 한 명이 더 추가되어 모두 17명이다. 『신·구당서』에 명확하게 기록되어 있는 사람은 겨우 10명뿐이다. 나머지 7명, 즉 택왕 상금, 빈왕 수례, 특진 유심례, 우무위장군 고

067 건릉 배장묘 분포도

간, 신도공주, 의양공주와 안흥공주의 배장묘 위치는 명확하게 기재되어
있지 않다. 건릉 배장묘 중에서 봉토가 남아 있는 것은 15개인데 문헌에 기
록되어 있는 배장 수량과 일치하지 않는다. 오랜 시간이 흘러 묘 앞에 세워
진 비석은 이미 유실되어 묘주가 누구인지 판단하기 힘들어졌다.

　섬서문물고학발굴팀이 1960년 8월부터 1972년 5월까지 건릉의 5개 배
장묘를 발굴조사했는데 그 과정에서 묘지墓誌가 발견되어 묘주를 분명하
게 밝혀낼 수 있었다. 1960년 6월, 건릉진乾陵鎭 양가와촌楊家洼村 촌민村民
이 땅 속에서 '대당고솔경령유부군묘지명大唐故率更令劉府君墓誌銘'을 발견
했다. 이 묘지문의 서술을 토대로 양가와촌 서북쪽 300m 지점 봉토층이 유

인궤의 묘지라는 것을 알게 되었다. 1995년 7월, 섬서고고학연구소팀이 건릉 동쪽을 발굴하는 도중 좌복야 두로흠망과 양재사 두 사람의 묘비를 발견했다. 현재 문헌에 기록된 17명의 배장자 중에 8명은 확실하게 밝혀진 셈이다.

2) 배장묘 발굴 현황

｜장회태자 이현(李賢)｜ 이현(655~684)의 자는 명윤明允이고 당고종 이치와 무측천의 둘째 아들로 영휘 5년 12월(655년 1월 29일)에 태어났다. 그 다음해에 노왕潞王에 책봉되었으며, 현경 원년(656), 기주자사岐州刺史에 제수되고, 그 해 다시 옹주목雍州牧이 더해졌다. 용삭 원년(661)에 패왕沛王에 봉해지고, 양揚·화和·저滁·윤潤·상常·선宣·흡歙 7주 제군사諸軍事, 양주자사겸좌무후대장군, 옹주목이 더해졌다. 함형 3년(672), 옹왕雍王에 봉해지고 식읍 만호를 받았다. 상원 2년(675) 6월 황태자에 책봉되었다. 의봉원년(676) 학자들을 불러 모았는데 이들은 모두 명신名臣들의 자제로 즉, 태자좌서(능연각 공신 장공근)의 아들 장대안張大安, 세마 유납언劉納言, 낙주사호 격희원格希元, 학사 허숙아許叔牙, 성현일成玄一, 사장제史藏諸, 주보령周寶寧 등이 모여 함께 범엽의 『후한서』 주석 작업을 했다. 이때

068 장회태자 묘도 석문(石門)

방사方士 명숭엄明崇儼이 무측천으로
부터 자못 신임을 얻고 있었는데 명숭
엄은 일찍이 영왕(이현)을 밀고한 적이
있었다. 이현은 그 소리를 듣고 "날마
다 근심하고 주의하며, 반드시 (자신
을) 보전하지 못할 것이다"는 사실을
깨닫게 되었다. 당시 궁중에서는 또
이현은 무측천의 언니 한국부인의 소
생이라는 소문이 나돌았다. 무측천은
북문학사에게 명하여 『소양정범少陽政
範』과 『효자전孝子傳』을 편찬하도록
하여 이현에게 읽도록 했다. 이현의
마음은 매우 불안했다. 그는 『황대과
사黃臺瓜辭』를 지어 비통하고 처량한
자신의 심중을 드러내기도

069 삼채천왕용(三彩天王俑,
장회태자묘 출토)

했다. 683년 이현은 서인庶
人으로 강등되어 파주巴州
로 유배되었다. 문명 원년
2월(684년 8월 18일), 이현은
파주에서 세상을 떠났는데
그의 나이 31세였다. 수공
원년(685), 옹왕에 추증되
고, 중종 신룡 2년(706), 파
주에서 장안으로 옮겨와
옹왕의 예를 갖추어 건릉

070 장회태자묘지개(墓誌蓋, 탁본)

에 배장했다. 예종 경운 2년(711), '장회태자'의 시호를 추증하고, 그의 처

청하방씨淸河方氏의 묘도 이전하여 이곳에 합장했다.

장회태자 묘는 건릉 동남쪽 모퉁이에서 약 3km 지점 황토 대지에 위치한다. 묘지 사방으로 원래 담장이 있었는데 남북 길이는 180m, 동서 너비가 143m, 묘원墓園 면적은 25,740㎡이며 서・동・동북 세 방면의 성터 흔적이 아직 남아 있다. 봉토는 복두형覆斗形을 띠며, 높이는 약 18m이고 항토 축성법이고 남쪽에는 1쌍의 토궐土闕터가 있다. 토궐 남쪽 동・서 양측에 석양石羊 1쌍이 배치되어 있고, 최남단 서쪽 가장자리에 석주가 있다.

1971년 7월 2일부터 1972년 2월까지 섬서성박물관과 건현乾縣 문교국文敎局팀이 이현의 무덤을 발굴 조사했다. 이 무덤은 비스듬한 토동土洞 전실磚室 구조이며, 묘도, 과동, 천정, 전후 용도, 전후 묘실 등으로 이루어져 있으며 전체 길이가 71m이다. 묘도 개구開口 너비가 3.30m, 가장 깊은 곳은 지면으로부터 7m 거리이다. 과동과 전후 용도는 아치형 구조이다. 장회태자 무덤 역시 도굴된 흔적이 보인다. 발굴 당시 제3천정 동남쪽 모퉁이

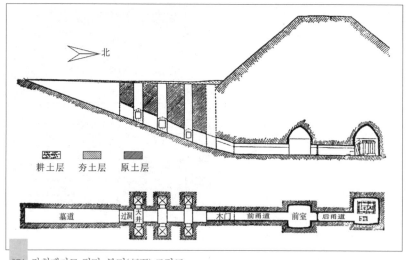

071 장회태자묘 평면, 부면(剖面) 조감도

에서 길이 0.70m, 너비 0.60 m의 도동盜洞을 발견했다. 도굴 당시 6개의 소감에 있는 부장품은 거의 부서진 것으로 보인다. 조사 발굴 시 용도 목문木門은 이미 부식되어 있었다. 목문 북쪽으로 약 1m 지점에서 원형, 방형, 장방형 및 타원형의 석연錫鉛 조각이 발견되었고, 근처에서 철전두鐵箭頭와 암기기구暗器機具 등이 나왔다. 장회태자 묘는

072 관조포선도(觀鳥捕蟬圖, 장회태자묘 출토)

일찍이 도굴된 적이 있지만 발굴조사팀은 이곳에서 600여 건에 이르는 유물을 수습했다.

후묘실後墓室 서쪽으로 치우친 곳에 무전식廡殿式 흑옥색黑玉色의 석곽이 있다. 석곽 길이는 4m, 너비 3m, 높이 2m이며 33개의 청석靑石으로 되어 있다. 조사 결과 지붕 덮개의 5개 석판石板 중에 가장 남쪽 부분이 도굴 당시 훼손된 것으로 보인다. 도굴꾼들은 이곳을 통해 안으로 들어가 관 안에 있는 유물들을 모두 밖으로 끌어냈을 것이다. 관 안에 있는 물건들은 이미 부식되어 현재 남아있지 않다. 석곽, 석문石門, 묘지명墓誌銘에는 사녀仕女, 환관宦官 등 인물 및 동식물 도안이 조각되어 있다. 그밖에 묘도, 과동, 용도 및 전후묘실에 정교하게 그려진 벽화가 50여 폭 있는데 면적이 400m² 에 달하고 보존상태가 양호하며 내용 역시 매우 풍부하여 궁정생활의 여러 면모를 살펴볼 수 있는 좋은 자료가 된다. 이곳 벽화 중에서 어떤 것은 이전에 발견되지 않은 새로운 내용을 담고 있다. 그 중에 『수렵출행도狩獵出

行圖』, 『타마구도打馬球圖』, 『객사도客使圖』, 『관조포선도觀鳥捕蟬圖』 등이 가장 유명하다. 장회태자 묘에서 출토된 600여 건에 달하는 삼채기三彩器, 도기 및 벽화 유물은 당왕조의 역사와 문화, 사회생활, 풍속습관 및 대외관계 연구에 대한 실질적이고 중요한 자료를 제공하고 있다.

| 영태공주 이선혜(李仙蕙) | 이선혜(685~701)의 자는 농휘穠輝이다. 중종 이현의 일곱 번째 딸이며, 위황후 소생이다. 영태공주는 유년시절부터 아름답고 영특했다고 한다. 구시久視 원년(700) 9월, 영태군주에 봉해져(이때 중종은 황제에서 폐위되어 다시 황태자가 됨) 식읍 천호千戶를 받았고, 무측천의 질손侄孫 위왕 무연기武延基(무승사의 아들)에게 시집갔다. 대족大足 원년(701), 무측천의 총애를 받은 장역지와 장창종 형제의 일에 연루되어 무측천의 강압 아래 자살 했는데 공주의 나이 17세였다. 당시 묘지는 하남성 낙양이었다. 중종이 복위한 후, 신룡 원년(705)에 조서를 내려 영태공주에 봉하고 관리에게 명하여 예를 갖추어 다시 장례를 지내도록 했다. 신룡 2년 영태공주의 시신은 낙양에서 장안으로 이장되었으며, 부마도위 무연기와 함께 봉천(지금 건현) 북쪽 평원에 합장했는데 건릉 배장묘에 속한다.

073 영태공주묘 봉토(封土)

영태공주 묘는 황제의 특명으로 다시 무덤을 축조했기 때문에 그 규모가 매우 크다. 묘지는 서북쪽으로 건릉과 2.50km 떨어져 있다. 이곳은 섬서성 서안과 감숙성 난주蘭州를 잇는 고속도로가 능묘 서쪽 담장을 통과하는 교통의 요지이다. 능묘 사방은 원래 담장으로 둘러쳐져 있었는데 지금은 모두 무너져 내린 상태이고 겨우 사방 네 모서리에 약 7m의 토퇴土堆가 남아 있을 뿐이다. 측정해 본 결과 능묘 남북 길이는 363m(담장 남북의 길이는 275m)이고, 동서 너비는 220m로 총 면적은 97,860m²에 이르는 것으로 나타났다. 남쪽 담장 밖에는 잔존殘存의 '쌍궐 여익雙闕如翼(날개모양의 궐 2개)'이 있고, 그 밖에 석사石獅 1쌍, 석무시위石武侍衛 2쌍, 석주 1쌍이 있다. 무덤 규모가 이렇다 보니 한 때 이 무덤의 주인공을

074 상화희조도(賞花嬉鳥圖, 영태공주 石槨線刻圖)

장회태자 이현이라고 생각한 적도 있었다. 그러나 발굴 이후 출토된 묘지명을 통해 영태공주와 남편 무연기의 합장묘라는 사실을 알게 되었다. 봉분은 복두형覆斗形이며 항토 축성이다. 봉토 높이는 14m, 길이와 너비는 각각 56m에 달한다. 1960년 8월부터 1962년 4월까지 섬서문물팀이 발굴조사를 마쳤는데 당시 섬서성에 있는 당왕조 묘지 가운데 가장 규모가 큰 발굴조사 작업이었다. 이 묘의 지하는 묘도, 과동, 천정, 벽감, 전후 용도, 전후 묘실 등 6개 부분으로 이루어져 있고 전체 길이는 87.50m이다. 묘도 개구開口 너비가 3.90m, 묘실 가장 깊은 곳은 지면에서 16.70m 떨어져 있다.

묘도는 18도 경사를 이루고 있으며, 과동이 5개인데 2개의 과동 사이에 천정이 1개 나 있으며 동洞의 높이는 2.10m, 너비는 2.70m이고, 제1에서 제4 과동의 앞 뒤 출입구 한 층은 평와전平臥磚, 한 층은 입전立磚으로 공간을 메워가면서 축성했다. 아치형 구조로 벽돌의 크기는 일정하지 않다. 벽돌은 일반적으로 길이가 0.42m, 너비 0.20m, 두께 0.09m이다. 6개 천정 중에서 제1천정부터 제4천정의 동서쪽 벽 기단에 설치된 8개 소감小龕(편방) 안에 여러 가지 삼채색 생활용기, 도용, 채색 기마용 등 다량의 유물이 진열되어 있었다. 전후 용도와 전후 묘실은 벽돌 건축법으로 되어 있다. 전용도前甬道 남단에 원래 목문 하나가 있었는데 발굴 당시 목문은 이미 부식되어 있었다. 이곳에서 자물쇠와 철 못 이 발견되었다. 목문 앞에서 약 1m 떨어진 지점의 동쪽 벽에서 도굴 구멍 한 개가 발견되었다. 구멍 길이는 0.65m, 너비 0.50m였다. 이곳에서 시신 한 구가 발견되었는데 시신은 벽에 기대어 서 있는 상태였고, 그 주위에 유물들과 도끼 한 자루가 흩어져 있었다. 이는 도굴 당시 도굴꾼들이 서로 분쟁을 일으켜 살상한 것으로 보인다. 후용도後甬道에 석문石門이 있는데 석문에는 매우 생동감 있는 동식물의 문양이 조각되어 있다. 문미門楣 좌측 일부는 도굴에 의해 무너져 내렸다. 앞쪽 묘실은 전후용도前後甬道 사이에 위치한다. 묘실 평면은 방형구조이고, 네 벽은 바깥을 향하고 있으며 궁륭정穹窿頂(중앙이 높고 주위가 점점 낮아지는 천정 구조) 구조이다. 실내는 동서 5.45m, 남북 5.30m, 높이 5.50m로 남쪽 벽은 남쪽으로 기우는 문동門洞이 있고 후실 서쪽 부분에 석곽이 놓여 있다. 석정은 34개의 청석판靑石板으로 축조되어 있는데, 길이 3.62m, 너비 2.70m, 높이 2m이다. 곽정槨頂은 5개의 거대한 석판을 조각하여 무전식廡殿式 구조로 축성했다. 곽정 남쪽 가장자리 부분에는 도굴자의 흔적이 남아 있다. 도굴꾼들이 이곳을 통해 묘실 내의 유물을 밖으로 끌어낸 것으로 보인다. 조사팀이 발굴 당시 후실 동쪽 부분 중간 지점에서 석좌石座 파편을 발견했는데 위에 연판형蓮瓣形으로 조각되어 있고, 채색이 되어 있으며 석좌 중앙

은 원주圓柱형이고 위
에는 부서진 상태여서
분명하지 않다. 이러
한 형태의 석좌가 모
두 4개 있으며, 앞쪽
용도에도 3개가 있는
데 모두 부서진 상태
이다.

075 영태공주묘 출토

영태공주묘 역시
도굴당했으나 이곳에
서 출토된 유물이
1,340여 건에 달하며
또 다량의 벽화가 발
견되었다. 유물 중에
는 도용, 삼채용三彩俑,
목용, 석각, 도자기 및
각종 금은 장식품 등
이 있다. 벽화는 이 묘
에서 출토된 유물 중
에서 가장 중요한 가
치를 지닌다. 묘도와

076 궁녀도(영태공주묘 출토)

묘실 및 묘벽墓壁의 채색 벽화와 여러 가지 도안 등이 특징적이다. 벽화의
내용은 서로 다른 주제를 담고 있으며 주로 인물화이다. 묘도 상부에는 거
대한 청룡과 백호도를 그려 넣었고, 하부 양측에는 대칭 구조의 궐루, 의
장, 준마, 극가도戟架圖의 그림으로 채색했다. 의장대는 자주색, 붉은색, 녹
색과 흰색 옷을 입은 무사들로 이루어져 있다. 무사들은 모두 검은색 두건

을 쓰고 있다. 입고 있는 옷 색깔은 다르지만 목깃이 둥글고 우임右衽식이 고 검은색 허리띠를 하고 있다. 옷에는 금장식이 붙어 있고, 검은색 장화를 신고 있으며 좌측 몸 뒤쪽으로 보검을 차고 있다. 왼손은 칼자루를 잡고 오른손은 주먹을 쥔 형태로 가슴 앞쪽에 두고 있다. 맨 뒤쪽에 위치한 무사 두 명은 백색 준마를 끌고 있는데 근엄한 표정으로 궐루 앞에 서 있다.

과동과 전용도前甬道 꼭대기 부분은 보상화寶相花와 해석류海石榴 문양 으로 되어 있다. 전묘실前墓室은 시녀를 주로 그렸는데 자태가 풍만하고, 막힘없는 붓의 흐름과 색채의 선명함을 드러낸다. 벽화의 인물들은 표정이 모두 다르며 살아있는 듯한 생동감을 준다. 이러한 특징은 당대 묘지 벽화 가운데 걸작이라고 할 수 있다. 후묘실後墓室 서쪽 벽은 석곽으로 막혀 있으며 벽화는 전묘실과 비슷하다. 그러나 그림이 조잡하고 신체 비례가 맞지 않으며 전체 구도 역시 전묘실과 비교했을 때 차이를 드러낸다. 벽면의 그림이 떨어져 나간 것은 없지만 색채가 많이 퇴색되어 여러 인물들의 형태가 분명하지 않고 손에 들고 있는 물건들의 형체도 알아볼 수 없다.

능묘 건축에서 돌로 만든 구조물은 석문石門, 석곽石槨, 묘지명墓誌銘이

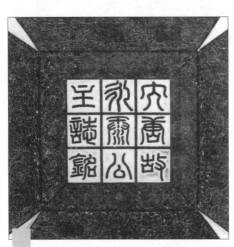

077 영태공주묘지개(永泰公主墓誌蓋)

다. 석문은 음선陰線의 연화문蓮花紋과 각종 동식물 그림으로 조각되어 있다. 석곽 밑바닥은 남북으로 너비 3.90m, 동서 깊이가 2.80m이며 두께는 0.265m 이다. 석곽에는 음선으로 문, 창문, 동식물 문양, 시중을 드는 사람들이 조각되어 있다. 전용도前甬道 남쪽입구 제5과동 아래쪽에

서 묘지명 1개가
출토되었다. 지
개誌蓋의 변 길이
가 1.19m, 두께
0.25m인데, 개정
蓋頂에는 전서篆
書 양각으로 '대
당고영태공주지

078 삼채(三彩) 생활용품

명大唐故永泰公主誌銘'이라는 글자가 있다. 음각으로 새긴 글자는 약 830자
정도인데 서언백徐彦伯이 글을 썼다. 이곳에서 출토된 유물은 남녀 기마용,
호인 기마용, 무사용, 진묘수鎭墓獸와 각종 동식물 용俑 등이다. 그 가운데
삼채색용三彩色俑, 삼채색 그릇 등은 조형미와 색채 기법에서 당대 도자예
술의 수준을 반영하고 있다. 그 밖에 출토된 금, 옥, 동, 철, 주석 등 세공기
술 역시 매우 정교하여 뛰어난 유물로 평가받고 있다.

섬서성은 묘지를 발굴한 후 이곳에 박물관을 세웠다. 1978년 8월부터
'건릉박물관'이라고 칭하고 영태공주묘에서 출토된 유물과 당대 유물을
전시하여 관람객들에게 공개하고 있다.

| 의덕태자 이중윤(懿德太子 李重潤) | 이중윤(682~701)의 본래 이름은 중조
重照인데 무조武曌(무측천)의 이름을 피하기 위해 중윤으로 개명했다. 개요
開耀 2년, 중종 이현과 위황후韋皇后 사이에서 태어났다. 영순 원년(682), 황
태손으로 책봉되었다가 문명 원년에 아버지 이현이 황태자의 자리에서 폐
위되자 이중윤 역시 서인으로 강등되었다. 성력聖歷 초에 다시 이현이 황태
자로 복위하자 중윤은 소왕邵王에 책봉되었다. 대족 원년(701) 9월, 영태공
주와 공주의 부마 위왕 무연기 사건에 연루되어 19세의 나이에 세상을 떠
났다. 중윤은 어렸을 때부터 총명하고 지혜로웠으며 효성이 지극하여 주위

의 칭찬을 얻었는데 당시 사람들은 그의 죽음을 매우 안타깝게 여겼다. 중종이 복위하여 신룡 원년 4월(705년 5월 26일), 황태자로 추증하고 시호를 '의덕'이라고 했다. 신룡 2년, 영구를 낙양에서 섬서로 옮겨와 제왕의 예를 갖추어 건릉에 배장하고 무덤명칭을 호묘위릉號墓爲陵이라고 했다.

이중윤의 묘는 건릉 동남쪽 모퉁이에서 약 2km 지점인 황토 대지에 위치한다. 주변 사방에 원래 담장이 있었는데 현재 담장은 없고 항토층만 남아 있다. 조사 자료에 근거하면 남장의 남북 길이는 256.50m, 동서 너비 214m로 총 면적이 54,891m²이다. 남문 밖에는 토궐터 1쌍, 석사자 1쌍, 석인 2쌍(1쌍은 현재 기단 부분만 남아 있음), 석주 1쌍(이미 무너져 내림)이 있다. 토궐 북쪽에서 당대의 장방전長方塼과 와편瓦片 및 벽화 조각이 대량으로 발견되었는데 이러한 유물을 근거로 볼 때 능묘 건축 당시 이곳에 '헌전獻殿'이 있었던 것으로 추측된다. 능묘의 전체 건축구조를 보면, 태자의 신분에 합당한 형식을 갖추고 있다.

079 의덕태자묘(懿德太子墓)

묘의 봉토는 복두형覆斗形 구조이고 항토 축성이다. 남북 길이는 56.70m, 동서 너비가 55m, 높이는 17.92m이다. 1971년 7월부터 1972년 2월까지 섬서성박물관과 건현 문교국 발굴팀이 조사 작업을 마쳤다. 묘의 지하구조는 남북향으로 조성되었고 전체 길이가 100.80m인데 묘도, 과동 6개, 천정 7개, 소감 8개, 전후 용도, 전후 묘실 등 8개 부분으로 이루어져 있다. 묘도는 28도 경사傾斜진 구조이고, 개구開口 너비는 3.90m, 남북의 수평 길이는 26.30m이며 홍갈색 항토 축성법으로 되어 있다. 과동 6개는 권공토동券拱土洞으로 이루어져 있는데 높이 3.15m, 길이 3.72m, 너비 2.44m이다. 하부는 항토 축성이고 상부는 장방전長方磚을 겹쳐서 쌓은 구조이다. 한 층은 평와平臥이고 한 층은 입전立磚으로 했으며 그 중 한 층은 토배土坯도 있다. 천정 7개는 모두 과동 중간에 있는데 길이, 너비, 깊이가 모두 일정하지 않다. 일반적으로 길이는 2.85m, 너비는 3.75m, 깊이가 8.50~15m 정도이다. 제6, 제7의 천정 입구는 전용도前甬道에 위치하여 발굴하지 못했다. 8개의 소감은 모두 토동土洞 구조이며, 4각은 첨정尖頂을 이루고 있으며 길이와 너비가 모두 1.80m이다. 제2에서 제5과동 근처의 저부底部 양벽은 나뉘어져 있고, 소감小龕 안에는 의장용과 각종 생활용품 등 유물이 배치되어 있었다. 제2에서 제4과동 기부基部 소감 안에 있는 부장품은 완전한 상태로 보존되어 있었고, 제5과동 기저 부분에 위치한 두 개의 소감 안에 있는 부장품은 도굴되

080 의덕태자묘 지하궁전

어 전혀 남아 있지 않았다. 용도는 모두 벽돌로 쌓아올린 아치형 구조이며 전후前後 두 부분으로 되어 있다. 전용도前甬道의 길이는 20.30m, 너비는 1.60m, 높이 2.39m로 되어 있다. 후용도後甬道의 길이는 8.45m, 너비 1.68m, 높이 2.29m이다. 발굴 당시 전용도前甬道 서쪽 벽에서 길이 0.60m, 너비 0.40m의 도굴 통로 하나가 발견되었다.

전후 묘실은 벽돌로 쌓아 올린 아치형 구조로 되어 있다. 전실前室의 길이는 4.45m, 너비 4.54m, 높이 6.30m이다. 후실後室은 길이가 5m, 너비 5.30m, 높이 7.10m로 되어 있다. 전후실前後室의 동서 벽은 호형弧形(활모양) 형태이고, 천정은 아치형을 이룬다. 후묘실 서쪽에 대형 석곽 하나가 놓여 있다. 이 석곽은 34개의 석판石板으로 만들었는데 길이는 3.75m, 너비 3m, 높이 1.87m이다. 5개의 정개訂蓋는 무전식廡殿式이고 척와脊瓦, 적수滴水, 와당瓦當이 모두 갖추어져 있다. 곽 안에는 두 사람의 인골이 안치되어 있는데 머리는 북쪽, 다리는 남쪽을 향하고 있다. 전문가들의 감정에 의하면 남자는 20세 가량으로 추정되는데 문헌에 기재된 이중윤이 세상을 떠났을 당시 19세의 나이와 일치한다. 여자 인골은 당시 국자감승國子監丞 배수裴粹의 망녀亡女와 명혼冥婚식을 치른 후 합장했다는 기록과 일치한다.

의덕태자 묘는 지금까지 섬서성에서 발굴한 당대 배장묘 가운데 규모가 가장 크고 등급이 가장 높은 배장묘에 속한다. 이 묘는 '호묘위릉號墓爲陵' 답게 부장품이 매우 풍부하고 벽화 역시 완전하게 보존되어 있다. 비록 도굴당한 적이 있지만 이곳에서 토도용土陶甬, 삼채용三彩俑, 무사용武士俑, 도기, 금, 옥, 동, 철기 등 각종 유물 1,900여 건과 대규모 벽화 및 석곽에 조각한 유물이 출토되었다. 그 중 40여 폭의 벽화는 묘도, 과동, 천정, 전후 용도, 전후 묘실 안에 그려져 있다. 벽화 주제는 의장출행儀仗出行, 청룡, 백호, 궐루闕樓, 성장城墻, 기악伎樂, 순표가요馴豹架鷂(길들인 표범과 시렁에 놓인 매), 시중드는 남녀, 천체도天體圖 등이다. 당대 품계를 나타내는 계극제도棨戟制度가 이중윤의 묘 제1, 제2천정 동·서 벽에 대형 극가戟架 4개로 표

시되어 있다. 매 가架에 12개의
극戟을 꽂아 4가四架를 합하여
모두 48개를 이루는데 이것을
통해 볼 때 이중윤의 묘는 제왕
능묘에 해당하는 격식을 갖추
었다. 12개 극가戟架는 섬서성
에서 처음 발견되었다. 『신당
서』 백관지 기록에 의하면, "무
릇 극戟은 종묘사직 궁전의 문
으로 24개가 있다. 동궁의 문은
18, 1품의 문은 16, 2품 및 경조
京兆, 하남, 태원윤太原尹, 대도
독大都督, 대도호大都護의 문은

081 채색 기마악용(騎馬樂俑)

12, 하도독下都督, 하도호下都護, 중주中州, 하주下州의 문은 각각 10개이다"
라는 내용이 있다. 이중윤의 묘에는 48간극이 그려져 있는데 이것을 보면
제왕에 해당하는 1급 묘에 속한다는 것을 알 수 있다.

전묘실 동쪽 벽 두 폭 벽화 중에 한 폭에는 6명의 궁녀가 그려져 있다.
선두에 있는 한 명은 인솔자이고 나머지 여자들은 손에 양초를 들고 있거
나 보자기를 바쳐 들고 있다. 또 다른 한 폭 그림에는 7명의 궁녀가 그려져
있다. 선두에 인솔자가 있고 나머지 여자들은 각각 손에 소반, 병, 양초, 잔,
단선團扇(둥근 부채)을 들고 있다. 서쪽 벽화 두 폭은 궁녀 14명이 그려져 있
다. 후묘실 벽화는 동쪽 벽이 비교적 상태가 좋은데 두 폭 벽화 속에 19명
의 궁녀가 그려져 있다. 이들은 손에 과일그릇, 비파, 촛대, 보자기, 병 등을
들고 있다. 벽화의 색채가 매우 화려하고 궁녀들의 자태가 모두 다르게 그
려져 있는데 이 벽화는 당대 궁정생활의 일상을 엿볼 수 있는 유물이다.

이곳에서 출토된 석문石門과 석곽에는 상서로움을 나타내는 금수禽獸

와 만초蔓草 문양이 조각되어 있다. 남부궁녀男仆宮女 벽화는 선 흐름이 유창하고, 인물의 자태 역시 단아하며 생동감이 넘친 걸작으로 평가된다.

| 택왕 이상금(澤王 李上金) |　이상금은 고종의 셋째 아들이며 후궁 양씨 소생이다. 영휘 원년 2월 기왕杞王에 봉해졌고, 영휘 3년 익주대도독에 제수되었다. 건봉 원년(666), 수주자사壽州刺史가 되었다. 후에 무측천에게 미움을 사서 모든 직함을 빼앗기고 예주澧州로 보내졌다. 영융永隆 2년 면주沔州(지금 호북성 한양) 자사가 되었으나 여전히 불안정한 상태였다. 사성嗣聖 원년 고종이 세상을 떠나자 이소절, 의양공주, 선성공주와 함께 고종의 장례에 참석할 것을 허락받았다. 문명 원년, 필왕畢王에 임명되었다가 이후 택왕, 소주자사에 봉해졌다.

재초載初 원년(690), 이상금과 이소절이 모반하려고 했다는 혹리 주흥周興의 밀고를 당하여 낙양에 붙잡혀 와서 투옥되었다. 그는 옥중에서 이소절이 낙양으로 오는 도중에 강압당하여 낙양성 남용문南龍門에서 죽었다는 소식을 듣고 자신도 죽음을 면하기 어렵다고 생각하고 마침내 옥중에서 자살했다. 이상금이 죽은 후 그의 아들 의진義珍, 의매義玫, 의장義璋, 의환義環, 의근義瑾, 의수義瓃는 모두 현주顯州(지금 길림성 일대)로 유배당했다가 후에 피살되었다. 오직 어린 아들 의순義珣만이 민간에 숨어서 살아남았는데 중종이 복위하여 이상금의 관작을 모두 회복시키고 이의순을 택왕으로 봉했다. 후에 어떤 사람이 이의순은 이상금의 자식이 아니라고 하여 다시 영외嶺外로 유배당했다가 현종 개원 12년(724), 옥진공주玉眞公主(예종의 딸)가 현종에게 상표하여 다시 택왕에 봉해졌다.

| 허왕 이소절(許王 李素節) |　이소절은 고종의 넷째 아들이며 소숙비蕭淑妃 소생이다. 영휘 2년(651), 옹왕, 옹주목에 봉해졌다. 이소절은 유년시절 매우 총명하여 고시古詩를 암송하고 학문에 정진하여 고종의 총애를 받았

다. 영휘 6년(655), 무측천이 황후에 오르자 이소절의 어머니 소숙비는 박해를 당하게 되었고 그 역시 신주자사申州刺史로 강등되었다. 건봉乾封 초에 무측천이 조서를 내려 "소절은 본래 질환을 갖고 있으니 입조入朝할 필요가 없다"라고 했다. 사실 소절은 어떤 질환도 없었다. 무측천은 이 방법을 통해 소절의 조정 출입에 제한을 가하고자 했다. 소절은 일찍이 『충효론忠孝論』을 지어 장간지張柬之를 통해 고종에게 올린 적이 있었다. 무측천은 이 글을 보고 그를 더 경계하여 파양군왕鄱陽郡王으로 강등시키고 원주袁州(지금 강서성 의춘)에 있게 했다. 의봉 2년(677), 악주岳州(지금 호남성 악양시)로 옮겨졌고 종신 금고상태에 처해졌다. 문명 원년, 무측천이 황제에 즉위한 후 허왕許王에 봉해졌다. 재초 원년(690), 주흥의 밀고를 당하여 낙양으로 오는 도중에 남용문 역내에서 43세의 나이에 세상을 떠났다.

중종 복위 후 이소절은 다시 허왕에 봉해지고 왕의 예를 갖추어 장례를 치른 다음 건릉에 배장되었다. 이소절의 여동생 의양공주와 선양공주 역시 소숙비 소생으로 무측천의 핍박을 받았다. 두 공주는 10여 년 넘게 궁중에 유폐되다시피 하여 30세가 넘도록 결혼도 하지 못했다. 후에 무측천의 장남 이홍李弘이 청하여 의양공주는 권의權毅, 선양공주는 영주자사 왕욱王勗에게 시집을 갔다.

| 빈왕 이수례(邠王 李守禮) |　이수례의 본명은 광인光仁이며 장회태자 이현의 둘째 아들이다. 수공 초에 수례守禮로 개명하고 태자세마太子洗馬가 되어 옹왕에 봉해졌다. 무측천이 칭제하기 전날 밤 예종의 여러 아들과 함께 10여 년 넘게 궁중에 유폐되어 고초를 당했다. 성력 원년(698) 9월, 이현이 황태자에 복위하고 그 다음해 예종의 아들들과 함께 유폐 상태에서 풀려났지만 힘든 세월을 보낸 탓에 병마가 찾아왔다. 현종시기 기왕岐王 이범李範 등이 황제에게 아뢰기를 "수례 형이 법술을 알아 날씨가 좋은지 또는 비가 오는지 알 수 있다"고 했다. 이 말을 들은 현종은 수례를 불러 물었는

데 수례가 답하기를 "제가 무슨 술법이 있겠습니까. 무측천 시기 부친의 죄 때문에 10여 년 넘게 궁중에 유폐되어 해년마다 채찍을 당하며 지냈습니다. 여러 해 동안 누적된 상처로 인해 날씨가 흐리고 비가 올 때면 제 몸의 뼈마디가 통증으로 아프다가 날씨가 맑아지면 곧 좋아 집니다"라고 하면서 눈물을 흘리며 옷깃을 적시자 현종도 그 말을 듣고 마음 아파했다고 한다.

신룡 원년(705)에 중종이 복위하자 이수례는 광록경동정원光祿卿同正員에 제수되었다. 이후 다시 빈왕에 봉해지고 5백호의 식읍을 받았다. 예종에서 현종시기에 유주幽州, 괵虢, 롱隴, 양襄, 진晉, 활滑, 녕寧, 신申, 기岐, 설薛, 빈邠 지역의 자사를 지냈다.

현종 개원 29년 11월(741년 12월 15일), 빈왕 이수례는 병으로 70세의 나이에 세상을 떠났다. 조정에서는 그를 태위太尉로 추증하고 건릉에 배장하도록 했다.

| 의양공주(義陽公主) | 의양공주는 『신·구당서』 열전에는 기록이 없다. 『전당문보유全唐文補遺』 제5집에 수록된 『당고원주자사우감문위장군부마도위천수권군묘지명唐故袁州刺史右監門衛將軍駙馬都尉天水權君墓誌銘』 등 문헌에 근거하면, 그녀는 고종의 장녀이고 어머니는 소숙비이다. 영휘 6년(655), 무측천이 황후가 된 후 어머니 소숙비는 왕황후와 함께 죽임을 당했다. 이후 의양공주는 오빠 이소절, 여동생 선양공주와 함께 궁중에 10여 년 동안 유폐되었고 30세가 넘도록 결혼도 못했다. 함형 2년(671), 이홍이 무측천에게 청하여 권의權毅와 혼인했다.

| 안흥공주(安興公主) | 안흥공주는 예종의 차녀인데 생모는 누구인지 알 수 없다. 일찍 세상을 떠나 시호가 '소회昭懷'이다. 『신·구당서』 열전에는 기록이 없다.

| 신도공주(新都公主) | 신도공주는 중종의 장녀이며 생모는 알 수 없다. 무측천의 질손侄孫 무연휘武延暉와 혼인했다.『신·구당서』열전에는 기록이 없다.

| 특진 왕급선(特進 王及善) | 왕급선은 명주 한단洺州 邯鄲 사람이다. 부친 군악君愕은 수왕조 말에 병주인 왕군곽王君廓과 함께 거병했다. 군악은 고조 이연이 관중을 장악하자 왕군곽과 함께 만여 명의 군중을 거느리고 이연에게 귀부하여 대장군에 임명되었다. 이후 전공을 세워 신흥현공新興縣公, 우무위장군에 임명되었다. 태종이 요동을 정벌할 당시 군악은 좌둔영병마左屯營兵馬에 임명되어 고구려 군대와 주필산駐蹕山에서 격전 중에 전사했다. 태종은 그를 안타깝게 여겨 좌위대장군·유주도독·개국공에 추증하고 소릉에 배장했다.

왕급선은 14세에 부친의 관작 개국공을 세습 받았으며 고종시기 좌봉유솔左奉裕率, 좌천우위장군左千牛衛將軍에 임명되었다. 그의 일생은 강직하고 청렴하여 고종과 무측천으로부터 신임을 받았다. 신공 원년(697), 거란족이 산동(지금 태행산 동쪽) 일대를 침입하자 무측천은 왕급선을 활주자사滑州刺史에 임명하고 거란족을 격퇴하도록 했다. 부임전에 무측천은 직접 급선을 조정에 불러 말하기를 "변경이 편안하지 않아 적이 변경을 동요시키고 있소. 그대가 비록 병이 있지만 부득이 전쟁터에 가야만 하니 처자를 데려 가도록 하고 서로 협력하여 하루에 30리를 가면 되니 급하게 가지 않도록 하시오. 부임지에 도착한 이후 침상에서 일을 처리해도 좋소. (그대가 가면) 짐은 산동의 상황에 대해 마음을 놓을 수 있소"라며 당부했다. 왕급선은 조정 득실에 대한 생각을 10조로 정리하여 무측천에게 올렸다.이때 무측천은 기뻐하며 생각을 바꿔 "산동 방어는 둘째이고 더욱 중요한 것은 국가를 다스리는 것이니 경은 활주滑州에 갈 필요가 없소"라고 하면서 즉시 왕급선을 내사內史에 임명하고 조정에 참여하도록 했다.

무측천은 만년에 장역지, 장창종 형제를 총애했다. 두 사람의 총애는 황궁의 연회에서 항상 무측천의 양 옆에 앉게 되는 최고의 대우를 받았다. 이런 상황을 본 왕급선은 여러 차례 무측천에게 간언하기를 "두 장씨는 조정의 예의를 그르치고 있습니다. 이것은 합당하지 않습니다"고 했다. 무측천은 왕급선의 말을 듣고 불쾌하게 여기며 "경은 이미 나이가 많으니 마땅히 연회에 참석하지 않아도 되오. 다음부터 내각에 이름만 올리도록 하시오"라고 하며 왕급선의 간언을 받아들이지 않았다. 왕급선은 이 말을 듣고 매우 불쾌하게 생각하여 이후 병을 칭하고 한 달 넘도록 조정에 나가지 않았는데 무측천 역시 왕급선에 대해 묻지도 않았고 아무 말도 하지 않았다. 이에 왕급선은 "어찌 황제가 하루에 한 번도 재상을 만나지 않을 수 있단 말인가?"라고 탄식했다. 그는 병을 핑계로 사직하고자 했으나 세 차례 모두 허락을 받지 못했다. 성력 2년(699) 8월, 무측천은 왕급선을 문창좌상文昌左相(좌복야에 해당함)으로 삼고 동봉각란대3품同鳳閣鸞臺三品에 제수했다. 왕급선은 부임한지 10일도 채 안된 699년 10월 27일, 82세에 세상을 떠났다. 무측천은 3일간 조회를 멈추고 왕급선을 추도하고 건릉에 배장하도록 했다.

| 중서령 설원초(中書令 薛元超) | 『당서』설수전부설원초전薛收傳附薛元超傳과 『설원초묘지명』등 기록에 의하면, 설원초의 이름은 진震이고 하동 포주 분음蒲州 汾陰인이다. 부친 설수薛收는 태종시기 상개부겸섬동도대행대上開府兼陝東道大行臺, 금부랑중金部郎中, 천책상장부기실天策上將府記室, 문학관학사文學館學士, 상주국분음남上柱國汾陰男의 관직을 맡았다. 그가 맡은 직책을 보면 태종의 신임을 받았다는 것을 알 수 있다. 사후에는 소릉에 배장되었다. 설원초는 고조 무덕 5년(662)에 태어나서 6세 때 부친의 분음남汾陰男 직을 세습받았다. 21세에 문음으로 입사하고 태자통사사인太子通事舍人이 되어 『진서晉書』 편찬에 참여했다. 정관 22년부터 영휘 초까지 조산

대부朝散大夫, 급사중給事中을 역임했다. 이후 다시 중서사인, 홍문관학사, 겸수국사兼修國史가 되었다. 영휘 5년(654), 모친상을 당하여 관직을 떠났으나 고종의 칙령으로 황문시랑黃門侍郎이 되었다. 이 해에 『진서』가 완성되었다. 현경 원년(656) 요주饒州(지금 강서서 파양현) 자사로 나갔다가 용삭 3년(663), 동대시랑東臺侍郎에 임명되었다. 이후 얼마 지나지 않아 우상右相 이의부李義府가 휴주嶲州(지금 사천성 서창현)로 유배당할 때 그에게 승마乘馬를 허락해 주도록 요청했다가 간주簡州(지금 사천성 간양현) 자사로 좌천되었다. 인덕 원년(664), 서대시랑西臺侍郎 상관의上官儀 사건에 연루되어 공도邛都(지금 사천성 서창현 동남쪽)에 유배되었다. 53세가 되던 해 다시 사면되어 낙양으로 돌아와 정간대부正諫大夫가 되었다. 의봉 원년(676) 3월, 중서시랑, 동중서문하3품의 직책으로 재상 업무에 참여했다. 영순 원년, 고종과 무측천이 낙양으로 이동할 때 설원초를 불러 호부상서의 직책을 내리고 장안을 당부하면서 태자 이현을 보좌하도록 했다. 설원초가 장안 단봉문丹鳳門에서 황제의 행렬을 배웅할 때, 고종은 원초에게 "짐이 경을 남기고 가는 것은 눈 하나를 버리고 팔 하나를 잘라내는 것과 같소. 관서關西의 일은 경에게 맡기겠소"라고 당부했다. 원초는 전력을 다해 태자를 보필하며 여러 차례 직언을 올렸다. 고종은 그 사실을 알고 사람을 보내 원초를 칭찬하며 상을 내렸다. 홍도 원년(683), 원초는 갑자기 중풍이 와서 병석에 눕게 되었다. 그 해 12월, 고종이 낙양에서 세상을 떠나자 원초는 병든 몸을 이끌고 고종을 조문했다. 이후 얼마 지나지 않아 분음남汾陰男에 봉해지고 식읍 3백호를 받았다. 원초는 병이 갈수록 깊어지자 관직에서 물러날 것을 청했다. 그러나 그의 관직은 금자광록대부金紫光祿大夫로 승진되었다. 광택 원년 11월(684년 12월 13일), 낙양 풍재리豊財里에서 62세로 세상을 떠났다. 수공 원년 4월(685년 5월 30일) 조서를 내려 건릉에 배장했다. 그는 생전에 40권의 문집을 저술했다.

설원초의 묘는 영태공주의 묘(현재 건릉박물관 소재지) 동남쪽 700m 지점

에 위치하며 건릉과는 3km 떨어져 있다. 1972년 2월, 섬서성문관회와 건
릉문관소가 함께 발굴조사를 했다. 현재 봉분은 원추형이며 낮은 곳의 직
경이 약 10m, 높은 곳은 약 11m가 된다. 묘실은 단실單室 토동土洞 구조이
다. 이곳에서 210여 건의 유물이 출토되었다. 출토유물 종류는 채색 기마
용, 유모립용帷帽立俑 등이 있다. 용도 및 묘실 내 벽화는 거의 떨어져 나가
알아 볼 수 없게 되었다. 그 중 알아볼 수 있는 3폭은 용도 동쪽 벽에서 가
까운 묘실 입구의『집장인도執獎人圖』, 용도 벽에 있는『집선녀도執扇女圖』,
묘실 서쪽 벽에 있는『인물』벽화이다. 나머지는 모두 알아볼 수 없을 정도
로 보존상태가 좋지 않다. 그밖에 묘지명 하나가 출토되었다. 지개誌蓋는
녹정형盝頂形이고 중간에 음각 전서篆書로 20자가 쓰여 있는데 '대당고중
서령증광록대부진주도독설공지명大唐故中書令贈光祿大夫秦州都督薛公志銘'
이라고 되어 있다. 지석誌石의 길이와 너비는 각각 84.50cm, 두께 15cm이
며 지문誌文은 음각 정해서正楷書로 57행이 들어와 있다. 1행에 57자씩 기
록된 비문의 글자를 모두 합하면 2,657자가 된다. 당대 문학가 최융崔融이
찬撰하고, 요락인曜駱寅이 글씨를 썼다.

| 연국공 이근행(燕國公 李謹行) |　　　이근행(619~683)은『구당서』열전에는 기
록이 없다.『구당서』말갈전,『신당서』이근행전과 최근 출토된『이근행묘
지명』에 근거하면, 이근행은 말갈족의 후예이며 증조부와 조부는 모두 속
말말갈粟末靺鞨 부족의 추장이었던 것으로 보인다. 그의 부친은 돌지계突地
稽인데 수왕조 대업 8년(612)에 형 만돌瞞咄과 함께 부족 천여가千餘家를 이
끌고 귀부해 왔다. 양제는 이 부족을 영주營州에 정착시켰다. 만돌 사후에
돌지계는 부족의 추장이 되어 금자광록대부, 요동태수, 부여후夫餘侯에 봉
해졌다. 무덕 2년(619) 12월, 고조는 그 부락을 연주燕州에 정착시켰다. 무
덕 4년 3월, 돌지계는 연주총관燕州總管이 되었다. 이후 전공을 세워 기국공
耆國公에 봉해지고 그 부락은 유주 창평성昌平城으로 옮겨왔다. 정관 초기

에 우위장군右衛將軍, 좌위대장군左衛大將軍에 봉해지고 전공을 세워 이씨
성을 하사받았다.

이근행은 무인의 자질을 갖춘 인물로서 군진에서 용맹을 떨쳤다. 인덕
연간 영주도독이 되었으며 건봉 원년(666)에 좌감문위장군左監門衛將軍의
직책을 맡았다. 이때 고구려 막리지 천남생泉男生이 귀부하기를 요청하자
고종은 우효위대장右驍衛大將軍 계필하력契苾何力을 요동안무대사遼東安撫
大使에 임명하여 병사들을 거느리고 가서 그를 지원하도록 했다. 이근행 역
시 고종의 명령을 받고 우무위장군 설인귀와 함께 병사들을 거느리고 참여
했다. 이적李勣이 요동을 정벌할 때는 또 그 부락을 거느리고 참여했다. 고
구려가 평정된 이후 공적을 세운 이근행은 우무위대장군에 임명되었다. 함
형 원년, 고구려의 겸모잠鉗牟岑이 반란을 일으키자 고종이 고간高侃에게
조서를 내려 동주도행군총관東州道行軍總管으로 삼고 이근행을 연산도행군
총관燕山道行軍總管으로 하여 진압하도록 했다. 함형 3년, 고간이 백수산白
水山에서 겸모잠을 대파했다. 신라가 고구려에 원군을 보내자 고간은 이근
행의 군대와 함께 이 전투에 참여하여 전공을 세웠다. 그 다음해 윤閏5월,
이근행은 다시 호로하瓠蘆河에서 고구려 군대를 격파하고 수천 명의 고구
려인을 포로로 붙잡았다. 고구려의 남은 병사들은 모두 신라로 도주했다.
신라왕 김법민金法敏은 고구려 유민들을 받아들이고 옛 백제 지역에 거주
하도록 했다. 고종은 이 사실에 격분하여 재상 유인궤를 계림도행군대총관
鷄林道行軍大總管으로 삼고 신라를 공격하도록 했는데 이때 이근행도 참여
했다. 상원 2년(675) 2월, 칠중성七重城에서 신라군을 대파하고, 또 말갈족
으로 하여금 바다를 따라 신라 남쪽 경계를 공격하도록 했다. 조정에서는
이근행에게 조서를 내려 안동진무대사安東鎭撫大使로 삼고 신라공격을 명
령했다. 이근행의 부대는 신라 매초성買肖城에 주둔하면서 세 차례 승전했
다. 이때 신라는 사신을 보내 입공入貢을 약속했다(『자치통감』권202 고종 상
원 2년). 그 해 토번이 매년 변경을 침범하자 근행은 다시 검교곽주자사檢校

鄜州刺史가 되어 토번 공격에 나섰다. 토번 대상大相 논흠릉論欽陵이 10만의 병사를 거느리고 황중湟中(지금 청해성 경내)을 공격해 왔을 때 이근행은 침착하게 병사들을 통솔하여 토번군대를 물러가도록 했다. 상원 3년, 토번 군대 수만 명이 다시 청해를 공격했다. 영순 원년, 황제는 이근행의 노고를 위무하여 연국공의 칭호를 내리고 식읍 3천호를 하사했다. 이후 이근행은 흑치상지黑齒常之의 하원군河源軍에 충원되었는데 그곳에 도착한지 얼마 되지 않아 64세의 나이에 세상을 떠났다. 조정에서는 이근행에게 진군대 장군, 유주도독을 추증했으며 수공 원년(685년 8월 22일), 건릉에 배장했다.

이근행의 부인은 유씨劉氏와 부씨傅氏이다. 함형 4년(673), 고구려가 이 근행의 원정을 틈타 말갈족과 함께 노성奴城을 공격했을 때, 이근행의 부인 유씨가 부중을 통솔하고 성을 굳게 지키자 고구려 군대가 퇴각했다. 조정 에서는 그 공적을 치하하여 연국부인에 봉했다. 부씨는 임분군부인臨汾郡 夫人에 봉해졌는데 61세에 세상을 떠났다.

이근행은 건릉에 배장된 17명의 황족과 공신 중에서 유일한 소수민족 출신에 속한다. 묘 위치는 한가보촌韓家堡村 동남쪽 약 200m(건릉박물관 서 남쪽 약 1km 지점)이다. 현재 봉토는 원추형으로 밑 부분 직경이 10m, 높이 는 약 6m이다. 1972년 봄, 섬서성문관회와 건릉문물관리소가 함께 발굴작 업을 했다. 지하는 경사진 묘도를 따라 천정, 소감, 용도, 묘실로 조성되어 있으며 전체 길이가 46.30m이다. 구조는 단실토동單室土洞이며 이곳에서 출토된 유물은 300여 건에 달한다. 그 밖에 이곳에서 묘지명 하나가 발견 되었다. 묘개墓蓋는 녹정형盝頂形을 띠며, 중간에 전서 음각으로 16자가 새 겨져 있는데 '대당고우위원외대장군연국공묘지명大唐故右衛員外大將軍燕國 公墓誌銘'이라고 되어 있다. 글자가 있는 주변과 측면에는 만초 문양이 조 각되어 있으며 선 윤곽이 막힘이 없고 세밀한 기법으로 되어 있다. 지석의 길이와 너비는 약 0.60m, 두께는 0.20m이다. 지문誌文은 음각 정해서正楷 書體로 모두 39행인데 한 행마다 40자씩 1,328자가 남아 있고 행 사이는 음

선으로 구분을 했다. 지문 문체의 표현이 매우 아름답고 유창하며, 글씨는
단아하면서도 힘이 있다. 이근행 묘지문의 석각 세공은 매우 정교하지만
이미 출토된 건릉 배장묘와 비교해 보면 크기가 작고 찬자撰者와 글씨를 쓴
사람의 이름이 전하지 않는 것으로 볼 때 당왕조 시기 신분질서에 따른 배
장등급이 매우 엄격했음을 알 수 있다. 이근행의 묘지墓誌는 현재 건릉박물
관이 소장하고 있다.

| 우복야 유인궤(右仆射 劉仁軌) |　유인궤는 변주 울씨汴州 尉氏(지금 하남성
개봉)이다. 어렸을 때부터 근면 성실하고 배우기를 좋아하여 문사文史에 두
루 통달했다. 그는 강직하고 용감한 성품을 지닌 인물이었다. 무덕 초기,
식주息州(지금 하남) 참군參軍이 되었을 때 절충도위折沖都尉 노녕魯寧이라는
사람이 권세를 남용하여 횡포를 부렸다. 이때 유인궤는 노녕과 법규를 세
워 약속하고 고치도록 했지만 노녕은 그의 관직을 빙자하여 고칠 생각을
하지 않았다. 유인궤는 권세에 상관없이 노녕을 장형杖刑으로 다스려 죽게
했다. 주사州司가 이 일을 조정에 보고하자 태종(이때 상서령의 직책에 있었음)
이 크게 노하여 유인궤를 불러 문책했다. 유인궤는 여러 차례 노녕에게 그
잘못을 말했으며 또 "내가 참군으로 조정의 사명을 받았는데 노녕은 참군
을 멸시했습니다. 이는 즉 조정을 멸시하는 것이며 그 죄는 죽어 마땅합니
다"라고 했다. 태종은 유인궤의 강직한 성품을 알고 그를 역양승櫟陽丞(지
금 섬서성 임동 臨潼)으로 발탁했다.

　　정관 14년, 태종이 동주同州(지금 섬서성 위남 일대) 교외로 사냥을 나가려
고 했는데 유인궤가 만류하자 태종은 그의 말을 따르고 유인궤에게 신안령
新安令 급사중給事中의 벼슬을 내렸다. 현경 4년, 유인궤는 청주자사로 나갔
다. 이후 당왕조가 요동 정벌을 감행할 때 좌위중랑장左衛中郎將 왕문도王文
度가 웅진도독熊津都督이 되어 백제 안무安撫의 명령을 받고 바다를 건너는
도중 병사하자 유인궤가 검교대방주자사檢校帶方州刺史가 되어 왕문도의

임무를 대신했다. 이후 얼마 지나지 않아 백제왕자 부여풍扶餘豊이 반란을 일으키고 고구려 및 일본에 사신을 보내 원병을 요청했다. 고종은 우위위 장군右威衛將軍 손인사孫仁師에게 조서를 내려 병사를 이끌고 바다를 건너 지원하도록 했다. 이때 유인궤는 손인사 및 여러 장군들과 의논하여 먼저 반란지역 주류성周留城 평정을 결정했다. 한편 손인사, 유인원은 신라 군대와 함께 육로 공격을 감행했다. 유인궤는 별장別將 두상杜爽과 부여융扶餘隆으로 하여금 수군과 군량선軍糧船을 거느리고 웅진에서 백강으로 진격하도록 하여 육로군과 함께 주류성을 협공하도록 했다. 용삭 3년(663) 8월 17일, 유인궤는 수군을 거느리고 백강에서 왜병 선박과 맞닥뜨리게 되어 이곳에서 두 군대가 치열한 전투를 벌였다. 유인궤의 군대는 네 번 전투에서 모두 승리를 거두고 왜선 400척을 전부 불태웠다. "연기가 하늘을 가득 메우고, 바다는 붉게 물들었다(『구당서』 유인궤전)". 바다에 빠져 죽은 왜병이 헤아릴 수 없이 많았고 나머지는 모두 항복했다. 백제 부흥군이 평정된 이후, 손인사는 유인원과 함께 돌아왔고, 유인궤는 이곳에 주둔하며 관서를 설치하고 농업을 장려하며 백성을 위무했다. 고종은 유인궤의 공적을 치하하여 정식으로 대방주자사帶方州刺史에 임명했다.

인덕 2년 10월, 고종이 태산으로 봉선을 떠났을 때 유인궤는 신라, 백제, 탐라와 왜국(일본)의 추장들을 거느리고 봉선에 참여했다. 이때 고종은 크게 기뻐하며 그를 대사공大司空에 임명했다. 건봉 원년(666), 우상겸검교태자좌중호右相兼檢校太子左中護가 되고, 군공이 쌓여 악성현남樂城縣男이 되었다. 총장 2년(669), 경사로 돌아온 후 병으로 인해 사직을 청했고 금자광록대부가 되었다. 함형 초에 농주자사隴州刺史가 되고, 태자좌서자동중서문하삼품太子左庶子同中書門下三品, 감수국사에 임명되었다. 함형 5년(674) 정월, 계림도행군대총관이 되어 신라 정벌에 나섰다. 상원 2년(675) 2월, 유인궤는 신라 칠중성七重城을 공격하여 큰 승리를 거두었다. 그 해 8월, 상서좌복야, 동중서문하삼품, 겸태자빈객의 직책을 맡았다.

의봉 2년, 토번이 침략하자 유인궤는 조하도행군진수대사洮河道行軍鎭守大使의 직책을 맡아 병사들을 거느리고 토번 정벌에 나섰다. 영융 2년, 겸 태자태부가 되고 얼마 후 상서좌복야 직책을 사임했다. 영순 원년(682) 4월, 고종은 낙양에 머무르고 황태자는 장안에 남게 되었다. 이때 유인궤는 시중 배염, 중서령 설원초와 함께 장안에 남아 태자를 보좌했다. 홍도 원년 12월, 다시 상서좌복야, 동중서문하삼품에 임명되었다.

유인궤는 수공 원년 정월(685년 3월 2일), 84세에 조정의 직책에서 사임한 후 임지에서 세상을 떠났다. 무측천은 3일 동안 조회를 열지 않고 백관들에게 조문하도록 했으며 개부의동삼사, 병주대도독을 추증하고 건릉에 배장하도록 했다.

유인궤의 묘는 아직 발굴하지 않았다. 1960년 6월, 양가와촌楊家洼村 농민이 밭갈이를 할 때 무너져 내린 구멍에서 '대당고솔경령유부군묘지명大唐故率更令劉府君墓誌銘'을 발견했다. 유부군劉府君은 유인궤의 아들 유준劉濬이다. 이 묘지墓誌 발견은 건릉에 배장된 유인궤의 무덤 위치를 파악하는 단서를 제공했다. 묘지문 기록에 "공은 준濬을 휘諱했고, 자는 덕심德深이며 변주 울씨이다. 후한 장제의 아들 하간효왕河間孝王의 19대손이며 조주사군曹州使君의 손자이고, 상서좌승상尙書左丞相, 사공司空, 문헌공文獻公의 아들이다"고 되어 있다. 『구당서』 유인궤 전에 "유인궤는 변주 울씨이다. … 개부의동삼사, 병주대도독에 추증되고 건릉에 배장했다. … 아들은 준濬이고, 관직이 태자중서사인에 이르렀다. … 준의 아들은 면롱冕이고, 개원 연간 비서성소감秘書省少監을 역임했고, 유인궤의 입비立碑를 청하여 시호는 문헌文獻이라고 했다"는 내용이 있다. 묘지문의 내용과 문헌 기록에 근거해 볼 때, 유준의 묘 동쪽, 즉 양가와촌 서북쪽으로 약 300m 지점 봉토층이 바로 유인궤의 무덤이라는 것을 알 수 있다.

문헌에 기재된 건릉 배장묘는 모두 17기이며 부장묘祔葬墓에 대해서는 기록이 없다. 유준의 묘지墓誌가 출토됨으로서 유인궤 묘의 부장묘를 알아낸 것이다. 이 점은 당왕조 시대 배장묘 및 부장묘 제도를 연구하는데 중요한 자료를 제공한다.

| 특진 유심례(特進 劉審禮) | 유심례는 서주 팽성徐州 彭城(지금 강소성 서주시) 사람이다. 부친 유덕위劉德威는 무덕 초기 이밀李密을 따라 당왕조에 귀부했다. 이후 이세민과 함께 두건덕竇建德과 왕세충을 진압하는 전투에 참여한 공적을 인정받아 형부시랑 산기상시의 직책을 받았으며, 태종 시기에 형부상서겸검교옹주별가刑部尚書兼檢校雍州別駕의 관직에 이르렀다. 사후에 헌릉에 배장되었다.

유심례는 일찍 어머니를 여의고 할머니 원씨元氏 밑에서 자랐다. 수왕조 말기, 전란을 피해 할머니와 함께 장안으로 이주했다. 정관 연간에 좌효위랑장左驍衛郎將을 역임했고 부친이 사망하자 관직을 사임했다. 어머니가 일찍 세상을 떠나자 아버지는 재혼하여 동생 유연경劉延景을 낳았다. 당시 부친이 사망하면 관례에 따라 그 직을 세습했는데 유심례는 여러 차례 상표上表하여 아우 유연경이 세습할 수 있도록 요청했다. 조정에서 그의 청을 들어주지 않자 할 수 없이 부친의 작위를 세습했다고 한다. 영휘 연간에 장작대장겸검교연연도호將作大匠兼檢校燕然都護가 되고, 팽성군공彭城郡公을 세습받았다. 이후 관직이 공부상서겸검교좌위대장군에 이르렀다.

의봉 3년(678) 9월, 토번이 양주凉州를 침범했다. 유심례는 행군총관에 임명되어 조하도대총관겸안무대사 이경현李敬玄과 함께 토번 정벌에 나섰다. 청해靑海에서 격전중일 때 이경현의 원군이 도착하지 않아 유심례는 패하여 토번의 포로가 되었다. 유심례의 아들 유역종劉易從은 스스로 포박하고 조정에 죄를 청하며 아울러 자신이 토번에 가서 부친을 대신할 수 있도록 요청했다. 고종은 그의 청을 들어 주었다. 유역종이 토번에 도착했을 때 부친은 병으로 이미 세상을 떠난 후였다. 유역종이 밤낮으로 통곡하며 부친의 죽음을 슬퍼하자 주위 사람들이 모두 감동했다. 토번왕은 유심례의 영구를 고향으로 돌려보내는 것을 허락했다. 역종은 맨발로 만리를 걸어서 부친의 영구를 고향 팽성으로 옮겨왔다(『구당서』 유심례전).

유심례의 건릉 배장 상황에 대해 『당회요』, 『문헌통고』에는 기록이 있으나 『신·구당서』, 『자치통감』에는 기록이 없다. 다만 『신당서』 유덕위전 부 심례·연경전의 기록에 의하면 "연경의 자는 동일冬日이며 섬주陝州 자사를 지내다가 세상을 떠났다. 예종 초에 부친이 상서우복야에 추증되어 건릉에 배장되었다"는 내용이 있다. 『구당서』 유심례전에 "연경은 관직이 섬주자사에 이르렀고 예종 초에 부친이 상서우복야에 추증되었다"고 되어 있다. 『구당서』 예종숙명순성황후유씨전睿宗肅明順聖皇后劉氏傳에는 "유씨는 형부상서 덕위德威의 손녀다. 부친 연경은 섬주자사이고 경운景雲 원년에 상서우복야, 패국공에 추증되었다. … 문명 원년 예종이 즉위하여 황후에 책봉되었고, … 장수長壽 연간 … 무측천에 의해 죽임을 당했다. 경운 원년, 숙명황후에 추증되어, 초혼招魂으로 동도(낙양)성 남쪽에 장사 지낸 후 혜릉惠陵이라고 했다. 예종이 세상을 떠난 후 교릉橋陵으로 옮겨 부장祔葬했다"고 한다. 유연경은 유심례와 어머니가 다른 형제이다. 유심례가 토번과의 전투에서 포로가 되어 그곳에서 세상을 떠나자 아들 유역종이 아버지의 영구를 고향 팽성으로 옮겨왔다. 그때 고종이 생존했기 때문에 유심례는 건릉에 배장되지 못했고 아마 고종 사후에도 고향 팽성에서 건릉으로 옮겨와 배장되지 않은 것으로 보인다.

위 문헌기록을 통해 예종시기 유연경은 황실과 인척관계에 있었다는 것을 알 수 있다. 즉, 유연경은 건릉 배장 가능성이 높은 반면 유심례는 아마 그렇지 못한 것으로 보인다. 『당회요』와 『문헌통고』에 기록된 유심례의 건릉 배장 내용은 아마 착오일 가능성이 크다. 이후 연구자들의 고증을 기대해 본다.

| 우복야 양재사(右仆射 楊再思) | 양재사는 정주 원무鄭州 原武(지금 하남 원

양현) 사람이다. 어린 나이에 명경明經에 합격하여 현무위玄武尉가 되었다. 후에 천관원외랑天官員外郎, 좌우숙명정대어사대부左右肅明政臺御史大夫를 역임했다. 연재延載 초에 난대시랑, 동봉각란대평장사가 되었다. 증성證聖 초기 다시 봉각시랑, 동평장사, 겸태자좌서자가 되었다. 이후 홍농현남弘農縣男을 거쳐 정국공鄭國公에 이르렀다.

양재사의 일생을 보면, 사람됨이 교활하고 아첨을 잘하여 '양각야호兩脚野狐(다리가 두 개 달린 야생 여우, 간악한 인간)' 의 인물이었다. 그는 고종, 무측천, 중종 세 명의 황제를 모셨는데 황제의 뜻을 잘 간파하여 마음속으로는 교활한 생각을 품고 있으면서 밖으로는 공손하며 예를 다하여 사람들의 환심을 얻었다. 수십 년간 관직에 있으면서 남과 원한관계를 만들지 않았다. 어떤 사람이 "당신의 지위는 신하로서 지극히 높은데 어찌 그처럼 비굴하게 행동합니까?" 라고 묻자 양재사는 "세상살이가 험난하여 강직한 자가 오히려 화를 많이 당하는데 이렇게 하지 않으면 어찌 보전할 수 있겠습니까?" 라고 했다.

장안長安 말, 장창종이 법을 어겨 사형소경司刑少卿 환언범桓彦範이 장창종에게 죄를 주고 그의 관직을 박탈하려고 했다. 무측천은 장창종을 보호하고 싶어 조정 신하들에게 "창종이 국가에 공을 세운 것이 있는가?" 라고 물었다. 이때 양재사가 나서서 "창종은 이전에 폐하를 위해 단약을 제조하여 병을 치료했습니다. 이것은 큰 공이라고 할 수 있습니다" 라고 했다. 이 말을 들은 무측천은 매우 기뻐하며 창종의 본래 관직을 회복시켜 주었다. 이때 좌보 궐대령左補 闕戴令이 『양각야호부兩脚野狐賦』를 지어 양재사의 아첨을 풍자했다.

중종이 복위한 후 양재사는 호부상서, 겸중서령이 되고 다시 시중의 자리에 있다가 정국공鄭國公에 봉해졌다. 이때 무삼사가 왕동교王同皎를 모함했다. 양재사는 이부상서 이교李嶠, 형부상서 위거원韋巨源과 함께 명을 받들어 왕동교를 심문했다. 경룡 3년 2월, 양재사는 상서우복야, 동중서문하삼품으로 승진했다. 그해 6월(709년 7월 29일), 양재사는 세상을 떠났는데 조정에서 특진, 병주대도독에 추증하고 건릉에 배장했다.

양재사의 묘지는 아직 발굴하지 않았다. 1995년 7월, 섬서문물고고학 팀이 건릉 동쪽 당희종唐僖宗의 정릉靖陵을 발굴조사 했다. 이때 묘실관좌墓室棺座에서 양재사의 묘지墓誌가 출토되었다. 이것은 섬서성 건릉 배장묘 중에서 가장 먼저 발견된 묘지이다. 비석는 무수무좌無首無座이며, 정부頂部에는 원래 이수螭首가 조각되어 있었는데 현재 모두 손상되었다. 비신 잔고殘高는 2.12m, 너비 1.04~1.12m, 두께 0.33~0.37m이다. 비문의 문자는 거의 마멸되어 알아볼 수 있는 것이 11자 정도 된다. 찬자撰者는 잠희岑羲(고종시기 재상을 지낸 잠장천(岑長倩)의 아들)이고 글씨를 쓴 사람은 알 수 없다. 양재사의 묘비는 현재 건릉박물관이 소장하고 있다.

| 예부상서 좌복야 두로흠망(禮部尚書 左仆射 豆盧欽望) | 『신·구당서』 두로흠망전과 1995년 7월에 출토된 『대당고개부의동삼사상서좌복야상주국증사공예국원공두로부군지묘大唐故開府儀同三司尚書左仆射上柱國贈司空芮國元公豆盧府君之墓』 비문 기록에 근거하면, 두로흠망의 이름은 망望, 자는 사제思齊, 본적은 창려 도하昌黎 徒河 사람으로 경조京兆 만년현萬年縣(지금 섬서성 서안시)에서 태어났다. 『수서』 두로적전豆盧勣傳에 의하면, 두로의 "본래 성은 모용慕容이며, 연燕 북지왕北地王 정精의 후손이다. 중산中山이 패망하자 위魏에 귀부했는데 북인北人들이 귀의歸義를 '두로豆盧'라고 했기 때문에 두로가 성씨가 되었다"고 한다. 증조부 통通(두로적의 형)은 선비족 북주北周시기 표기대장군 개부의동삼사를 역임했고, 수왕조 시대에는 좌무후대장군左武侯大將軍 위남진안공尉南陳安公이었다. 조부 관寬은 수문제의 생질甥姪이다. 그는 대업 말 양천령梁泉令을 역임했고, 당고조 이연이 관중을 평정하자 귀부해 왔으며 전중감殿中監에 임명되었다. 정관 연간, 관직을 옮겨 예부상서, 진군대장군, 기주자사를 역임했다. 영휘 원년에 세상을 떠

나 소릉昭陵에 배장되었다. 두로흠망의 부친 인업仁業은 당왕조 우무위장 군증태자소보右武衛將軍贈太子少保를 지냈다. 두로흠망은 문음으로 관직을 받았는데 처음에 보태자補太子(고종의 장자 유씨소생 이충) 좌천우左千牛였는데 이충이 태자에서 폐위되자 수주사병참군遂州司兵參軍으로 나갔다가 후에 상서고부랑중尙書庫部郎中에 제수되고 주작랑중主爵郎中으로 옮겨졌다. 효경황제 이홍이 세상을 떠나자 흠망은 매우 애통해 했다. 이후 그의 관직은 기주자사冀州刺史에 이르렀다.

무측천이 임조칭제할 당시 흠망은 검교동주자사가 되었다. 양주 반란이 평정된 이후 태복경太仆卿이 되었고, 후에 좌천우장군, 경사유수京師留守가 되었다. 장수 2년(693), 흠망의 아우 흠문欽文이 "뜬소문으로 인해 죄를 얻어 타향으로 도망가 숨었다(비문에 보임)." 당시 흠망의 관직은 내사內史였는데 이 일로 무주자사婺州刺史로 강등되었다. 얼마 지나지 않아 월주도독이 되었다. 연재延載 초, 중서령 이소덕李昭德이 혹리 내준신來俊臣의 모함을 당해 죽임을 당했는데 이때 "유사有司가 흠망이 소덕을 따르고 그릇된 것을 바로잡지 않았으니 이것은 신하를 따르고 군주를 속이는 것이라고 탄핵하여 조주자사趙州刺史로 강등되었다(『신당서』 두로흠망전)." 그 해 말, 검교태상경檢校太常卿, 서경유수西京留守가 되었다. 거란족이 유주幽州, 계주薊州 등지를 침입하자 흠망은 지절하북持節河北이 되어 이 지역을 평정하고 안정시켰다.

성력 원년(698) 9월, 이현이 황태자에 복위하여 동궁으로 돌아오자 무측천은 흠망을 태자궁윤太子宮尹으로 삼고 문창좌상동봉각란대삼품文昌左相同鳳閣鸞臺三品에 봉했다. 신룡 원년(705), 이현이 복위한 후 흠망은 조정의 구신舊臣으로서 상서좌복야, 평장군국중사平章軍國重事에 발탁되었다. "평장군국중사平章軍國重事는 두로흠망에서부터 비롯된다"고 한다. 다음 해 12월, 겸안국상왕부장사兼安國相王府長史(이단의 장사), 중서령, 지병부사, 감수국사가 되었다. 무측천이 세상을 떠난 후 흠망은 태위의 직책으로 도령 산릉제사사都領山陵諸使事를 맡았다. 일이 끝난 후 개부의동삼사에 봉해졌다. 이후 얼마 지나지 않아 연로하여 관직에서 물러날 것을 청하자 중종이 허락했다.

두로흠망의 일생을 보면 고종, 무측천, 중종 시대 수십 년을 관직에 몸담고 있으면서 처세가 원활하고 행동이 신중하여 간사한 인물들과 어울리지 않았으나, 또한 그릇된 것을 바로잡고자 하지 않았으며 다만 관직을 탐하고 자신을 보전하려고만 했다.

중종 경룡 3년 11월(709년 12월 7일), 두로흠망은 장안 반정리頒政里 자택에서 병으로 세상을 떠났는데 86세의 나이였다. 중종은 직접 상을 발하고 3일 동안 조회를 그치고 흠망에게 사공司空, 병주대도독幷州大都督을 추증하고 건릉에 배장했다.

두로흠망의 묘는 아직 발굴하지 않았다. 1995년 7월, 섬서성고고연구소팀이 건현乾縣 철불향鐵佛鄉 계자퇴鷄子堆에 있는 희종 이현李儇의 정릉靖陵을 발굴했는데 이때 묘실 관 밑바닥에서 두로흠망의 묘비를 발견했다. 이 묘비는 섬서성에서 처음 발견된 당건릉 배장자 묘비에 해당한다. 묘비는 무수무좌無首無座이며 정부頂部에는 원래 육이수六螭首가 조각되어 있었으나 지금은 모두 훼손된 상태이다. 현재 비석의 높이는

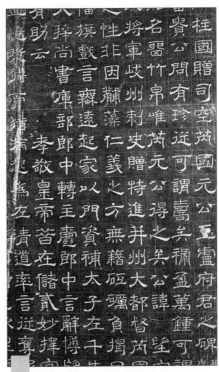

082 두로흠망묘비(豆盧欽望墓碑) 탁본

2.25m, 너비 1.18m, 두께 0.37m이다. 비면碑面 상부의 문자는 아주 깨끗한데 하부쪽은 여러 곳이 훼손되어 알아볼 수 없는 상태이며 비석 우측 아래쪽은 떨어져 나갔다. 비문은 예서체로 모두 30행인데 한 행마다 73자가 들어와 있고, 현재 남아 있는 글자는 모두 2,000여 자 정도가 된다. 비문의 찬자撰者는 미상이다. 비문은 두로흠망의 일생을 기록하고 있다. 그 내용 중에 문헌 기록에 없는 고종, 무측천, 중종 시기 역사를 담고 있어 이 시기의 연구자들에게 중요한 자료를 제공한다. 그 밖에 비석의 필법이 힘차고 단아하며 막힘이 없고 자연스러운 글씨체로 당 전기 예서체 중에서 매우 뛰어난 작품에 속하는 진귀한 예술품으로 인정된다. 현재 비석은 건릉박물관에 소장되어 있다.

| 좌무위장군 고간(左武衛將軍 高侃) | 고간은 『신·구당서』에 전傳이 없다. 그의 관적, 출생, 사망에 대해 자세한 사항은 알 수 없으나 일설에 의하면 발해 수渤海 蓨(지금 하북성 경현 景縣) 사람이라고 한다. 그의 일생에 대해서는 『신·구당서』, 『자치통감』에 산발적으로 기재되어 있다.

문헌기록에 의하면 정관 연간, 돌궐별부 아사나족阿史那族이 금산金山(지금 아이태산 阿爾泰山) 북쪽에 거주했는데 그 수령 거비소가한車鼻小可汗이 용맹스럽고 모략이 뛰어나 부족사람들에게 신임을 얻었다. 거비소가한은 병사 3만을 거느리고 스스로 을주거비가한乙注車鼻可汗에 즉위했다. 당군唐軍이 돌궐 설연타薛延陀 부대를 격파하자 거비소가한은 아들 사발라특근沙鉢羅特勤을 보내 당왕조에 조공하며 화친을 청해 왔다. 태종이 즉시 장군 곽광경郭廣敬을 보내 징소徵召했으나 거비는 오히려 입조하지 않았다. 태종이 크게 노하여 정관 23년(649) 정월, 우효위낭장右驍衛郎將 고간을 몰래 회흘回紇, 부골仆骨에 파견하여 병사들을 모아 거비를 공격하도록 했다. 영휘 원년(650) 6월, 고간은 병사들을 거느리고 아식산阿息山에 이르렀다. 거비는 당군이 그의 경내에 들어왔다는 소식을 듣고 급히 부족을 소집하여 공격하

려고 했으나 각 부족의 병사들이 도착하지 않자 처자와 수 백기의 병사들을 거느리고 도망쳤다. 미처 도망하지 못한 사람들은 당에 귀부했다. 고간은 정예 기병을 거느리고 추격하여 금산金山 아장牙帳에서 거비를 사로잡아 돌아왔다(『구당서』돌궐 상). 9월 초에 고간은 거비소가한을 데리고 장안에 도착했다. 고간은 그 공로로 인해 좌무위장군에 임명되었다.

건봉 원년(666) 6월, 고구려의 천남생이 백성들을 거느리고 귀부하기를 청하자 고종은 영주도독營州都督 고간을 파견하여 우금오위장군右金吾衛將軍 방동선龐同善과 함께 천남생을 맞이하도록 했다(『신·구당서』설인귀전). 이후 고간은 이적을 따라 고구려정벌에 나섰다. 요동정벌에 참여한 여러 장수 중에 고간은 "평소 검소하게 처신하고 충성스럽고 과단성이 있으며 계책이 있었다"고 한다(『구당서』가회전(賈會傳)). 함형 원년(670) 4월, 고구려의 검모잠劍牟岑이 반란을 일으키자 고간은 좌감문대장군, 동주도행군총관이 되어 진압에 나섰다. 그 다음해 7월, 안시성 싸움에서 고구려를 대패시켰다(『구당서』학처준전(郝處俊傳)). 함형 3년(672) 12월, 고간은 고구려와 횡수橫水(지금 백수산)에서 격전을 벌였으며 신라가 고구려에 원병을 보내자 역시 격전을 벌여 승리했다.

고간의 일생을 보면 태종, 고종, 무측천의 시대에 걸쳐 탁월한 전공을 세워 관직이 안동과 농서우도지절대총관隴西右道持節大總管에 이르렀고, 평원군개국공 식읍 2천호에 봉해졌다. 『당회요』와 『문헌통고』의 기록을 보면 고간은 건릉에 배장 되었다고 한다. 고간의 묘는 아직 발굴되지 않았다.

중종의 정릉

1. 중종 이현李顯

중종 이현(656~710)은 이철 李哲이라고도 불리는데 고종 이 치의 일곱 번째 아들이며 무측 천의 셋째 아들로 태어났다. 고 종이 세상을 떠나자 당왕조의 네 번째 황제(684, 705~710)로 즉 위했다. 이현은 현경 원년(656) 11월, 장안에서 태어났다. 현경 2년에 주왕周王에 봉해졌고 낙 주목洛州牧에 제수되었다. 의봉 2년(667) 8월, 영왕英王, 옹주목 雍州牧이 되었고, 철哲로 개명했

083　중종(中宗) 이현(李顯)

으며, 영륭 원년(680) 8월, 태자 이현李賢이 폐위 당하자 태자에 책봉되었다. 홍도 원년(683) 12월, 고종이 낙양에서 세상을 떠나자 제위를 물려받아 당 왕조의 네 번째 황제가 되었다.

이현은 황제에 즉위하여 연호를 사성嗣聖으로 하고, 어머니 무측천을 황태후로 존칭하며 배염裵炎을 중서령中書令으로 삼았다. 사성 원년(684) 정월, 이현은 위씨韋氏를 황후로 하고, 황후의 아버지 위현정韋玄貞을 예주자사로 삼고, 위홍민韋弘敏에게 태부경, 동중서문하삼품의 벼슬을 내렸다. 이후 이현은 그의 장인 위현정에게 시중(宰相의 직책), 유모의 아들에게는 5품의 직책을 주고자 했는데 재상 배염의 반대에 부딪쳤다. 이때 이현은 배염에게 노하여 말하기를 "내가 천하를 위현정과 함께 하지 못하겠는가! 그런데 시중侍中 자리를 아까워 하겠는가!" 라고 했다. 배염이 그 사실을 무측천에게 알리자 2월(684), 무측천은 건원전에서 조정 대신들을 소집한 후, 배염과 중서시랑 유위지劉煒之, 우림장군 정무정程務挺과 장건욱張虔勖에게 군대를 거느리고 황궁에 진입하도록 한 후 선무태후宣武太后의 명령으로 이현을 폐위시켜 여릉왕廬陵王으로 강등했다. 이현은 이에 불복하며 무측천에게 "내가 무슨 죄가 있습니까?" 라고 하자 무측천은 이현을 크게 책망하며 "네가 천하를 위현정과 함께 하고자 하는데 어찌 죄가 없다고 하느냐!"고 꾸짖었다. 이현은 궁궐 별소別所에 유폐당했다가 흠주欽州(지금 광서성)로 유배되었다. 무측천이 다시 이단李旦을 황제로 세우고 별전別殿에 거하면서 황태후의 신분으로 임조칭제 했다. 그해 5월, 이현은 여릉왕의 신분으로 균주均州(지금 호북성 균현)로 옮겨졌다가 얼마 안되어 다시 방릉房陵으로 옮겨가게 되었는데 14년 동안 유배지에서 보내야 했다.

무주의 시대 말기에 이르러서도 여전히 황제 계승권 문제는 결정되지 않은 상태였다. 무측천의 외척 무승사, 무삼사는 온갖 계책을 동원하여 태자 자리를 넘보고 있었다. 그들은 여러 차례 사람을 시켜 무측천에게 "옛날부터 천자는 다른 성씨로 후계자를 삼은 적이 없었습니다" 라고 했다. 재상 적인걸狄仁傑은 고모와 조카 사이를 어머니와 아들의 도리로 삼은 적은 없었다고 하며 무측천에게 "폐하는 아들을 세워 천년만년 이후까지 태묘太廟에 제사를 지내고 영원히 계승하도록 해야 한다"고 했다. 적인걸, 길욱吉頊 등이 더욱 간곡하게 청했다. 성력 원년(698) 3월, 무측천은 여릉왕의 병을 치료한다는 명분으로 이현의 가족을 낙양으로 불러들였다. 9월, 이단은 형 이현에게 황태자의 자리를 양위하겠다고 청하여 무측천은 그 뜻을 받아들이고 이현을 다시 황태자에 책봉했다(『자치통감』 권206).

신룡 원년(705), 무측천의 병세가 위급해지자 재상 장간지張柬之, 최현휘崔玄暐가 경휘敬暉, 환언범桓彦範, 원서기袁恕己 등과 합력하여 우우림위대장군右羽林衛大將軍 이다조李多祚에게 요청하여 무측천에게 압력을 가하여 이현에게 양위하도록 했다. 정월 병오(705년 2월 23일), 태자 이현은 통천궁에서 다시 황제에 즉위했는데 역사는 이 사건을 '중종복위'라고 한다. 그해 2월 무주武周의 명칭을 폐지하고 당왕조의 국호를 회복했다. 또 무측천 시기 억울하게 죄에 연루된 사람들에게 사면령을 내리고 당왕조의 정치 구심점을 다시 수도 장안으로 옮겨왔다. 위현정의 딸 위씨를 황후로 하고 이중준을 황태자에 책봉했다.

이현은 정치에 관심이 없고 오락에 심취한 무능한 황제였다. 그는 재위기간에 위황후를 신임하고 무삼사를 중용하여 자신을 복위시킨 공신들을 배척하고 사치와 즐거움에 탐닉했다. 그의 통치 기간에 당왕조의 정치는 부패하고 사회경제는 퇴보해 갔다.

무측천 통치시기, 무삼사(무측천의 오빠 무경지의 아들)의 관직은 천관상서, 춘관상서, 검교내사檢校內史에 이르렀다. 장간지 등이 정변을 일으켜 중종 이현을 복위시키고 장역지, 장창종 형제를 제거했으나 무삼사 및 무씨 세력은 제거하지 못했다. 이현이 복위한 후 무삼사는 중종의 딸 안락공주(이현이 태자로 있을 때, 무삼사의 둘째아들 무숭훈이 안락공주와 결혼함)와의 관계를 빙자하여 여전히 조정에서 막강한 권력을 행사했다. 무삼사는 상관완아

上官婉兒와 위황후를 이용하여 장간지 등을 조정에서 축출했다. 무능한 중종은 그의 말을 믿고 장간지를 한양왕, 환언범을 부양왕, 경휘를 평왕왕, 최현위를 박릉왕, 원서기를 남양왕으로 봉했는데 역사는 이들을 '5왕五王'이라고 칭한다. 신룡 2년(706), 이들은 다시 세 차례 더 강등되어 변방지역의 자사, 사마 등으로 좌천되었다가 다시 영남嶺南으로 보내졌다. 이후 무삼사는 사람을 시켜 조서를 빙자하여 이들을 모두 살해했다(『자치통감』권208). 이후 위씨와 무씨가 결당하여 국정은 더욱 문란해졌다. 중종과 위황후 사이에서 태어난 안락공주는 중종이 폐위되어 방릉房陵에 있을 때 태어났기 때문에 특별히 중종의 총애를 받았다고 한다. 이런 배경 하에 안락공주는 갈수록 교만하게 행동하며 매관매직을 일삼고 조정의 정치를 문란하게 했다. 그녀는 멋대로 문서를 작성하여 몰래 중종에게 서명해 줄 것을 청했는데 중종은 웃으면서 허락했다고 한다. 안락공주는 일찍이 중종에게 청하여 태자를 폐위시키고 자신을 황태녀로 책봉해 주도록 했다. 중종은 비록 그녀의 말을 들어주지는 않았지만 견책하지도 않았다(『자치통감』권208).

위황후와 안락공주의 권력은 태자 이중준과의 충돌을 야기했다. 이중준은 위황후의 소생이 아니었기 때문에 위황후, 안락공주, 무삼사의 시기를 받고 있었다. 안락공주는 부마도위 무숭훈武崇訓과 함께 태자 이중준을 '노奴'라고 불렀다. 당시 무삼사는 상관완아와 사통私通 했는데 매번 조칙을 내려 무씨 일가를 높이고자 했다. 이러한 상황은 태자 이중준을 더욱 분노하게 했다. 경룡 원년(707) 7월, 이중준은 좌우림대장군 이다조와 연합하여 정변을 일으키고 무삼사, 무숭훈 부자를 제거했다. 중종은 위황후, 안락공주, 상관완아의 조종을 받아 우림금군羽林禁軍에게 명하여 이다조 등을 제거했다. 이중준은 100기의 군사를 거느리고 종남산으로 도주했다. 호현戶縣에 이르렀을 때 이중준은 좌우 수종자들에 의해 죽임을 당했다. 무삼사가 제거된 이후 조정대권은 위황후, 안락공주의 수중에 들어갔다. 이때 태평공주 역시 자신의 무리를 만들고 안락공주와 서로 정쟁을 벌이며 조정을 더욱 혼미한 상태로 빠뜨렸다. 특히 위황후와 안락공주는 무측천의 사례를 본받아 권력을 장악해갔다. 마침내 위황후는 임조칭제 하고 안락공주를 황태녀로 책봉하여 중종을 독살시켰다(710년 7월 3일). 당시 중종의 나이 55세였다. 위황후는 중종의 죽음을 비밀에 부치고 상喪을 발하지 않고 정사를 총괄했다. 그녀는 온왕溫王 이중무李重茂를 황태자로 세우고 임조칭제 했다. 당시 상왕相王 이단의 셋째 아들 임치왕臨淄王 이융기는 고모 태평공주와 연합하여 위황후, 안락공주, 종초객宗礎客 등을 주살하고 이단을 황제로 옹립했다. 9월, 백관이 상표하여 이현의 시호를 '효화황제孝和皇帝'로 했다. 중종은 경운 원년 11월(710년 11월 27일), 옹주 부평雍州 富平(지금 섬서성 부평현) 북쪽 산맥에 묻혔는데 이곳이 정릉定陵이며 묘호廟號는 중종이다. 현종 천보 13년(754) 2월, 시호를 '대화대성대소효황제大和大聖大昭孝皇帝'라고 했다.

2. 능묘와 능원

1) 능묘 위치와 능원 구조

정릉은 섬서성 부평현富平縣 궁리향宮里鄕 사자와촌獅子窩村 북쪽 봉황산鳳凰山에 위치하며, 남쪽으로 부평현과 약 10km 떨어져 있다. 1956년 8월 6일, 섬서성이 제1차 중점문물보호단위로 지정했으며, 2001년 6월 25일, 중국 국무원은 전국 제5차 중점문물보호단위로 지정했다.

봉황산은 해발 751m이며, 동서로 늘어선 흑옥색 석회암 산봉우리 세 개로 이루어져 있다. 산봉우리 북쪽은 반원형태의 높고 험준한 산등성이로

084 중종의 정릉(定陵)

둘러싸여 있으며 동서 양끝은 각각 하나의 봉우리로 이어져 있는데, 중간 봉우리는 공교롭게도 산등성 중간에서 남쪽으로 뻗어 있어 그 모습이 마치 봉황의 머리를 닮았고, 좌우 양봉은 동서가 대치하고 있어 봉황이 양 날개를 펼치고 있는 모습이다. 산 남쪽에서 바라보면 산 전체의 형태가 한 마리 아름다운 봉황을 닮았으며, 넓고 끝없는 벌판에 날개를 펼치고 비상하려는 듯하다. 이로 인해 '봉황산'이라는 이름을 얻었다.

정릉은 '산으로 능을 만든다[因山爲陵]'는 능묘 건축에 따라 봉황산 산 중턱에 현궁玄宮을 뚫었다. 능원은 남향으로 장방형長方形이며, 동서 너비가 약 4km, 남북 길이가 약 3km다. 능원 내 지형은 북고남저北高南低이며 남에서 북으로는 여러 층의 계단식으로 나뉘어져 있다. 능원 성벽에는 4개의 문이 나 있었다. 동쪽은 청룡문靑龍門, 남쪽은 주작문朱雀門, 서쪽은 백호문白虎門, 북쪽은 현무문玄武門이다. 또 능원 내에는 헌전獻殿, 하궁下宮 등의 건축물이 있었다. 『장안지』(권19)에, 정릉은 "봉내封內가 40리, 하궁은

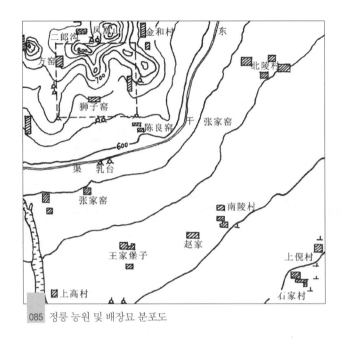

085 정릉 능원 및 배장묘 분포도

능에서 5리 떨어져 있다"고 되어 있다. 정릉 하궁 유적은 능원 남쪽에서 동
쪽으로 2km 치우친 두가촌杜家村 일대에 위치한다. 당 덕종德宗 때 수리한
수 백 칸의 방이 이곳에 있었다. "당릉唐陵 하궁 대부분은 능 산기슭 아래
서남쪽에 위치해 있으나 정릉 하궁은 동남쪽에 치우쳐 있는데, 이것은 아
마 정릉 서남방향에 위치한 북주北周 문제文帝(宇文泰)의 능묘를 피하기 위
한 것으로 보인다(姜捷, 「정릉 능제에 관한 몇 가지 신요소」, 『고고와 문물』 2003년
제1기)."

정릉은 안사의 난安史之亂을 겪으면서 몇 차례 불태워지고 도굴당했다.
문헌 기록에는 개원 4년 12월 을묘乙卯(13일, 716년 12월 31일) 밤, 정릉 침전寢
殿이 화를 당했고(『구당서』 현종본기 상), 당 대종代宗 영태永泰 원년(765) 2월
무인戊寅에 "당항黨項·강강족이 부평富平을 침략하여 정릉 침전을 불태웠
다"(『구당서』 대종본기). 당 덕종德宗 건중建中 원년(780) 2월에 정릉은 강족,

토번 등에 의해 불태워졌다. 정원貞元 14년 4월 을축乙丑, 덕종은 "좌간의대부左諫議大夫 평장사平章事 최손崔損을 팔릉[獻·昭·乾·定·泰·橋·元·建] 수봉修奉 관리로 삼았다. … 헌릉, 소릉, 건릉, 정릉, 태릉은 각각 380칸을 지었고, 교릉, 원릉, 건릉은 궁궐에 따라 보수했다. 6월 갑오甲午(16일, 양력 8월 2일), 최손은 팔릉 침전 수봉을 끝냈다. 이때 정릉 380칸을 갖추고 능침 안에 모든 물건을 구비했다"(『구당서』 덕종본기 하). 오대五代시기 후량後梁의 태조 주온朱溫(또는 朱全忠·朱晃이라 부름, 852~912) 개평開平 2년(908), 정릉은 화원華原(지금의 섬서서 耀縣) 절도사節度使 온도溫韜에 의해 도굴 당했다. 송 태조 조광윤趙匡胤(927~976)은 일찍이 건륭建隆 2년(961) 4월과 개보開寶 3년(970) 9월 두 차례 조령詔令으로 정릉을 보수했다(『송사』 태조본기). 명明 만력萬曆 27년(1599) 2월, 태감太監 양영梁永이 섬서지역을 순행巡行할 때 역대 능침을 발견하여 진귀한 보물들을 약탈했는데, 정릉 역시 그 화를 면하지 못했다(『명사』 양영전 梁永傳). 청淸 건륭乾隆 41년(1776)에 이르러 필원畢沅이 섬서를 순무巡撫할 때, 정릉은 비로소 비를 세우고 봉묘封墓하여 보호받게 되었다.

긴 세월동안 자연적인 풍화작용과 전쟁으로 인한 파괴를 겪으면서 정릉의 수많은 건축물은 사라지고 현재 그 토대만 겨우 남아 있을 뿐이다. 현존하는 능원 동남쪽과 서남쪽 모퉁이의 궁궐터는 잔존 높이가 1.50m이다. 작대鵲臺의 양궐兩闕 토대는 동서로 나뉘어져 있으며 둘 사이의 거리가 약 180m이다. 유대乳臺의 양궐 토대는 작대에서 북으로 약 2,300m 지점에 동서로 나뉘어져 있으며 둘 사이의 거리가 175m이다. 동궐東闕 유적은 잔존 높이가 6m, 바닥 길이 약 14m, 너비 약 12m이고, 서궐西闕 유적은 잔존 높이가 약 7m, 바닥 길이 약 19m, 너비 약 11m이다. 기타 건축물 유적의 위치는 이후 발굴·고증을 기대해 본다.

2) 능원 석각

정릉 능원 석각은 내성內城
의 동·서·남쪽 3문 밖에 각
각 사자석 1쌍, 북문 밖에 석립
마石立馬 6필(제왕의 안쪽 마굿간
임을 표시)을 제외하고, 대부분
주작문(남문) 밖 길이가 623m에
달하는 신도神道 양측에 분포되
어 있다. 남에서 북으로 차례로
석주石柱(石望柱) 1쌍, 익마翼馬
1쌍, 타조駝鳥 1쌍, 장마仗馬 5
쌍, 석인상石人像 10쌍, 사자석

086 정릉 익마(翼馬)

石獅 1쌍, 무자비無字碑 1기가 있다. 이 석각들은 크고 웅장하며 당대唐代 석
각예술의 진수를 보여준다.

1960년대 이전 정릉 능원의 신도 양측 석각은 보존상태가 비교적 양호
했다. 신도 최남단 유대 양궐 유적에서 북으로 가면, 석주 1개(현재 주춧돌 자
리와 기둥 윗부분만 남아 있음), 키가 모두 약 3.10m인 익마 1쌍, 장마 3쌍, 높
이가 2.90m인 석인 5쌍이 있다. 사자석 1쌍은 높이 2.40m, 키 1.20~1.25m
이고, 무자비 1통은 높이 5m, 너비 2m, 두께 1.30m, 앉은키 3.30m, 너비
2.60m로 비석 윗부분에 이무기 돋을새김이 있고, 비석 정면은 반들반들하
며 좌우 양쪽 측선에는 용, 봉황, 기린, 사자 등 상서로운 동물그림과 상운
祥雲과 만초蔓草 무늬가 조각되어 있다. 능원에는 청대 섬서 순무 필원이 세
운 '당중종정릉唐中宗定陵'이라는 비석이 1기 있다. 정릉 석각 역시 여러
차례 약탈당하여 지금은 사자석, 석인, 장마 등 부분적인 석각만 남아있을
뿐 대부분은 온전하지 못하다.

087 정릉 석사(石獅)

088 정릉 석인(石人)

| 사자석(石獅) |　사자석 3개(그 중 하나는 다리가 훼손됨)는 남·북·동쪽 3문에 각각 1개씩 있고 나머지는 훼손되었다. 남문 사자석 높이는 2.40m, 너비 1.25m이다. 사자석은 곱슬 갈기에 성난 눈을 하고 있지만 그 기세는 오히려 건릉 남문 사자석에 뒤떨어진다.

| 석인(石人) |　현재 석인은 5개가 있는데 그 중 온전한 2개는 남쪽 신문 밖 궐루闕樓유적 300m

089 정릉 신도 서쪽 석인(石人)

정릉 석안마(石鞍馬)

정릉 북문 서쪽 석안마(石鞍馬)

지점에서 동서 양측으로 배치되어 있으며 둘 사이의 거리는 90m이다. 석인은 모두 머리에 높은 관을 쓰고 있고, 관 윗부분에는 새무늬 장식을 했다. 관 양측에는 새 날개 모양의 무늬가 있다. 석인은 무릎까지 오는 넓은 소매에 긴 두루마기를 입고 있으며 양손은 검에 지탱하여 공손히 서 있다. 동쪽 석인은 수염을 짧게 길렀고 오른쪽 옷깃이 비스듬한 두루마기를 입고 있으며 관 측면의 날개 무늬가 크다. 서쪽 석인은 수염을 길게 길렀고 옷깃이 비스듬한 두루마기를 입고 있으며 관 측면의 날개 무늬가 작다.

| 장마(仗馬) | 북쪽 신문 밖에 장마 2개가 있으나 모두 불완전하다. 양마兩馬 간격은 39m 떨어져 있다. 동쪽 장마는 북문 밖 궐루유적 북쪽 45m 지점에 위치하고, 서쪽 장마는 궐루유적 북쪽 65m 지점에 있다.

3. 배장묘

『구당서』 등 문헌기록에 의하면 정릉에 배장한 이들은 화사황후和思皇后 조씨趙氏, 절민태자節愍太子 이중준李重俊, 의성공주宜城公主, 장녕공주長寧公主, 성안공주成安公主, 정안공주定安公主, 영수공주永壽公主와 부마駙馬 위회韋鑑, 왕동교王同皎 등이다. 『당회요』 권21에는 정릉 배장묘는 8기, 『장안지』 권19에는 6기라고 되어 있다. 현재 정릉 동남쪽 3km와 4.50km 지점의 남릉촌南陵村, 석가촌石家村 부근에서 배장묘 봉토더미가 6기 발견되었다. 1995년 3월에 섬서성 고고학연구소는 이중준의 묘를 발굴하여 확정했으나 기타 각 묘의 묘주는 고증이 어렵다.

| 화사황후 조씨(和思皇后 趙氏) | 중종 화사황후 조씨는 장안(지금의 섬서성 西安市) 사람이다. 조부 조작趙綽은 무덕 연간에 전공을 세워 우령군위장군右領軍衛將軍의 관직을 제수 받았다. 부친 조환趙環은 좌천우장군左千牛將軍, 정주定州·괄주栝州·수주자사壽州刺史를 역임했고, 생모는 고조 이연李淵의 딸 상락공주常樂公主이다. 중종이 영왕英王의 지위에 오르자 왕후도 비妃가 되었다. 중종 상원 2년(675), 무측천이 그 어미 상락공주를 미워하자 비 또한 폐위되어 내시성에 유폐되었는데, "익히지 않은 음식을 주고 사람을 시켜 연기가 나는 것을 기다리게 했으나 여러 날이 지나도 연기가 나지 않아 보니 죽어서 부패해 있었다(『통감』 권202, 고종 상원 2년)." 무측천이 국정을 맡아 섭정할 때, 조환은 수주壽州(지금의 安徽省 壽縣) 자사로 있었다. 당시 조환 부부夫婦는 종실 혈족 5왕(韓王 李元嘉, 霍王 李元軌, 魯王 李靈夔, 越王 李貞, 紀王 李愼)을 지지하여 무측천이 당唐을 주周로 바꾸는 데 반대하는 군사정변에 참여했으나 실패하자 죽임을 당했다. 신룡 원년神龍(705), 중종이 즉위하여 왕비 조씨를 공황후恭皇后에 봉하고, 그 아비 조환에게 좌위대장군左

衛大將軍의 관직을 내렸다. 경룡景龍 4년(710), 중종을 정릉에 안장할 때 조정 신하들이 위황후는 죄가 있어 합장해서는 안된다고 반대했다. 이에 조씨를 화사순성황후和思順聖皇后로 추증하여 그 매장할 곳을 찾아 초혼합장의 예를 행하고자 했다. 이때 태상박사太常博士 팽경직彭景直이 말하기를, "고대에는 초혼장례의 예가 없었고 관곽을 갖출 수 없어서 수레에 두었습니다. 『한서』 교사지郊祀志에 있는 황제黃帝의 의관衣冠을 교산橋山에 두고 장례지낸 고사에 근거하여 황후의 의복을 능 침궁에 두고 초혼을 지내십시오. 옷은 혼여魂輿에 두고 소를 제물로 드려 제사를 지낸 후, 침궁으로 옷을 옮겨 침대 오른쪽에 펴고 이불을 덮어 합장하십시오"라고 했다(『구당서』 후비 상). 이에 황후의 옷(受册, 助祭, 조회대사 때 입는 옷)으로 초혼하고 이불을 덮어 정릉에 합장했다.

| 절민태자 이중준(節愍太子 李重俊) |

이중준은 당중종 이현의 3남이다. 무측천 성력聖歷 원년(698) 의흥군왕義興郡王에 봉해졌고, 장안에서 위위원외소경衛尉員外小卿에 제수되었다. 신룡 원년(705) 위왕衛王에 봉해지고 낙주목洛州牧에 임명되어 1,000호를 분봉 받았고 연이어 좌위대장군左衛大將軍으로 제수되었으며 양주대도독에 임명되었다. 신룡 2년 7월 5일(706년 8월 17일) 황태자에 올랐다. 이중준은 성격이 밝고 단호했으나 어질고 현명한 스승을 얻지 못했다. 비서감秘書監 양교楊璬, 태상경太常卿 무숭훈武崇訓이 태자의 빈객賓客이 되었는데 태자가 어려서 축국(옛날 공차기 놀이)으로 적당히 놀아주고 이중준과 스스럼없이 지내기만 했다. 조정에 참여한 위황후는 무삼사武三思(무숭훈의 아버지)와 함께 조정을 좌지우지했다. 제2의 무측천이 되려는 야심을 가진 안락공주는 태자 이중준을 폐위시키고 자신이 황태녀가 되어 제위에 오를 꿈을 꾸었다. 위씨와 무씨 집단의 괴롭힘을 견딜 수 없었던 이중준은 경룡 원년 7월 신축辛丑에 좌우림대장군左羽林大將軍 이다조李多祚, 우우림대장군右羽林大將軍 이사충李思忠, 이승황李承況, 독

이중준(李重俊)묘 발굴현장

고의지獨孤褘之, 사타충의沙吒忠義 등과 우우림군右羽林軍 300여 명을 인솔하여 궁정정변을 일으켜 무삼사·무숭훈 부자를 죽이고, 다시 궁 안으로 진입하여 위황후와 안락공주를 제거하려고 했다. 그러나 쌍방의 수적 차이가 현저하여 병사들이 패해 죽임을 당했다. 예종睿宗 이단李旦이 즉위하여 당륭唐隆 원년(즉 景云 元年, 710년), 그 일을 매듭짓고 6월 25일(양력 7월 26일) 황태자에 추증하고 '절민'이란 시호를 내려 정릉에 배장했다.

이중준의 묘는 섬서성 부평현 궁리향 남릉촌 서북에 위치하며 정릉에서 가장 가깝고 봉토가 가장 큰 배장묘이다. 1995년 3월, 섬서성 고고연구소에서 발굴 정리작업을 마쳤다. 봉토는 복두형覆斗形으로, 높이가 약 26m, 능원 동서 길이 120m, 남북 너비가 150m이고, 문궐門闕과 각루角樓도 세워져 있다. 묘 앞에는 사자석, 석인 등이 서 있다. 지하는 전체 길이 54m, 깊이 10.30m이며, 길고 비탈진 묘도墓道, 4개의 천정天井, 3개의 과동過洞, 4개의 벽감壁龕(便房), 용도甬道와 전후 묘실墓室 등으로 이루어져 있다. 용도와 묘실은 전부 벽돌로 되어 있다. 벽감 안에서는 다량의 삼채기물三彩器物과 분채용粉彩俑, 채색된 무사입용武士立俑, 도기陶器 및 태자 신분임을 나타내는 옥으로 된 애책哀册이 출토되었다. 묘도는 묘실까지 벽화가 가득 그려져 있고, 묘도 양쪽 벽에는 전통적인 병사, 무기, 마구도馬球圖 외에 길이가 10여 m에 달하는 산수화와 기암괴석, 수목 등을 그린 긴 두루마리 벽화가 최초로 발견되었다. 용도의 아치형 천장은 밖에서 안으로 선학, 봉황, 주작 등 상서로운 동물이 가득 그려져 있는데 모두 날개를 펼치고 날고자하는 형상이며 그 사이에 구름으로 가득 차 있다. 과동과 용도 양쪽 벽에는 동궁부리東宮府吏, 내관內官, 시종侍從 등 인물화가 그려져 있는데 세밀화로 진하게 채색했고 그 표정과 자태가 기이하다. 이중준 묘의 벽화는 건릉 장회태자章懷太子 묘, 의덕태자懿德太子 묘 이래로 보존이 가장 잘 되어 있는 고분이다.

| 의성공주(宜城公主) | 의성공주는 당중종 이현의 차녀이며 생모는 분명치 않다. 『구당서』 열전에 기록이 없다. 『신당서』 제제공주전諸帝公主傳에 의하면, 의성공주는 처음 의안군주義安郡主로 봉해져 배손裵損에게 시집갔다. 배손에게 총희寵姬가 있었는데 공주가 원망하여 귀와 코를 베고 그 머리카락도 잘랐다. 황제가 노하여 현주縣主로 강등시켰으며 배손도 좌천되었다. 신룡 원년(705) 중종 복위 후 장녕長寧, 신녕新寧, 의안義安, 안락安樂, 신평新平 등 다섯 군주와 함께 모두 공주로 봉해졌다. 묘지墓址는 아직 발굴하지 않았다.

| 장녕공주(長寧公主) | 장녕공주는 당중종 이현의 4녀이고 위황후 소생이다. 『구당서』에 전이 없다. 『신당서』 제제공주전의 기록에 의하면, 장녕은 처음 군주郡主로 봉해져 양신교楊愼交에게 시집갔다. 신룡 원년(705) 중종 복위 후 공주로 봉해졌다. 위씨가 패망한 후 양신교는 강주絳州(지금의 산서

성 新絳)의 별가別駕가 되어 장녕공주와 함께 갔다. 당현종 개원 16년(728) 양신교가 죽고 장녕공주는 소언백蘇彦伯에게 재가했다. 죽은 해는 분명치 않다. 묘지는 이후 고고학 발굴을 기대해 본다.

| 성안공주 이계강(李季姜) | 성안공주는 자字가 계강이고 당중종 이현의 딸이며 생모는 분명치 않다. 『구당서』에 전이 없다. 『신당서』 제제공주전의 기록에 의하면 이계강은 처음 신평군주新平郡主로 봉해져 위황후의 조카인 위첩韋捷에게 시집갔다. 신룡 원년(705) 신평공주新平公主로 봉해졌고 후에 성안공주로 바뀌었다. 경운 원년(710) 위씨가 패한 후, 위첩 역시 죽임을 당했고 성안공주는 우울해하다가 죽었다. 묘지는 고고학 발굴을 기대한다.

| 정안공주(定安公主) | 정안공주는 당중종 이현의 3녀이고 생모는 분명치 않다. 『구당서』 열전에는 기록이 없다. 『신당서』 제제공주전에 의하면 정안공주는 처음 신녕군주新寧郡主로 봉해져 장안의 왕동교王同皎에게 시집갔다. 신룡 원년(705) 공주로 봉해졌고 왕동교는 부마도위駙馬都尉에 임명되었다. 신룡 2년 무삼사가 전권을 장악하고 반란을 꾀하자, 왕동교는 이를 미워해서 장중지張仲之, 조정경祖廷慶 등의 무사들과 모의하여 측천황후의 영가靈駕가 건릉을 출발할 때를 기다려 무삼사를 죽이려 했다. 공모자중 염조옹冉祖雍이 무삼사에게 밀고하였다. 무삼사가 사람을 시켜 "동교가 몰래 무삼사를 모살한 후 병사를 모아 입궐하여 황후를 폐위시키려한다(『구당서』 王同皎傳)"고 중종에게 고하였다. 중종은 진상이 불분명한데도 즉시 동교를 도정역都亭驛에서 베었다.

왕동교가 모욕스럽게 죽은 후 공주는 다시 위황후의 먼 일가인 위탁韋濯에게 시집갔다. 위탁은 벼슬이 위위소경衛尉少卿에 이르렀을 때 죽임을 당했고, 공주는 다시 태부경太府卿 최선崔銑에게 시집갔다. 공주가 죽은 후, 왕동교의 아들 왕요청王瑤請이 그녀를 아버지와 합장했는데, 급사중給事中

하후섬夏侯銛이 "공주는 왕씨 집안과 의절하고, 은혜는 최씨 집안에서 이루었습니다. 고인은 알고 있을 것이니, 동교는 저승에서 거절할 것입니다 (『신당서』 왕동교전)"라고 간언했으나 받아들여지지 않았다. 문헌기록에는 공주와 왕동교 두 사람이 함께 정릉에 배장되었다고 하는데 연구가 필요하다.

| 영수공주(永壽公主) | 영수공주는 당중종 이현의 5녀이고 생모는 분명치 않다. 『구당서』에는 전이 없고, 『신당서』 제제공주전에는 공주가 위회韋鐬에게 시집갔다고만 기록되어 있다. 일찍 죽어 장안 초에 추증했다. 묘는 아직 발굴되지 않았다.

1. 예종 이단李旦

예종 이단(662~716)은 고종
의 8번째 아들이며 무측천의
넷째 아들이다. 중종 이현을 이
어 당왕조의 제5대 황제(684~
690, 710~712)가 되었다. 이단의
처음 이름은 욱륜旭輪이다. 용
삭 2년 6월(662년 6월 22일), 장안
동내별전東內別殿에서 태어났
다. 그해 11월, 은왕殷王, 겸기
주대도독, 선우대도호, 우금오
위대장군에 봉해졌다. 건봉 원
년(666), 예왕豫王에 봉해졌고,

093 예종(睿宗) 이단(李旦)

총장 2년(669) 다시 기왕이 되었다. 이단은 어렸을 때부터 총명하고 학문을 좋아하여 초서, 예서에 능통했으며 어른이 된 후 특히 문자 훈고의 서적을 좋아했다고 한다. 상원 2년(678) 5월, 낙주목洛州牧이 되고 단旦으로 개명했다. 사성 원년嗣聖元年(684), 무측천이 임조칭제 하고 중종을 폐위시킨 후 이단을 황제에 즉위시켰다. 이때 이단은 별전에 거처하면서 정치에 관여하지 않았고 어머니 무측천의 처분에 따랐다. 이후 여론의 압력에 밀린 무측천이 권력을 아들에게 넘기고자 했으나 이단은 그것이 무측천의 본뜻이 아니라는 것을 알고 끝까지 사양하며 정치 일선에 나서지 않았다.

천수 원년(690), 무측천은 임조칭제의 형태로 천하에 군림하고 싶지 않았다. 그녀는 직접 제위에 올라 천하를 통치하고 싶었다. 당시 이단은 무측천의 심중을 간파하고 스스로 어머니에게 청하여 황제 자리에서 물러나 무씨의 성을 따르겠다고 했다. 무측천은 황제에 즉위하여 당을 주로 바꾸고 중국 역사에서 유일한 여황제가 되었다. 이때 이단은 무씨성을 따르고 황사皇嗣가 되었다(『구당서』 예종본기).

무측천이 황제에 즉위하자 이씨와 무씨 사이에 장차 황제 자리를 놓고 치열한 암투가 전개되었다. 특히 무측천의 조카 무승사, 무삼사는 태자의 자리를 차지하기 위해 온갖 음모를 꾸몄다. 성력 원년(698) 3월, 무측천은 방주에 사람을 보내 자신이 폐출한 여릉왕 이현을 낙양으로 불러왔다. 이단은 즉시 어머니의 뜻을 파악하고 "여러 차례 병을 핑계로 입조入朝하지 않고 중종에게 양위하고(『구당서』 예종본기)", "번저藩邸에 안거하고 심가청한深嘉淸閑" 하며 지냈다(『전당문』 권18 『付史館紀 皇太子等勸進詔』).

신룡 원년 정월, 중종의 황후 위씨가 그의 딸 안락공주와 모의하여 중종을 독살했다. 권력을 장악한 위황후는 이단을 경계하며 압박하기 시작했다. 이때 이단의 셋째 아들 임치왕 이융기와 무측천의 딸 태평공주가 연합하여 상왕(이단)으로 천하를 안정시킨다는 기치를 내걸고 병사를 일으켜 위황후, 안락공주, 소용상관씨昭容上官氏 및 위씨당을 제거하고 상왕 이단을 황제로 옹립시켰다. 이 과정에서 공을 세운 이융기는 태자에 책봉되었다. 그러나 중종의 둘째 아들 초왕譙王 이중복李重福은 예종의 황제즉위에 반기를 들었다. 그는 강주사마江州司馬 정음鄭愔과 밀모하여 균주均州(지금 호북성 균현)에서 몰래 낙양으로 들어와 병사들을 모으고 반란을 일으켰으나 실패하여 강에 투신 자살했다(『구당서』 서인중복전).

예종 이단은 즉위 후 요숭姚崇, 송경宋璟을 기용하여 재상으로 삼고 "합심하여 중종의 폐정을 바로잡고, 인재를 발탁하고, 상벌을 공정하게 실시하며, 청탁을 받아들이지 않고 정치 기강을 바로 세웠다. 당시 화합의 분위기는 정관과 영휘의 기풍이 되살아나는 듯 했다(『자치통감』 권209)." 경운 원년, 유주 등 변방 주요 지역에 절도사節度使를 설치하고 한 주 혹은 여러 주의 군권, 행정권, 재정권을 통괄하도록 했다. 다시 황제에 즉위한 이단은 궁정의 거센 암투 속에서 지혜롭게 처신하여 자신을 보전할 수 있었지만 천하를 통치할 수 있는 인물은 아니었다. 그는 매번 국가의 주요 업무를 먼저 태자 이융기와 태평공주에게 물어본 후 결정했다. 『자치통감』 권209의 기록에 "매번 재상이 업무를 아뢰면, 상께서 즉시 묻기를 '태평공주와 의논해 보면 어떻겠는가?' 또 '삼랑三郎(태자 이융기)과 의논하면 어떠한가?' 그런 연후에 결정했다"고 한다. 예종은 당왕조를 위태롭게 한 위씨와 무씨 세력을 제거하고 자신을 다시 황제 자리에 오를 수 있게 한 여동생 태평공주를 '진국태평공주鎭國太平公主'로 존중하며 항상 그녀와 더불어 국사를 의논하고 그녀의 말을 따랐다. 당시 태평공주의 권세는 황권을 능가하고 있었다.

태평공주는 무측천과 비슷한 성향을 가진 여인이었다. 그녀는 세력을 얻게 되자 곧 익주자사 두회정竇懷貞 등과 붕당을 결성하여 태자 이융기의 세력을 위태롭게 했다. 그녀는 재상의 면전에서 공공연하게 태자를 바꿀 것을 제안하고, 예종의 장자 송왕宋王 이성기李成器와 빈왕邠王 이수례李守禮(장회태자 이현의 둘째아들)를 부추겨서 서로 태자 자리를 쟁탈하도록 했다.

송경은 요숭과 비밀리에 계책을 세워 예종에게 올렸다. 송왕, 빈왕, 태평공주를 다른 곳으로 이주시켜 태자에 대한 위협을 제거하여 후환을 없애야 한다고 했다. 태평공주는 이 소식을 듣고 노하여 말하기를 "태자가 두려워하니 요숭과 송경이 청하여 고모와 형제를 이간시키고 있습니다. 청하건대 법으로 다스리십시오"라고 했다. 예종은 할 수 없이 요숭과 송경을 별주자사로 강등시켰다. 후에 위안석韋安石, 이일지李日知가 요숭과 송경을 대신하여 재상이 되었다. "이때부터 조정 기강이 문란해지고 다시 경룡景龍의 시대와 같았다(『자치통감』 권210)."

경운 2년(711) 5월, 태평공주가 장안으로 돌아왔다. 그녀는 비밀리에 조정에 자신의 세력을 형성해 나갔다. 그 과정에서 7명의 재상 즉, 두회정竇懷貞, 최식崔湜, 잠의岑義, 소지충蕭至忠, 곽원진郭元振, 위지고魏知古, 육상선陸象先이 그녀의 추천으로 재상이 되었고, 조정 문무백관들 다수가 태평공주의 천거를 받은 사람들이었다. 이러한 상황에서 태자 이융기와 태평공주 두 사람의 정치적 암투는 격화되어 갔다. 713년 7월, 태평공주는 재상 위지고, 두회정, 잠의, 소지충, 상원해常元楷 등과 역모를 준비했다. 7월 3일, 이융기는 기왕 이범, 설왕 이업, 곽원진, 왕모중, 고력사 등과 함께 병사들을 거느리고 태평공주와 그 세력을 모두 주살했다. 다음날 예종은 조서를 내려 아들 이융기에게 양위했다. 이융기는 연호를 개원이라 하고 요숭, 송경을 조정으로 다시 불러들여 당왕조의 정치를 쇄신하고 국정을 청명하게 운영하여 '개원의 치'를 이루었다.

개원 4년 여름(716년 7월 13일), 예종 이단은 백복전百福殿에서 55세의 나이에 세상을 떠났다. 7월 시호를 '대성정황제大聖貞皇帝'라고 했다. 그해 10월(716년 11월 16일), 동주 포성同州 蒲城(지금 섬서성 포성현)의 풍산에 장례 지내고 교릉橋陵이라고 했다. 묘호는 예종이다. 천보 13년(754) 2월, 시호를 '현정대성대흥효황제玄貞大聖大興孝皇帝'라고 했다.

2. 능묘와 능원

1) 능묘 위치와 지하궁전

교릉은 섬서성 포성현성蒲城縣城 서북쪽으로 약 15km 지점 풍산豊山(지금
의 坡頭鄕 安王村 북쪽)에 위치한다. 역사상 풍산은 일찍이 '금치산金幟山' 또
는 '금속산金粟山'이라고 칭했으며 서남쪽으로 서안西安과 약 110km 떨어져
있다. 1988년 정월 13일, 국무원이 제3차 중점문물보호단위로 지정했다.

풍산은 해발 751m로 산세가 높고 봉우리가 험준하며 아름답다. 그 서
쪽에는 세 개의 산봉우리가 하나의 병풍처럼 펼쳐져 있다. 북쪽의 숭산崇山
은 험산준령이고 연산連山이 기복起伏하며 구불구불하다. 남쪽에서 바라보
면 시야에 끝없는 평야가 펼쳐지고 진령秦嶺과 멀리 마주 하고 있다. 모든

094 교릉(橋陵) 전경 및 교릉비

능산陵山이 웅장하여 기개와 도량이 범상치 않다. 문헌기록에 의하면 교릉의 건축구조는 건릉과 비슷하다. 즉, 풍산 주봉主峰을 능총陵冢으로 삼아 산허리를 뚫어 지하묘실을 건설하고 관을 두었다. 발굴자료에 의하면 교릉 침궁의 연도埏道(墓道)는 풍산 주봉에서 동쪽으로 치우친 산허리에 위치하고, 신도 축선軸線의 동쪽으로 약간 치우쳐 있다. 연도는 길이가 약 70m, 너비 3.78m이고 계단 모양으로 산중턱 깊이 들어가 20m에 달한다. 묘도 안은 돌조각으로 꽉 들어차 있고, 돌조각 위에는 모두 번호가 매겨져 있다. 또 '천지현황 우주홍황天地玄黃 宇宙洪荒'의 천자문이 순서에 따라 가지런히 배열되어 있는데 돌조각의 크기는 일정하지 않고 길이 0.55~1.22m, 너비 0.55~0.56m, 두께 0.40~0.45m이다. 추측컨대, 묘도 북단은 대략 돌조각 30층을 쌓은 것 같고, 표층表層은 261개로 총 3,900개 정도가 된다. 돌조각 상하층 사이에는 약 0.10m 두께의 황토를 깔고 갈라진 틈에 석회를 부어 넣었다. 돌조각이 가지런히 배열된 것과 조사할 때 연도 주위에서 도굴 흔적이 발견되지 않은 것으로 보아 교릉 현궁은 도굴당하지 않은 것 같다.

2) 능원 규모와 구조

문헌기록에 따르면 교릉 성벽은 산세를 휘감고 돌아 축성했다. 성벽 사방에는 각각 문이 하나씩 나 있는데 즉 사신四神문이다. 동쪽은 청룡문(동화문), 서쪽은 백호문(서화문), 남쪽은 주작문, 북쪽은 현무문으로 칭한다. 각 문 앞 양측에 문궐門闕이 있고 대형 석각이 서 있다. 능벽 네 모퉁이에는 각각 각궐角闕이 위치한다. 『포성현지蒲城縣志』에는 교릉의 "능묘 점유지는 29경 90무 4분이다"라고 기록되어 있다. 측량 조사에 의하면, 현존하는 능원 토대는 칼자루형刀把形으로 남쪽 담장 전체 길이가 2,800m, 동쪽 담장 전체 길이가 2,640m, 서쪽 담장 전체 길이는 2,800m, 북쪽 담장 전체 길이

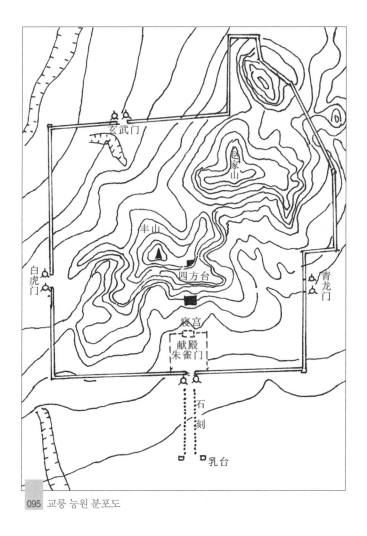

玄武门

赵家山

丰山

四方台

白虎门

青龙门

寝宫

献殿
朱雀门

石
刻

乳台

095 교릉 능원 분포도

가 5,080m, 주변의 총 길이는 13,320m이며 그 구조는 당나라 장안성과 비슷하다.

　교릉은 개원성세開元盛世에 세워졌기 때문에 능원 내의 각종 건축물이 비교적 중후하다. 사료 기록에 의하면 능원 지상건축물은 주작문 내에 웅

장하게 들어선 9칸의 헌전獻殿을 제외하고도 궐루闕樓와 궁전宮殿, 능서陵
署가 있었다. 『당회요』 권20에는 정원貞元 40년(798) 최손이 수봉팔릉사修奉
八陵使를 맡고 있을 때 교릉에 방을 140칸 지었는데 이는 예종 이단이 교릉
에 매장된 지 82년이 지난 이후 개축 당시 새로 늘린 면적이다. 그 밖에 하
궁은 능 서남쪽에 있고 내부에는 침전寢殿을 만들어 묘주 영혼의 일상생활
을 위한 물품을 안치했다. 능원 내에는 능태령陵台令(從五品上) 및 주문主文,
주락主樂, 주련主輦, 전사典事 등 관원 23명이 있고 능지기가 400여 명, 그
외에 절충부折衝府가 있어 능원 호위 업무를 전담했다.

당대 시인 두보杜甫는 봉선현奉先縣(지금 蒲城縣)에 이르러 「자경부봉선
현영회오백자自京赴奉先縣詠懷五百子」라는 장시를 쓴 것 외에 「교릉시삼십
운인정현내제관橋陵詩三十韻因呈縣內諸官」이라는 시를 남겼다. 그 내용은 다
음과 같다.

선제 예종께서 붕어하시고, 이 산에서 온갖 신령들을 조회하셨네.
높은 산은 왕릉을 껴안고, 기름진 들판은 천자의 제단을 열었구나.
구름 속 궁궐은 공중에 아련히 높고, 불어오는 솔바람은 숙연히 차갑기만 하네.
왕릉 석문에는 서리와 이슬이 희고, 황제의 사당에는 이끼가 푸르구나.
궁녀는 일에 바빠 새벽이 오는 줄 모르고, 사당의 관리는 이른 아침부터 별을
보는구나.
빈 들보에는 화살(簇) 그림이 빼곡하고, 어둑한 우물가에서는 구리 물통이 서
로 부딪치네.

이는 교릉 능원의 건축물 및 관원과 궁녀가 묘주 영혼에게 황제가 살아
있을 때처럼 봉양하는 상황에 대해 구체적으로 묘사한 것이다. 상전벽해의
세월이 흘러 교릉 능원의 수많은 건축물은 이미 그 본래 모습을 잃어버렸
다. 청 건륭 40년, "100장의 담장을 쌓았는데(『포성현지(蒲城縣志)』)" 현재 무
너진 담벽만 남아 있다.

3. 능원 석각

교릉 능원 석각의 종류는 건릉 능원과 비슷한데 크기가 웅장하고 매우 사실적이어서 당릉 석각예술의 걸작이라고 대내외 전문가들도 높이 평가하고 있다. 능원에 현존하는 석각은 50개이며 내성內城 사문四門 밖 양측에 분포되어 있는데, 특히 남쪽 주작문 밖에 가장 많이 들어서 있다. 석각의 길이는 625m, 너비 110m이다. 남에서 북을 향해 석주, 해치석, 타조석, 석마, 석인, 사자석 등 38개가 배열되어 있다. 북문 밖에는 6개의 사자석과 석마가 있다. 동쪽과 남문 밖에는 사자석이 1개 배치되어 있다.

| 석주(石柱) | 석주는 석망주石望柱라고도 부르며, 1쌍이 있는데 신도 남단 문궐門闕 북쪽으로 약 35m 지점에 위치한다. 현존하는 동쪽 석주는 이미 무너졌고, 온전하게 남아 있는 것은 서쪽에 위치하며 정개頂盖, 주신柱身, 주춧돌[礎座] 세 부분으로 되어 있다. 전체 높이가 8.64m인데 이것은 당릉 석주 중에서 가장 으뜸이다. 주춧돌은 방형方形이고, 가장자리 길이가 2.50m로 윗부분에는 열두 잎의 복련覆蓮이 조각되어 있고, 중앙에는 직경 0.70m의 둥근 홈을 뚫어서 주신으로 연결했다. 주신은 팔각형이고, 높이 6.15m, 직경 1.20m

096 교릉 석주(石柱)

로 온몸에는 나뭇가지를 휘감고 잎을 말아 올린 무늬와 천마가 하늘로 가는 그림이 선각線刻되어 있다. 정남쪽 천마가 하늘로 올라가는 도안은 6층이 넘는다. 비록 비바람에 훼손되었으나 아랫부분 천마는 여전히 뚜렷하며 생동감이 있다. 주정柱頂 높이는 2.25m이고 최상층은 연蓮을 우러러 보게 하여 도형구桃形球(또는 火珠라 부름)로 이어지고, 중층은 8개의 연주蓮珠로 되어 있는데 최하층은 복련覆蓮으로 되어 있다. 밑부분은 팔각형으로 직경이 1.48m이고, 중앙은 직경 0.50m의 둥근 홈을 뚫어 주신 위에 두었다.

교릉 석주는 당릉 석주의 일반적인 양식이다. 이것은 이미 남북조시대 석주 양식으로부터 벗어나 소박하면서도 위엄이 있으며 당대인들의 충만한 정서를 반영하고 있다. 당릉 석주는 연을 우러러 화주火珠를 바쳐 들고 있는데, 이는 중국 고대 백성(혹은 군왕)의 생식기 숭배 및 제사와 관련이 있다. 고대 중국인들은 석주를 선조의 분묘 앞에 세우는 풍습이 있었다. 연꽃은 묘약천선妙若天仙 소녀와 관련이 있는데 인도 불교에서는 연꽃에 특수한 상징적 의미를 부여한다. 붉은 연은 여자의 음부를 상징하고 화주火珠는 생식번성을 간구하는 의미가 있다. 석주를 능묘 맨 앞쪽에 세우는 까닭은 천원지방天圓地方의 우주관을 반영하는 것이며 왕실의 자손 번성을 축복하고 왕조의 장구한 통치를 염원하고 있는 상징물이라고 할 수 있다.

| 석해표(石獬豹) | 해표는 독각수獨角獸, 천록天祿, 기린麒麟이라고 불리기도 한다. 교릉 해치석은 석주 북쪽 28m 지점에 위치하며 동서 각각 1개씩 있다. 모두 한 덩어리의 응회암으로 만든 것인데 전체 길이가 2.95m, 몸 길이 2.90m, 흉관 1.10m이며, 크고 위엄 있는 모습을 하고 있다. 생김새가 사납고 독각獨角에 성난 눈을 하고 있으며, 벌린 입에 이를 드러내고 있고, 입술 밖으로 나온 긴 이빨은 송곳 같다. 허리는 둥글며 사지가 짧다. 몸 앞 양측에 날개 1쌍을 조각해 넣었고, 배 아래쪽에는 요고腰鼓 모양의 돌기둥이 있어 위로는 짐승 몸체로 이어지고 아래로는 주춧돌로 이어져 있다. 표면

에는 새털구름 무늬
가 돌을새김으로 조
각되어 있고 꼬리는
아래로 늘어뜨려 주
춧돌과 맞닿아 있다.
주춧돌은 3층으로 구
분되는데 상층은 짐
승 발과 꼬리가 서로
이어져 있다. 동서 길
이가 2.80m, 남북 너

097 교릉 신도 동쪽 석해표(石獬豸)

비는 1.34m, 높이가 0.32m이다. 중간층은 동서 길이 3m, 남북 너비 1.46m,
높이 0.54m이다. 하층은 동서 길이 3.30m, 남북 너비 1.88m이고 땅 위로
노출된 높이는 0.40m이다.

해치는 본래 고대 전설 속에 등장하는 선악을 구분하고 시비곡직是非曲
直을 가린다고 하는 상서로운 짐승이다. 고대 중국인들이 해치 석각을 능
앞에 둔 것은 이러한 상징성 때문이다. 교릉 해치는 대형조각이며 위풍당
당하다. 조각을 한 장인은 해치의 내적 기질을 세심하게 묘사한 동시에 건
장한 자태, 경계하는 둥근 눈, 송곳 같은 이빨, 날고자하는 두 날개를 통해
해치의 용맹성과 세상에 대적할 자가 없을 것 같은 잠재된 위력을 표현했
다. 또한 그 몸은 드넓은 풍산豐山의 기세와 조화를 이루어 개원 연간의 활
기찬 당왕조의 사회발전과 문화예술의 전성기를 표현하고 있다.

| 타조석(鴕鳥石) | 타조석 1쌍은 해치 북쪽 28m 지점에 있으며, 고부조高
浮彫로 되어 있다. 타조는 높이가 1.96m, 너비 1.98m, 두께가 0.53m의 돌
병풍 위에 조각되어 있고 지표면에 노출된 높이는 약 0.35m이다. 타조는
인공산 아래 서 있는데 깃털이 풍만하고, 굽은 목은 고개를 돌려 깃에 붙이

교릉 신도 동쪽 타조(鴕鳥)

고, 두 눈은 빛나고 생기 있는 모습이 마치 깜짝 놀라 정신을 차리고 주위를 살피는 듯하다. 타조를 조각한 장인은 타조를 높고 크게 돌출시키기 위해 구불구불 이어진 작은 산들을 축소하고, 산의 가장 높은 곳에 겨우 새의 대퇴부가 닿도록 했다. 타조의 두 다리를 돌출시키기 위하여 왼쪽 발가락은 환형산環形山 가운데 두고, 오른쪽 발가락은 뭇 산의 산맥을 밟고 있는 것처럼 표현했다. 게다가 오른쪽 발가락 앞뒤로는 2개의 산봉우리를 밟고 있는 모습으로 만들었다. 전체 조형물은 마치 살아있는 듯한 생동감을 주며 웅장하고 위엄이 있다. 조각은 정교하며 선의 흐름이 유창하고 자연스럽게 드러나 보는 이들을 감탄케 한다.

| 장마(仗馬) | 장마 5쌍은 타조의 북쪽 28m 지점에 동서로 마주하여 위치한다. 두 말의 거리는 28m이다. 장마 동서 길이는 2.06~2.50m, 남북 너비 1.36~1.77m, 높이는 0.70~0.90m의 주춧돌 위에 조각 되어 있는데 네 다리와 주춧돌이 서로 이어져 있다. 말의 몸 전체 높이는 1.70~2.10m, 몸 길이 2.30~2.60m이다. 각 장마의 모습은 체형이 건장하고 원기 왕성하며, 각각 장식품만 서로 다르다. 어떤 말은 이마 앞에 당노[錫]가 있고, 어떤 것은 귀 옆에 재갈이 장식되어 있고, 또 어떤 것은 안장은 있고 등자가 없으며, 어떤 말은 긴 갈기가 한쪽으로 헝클어져 있고, 어떤 말은 갈기를 잘라 두 세

개의 꽃 모양을 하고 있다. 어
떤 것은 안천鞍韉, 안복鞍襆, 앙
추鞅鞦가 모두 갖추어져 있고
장식이 화려하여 막 출발하려
고 하는 듯하다. 장마는 앙추가
장식물에 매여 있는데, 남쪽에
서 세 번째 장마가 한나라 때
흔히 보던 백마노(珂, 말재갈 장
식) 형태의 장식을 하고 있다.
그 밖에 나머지는 모두 당대에
유행한 살구 모양을 하고 있다.

099 교릉 신도 동쪽 장마(杖馬)

교릉 장마는 동측 남쪽에서부
터 두 번째 것이 가장 아름답다. 나머지는 입, 귀, 꼬리 등이 대부분 훼손되
었다.

그 외에 능원 북문 밖 사자석 북쪽 18m 지점에 석마 3쌍어 놓여 있다.
동서 거리는 약 70m 정도 떨어져 있고, 서쪽에서 남쪽으로 배열된 첫 번째
말이 꼬리를 묶고 있는 것을 제외하고 나머지는 형상과 구조 및 크기가 모
두 남문 신도의 장마와 같다. 북문에 여섯 마리 말이 있는데 '육룡六龍'이
라고 부른다. 이는 소릉에 있는 육준六駿의 변체變體로, 천자의 말[御乘]과
같으며, 망제亡帝 이단李旦의 영혼을 육준이 인도하여 위풍당당하게 천당
에 진입한다는 뜻을 담고 있다. 이것은 당나라 사람들의 천인합일天人合一,
우주일통宇宙一統의 정신세계를 반영한 것이다.

| 석인(石人) | 석인은 옹중翁仲이라고도 한다. 장마 북쪽 28m 지점에 모
두 10쌍이 있는데 남북으로 배열되어 있고, 그 간격은 28m이다. 석인은 높
이가 3.67~4.28m이고, 바로 아래 주춧돌은 남북의 길이가 1.05~1.23m, 동

서 너비가 0.71~0.90m, 높이는 0.19~0.30m이다. 가장 아랫부분 주춧돌은 남북 길이 1.60~1.80m, 동서 1.54~1.80m이다. 석인은 모두 머리에 골관鶻冠을 쓰고 있는데 관 앞 정중앙에 매가 장식되어 있다. 관 뒤에는 간혹 새털구름이 새겨져 있으며 관 아래에는 모두 두건을 하고 있다. 몸에는 사선의 높은 옷깃에 소매가 넓은 도포를 입고 있는데, 소맷부리는 무릎 너머까지 늘어져 있으며, 안쪽의 작은 홑단 소맷부리가 겉옷 밖으로 나와 있고, 허리에는 요대를 매고 있는데 양각이나 음각으로 새겨져 있다. 석인은 또 코가 높은 신발을 신고 있으며 양 손은 검에 지탱하고 있다. 검은 모두 칼집에 들어가 있다. 칼집은 네 개의 마디로 나뉘어져 있고 칼자루 끝에는 두 개의 끈이 늘어져 있는 모습인데 특히 환수環首 양식이 많다.

교릉 신도에 위치한 석인은 직각장군直閣將軍의 옷차림을 하고 있다. 석인들은 각자 얼굴 표정만 다를 뿐 정말 살아있는 듯한 모습을 하고 있다. 이 석인들은 특수한 사회환경과 역사조건을 반영하고 있다. 예종의 후계자 현종 이융기 및 그 신료들은 무력에 의지하여 통치력을 강화하는 한편 예종 황제의 망령이 현궁 안에서 당왕조의 안녕과 번영을 보증해 줄 것이라고 생각했다. 한편 이러한 석각상은 현종 초기 전국이 대체로 안정된 국면이었지만 여전히 경계심을 늦추지 않고 있었음을 반영해 주는 유물이라고 할 수 있다.

| 사자석(獅子石) | 교릉 능원 사
문四門 밖에 사자석 1쌍이 놓여 있
는데 이들은 모두 능을 등지고 앞
쪽을 향해 문 앞에 웅크리고 앉아
있는 형상이다. 다만 동문 밖 양쪽
사자석은 머리를 돌려 서로 마주
보고 앉아 있다. 사자석은 문에서
약 4m 떨어져 있고, 문 앞 궐루 유
적에서는 20m 떨어진 곳에 위치
한다. 사자 높이는 2.48~2.80m,
흉관 1.15m이고, 주춧돌은 길이
가 2.05~2.15m, 너비 1.20~1.35m,
높이 0.20m인데 전체가 1개의 돌
로 이루어져 있다. 그 아래 주춧돌
은 남북 길이 3.18~3.25m, 너비
1.55~1.70m, 지면에 드러난 높이
가 0.69~0.75m이다.

101 교릉 남문 석사(石獅)

사자석은 당대 능묘 석각에서
중요한 건축물이다. 특히 교릉 사
자석은 용맹스러움과 사나운 표
정, 예술성 등을 감안할 때 당대
조각상 중에서도 걸작에 속한다
고 할 수 있다. 교릉 사자석은 크
고 웅장하며 암수 구별이 뚜렷하

102 교릉 동문 남쪽 석사(石獅)

다. 남문 사자석은 높이가 2.80m(대략 건릉보다 낮다)이고, 흉근이 우뚝 솟아
있으며, 앞 다리를 꼿꼿하게 펴고 서 있다. 암사자는 입을 벌리고 노하여

울부짖는 모습이고, 수사자는 입술을 벌려 이빨을 드러내 놓고 있다. 정면에서 본 사자석은 하늘을 바쳐 들고 땅을 뽑을 것 같은 형상이고 측면에서 보면 무겁고 안정된 모습이다.

가장 흥미로운 것은 교릉 능원 동문에 '회두망回頭望'이라고 불리는 사자석이 1쌍 있는데, 머리를 비스듬히 하여 눈을 맞추고 있는 것이 마치 한바탕 희롱을 마친 부부 같다. 각자 자신의 돌 의자에 웅크리고 앉아 잠깐 쉬면서 이리저리 두리번거리고 머리와 꼬리를 흔들며 유유자적하는 모습이다.

교릉 돌조각 석재石材 산지에 관해서는 이미 해답을 얻었다. 1980년 교릉 석각을 바로잡을 때, 한 석마의 주춧돌에서 '부평富平'이란 두 글자가 발견되었다. 현존하는 동쪽의 해치 밑받침에는 '부평전씨富平田氏'라는 네 글자가 새겨져 있었다. 발견된 문자를 근거해 보면, 교릉 석각 석재는 섬서성 부평 경내의 장군산將軍山과 만곡산万斛山에서 채취한 것임을 알 수 있다. 현지인들이 말하는 '발수결빙潑水結氷, 한선운석旱船運石'의 전설과 교릉 능원 부근에서 이미 많은 돌 부스러기들을 발견한 것에서 알 수 있듯이 석재 산지에서 먼저 석재를 반제품으로 만들고, 겨울에 물을 뿌려 얼음이 얼면 한선旱船을 이용해 능지로 옮긴 후 다시 정성을 다해 세밀하게 다듬었다. 이 방법을 택한 것은 석재를 채취하여 가공, 조각까지 다 마친 완제품은 운반과정 중에 쉽게 손상될 수 있었기 때문이다.

교릉 능원 건축물은 개원 전성기에 축조한 것이므로 당시 국가통일, 민족단결, 사회안녕, 경제번영을 반영하고 있다. 이 시기 장인들은 한위육조漢魏六朝 전통예술의 품격을 계승하여 각종 물체에 내재된 정신과 형체를 형상화하여 조각을 통해 성당盛唐 문화의 발전과 경제적 번영을 표현했다.

4. 배장묘

교릉 배장묘는 능원 동남쪽 모퉁이에 집중적으로 분포되어 있다. 『당회요』에 의하면 8기가 있는데 그 중 태자묘가 3기, 즉 혜장태자惠莊太子 이휘李撝, 혜문태자惠文太子 이범李範, 혜선태자惠宣太子 이업李業이다. 공주묘는 4기인데, 금선장공주金仙長公主, 양국공주涼國公主, 식국공주郞國公主, 대국공주代國公主이다. 대신묘大臣墓는 1기인데, 팽국공 운휘장군彭國公 雲麾將軍 이사훈李思訓으로 기록되어 있다. 고고학발굴팀의 관련 문헌자료와 현지조사 및 출토문물을 종합해 본 결과 교릉에 합장 및 배장된 사람은 후비, 황실자녀, 대신 등 약 15명으로 파악된다.

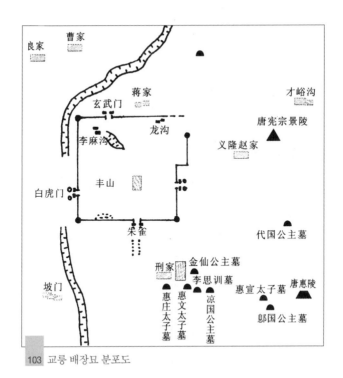

교릉 배장묘 분포도

| 숙명황후 유씨(肅明皇后 劉氏), 소성황후 두씨(昭成皇后 寶氏) | 『신·구당
서』 본전本傳 기록에 의하면, 예종 숙명태후 유씨는 형부상서刑部尚書 유덕
위劉德威의 손녀이고, 섬주자사陝州刺史 유정경劉廷景의 딸로, 영왕 이성기
와 수창壽昌, 대국代國공주의 생모이다. 문명 원년(684), 예종이 즉위하면서
황후에 책봉되었다. 장수 2년(693), 무측천에 의해 궁중에서 쫓겨나 살해되
었다. 경운 원년(710), 시호를 숙명순성황후肅明順聖皇后로 하고, 동도東都
낙양성洛陽城 남쪽에서 초혼장招魂葬을 했다. 예종 사후 교릉으로 옮겨 합
장했는데 고분의 봉토는 지금 존재하지 않는다.

소성황후 두씨는 대리경大理卿이자 신국공莘國公인 두탄寶誕의 손녀이
며, 윤주자사潤州刺史 두효심寶孝諶의 딸로 현종 이융기, 금선공주, 옥진공
주를 낳았다. 장수 2년 하녀들의 모함으로 유황후와 함께 무측천에 의해
암살되었는데 매장된 곳은 알 수 없다. 이후 낙양성 남쪽에서 초혼장을 치
렀다. 예종이 죽고 현종 이융기가 제위에 오르자 모친에게 존호를 내려 황
태후로 삼고, 예종과 함께 교릉에 합장하여 소성순성황후의 시호를 추증했
다. 고고학 발굴 고증에 의하면, 최근 교릉 부근에서 출토된 2괴塊 5방方 5
진鎭의 묘정석墓精石이 아마 이와 관련이 있을 것으로 보고 있다.

| 현비 왕방미(賢妃 王芳媚) | 예종의 현비 왕방미는 『신·구당서』에 전傳
이 없다. 다만 『구당서』 예종제자전에 간략한 기록이 있을 뿐이다. 왕방미
의 묘는 예종의 교릉 동남쪽 약 9km 지점, 헌종憲宗의 경릉景陵 정남쪽에서
서쪽으로 2km 치우친 곳에 위치한다. 묘비는 일찍이 소실되었고 문헌에는
기록이 없다. 때문에 이 무명총無名冢은 한때 학계에서 헌종 경릉의 배장묘
라고 생각했다. 이 주장은 송나라 사람 왕부王溥가 지은 『당회요』 중에서
가장 먼저 언급되었다. 청 건륭연간에 집필된 『포성현지蒲城縣志』(권2)에
"당헌종 경릉은 현의 서북쪽 의룡촌儀龍村에 있는데 의안곽태후懿安郭太后,
효명정태후孝明鄭太后, 왕현비王賢妃가 배장되어 있다"고 한다. 청대 유명

한 금석학자이자 섬서성 순무巡撫였던 필원畢沅은 그의 저서 『관중승적도지關中勝迹圖誌』(권14)에서 "헌종의 경릉은 후비 3인, 즉 의안곽후, 효명정후, 왕현비를 배장했다"고 한다. 1975년 8월 섬서성문관회와 포성현문화관은 무명씨묘 한 기를 서둘러 발굴했는데 이곳에서 응회암 묘지墓誌 하나가 출토 되었다. 이에 비로소 왕현비 배장묘는 경릉이 아니라 교릉이라고 확실하게 밝혀졌다.

왕현비 묘지墓誌는 현재 포성현문화관 석각실石刻室에 있다. 묘지는 응회암으로 되어 있다. 지개誌蓋는 방형方形이고, 한 변의 길이가 76cm, 두께 19cm이다. 사사찰四斜刹은 상하로 구분하여 인동덩굴무늬를 음각했는데 그 사이에 청룡, 주작, 백호, 현무의 사신四神이 그려져 있다. 덮개 사방에 인동꽃무늬가 선각되어 있고 중앙에 '대당예종대성진황제현비왕씨묘지명大唐睿宗大聖眞皇帝賢妃王氏墓誌銘' 제목의 전서篆書 16자가 오른쪽에서 부터 시작하여 세로로 4행 음각되어 있다. 지석誌石의 길이와 너비는 모두 76cm이고 두께는 약 25cm이다. 지문은 해서楷書 31행으로, 꽉 찬 행은 32자가 새겨져 있으며 모두 905자가 새겨져 있다. 지문에 근거하면 왕현비의 이름은 방미이고, 지금 산서성 기현祁縣 사람이며, 북조北朝 양사도태위대사마영녕공梁司徒太尉大司馬永寧公 왕승변王僧辯의 6대손이며, 당왕조 국자사업國子司業, 정주자사鄭州刺史 왕사태王思泰의 손녀이고, 사봉랑중윤주자사증익주대도독설국공司封郎中潤州刺史贈益州大都督薛國公 왕미창王美暢의 딸이라는 것이 밝혀졌다. 왕방미는 "상선上善에서 태어나 중화中和에서 자랐다. 어려서는 총명했고, 어른이 되어서는 인자하고 온순했다. 6세에 능히 시를 읊고 12세에 여자의 도리에 통달했다." 광택 원년(지문에는 "광택 3년 현비가 다시 조서로 입궁했다"는 내용이 있다. 광택은 무측천의 연호이다. 광택 원년은 684년이고, 이 해에 무측천은 먼저 중종을 폐하고 후에 예종을 별전에 두고 스스로 정사를 결정했다. 한 해에 연호를 세 번 바꾸었는데 '사성(嗣聖)', '문명(文明)', '광택(光宅)'으로 나뉜다. 685년 다시 연호를 '수공(垂拱)'으로 바꾸었는데, '광택'이라는 연호는 광택 원년 밖에 없다. 지문에 '광택 3년'이라고 한 것은 광택원년을 잘못 쓴 것임이 분명하다. 이는 비석에 글자를 쓴 사람이나 각자(刻字)를 한 사람이 잘못 쓴 것으로 보인다) 에 입궁하여 "당륭 원년(즉 경운 원년, 710), 예종이 즉위하자 6월 28일(710년 7월 29일), 현비에 책봉되었다", "천보 4년(745) 가을 8월 질병이 이어져, … 18일에 죽었는데 나이가 73세였다", "그 해 12월 7일(746년 정월 3일), 교릉에 배장했다." 왕현비 묘지에는 그 평생의 사적이 상세히 기술되어 있다. 간의대부諫議大夫 왕도王燾가 지문을 썼는데 문필이 유창하고 문장구성에 빈틈이 없으며, 비록 부주의로 인한 누락이 있지만 문헌기록으로 부족한 부분을 보충할 수 있어 후대 사람들이 당사唐史와 왕씨 가족사를 연구하는 데 귀중한 자료가 된다.

| 혜장태자 이휘(惠莊太子 李撝) |　이휘의 처음 이름은 이성의李成義이다. 당 예종 이단의 차남이며, 궁중 액정掖庭 궁인宮人 류씨柳氏 소생이다. 생모 류씨의 신분이 천하여 무측천의 위험으로 부터 벗어날 수 있었다. 후에 무

104 혜장태자묘(惠莊太子墓)

측천이 승려 방회에게 물었는데 방회가 말하기를, "이 아이는 서역西域 대수大樹에 정통하니 이 아이를 길러 형제로 삼으십시오"라고 하자 무측천이 매우 기뻐하며 형제의 첫 서열에 두도록 했다. 후에 당현종의 어머니 소성태후의 존칭을 피하기 위해 이름을 바꾸었다. 수공垂拱 3년(687)에 항왕恒王에 책봉되었다. 신룡 원년(705), 사농소경司農少卿이 되었고 은청광록대부銀靑光祿大夫를 겸했다. 예종 때 신왕申王으로 봉해져 우위대장군右衛大將軍으로 관직이 바뀌었다. 경운 원년(710) 7월에 전중감殿中監 겸검교우위대장군兼檢校右衛大將軍으로 관직이 바뀌고, 이듬해 광록경光祿卿, 우금오위대장군右金吾衛大將軍이 되었다. 선천先天 원년(712) 8월, 행사도行司徒 겸익주대도독兼益州大都督이 되었다. 개원 2년(714), 대사도帶司徒 겸유주자사兼幽州刺史가 되었고, 등鄧 · 곽虢 · 강絳 삼주자사三州刺史를 역임했다. 이휘는 "성격이 너그럽고 관대하며, 용모가 훌륭하고, 먹고 마시는 것을 잘했다(『구당서』예종제자전)." 개원 20년 11월 신사(724년 12월 15일, 『통감』 권212, 『구당서』 현종본기에는 경진, 초하루로 기록되어 있음)에 신왕申王 이휘가 병으로 죽자 조서를 내려 혜장태자로 추증하고 12월 27일, 교릉에 배장했다.

혜장태자 이휘의 묘는 지금 섬서성 포성현 파두향坡頭鄕 교릉촌 교릉시멘트공장에서 동쪽으로 약 500m 지점에 위치한다. 동북 300m 지점에 혜문태자 이범의 묘가 있으며, 서북쪽으로는 교릉과 약 3km 떨어져 있다. 이곳은 교릉에서 가장 가까운 거리에 있는 배장묘이다. 이 묘는 여러 차례 도굴당하여 중국 국가문물국國家文物局의 비준을 거쳐 섬서성고고학연구소와 포성현 문체광전국文體廣電局이 공동으로 1995년 10월부터 1996년 5월까지 발굴 정리를 하고 고분 주변의 지면을 조사했다. 이휘의 묘는 지표 유적과 유물이 현존하며 봉토와 묘 앞에 사자석 1쌍이 있다. 주위 지면에는 당대 장방형 새끼줄무늬와 손으로 친 자국 및 선각문양의 벽돌이 많이 흩어져 있다. 고분 봉토더미는 복두형이고 항토기법으로 건축했다. 높이는 7.50m, 바닥 각 변 길이는 32m, 정수리 부분 각 변 길이가 4m이다. 사자석은 봉토더미의 서남방향으로 위치해 있는데, 두 사자석은 동서로 마주보고 있으며 그 거리는 17m이다. 모두 입체조각[圓雕], 선각線刻, 음각陰刻 기법으로 조각했다. 동쪽에 위치한 사자석은 지면 높이가 1.15m, 흉관 0.55m, 길이 0.78m이고, 서쪽에 위치한 사자석은 지면 높이가 1.24m, 흉관 0.56m, 길이 0.96m이다. 두 사자석은 웅크리고 앉아 있는 형상인데 안면이 거의 마모되었다.

이길보李吉甫의 『원화군현도지元和郡縣圖誌』에 의하면, "혜장태자릉은 교릉의 동남쪽 3리 지점에 있다"고 되어 있다. 혜장태자묘는 당대에 '능陵'이라고 한 것 같다. 지표 조사 결과 이곳에 성벽과 각루, 문궐과 남문 밖 석의石儀가 있었고 남쪽에만 문 하나를 개방하여 문과 궐이 합해져 있는 것이 밝혀졌다. 그 구조와 규모는 건릉에 배장한 의덕태자懿德太子 이중윤李重潤묘의 지표조사 상황과 매우 비슷하다. 이는 혜장태자묘 역시 당황실의 '호묘위릉號墓爲陵' 장례제도를 따랐음을 설명해 주는 것이다. 발굴에 근거하면, 경사진 묘도, 과동, 천정, 벽감(便房이라고도 함), 전후용도와 벽돌로 만들어진 아치형 천장의 묘실 등 6개 부분으로 이루어져 있다. 전체 길이는 53.60m이며 남향이다. 묘도는 18도 경사진 형태이고 너비 2.20m, 수평 길이가 17.50m이다. 과동 3개는 천정과 떨어져 있다. 3개의 천정 좌우 양쪽 벽 기초 부분에 6개의 벽감이 위치하며 이곳에 각종 부장품이 놓여 있는데 그 형태와 크기가 대부분 같다. 벽감 내부 바닥은 방형에 가까우며 네 벽은 활 모양이고, 윗부분은 아치형이며, 네 귀퉁이에 기둥이 각각 1개씩 있다. 기둥 위에는 선반이 놓여 있고, 선반에는 기마용騎馬俑이 많이 비치되어 있다. 용도는 석문石門을 경계로 하여 전후로 구분했다. 전용도 길이는 2.70m, 너비 1.40m, 높이 2.70m이며, 양쪽 벽과 윗부분은 모두 벽돌로 쌓았고, 천장은 아치형이고, 바닥은 기울어진 형태이다. 후용도는 석문에서부터 시작하여 묘실 남쪽 벽까지 이른다. 길이는 14m, 너비 1.45m, 높이 2.25m이고, 지면이 수평형태와 유사한 것을 제외하고 나머지 구조는 앞쪽

용도와 같다. 전후용도의 지면은 모두 이층의 벽돌을 깔았는데 아래층은 장방형 벽돌을 사용했고, 윗층은 방형 벽돌을 깔았다. 묘실은 단실單室 아치형 천장이고, 평면은 호방형弧方形이며, 너비는 4.40~4.80m, 깊이는 4.40~4.76m이고, 벽 높이는 3m 지점에서 시작되어 아치형으로 전체 높이가 6m이고, 바닥에 깐 방법은 용도와 같다. 관상棺床이 묘실 서쪽에 놓인 것은 도굴을 당하여 이미 원래 상태가 아니기 때문이다. 현재 고고학자들이 정리·복원한 것을 보면, 관상 길이는 약 3.56m, 너비 1.82m, 높이 0.55m이고, 18개의 모양이 서로 다른 응회암을 맞붙여 만들었다. 관상 주변의 호변석護邊石 상부와 바깥쪽의 입면立面에는 모두 꽃무늬가 선각되어 있으며, 그 사이에 천마天馬, 천사天獅, 기타 상서로운 동물의 형상이 조각되어 있다. 장례형식은 분명하지 않고 관상 서쪽과 묘실 서벽의 틈에서 지골肢骨 한토막이 발견되었을 뿐이다.

혜장태자의 묘는 여러 차례 도굴당했으나 여전히 이곳에서 도기, 동, 자기, 옥 및 석재 유물이 1,300여 점 출토되었다. 특히 도기마용陶騎馬俑, 풍모입용風帽立俑, 왜타계형여용倭墮髻形女俑, 한백옥애책漢白玉哀冊, 도축금陶畜禽 등이 유명하다. 그 밖에 묘도, 과동, 천정, 용도, 묘실에서 대형 벽화가 발견되었다. 벽화는 인물, 무기, 건축, 거마(병거와 기마), 산수, 수목 및 성상도星象圖 등을 포함하고 있으나 아쉽게도 지금은 대부분 칠이 벗겨져 보존 상태가 좋지 않다. 그 중 첫 번째 과동 동서 양쪽 벽 문리지홀진알도文吏持笏進謁圖는 보존 상태가 양호하여 인물 형상이 마치 살아있는 듯하며 자연스럽다. 벽화에 그려진 관冠, 두건, 비녀, 갓끈에 매미와 담비로 장식한 그림은 보기 드문 것으로 당대 복식예술을 연구하는데 소중한 이미지 자료를 제공한다.

| 혜문태자 이범(惠文太子 李範) |　이범은 예종 이단의 4남이며 본명은 이융범李隆範이고, 어머니는 최유인崔孺人이다. 그의 형 이융기가 황제가 된

뒤 명휘를 피해 범範이라고 불렀다. 처음에 정왕鄭王에 봉해졌고 뒤이어 위왕衛王이 되었다. 무측천 장수長壽 2년(693), 파릉군왕巴陵郡王에 봉해졌으며 이어 상식봉어尙食奉御에 임명되었다. 신룡 원년(705)에 태복원외소경太仆員外少卿으로 바뀌고, 경룡연간 농주별가隴州別駕를 겸했다. 경운 원년(710) 기왕岐王이 되었으며 태상경太常卿, 좌우림대장군左羽林大將軍, 병주대도독幷州大都督을 겸임했다. 선천先天 2년(713), 현종을 따라 태평공주太平公主, 두회정竇懷貞, 소지충蕭至忠 등을 제거한 공로로 식읍 5,000호를 받았다.

이범은 평생 학문을 좋아하여 문인학사들을 아끼고 귀천을 구분하지 않았으며 모두 예를 갖추어 대했다. 시인 두보杜甫와 악사樂師 이귀년李龜年 등은 기왕부의 단골손님이었다. 두보는 「강남봉이귀년江南逢李龜年(강남에서 이귀년을 만나다)」의 시에서 "기왕부岐王府에서 자주 만났고, 최구의 사랑채에서 몇 번이나 들었는데, 마침 강남의 좋은 경치 속에서, 꽃이 지는 때에 그대를 다시 만나는 구려(『전당시』권232)"라고 읊었다. 이범은 개원 14년 4월 정묘(726년 5월 25일)에 병으로 죽었다(『資治通鑑』권213). 현종은 그의 죽음을 슬퍼하며 3일간 조회를 멈추고 공부상서工部尙書 섭태위攝太尉, 노종원盧從願 등에게 명하여 '혜문태자'로 추증하고 교릉에 배장했다(『구당서』예종제자전).

이범의 묘는 교릉 남쪽 2km 지점(혜장태자묘 서쪽)에 위치하는데 아직 발굴하지 않았다. 현재 봉토 높이는 8m이며 거의 완전한 상태이다. 묘 앞 100여 m 지점에 석호石虎 1쌍이 있다.

| 혜선태자 이업(惠宣太子 李業) |

이업은 본명이 이융업李隆業이고 예종의 5남이다. 현종의 이름을 피하여 업業으로 고쳤다. 수공 3년(687), 조왕趙王에 봉해져 부府를 열고 관속官屬을 두었다. 장수 2년(693), 팽성군왕彭城郡王으로 봉해졌으며, 예종이 즉위하여 설왕薛王이 되었다. 이후 비서감秘書監 겸우우림대장군이 되었고, 다시 종정경宗正卿에 제수되었다. 현종 이융기를 따라 소지충, 잠희岑羲 등을 제거할 때 공적을 세워 식읍 5,000호를 받았다.

이업은 생모가 일찍 세상을 떠나 예종의 현비 왕방미가 친히 그를 양육했다. 그런 까닭에 이업이 현비를 맞이할 때는 집 바깥까지 나가 극진히 모셨다. 이업의 동복 여동생 회양공주淮陽公主와 양국공주涼國公主는 일찍 죽었다. 이업은 두 공주의 아들을 자기 자식 보다 아끼고 사랑했다. 이업은 너그럽고 어질며 효심과 우애가 있었고 또 총명하여 현종의 총애를 받았다. 이업이 자주 병에 걸리자 현종은 친히 그를 위해 기도하고, 이업의 병이 나았을 때는 몸소 행차하여 주연을 베풀어 주고 밤을 새워 잔치하며 축복의 시를 지어 주었다.

옛날 장빈와(潯濱臥)에서 만났을 때는 인사말에서 벗어나지 않았네.
이제 탄경일(誕慶日)에 만나니 마치 학선이 돌아온 것 같네.
산앵도나무 꽃 만발하고 영원새(鴒原鳥)는 다시 날고 있네.

개원 22년 7월 기사(734년 8월 13일)에 사도司徒 설왕薛王 이업이 세상을 떠나자 현종은 그를 '혜선태자(『구당서』 현종본기)'에 추증하고 교릉에 배장했다. 이업의 묘는 교릉 동남쪽 약 3km 지점(지금 섬서성 포성현 三合鄉 義龍村 남쪽)에 위치한다. 봉토 높이는 6m이며 아직 발굴하지 않았다.

| 대국공주 이화(代國公主 李華) |

대국공주의 이름은 이화(686~734)이고 자는 화완華婉이다. 예종의 4녀이고 숙명 유황후肅明 劉皇后 소생이다. 이헌李憲과는 동복同腹 오누이 사이이며, 당현종 이융기의 둘째 여동생으로 정만균鄭萬均에게 시집갔다. 개원 22년 6월 29일(734년 8월 2일) 낙양 수업리修業里에서 48세에 세상을 떠났다. 같은 해 12월 3일(735년 정월 1일) 교릉에 배장했다.

대국공주의 묘는 포성현성 서북쪽 5km 지점 삼합향三合鄕 쌍묘촌雙廟村 서남쪽에 위치하는데 교릉 배장묘 가운데 가장 동쪽에 위치하며 교릉 능원으로 부터 7km 떨어져 있다. 묘비 보존상태가 완전하다. 높이는 약 4m이고, 이무기 머리가 조각되어 있으며, 비석의 제목은 '대당대국장공주비大唐代國長公主碑(錢泳이 편찬한 『覆園叢話』와 『詞源』에 근거하면, 공주 칭호는 전국시대 부터 시작되었다. 한나라 때 황제의 딸은 公主라 칭했고, 황제의 고모, 누이와 여동생은 長公主라고 했다. 당나라 때 황제의 누이와 여동생은 長公主라 칭했고, 황제의 고모들은 大長公主라 칭했다. 대국공주와 교릉에 배장된 몇 명의 공주묘비의 '長' 자는 즉 현종 이융기의 누이와 여동생들의 혈육관계를 나타낸 것이다)' 8자이며, 현종 이융기가 예서체로 쓴 것이다. 비문은 그녀의 남편 부마도위駙馬都尉 정만균이 지었고, 부마도위이자 좌찬선대부左贊善大夫인 그의 아들 정총鄭聰이 비석의 글씨를 썼다. 비문의 글자는 31행으로 되어 있으며 매 행은 약 60자로 모두 1,800자가 새겨져 있으며 대부분 뚜렷하게 남아 있다. 정만균은 당대 문호이자 서예가이다. 『금석췌편金石萃編』 발문에 "장설張說 정만균은 예술이 심오한 선비이다. 배움에 전념하여 서체에서 초서草書의 명인이 되었고, 글과 문장이 매우 뛰어났다"고 한다. 정총은 원래 서예를 그의 아버지에게서 배웠다. 이 묘비에는 행서와 해서체 두 가지가 씌어 있는데, "필법이 아름다워 하남[褚遂良]과 매우 닮았다(王昶의 『金石萃編』)." 다만 힘이 조금 못 미친다. 행간 글자 간격이 비교적 크고, 글자가 또렷하며 변화무쌍하여 청신한 느낌을 준다. 그런 까닭에 섬서성이 지정한 첫 번째 명비名碑가 되었다.

특히 흥미로운 것은 이 비석은 선인들의 가공송덕歌功頌德 하는 관료적 문풍을 없애고, 무측천이 황제가 되었을 때 거행한 궁정극 연출을 기술했다는 점이다. 비문 기록에 의하면, 천수 원년(690) 9월에 무측천이 당을 주로 바꾸고 스스로 대주성신황제大周聖神皇帝가 되었다. 황제 즉위 의례가 끝난 후 낙양 명당明堂에서 크게 주연을 베풀었는데 무측천의 손자·손녀들이 가무와 희곡을 상연하여 흥을 돋우었다. 이때 겨우 5살이었던 위왕 이범(후에 기왕에 봉해졌고, 교릉에 배장됨. '혜문태자'에 추증됨)은 상연의 흥을 돋우는 책임자였다. 그는 모자를 쓰고 여장을 하고 손에는 무기를 잡고 등 장하여 당시 연출 의례에 따라 개막사 한 구절을 읊었다. "위왕이 입장하여 신황神皇의 만수무강과 자손의 번영을 축원하나이다"라고 말을 끝낸 후 『난릉왕蘭陵王』을 공연했다. 그의 공연은 군신들을 한바탕 웃고 떠들썩하게 했으며 갈채소리가 끊이지 않았다. 연이어 등장한 사람은 초왕楚王 이융기였는데 당시 겨우 6살이었다. 그는 여장을 하고 『장명녀長命女』 곡조에 맞춰 춤을 추었다. 훗날 희곡계에서 이원梨園(당대 현종이 악공과 궁녀에게 음악과 무용을 연습시키던 곳)의 창시자로 추대하는 당명황(현종)이 바로 이융기이다. 가장 나이가 많았던 송왕宋王 이성기李成器는 당시 12살이었으며 가무희 『안공자安公子』를 공연했다. 당시 대국공주가 가장 어렸으며 겨우 4살이었다. 그녀는 수창공주壽昌公主(예종의 장녀)와 춤을 추었다. 공연이 끝난 후 "참석한 군신들은 큰 소리로 만세萬世를 외쳤다"고 한다. 여황제 무측천은 눈썹을 더욱 치켜 올리며 얼굴엔 웃음꽃이 활짝 피었다. 이 문장은 무측천이 제위에 오를 때 궁정가무연회의 성대한 분위기를 사실적으로 묘사하고 있는데 청신하고 섬세하며 보면 볼수록 의미심장하다. 동시에 당대 서예예술과 중국 연극사를 연구하는데 사료 가치가 매우 높다.

| 금선공주(金仙公主) | 금선공주는 예종의 8녀이고 현종 이융기의 친여동생이며 두황후 소생이다. 처음에 서성현주西城縣主에 봉해졌으며 예종이 왕위에 오른 후 금선공주金仙公主로 책봉되었다. 태극太極 원년(712), 옥진공주玉眞公主와 함께 화산華山의 가장 높은 곳에 올라 불법을 배우고 후에 관경사觀京寺를 지어 방사方士 사숭현史崇玄을 스승으로 삼고 삼경법사三景法師라고 칭했다. 현종 즉위 후 장공주長公主로 봉해졌고 식읍 1,400호를 받았다. 개원 20년 5월 신해(734년 6월 6일), 낙양의 개원관開元觀에서 죽었는데

(『구당서』 현종본기) 그녀의 나이 44세였다. 처음에 낙양에 매장되었다가 개원 24년 7월(736년 8월 12일)에 다시 분묘를 열고 낙양에서 교릉으로 옮겨 배장했다.

금선공주의 묘는 포성현 삼합향 무가촌武家村 북쪽(교릉 동남쪽 1.50km 지점)에 위치한다. 고분봉토는 이미 평지가 되었고 1974년 발굴할 당시 교릉 배장묘 가운데 윗자리에 있었다. 묘비가 아직 남아 있는데 서교徐嶠가 칙령을 받들어 글을 짓고, 당 현종이 행서로 비석 머리에 썼다. 현종은 예서에 능했는데 후에 행서를 배워 그 서법이 상당한 경지에 이르렀다고 한다.

묘 내부에서 출토된 『대당고금선장공주지석지명大唐故金仙長公主誌石之銘』(현재 포성현박물관 석각실에 있음)은 길이와 너비가 각각 1.20m이다. 개국공開國公 서교가 칙령을 받들어 글을 지었고 그 여동생 옥진공주가 해서체로 글씨를 썼다. 글자는 모두 33행으로 한 행마다 33자, 총 1,100자로 되어 있다. 자체가 단정하고 장중하며 또 수려하고 부드러우면서 시원스럽다. 『신당서』 제제공주전에 의하면, 옥진공주는 자가 지영持盈이며 처음에 숭창현주崇昌縣主에 봉해졌고, 금선공주와 같이 화산에 올라 불법을 배워 '상청현도대동삼경사上淸玄都大洞三景師'라고 칭했다. 천보 3년(744), 상서하여 말하길 "선제睿宗께서 신첩이 집을 버리고 떠나는 것을 허락하시었으나 지금도 여전히 주인으로서 큰 집에 머물면서 백성들이 내는 세금으로 생활합니다. 청컨대 공주의 칭호를 버리고 읍사邑司를 그만둘까 합니다"라고 했다. 그러나 현종이 불허하자 다시 청하기를, "신첩은 고종의 손녀이고 예종의 딸이며 폐하의 여동생입니다"라고 했다. 이에 황제(현종)는 그 뜻을 허락하고 그녀가 죽을 때 재물로 답했다.

당대는 중국 서예예술이 크게 발전한 시기였다. 구歐, 류柳, 안顔, 저褚 모두 후세에 이름을 길이 남겼지만, 여자가 쓴 비문은 흔하게 찾아 볼 수 없고 전해지는 것 또한 매우 적다. 특히 금지옥엽으로 키운 황가의 공주로서 이러한 뛰어난 서법을 보인다는 것은 더욱 보기 드물다. 그래서 옥진공주가 쓴 이 묘지는 당대 묘지 중에서 그 가치를 인정받고 있다.

| 양국공주 이원(涼國公主 李苑) | 양국공주 이원은 자가 화장華莊이고, 예종의 6녀이며 생모는 분명치 않다. 처음 선원공주仙源公主에 봉해졌고, 보국공普國公 설직薛稷의 아들 설백양薛伯陽(『舊唐書』薛收傳附薛稷傳)에게 시집가서 후에 양국공주로 봉해졌다. 개원 12년(724)에 죽었다. 묘는 교릉 동남쪽 약 4.50km 지점(지금 포성현 삼합향 井家村 북쪽)에 위치한다. 봉토가 아직 남아 있으며 그 높이는 약 7m이다. 현존하는 묘비는 개원 12년에 새긴 것으로, 소정蘇頲이 글을 짓고 당 현종이 예서로 썼다. 비문의 필법이 돈후하고 한자의 점획 사이가 자유롭고 색다르다. 안타깝게도 비석 상반부는 이미 소실되었고, 하반부 잔존 높이가 약 2.40m이다.

| 식국공주(郞國公主) | 식국공주는 예종의 7녀이고, 최귀비崔貴妃 소생으로 처음 형산공주荊山公主에 봉해졌다. 3살 때 어머니가 죽자 공주는 사흘간 먹지 않고 흐느꼈다고 한다. 처음에 설경薛儆에게 시집갔다가 다시 정효의鄭孝義에게 시집갔다. 개원 초기 봉읍이 1,400호에 달했다. 후에 식국공주로 봉해졌고, 개원 13년(725)에 죽었다. 묘는 교릉 동남쪽 약 5km 지점(지금의 포성현 삼합향 동가촌 東賈村)에 위치한다. 고분봉토는 대체로 온전하며 높이가 7m이다. 현존하는 묘비 높이는 약 4m이다. 개원 13년에 새겼으며 연국공燕國公 장설張說이 글을 짓고 현종이 예서로 썼다. 비문은 23행이고 매 행은 52자이다. 상부의 필적은 비교적 뚜렷하나 하부는 어슴푸레하다.

| 운휘장군 이사훈(雲麾將軍 李思訓) | 이사훈은 자가 건建이고, 당고조 이연의 아버지 형제 장평왕長平王 이숙량李叔良의 손자이다. 그의 아버지 이효빈李孝斌은 관직이 원주도독부장사原州都督府長史에 이르렀다. 고종 때 사훈은 강도령江都令에 임명되었다. 무측천 때 종실이 여러 차례 모함을 당해

사훈은 관직을 버리고 은신했다. 중종 이현이 복위한 후 종실의 종정경宗正卿으로 발탁되고 농서군공隴西郡公에 봉해졌으며 익주도독부장사益州都督府長史를 역임했다. 개원 초에 좌우림대장군에 올랐고 팽국공彭國公이 되어 400호를 받았으며 이어 우무위대장군右武衛大將軍으로 바뀌었다. 개원 6년(718), 세상을 떠나자 운휘장군 진주도독秦州都督에 추증되었다. 부인 두씨와 함께 교릉에 배장되었다. 이사훈은 문무에 뛰어났으며 특히 산수화에 뛰어나 당대 유명한 화가로 꼽힌다. 그의 작품은 수려하고 소탈하여 당시 사람들에게 추앙받아 '이장군산수李將軍山水'라고 칭해졌다.

이사훈의 묘는 지금 섬서성 포성현 삼합향 북류촌北劉村 동북쪽 약 200m 지점에 있다. 고분봉토는 이미 존재하지 않고 비석만 우뚝 솟아 있다. 이 비석은 당 현종 개원 8년(720)에 만들어졌으며 당대 대서예가 이옹李邕이 글을 짓고 행서로 썼다. 비액碑額 높이는 1.30m이고 꼭대기에는 이무기 6마리가 새겨져 있다. 제목은 '당고우부위대장군이부군비唐故右府衛大將軍李府君碑'라고 전서로 씌어 있다. 비석 몸체는 높이 2.80m, 너비 1.30m, 두께 0.50m이다. 비문의 상반부는 뚜렷하고 하반부는 희미하다. 송나라 조명성趙明誠의 『금석록金石錄』에 의하면, 송나라 때 비석의 하부가 이미 손상되었고, 상부에 1,000자 정도 남아 있었다고 한다(지금 포성현박물관에서 소장하고 있는 탁본의 글자 수는 비교적 많다). 글자를 쓴 이옹(657~747)은 자가 태화泰和이고, 당나라 광릉 강도廣陵 江都(지금 江蘇省 揚州) 사람이다. 어렸을 때부터 문장력이 뛰어나고 품행이 강직한 것으로 유명했다. 무측천 장안 초년, 내사內史 이교李嶠와 감찰어사 장정규張廷珪가 추천하여 좌습유左拾遺에 임명되었다. 어사중승御史中丞 송경宋璟이 무후가 총애하는 신하 장역지張易之와 장창종張昌宗 형제를 탄핵했을 때, 무측천이 조정에서 송경의 죄를 묻고자 했다. 이때 문무대신들이 아무도 감히 입을 여는 자가 없었다. 오직 이옹만이 나서서 '장씨 형제'의 죄상을 낱낱이 열거하고 "송경의 말은 사직과 관계된 일이옵니다"라고 했다. 무측천은 처음으로 송경의 청을 윤허했다. 이 때문에 이옹은 사람들에게 칭송을 받게 되었다. 중종이 복위하여 간신 정보사鄭普思를 비서감으로 삼자 이옹은 상서하여 간언하기를 "옛날부터 성인으로 칭하는 군주는 … 인사에 있어서 9족을 화목하게 하고, 백성과 상의하여 처리하고, 망령된 도리를 듣지 않는다고 했습니다" 라고 했다. 중종은 받아들이지 않고 그를 남화령南和令으로 좌천시켜 부주사호참군富州司戶參軍으로 강등시켰다. 개원 3년, 호부랑중戶部郎中으로 발탁되어 후에 진주자사陳州刺史를 역임할 때, 모함을 당해 죽음에 이르자 허주許州(지금 河南省 許昌) 사람 공장孔璋이 이옹과는 평소 친분이 없었는데 조정에 상서하여 "원컨대 육척의 몸이 기꺼이 기름 바른 도끼를 받아들일 수 있으니 이옹을 대신해 죽겠습니다" 라고 하며 "신과 이옹은 평소 만난 적이 없으므로, 신은 옹이 있음을 알지만 옹은 신이 있음을 알지 못합니다" 라고 했다. 이것은 당시 이옹이 사람들에게 존경을 받고 있었음을 알 수 있는 대목이다. 천보 초년, 이옹이 급군汲郡, 북해군北海郡 두 곳의 태수를 역임했기 때문에 사람들은 그를 이북해李北海라고 칭했다. 천보 5년(746), 재능이 출중하고 성격이 강직했던 이옹은 결국 간상奸相 이임보李林甫(이사훈의 동생 李思誨의 아들)와 혹리酷吏 길온吉溫 등이 꾸며낸 죄명으로 인해 북해군에서 죽임을 당했는데 당시 그의 나이 73세였다.

이옹은 어릴 때부터 재주가 있어 유명했고 특히 비송碑頌에 뛰어나서 평생 동안 쓴 비문이 많다. 비록 지나치게 미화시킨 글도 많지만 서법 예술의 경지는 결코 뒤떨어지지 않는다. 그가 쓴 2통의 운휘장군비 중에 이수李秀의 비는 하북성에 있다. 그러나 세인들의 입에 오르내려 널리 국내외에까지 알려진 것은 운휘장군 이사훈 비碑이며 이옹의 우수한 작품으로 평가받고 있다. 필법이 가늘면서도 힘차고 강함과 부드러움이 조화를 이루고 소박하고 무게 있으며 단정하고 거침이 없다. 당나라 사람 여총呂總은 "마치 화악華嶽 삼봉三峰과 같고, 황하와 같다" 라고 극찬했고, "이무기가 바다 위로 나온 듯, 맹호가 산 아래로 내려온 듯, 측면에 기대어 안정적인 자세를 하고 있고, 아름다움 속에 힘찬 기운을 담고 있다"고 했다. 이옹의 글씨는 당대 서예예술의 정수로 평가받는다.

현재 운휘장군 이사훈비는 중국정부와 섬서성의 보호를 받고 있다. 포성현 인민정부는 1953년 비루碑樓를 세워 보호하고, 1956년에 중점문물보호단위에 포함시켰다.

현종의 태릉

1. 현종 이융기 李隆基

현종 이융기(685~762)는 예종의 셋째 아들(장자 李成器는 후에 李憲으로 개명했음. 둘째는 李成義임)이며, 덕비 두씨竇氏(윤주자사 竇孝諶의 딸이며 사후에 소명순성황후의 시호를 받음) 소생으로 예종 이단을 이어 당왕조 제7대 황제(712~756)가 되었다. 무측천 수공 원년(685) 8월 동도 낙양에서 태어났다. 3살 때 초왕에 봉해졌고 7세가 되어 관속官屬을 두게 되었다. 20세가

105 현종(玄宗) 이융기(李隆基)

되었을 때는 임치왕에 봉해졌으며 이후 위위소경韋尉少卿, 노주별가潞州別駕, 은청광록대부銀靑光祿大夫 등을 지냈다. 경룡연간에 중종의 위황후가 조정 권력을 장악하고 위씨 및 추종자들의 세력이 강성해지자 당시 노주별가의 직책에 있었던 이융기는 중종의 제사를 올리는 의식에 참여한다는 명분으로 장안에 들어왔다. 그는 왕모중王毛仲, 우림군 호걸豪傑과 계책을 세워 위황후 세력을 제거하기로 결심했다. 경룡 4년(710년 6월), 위황후가 안락공주와 음모하여 중종을 독살시키고 온왕溫王 이중무李重茂를 내세워 권력을 장악했다. 이때 26세의 이융기는 고모 태평공주와 연합하여 정변을 일으켜 위황후 및 그 세력을 모두 제거하고 예종을 황제에 즉위시켰다. 이융기는 그 공로를 인정받아 평왕에 봉해지고 황태자가 되었다.

예종 즉위 초, 당왕조의 어지러운 정치국면은 다소 호전되었다. 예종은 위씨세력을 제거한 후 황제 즉위에 도움을 준 공신들을 매우 존중했다. 특히 그 중에서도 태평공주를 신임하고 조정대사를 항상 그녀와 의논했다. 이러한 상황은 또 다시 정치국면을 혼란에 빠뜨리는 상황을 초래했다. 태평공주는 예종의 비호를 받으며 7명의 재상을 그녀가 직접 추천하는 등 조정대권을 장악해 나갔다. 당시 조정의 문무대신들 대부분이 태평공주의 추천 또는 은혜를 입고 권력에 등장한 사람들이었다. 『자치통감』 권210 기록에 의하면, "조정 문무대신 대부분이 그녀를 따랐다"고 한다. 이런 상황에서 차츰 태평공주는 이융기를 견제하며 황태자의 자리에서 그를 끌어내릴 기회를 엿보고 있었다. 당왕조의 조정은 다시 한 번 권력쟁탈의 어두운 그림자가 드리워지고 있었다. 이러한 분위기를 파악한 예종은 경운 3년 8월(712년 9월), 태자 이융기에게 양위할 뜻을 내비쳤다. 그 다음해 7월, 이융기는 재상 곽원진郭元振, 내급사 고력사 등과 함께 모의하여 태평공주 및 그 세력을 체포하고 권력을 장악했다. 이후 황제에 즉위한 이융기는 당왕조의 정치적 문제점, 특히 조정권력투쟁을 종식시키고 황권을 강화하여 왕조의 통치기강을 확립했다.

현종 이융기는 즉위 초, 무측천 시기부터 이어진 중앙정치의 불안정한 상황을 수습하고 사회경제발전을 이끌었다. 그는 인재를 중용하여 개원의 치세를 이루었는데 요숭姚崇, 송경宋璟, 장설張說, 한휴韓休, 장구령張九齡 등이 대표적인 인물들이다. 이들은 모두 학식 있고 경험이 풍부하여 성당시대의 정치를 이끌어낸 명재상들이다.

현종은 관중의 식량문제를 해결하기 위해 개원 22년(734), 시중 배요경 裴耀卿을 강회江淮, 하남河南의 전운사轉運使로 임명하여 강남에서 장안으로 곡물을 운송하도록 했다. 배요경의 책임 하에 3년간 공사를 벌인 결과, 개원 24년 10월(736년 11월)부터 매년 강남에서 장안으로 240만석에 달하는 곡물을 조운할 수 있게 되었다. 이때부터 강남은 북방 중심의 정치ㆍ사회 구조와 맞물리면서 발전하게 되었다. 현종의 치세 동안 당왕조는 지속적으로 성장 발전하여 개원 25년을 전후하여 절정기에 이르렀다. 이 시기 왕조의 정치제도와 사회질서는 가장 완비되었고, 경제안정과 문화발전의 전성기를 맞이했다.

그러나 당나라의 전성기는 현종의 젊은 시절 포부와 정치적 청명함이 사라지면서 내리막길로 향하고 있었다. 개원 말부터 현종은 유능하고 충직한 신하를 멀리했다. 개원 24년, 현종은 재상 장구령을 파면시키고 '입은 꿀과 같지만 배속에는 칼을 품고 있는' 이임보를 재상으로 임명했다. 이임보는 무려 14년간 재상직에 있으면서 조정 대권을 좌우했다.

현종이 즉위하여 둘째 아들 이영李瑛(趙麗妃 소생)이 황태자에 책봉되었다. 개원 24년 11월, 현종이 총애하는 무혜비武惠妃가 사람을 시켜 이영이 "몰래 결당結黨하여 장차 그녀의 모자를 해치고자 한다(『자치통감』 권24)"고 현종에게 알리자 현종은 대노하여 태자를 폐위하려고 했다. 이때 재상 장구령이 반대하자 그만두었다. 장구령이 재상직에서 물러난 후 양회楊洄가 다시 태자 이영이 악왕鄂王 이요李瑤, 광왕光王 이기李琦 등과 모반을 꾀하려고 한다며 현종에게 알렸다. 현종은 재상 이임보와 이 일을 상의했다. 이

임보가 말하기를 "이 일은 폐하의 집안일입니다. 신이 간여할 바가 아닙니다"라고 했다. 현종은 태자 이영 및 이영의 아들 이요와 이거 등을 제거한 후 충왕忠王 이여李璵(후에 이형으로 개명, 즉 숙종)를 황태자로 책봉했다.

천보 4년(754) 8월, 이미 60세가 된 현종은 그의 아들인 수왕壽王 이모李瑁(본래 이름은 淸이었음. 현종의 18번째 아들이며 무혜비 소생임)의 비였던 양옥환楊玉環을 귀비로 맞아들였다. 양옥환은 빼어난 미모 뿐만 아니라 총명했으며 가무에도 뛰어났고 시와 악기에도 재주가 있었다. 양옥환의 등장은 당시 만년에 이른 현종에게 청춘의 열정을 새롭게 불러 일으켰다. 현종은 밤낮으로 양귀비가 거하는 화청궁에서 연회를 베풀고 가무를 즐기며 향락에 빠져들었다. 동시에 현종은 양귀비의 숙부 양현규를 광록경光祿卿으로 삼고, 양섬楊銛을 전중소감으로 임명했다. 그리고 사천에서 장안으로 온지 얼마 되지 않은 양쇠楊釗를 금오병조참군金吾兵曹參軍으로 임명했는데 그가 바로 양국충楊國忠이다. 이때 양귀비의 언니 세 명도 각각 한국부인, 괵국부인, 진국부인으로 봉해진 후 현종의 총애를 받았다. 또 현종은 환관을 신임하여 천보 연간 궁중의 환관 수가 무려 3천 명에 이르렀는데 자색(정3품 이상)과 붉은색(4품, 5품) 옷을 입은 자가 천여 명에 달했다. 그 가운데 급사중 고력사는 현종의 총애를 받는 가장 대표적인 환관이었다.

천보 11년, 이임보가 병으로 세상을 떠나자 양국충이 재상이 되었다. 양국충은 양귀비의 외척이기도 했지만 이재利財에 밝은 인물이었으며 특히 현종과 양귀비의 총애를 얻어 단기간에 재상직에 올랐다. 천보 6년(747), 양국충은 탁지사度支事가 되어 재정을 총괄했다. 당시 양국충은 전국 창고의 곡물, 정조丁租, 지세地稅를 모두 비단으로 바꾼 다음 수도로 옮겨와 중앙의 창고를 가득 채웠다. 천보 8년, "현종이 백관들을 불러 창고를 보며 재물이 가득 차 있는 것을 기뻐하고 그 자리에서 양국충에게 상을 내리고 겸권태부경사兼權太府卿事에 임명했다. 양국충은 전곡의 임무를 맡아 자유롭게 궁중을 출입하였으며 황제의 총애가 갈수록 더해졌다". 천보 10년

(751), 당왕조는 두 차례 병사를 파견하여 남만南蠻 토벌에 나섰다. 그러나 이 전쟁은 모두 실패하여 수많은 병사들이 전쟁터에서 죽어갔다.

현종은 충신들의 간언을 귀담아 듣지 않았고 정사에 태만했다. 천보 14년 11월(755년 12월), 오랫동안 현종의 총애를 받으며 평로平盧(지금 요녕성 조양시), 범양範陽(지금 북경 서남쪽), 하동河東(지금 산서성 태원시 서남쪽)의 3진 절도사 안록산이 간신 양국충을 제거한다는 명분을 내걸고 범양에서 15만의 군대를 이끌고 반란을 일으켰다. 천보 15년 6월, 반란군이 동관을 함락시키고 장안을 향해 공격해 오자 이른 새벽 현종은 황급히 양귀비, 양국충, 용무장군 진현례陳玄禮, 좌상 위견소韋見素, 경조윤 위방진魏方進 및 친인척 등과 함께 피난길에 올랐다. 다음날 정오 황제의 피난행렬이 금성 마외역(지금 섬서성 흥안시 마외파)에 이르렀을 때 황제의 호위군대 안에서 소요가 일어났다. 금군의 대장들은 현종을 압박하여 양국충 및 그 아들 양훤楊暄을 제거하고 양귀비를 목매달아 죽게 했다.

마외사건이 발생한 후, 태자 이형은 백성들의 요구를 거부할 수 없다는 명분을 내세워 현종의 피난행렬에서 벗어나 독자적으로 북상하여 영무靈武(지금 영하 회족자치구 영무현)에 도착한 후 황제에 즉위했다. 이후 곽자의郭子儀, 이광필李光弼 군대가 분전하고, 또 이형이 통솔하는 군대가 힘을 합하여 지덕至德 2년 10월에 장안을 수복했다. 이형은 태자태사太子太師 위견소를 성도에 파견하여 현종을 모셔오도록 했다. 12월 현종은 장안에 도착했고, 이형은 양현궁에서 현종을 맞이했다. 758년 2월 4일, 현종은 장안 대명궁 선정전에서 국새를 이형에게 건네주고 태상황이 되었다.

장안으로 돌아온 후 현종은 홍경궁에 거주했다. 숙종의 황후 측근 및 환관 이보국李輔國의 감시를 받으며 날마다 근심과 비분의 세월을 보내야만 했으나 현종은 힘이 없었다. 760년 현종은 다시 태극궁의 감로전으로 옮겨졌다. 현종의 측근이었던 고력사와 진현례 등은 조정에서 쫓겨났다. 현종은 명목상 태상황이었고 완전히 자유를 잃고 감금되다시피 하여 처량하고 고독한 나날을 보내야만 했다. 보응 원년(762) 5월 3일, 현종은 장안 신룡전에서 78세에 세상을 떠났다. 군신들이 상표하여 시호를 '지도대성 대명효황제至道大聖大明孝皇帝'라 하고, 묘호는 현종이라고 했다. 대종 광덕 원년(763년 5월 5일), 동주同州 봉선현奉先縣 북쪽 20리 지점 금속간金粟山(지금 섬서성 포성현)에 묻혔는데 이곳을 '태릉'이라고 한다.

2. 능묘와 능원

1) 능묘의 위치와 능원 규모

태릉은 섬서성 포성현 동북쪽 약 15km 지점의 금속산金粟山에 속해 있는 첨산尖山 남쪽(지금 保南鄕 石道村 서북쪽)에 위치한다. 관중關中의 당18릉 중에 가장 동쪽에 위치하며 서안으로부터 125km 떨어져 있다. 1956년 8월 6일 섬서성에서 제1차 중점문물보호단위로 지정했고, 1992년 4월 20일 재차 중점문물보호단위로 지정했으며, 2001년 6월 25일 국무원은 전국 제5차 중점문물보호단위로 지정했다.

금속산은 "잘게 부순 돌들이 마치 금으로 된 조[金粟]와 같다("옹승략(雍勝略)』)"고 하여 얻어진 이름이다. 금속산은 3개의 산봉우리로 이루어져 있고, 주봉主峰은 첨산尖山으로 부르기도 하며 해발 852m이다. 첨산 서남쪽에 산봉우리가 하나 있는데 해발 729m이고, 동남쪽의 봉우리는 그 형상이 누운 호랑이가 길을 차지하고 있는 것 같아 와호산臥虎山이라고 부르며 해발 626m이다. 뒤쪽으로는 첨산이 높이 솟아올라 둥글게 에워싸고 있다. 멀리 바라보면 연산連山이 기복起伏하여 구불구불 이어지고 험준하게 우뚝 솟은 서악화산西岳華山과 멀리 떨어져 마주하고 있다. 태릉 현궁은 바로 첨

106 현종의 태릉(泰陵)

산 정상에 있다.

　태릉의 위치는 현종 이융기가 생전에 직접 선택했다. 『구당서』현종본기에 의하면 개원 17년 11월 병인(729년 12월 4일)에 현종이 몸소 교릉에 행차했다. 이때 "금속산 산등성이를 보니 용이 또아리를 틀고 봉황이 날아오르는 형세이며, 선영先塋도 가까워 시중드는 신하에게 이르기를 '내가 천년 후에 의당 이곳에 묻힐 것이니 선조들의 능을 받들어 효경을 잊지 않고자 한다' "라고 기록되어 있다. 상원 2년(762) 4월에 현종이 붕어하자 비로소 선제의 뜻을 받들어 능침을 만들고 광덕廣德 원년 3월 신유辛酉에 태릉에 매장했다.

　태릉은 산에 의거하여 첨산 남쪽 기슭 산허리를 뚫고 현궁을 만들고, 현궁을 중심으로 하여 산기슭의 형세대로 감싸 돌면서 능원陵垣을 만들었다. 『포성현지蒲城縣誌』의 기록에 의하면 태릉의 점유 면적은 2경頃 47묘畝이고, 봉내封內는 38km이다. 실지 조사에 의하면 능원의 평면은 대략 방형

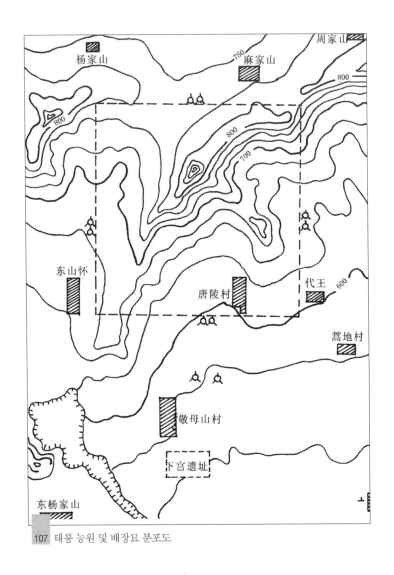

周家山

杨家山

750 麻家山

800

800

800

700

东山怀

唐陵村

代王

600

蒿地村

敬母山村

下宫遗址

东杨家山

107 태릉 능원 및 배장묘 분포도

方形 구조이다. 동서 길이가 1,680여 m이고, 남북이 1,700여 m이다. 능원건축은 대체로 건릉과 같지만 규모는 건릉만큼 방대하지 않다. 이것은 아마도 현종이 즉위 초에 박장薄葬을 널리 알리고 능원 건축제도의 '단순하고 검소함'을 제창한 것과 관련이 있을 것이다. 『구당서』 현종본기의 기록을

보면, "옛 부터 제왕이 모두 후장厚葬을 경계한 것은 망자에게 무익하고 생업에 손실을 입히는 까닭이다. 근래에 모두 사치와 낭비를 행하니 서로 차츰 흉내 내어 점점 유행이 되었다. 이에 가산을 탕진하고 모두가 생활고에 시달리게 된다. … 상가喪家에서 따를 기준이 없었다. 마땅히 관할 부서에 명하여 직위의 고하에 따라 규제 내용을 명확하게 하여 부장품 등 물건의 색, 수량, 길이, 크기를 정하도록 한다. 원택하장園宅下帳을 절대 금지한다. 분묘 묘역은 간소하게 하고 검소함에 따르도록 한다. 누구든지 장례를 치르는 도구를 결코 금은으로 장식해서는 안된다. 만약 먼저 이를 어기는 자는 장杖 백대를 내리고, 주현장관州縣長官은 강등시켜 좌천시킨다"라는 내용이 있다. 당시 이 제도의 주 대상은 주현의 백성들이었으며 황실은 어떠한 제한도 받지 않았다.

태릉 능원의 중후함은 비록 교릉에 미치지 못하지만 그 평면 배치를 보면 수도 장안과 매우 비슷하다. 능원은 내외 두 성으로 나뉘어져 있고, 내성內城 성벽은 항토 축성이며, 사방에 문이 하나씩 나 있다. 남쪽은 주작문(현재 保南鄕 唐陵村 서쪽 약 500m 지점), 북쪽은 현무문(현재 上王鄕 岭南村 동쪽 약 20m 지점), 동쪽은 청룡문(東華門, 현재 唐陵村 동쪽 약 300m 지점), 서쪽은 백호문(西華門, 현재 翔村鄕 山懷村 서쪽 약 400m 지점)이 위치한다. 이곳 사문에는 모두 궐闕이 있고, 궐문 앞에는 석각이 배치되어 있다. 담장의 네 귀퉁이에는 모두 각궐이 있다. 능원의 지상 건축물은 주작문 내의 웅장한 헌전(지금 남아있는 유적은 동서 120m, 남북 80m) 외에, 하궁下宮, 궐루闕樓, 회랑回廊 등 화려한 건축물이 여러 곳에 있었다. 능원의 궁전은 서로 이어져 있고, 정자와 누각이 사방에 분포되어 있었다. 능원에는 푸른 소나무와 측백나무가 무성하고 꽃향기가 가득하다. 능원 내에는 따로 능서陵署를 설치했는데 능태령陵台令(從五品上) 및 주문主文, 주악主樂, 주연主輦, 전사典事 등 관원 몇 명과 능지기 수백 명을 두었다. 그 외에 절충부折衝府를 두어 능원 안전을 전담하도록 했다.

현종을 태릉에 안장한 이후에도 능원 내 건축물은 계속 보수되었다. 『구당서』 현종본기에 "좌간의대부평장사 최손을 수봉 팔릉사로 삼았다. … 이에 헌릉, 소릉, 건릉, 정릉 태릉에 각각 380칸의 방을 만들었다(『구당 서』 최손전에는 570칸으로 되어 있다)"는 내용이 있다. 대력大歷 2년(767), 두보 杜甫는 『동방洞房』이라는 시에서, 한황산궁漢黃山宮(지금 섬서성 興平 漢武帝 茂陵 북쪽에 있음)에 현종의 태릉을 비유했다(『전당시』 권230).

동방(洞房)의 패옥(環佩)은 차갑고, 옥전(玉殿)에는 가을바람이 이네.
진지(秦地)에는 초승달이 떠 있고, 용지(龍地)에는 오래된 궁이 가득하네.
배는 오늘밤 멀리 매여 있는데, 청루는 옛날과 여전하구나.
만리의 황산(黃山)은 북에 있고, 능원은 백로(白露) 가운데 자리 잡고 있네.

오랜 세월이 흘러 자연적인 부식과 인위적인 파괴로 인해 능원 내의 웅 장하고 화려했던 건축물은 이미 훼손되어 원형을 알아볼 수 없게 되었다. 능원 사문四門과 신도神道 양측 대형 석의石儀 외에 태릉에서 2.50km 떨어

108 대송신수당현종황제묘비(大宋新修唐玄宗皇帝廟碑) 및 건축유지

진 하궁유적(『장안지』권16에는 태릉 하궁은 능에서 5리 떨어져 있고, 지금 남아 있는 유적은 동서 250m, 남북 200m로, 보남향 敬母山村 남쪽에 위치한다고 기록되어 있음) 남쪽에 '대송신수당현종황제묘비大宋新修唐玄宗皇帝廟碑'라고 쓴 비석 한 기가 있다. 북송北宋의 황제 조광윤趙匡胤(927~976)이 조서를 내려 도굴당한 역대 황제의 능을 다시 보수하고 태릉을 복원했다는 내용이 있다. 비석에는 "성조건덕聖朝乾德 4년(966) 칙령으로 능을 지키는 인가人家를 두고, 오래된 능 옆에 사당을 세웠다. 안에서 예복을 벗고 평상복으로 갈아입었다"라고 씌어 있다. 이 비석은 개보開寶 6년(973년 6월 12일)에 세웠는데, 역대 주요 금석에는 기록이 빠져 있다. 청 건륭 40년(1775), 섬서성 순무 필원(字는 秋帆)이 명령을 내려 섬서성의 역대 고적을 보수할 때, 태릉 역시 너비 3척, 높이 6척의 담장을 건축했다. 그러나 지금 담장은 남아 있지 않다. 다만 필원이 직접 예서로 당원종태릉唐元宗泰陵('元'은 곧 '玄'인데, 康熙皇帝 玄燁을 諱한 것이다)이라고 쓴 응회암 비석(높이 3.20m, 너비 0.90m)만이 주작문 안쪽 헌전유적 부근에 세워져 있다.

3. 능원 석각

태릉 능원 석각은 고종 이치李治와 여황제 무측천이 합장된 건릉의 제도를 따랐다. 석각은 능원 내성內城 사문四門 바깥에 있는데 모두 정교하고 아름다운 대형 돌조각으로 현재 57기가 있다. 북문 밖에 사자석 1쌍, 입마立馬 1쌍, 석견마인石牽馬人 1쌍이 있고, 동문 밖에는 사자석 1쌍, 서문 밖에는 웅크린 사자석 1개가 있다. 그밖에 나머지는 모두 남문 밖 넓고 긴 신도 양측에 분포되어 있다. 동서 거리가 약 60m이고, 남에서 북으로 가면서 순서대로 석주 1개, 천마와 타조가 각각 1쌍, 장마 4개, 견마석인牽馬石人 5쌍과 석인상 19개, 웅크리고 앉아있는 사자석 1쌍이 들어서 있다.

| 석주(石柱) | 석주 1개는 능원 유대乳臺 궐터에서 북쪽으로 약 100m 지점에 위치한다. 신도 석각의 머리맡에 서 있는데, 잔존 높이가 4.50m, 직경 0.95m이다. 윗부분은 앙련仰蓮이 도형桃形을 받쳐 든 형태이고, 중간은 팔각형 주신柱身 모양인데 윗부분은 둘둘 휘감긴 가지와 돌돌 말린 잎의 문양이 선각되어 있고, 아랫부분은 복련 밑받침으로 되어있다. 그 형태와 구조는 교릉 석주와 기본적으로 같다.

| 천마(天馬) | 천마 1쌍은 석주의 북쪽 20m 지점에 위치한다. 천마는 모두 질 좋은 대형 응회암덩어리를 정교하게 조각하여 만들었다. 전체 높이 2.46m, 길이 2.73m, 너비 1.55m이다. 형태는 둥근 덩어리들로 연결되어 있고, 배 아랫부분은 풍만하게 유운流雲을 부각시키고, 네 발굽은 땅을 밟

109 태릉 신도 서쪽 천마(天馬)

고, 꼬리 끝은 위로 치켜 들어 올리고, 양 날개와 갈기 털은 뒤쪽 윗부분을 향해 날아 흩어지는 것이 마치 마음이 들떠 하늘로 날아가려는 듯하다. 두 말은 머리를 서로 마주하고 있으며 암수가 분명히 구별된다. 동쪽의 수컷은 머리를 들고 있으며, 가슴은 곧게 펴고 앞 다리는 사선으로 뻗어 있고 뒷다리는 급히 가려는 모양을 하고 있다. 서쪽 암컷은 앞다리를 곧게 세우고 뒷다리는 조금 구부린

자세이고, 꼬리는 물결 모양으로 아래로 늘어뜨리고 있다. 그 머리와 가슴은 비록 수컷의 높고 꿋꿋함에 미치지 못하나 자태는 오히려 풍만하며, 힘있는 표정과 태도, 건강함과 부드러움이 잘 갖추어져 전체적인 균형을 이루고 있다. 태릉의 두 천마는 성격이 판이하며 그 조각기법에도 차이가 있다. 수컷의 날개 면과 배 아랫부분의 유운은 모두 매끄러운 소용돌이선과 활모양으로 아잔타식[阿旃陀式] 조각 풍격에 속한다. 암컷 배 아래 유운은 각종 형태로 중첩되어 있다. 마치 화초로 빼곡히 둘러싸인 것과 같고 그 윤곽과 음영의 경계가 분명하여 간다라식[健陀羅式] 조각 풍격을 보인다.

| 타조(鴕鳥) | 타조 1쌍은 천마 북쪽 약 18m 지점에 위치하고 있는데 모두 고부조高浮彫이다. 타조는 높이 1.38m, 너비 1.79m, 두께 0.42m의 돌병풍 위에 조각되어 있다. 타조의 키는 1.15m,

110 태릉 신도 타조(鴕鳥)

길이 1.50m이다. 머리는 모두 돌려서 날개에 붙이고 있다. 깃털이 풍만하며 생동감 있는 자태가 매우 자연스럽다. 멀리 보이는 산이 높고 낮게 이어져 있으며, 가장 높은 것이 겨우 타조의 배에 이른다. 타조는 원산지가 아프리카인데 당 초기에 중국에 들어왔다.

| 석마(石馬)와 견마석인(牽馬石人) | 석마와 견마석인은 5쌍인데 타조 북쪽 약 19m 지점에 위치하며 장마와 역시 19m 떨어져 있다. 석마의 전체 높이

111 태릉 신도 동쪽 석마(石馬) 및 견마인(牽馬人)

는 1.60~1.83m, 신장 1.86m, 너비는 0.68m이다. 말은 모두 고개를 들어 정면을 보고 있으며, 표정과 태도가 태연자약하다. 갈기는 촘촘하게 흐트러져 있고, 안장과 말다래를 모두 갖추고 있다. 네 발굽은 주춧돌과 서로 이어져 있는데 커다란 돌덩이 하나를 가지고 조각한 것이다. 견마석인은 모두 머리가 없다. 잔존높이는 약 1.60m이며, 허리를 틀어 고삐를 잡고 있는 모습이 아주 자연스럽다.

| 석인상(石人像) | 석인상은 모두 19개이다. 장마 북쪽 약 20m 지점에 배치되어 있는데 전체 높이가 2.93~3.35m이다. 태릉 석인은 건릉과 교릉의 직각장군 모습에서 바뀌어 좌문신 우무장左文臣 右武將에 따라 두 줄로 나뉘어 마주 놓여 있고 각 줄마다 10명씩 늘어서 있다. 문신은 홀笏을 들고 있으며 무장은 검劍에 지탱하고 있는데 각각 그 직무를 관장하고 있는 듯한 표정이 매우 질서정연하다.

문신은 어로御路 동쪽에 위치하는데 현재 10개가 있다. 머리에는 고산진현관高山進賢冠을 썼다. 관에는 작은 산 모양 장식이 있고 관 아래에는 두건을 하고 있다. 몸에는 넓은 소매의 긴 두루마기를 입었는데, 소맷부리는 무릎을 덮고, 소매와 두루마기의 주름 선흔線痕이 자연스럽게 조각되었다. 허리에는 가죽띠를 매고, 배 앞 허리띠 양쪽에 드리워진 구슬꿰미는 알알이 셀만하다. 옷에는 옥고리[玉環]와 옥패玉佩가 여러 곳에 장식되어 있고

몸 뒤쪽 넓은 천의 인끈은 바람 따라 나풀거리는 듯하다. 코가 높은 신을 신고 있으며 두 손은 홀을 잡고 가슴 앞에 받쳐 들었다.

　무장은 어로 서쪽에 위치한다. 현재 9개가 한漢과 호胡 두 종류로 나뉘어 교차하여 배열되어 있다. 머리에는 고관高冠을 쓰고 있으며 관 앞에는 매가 장식되어 있다. 몸에는 넓은 소매의 긴 두루마기를 입고, 발에는 둥근 코의 신발을 신었다. 허리와 어깨에는 모두 술대戌帶를 매고 두 손은 가슴 앞에서 칼자루를 꼭 잡고 있다. 칼은 칼집에 들어가 있고, 칼자루 위는 끈으로 묶었고, 윗부분은 나뭇잎 모양의 그림이 새겨져 있으며 칼집은 7개의 마디가 똑같이 나뉘어 있는데, 각 마디 사이에는 매화나 원형의 모양을 새겨 놓았다. 한漢과 호胡 무장의 자태는 각기 서로 다르다. 한장漢將은 네모난 얼굴에 큰 귀를 하고, 두 눈은 정면을 보고 있다. 용모가 출중하며 표정과 태도가 강직하고 태연하다. 호장胡將은 깊은 눈에 큰 코, 짙은 눈썹과 높은 광대뼈를 하고 있고, 구렛나루에 팔자八字 콧수염을 하고 두툼한 입술의 큰 입은 크게 벌려 마치 소리를 지르려는 것 같다. 그 형상이 매우 호탕하며 웅장하고 힘이 있다. 이 모든 조각의 섬세함은 사람들을 감탄케 한다. 태릉 석인상 가운데 호인 무장의 출현은 당 현종 집정 후기의 인사채용 관념을 반영한 것이다.

| 사자석(石獅) |　사자석 1쌍은 내성內城 남신문南神門 밖 양쪽에 웅크리고 있는데 서로 15m 떨어져 있다. 태릉 사자석 형체는 교릉과 같지만 약간 변

화가 있다. 이 사자석은 순색 응회암 덩어리 하나로 조각하여 만든 것이다. 암수가 분명하고 정교하며 아름답게 조각되어 있다. 두 사자 거리는 20m 떨어져 있다. 동쪽 수사자는 전체 높이가 1.78m, 길이 1.20m, 너비 0.96m 이다. 거대한 머리는 곱슬곱슬한 털로 덮혀 있고, 날카로운 이빨은 밖으로 드러나 있으며, 턱 아래 세 줌의 긴 수염은 바람 따라 나부끼는 듯하다. 서쪽 암사자는 전체 높이가 1.85m, 길이 1.24m, 너비 0.96m이다. 혀는 위턱으로 올려 내밀고 모발은 아래로 늘어뜨려져 가지런하며 표정과 태도는 평온하다.

태릉 남문 사자석은 조각기교와 예술조형에 있어 능원의 기타 삼문三門에 있는 사자석에는 미치지 못한다. 두 사자는 모두 고개를 들고 가슴은 꼿꼿이 세우고 돌출된 코에 두드러진 눈을 하고 있으며, 앞다리는 비스듬히 서 있고 뒷다리는 구부리고 있다. 모발은 가지런하고 네 발톱은 날카로우며 자태가 자연스럽고 점잖다. 수사자의 꼬리는 서쪽을 향해 둘둘 말려있고, 꼬리 끝은 둔부 아래를 뚫고 들어가 오른쪽 넓적다리 바깥쪽에서 나풀거리듯 뻗어 나와 있으며, 중간은 크고 양쪽은 작아 그 모양이 세 다발의 낭화浪花같다. 암사자의 꼬리는 위를 향하고 있는데 둘둘 말린 방향만 반대이다. 사자의 생리적인 특징으로 볼 때, 태릉 사자석의 머리와 몸, 사지의 조각 비율은 균형이 잡혀 있고 전체적인 형상이 정교하고 아름다우며 표정과 태도는 유유자적하다. 태릉 사자석의 독특한 예술풍격은 봉건사

113 태릉 남문 동쪽 석사(石獅)

회 말기인 명청시대明淸時代 사자석처럼 너무 꾸며 어색하고, 기계적으로 머리를 기울이고 꼬리를 흔드는 형태와는 뚜렷하게 그 특징이 구분된다.

태릉 능원 석각을 살펴보면, 한위漢魏 이래 전통적인 조각기법을 계승 발전시킨 동시에 이전의 모든 당릉 석조의 조각기풍을 받아들여 기발한 상 상을 발휘했다. 장인의 칼은 능숙하여 선의 흐름이 완고하고 뚜렷하며 풍 격이 섬세하다. 태릉 석조는 사물의 생리적 특징과 비율을 중시했다. 그 형 체가 비록 건릉과 교릉 석조의 규모만큼 크지는 않지만 초기 당릉 석각의 비대칭적 형태에서 벗어나 살아있는 것처럼 생생한 체형, 섬세한 조각기법 을 잘 표현하여 사람들에게 친근하고 진실한 느낌을 준다.

4. 배장묘

당태종 이세민이 제창한 공신배장제릉제도功臣陪葬帝陵制度는 군신 사 이의 '의동주즙義同舟楫', '생사불망生死不忘'의 관계를 구현하기 위한 것 이었다. 당시 일반적으로 대신과 황족은 모두 제릉에 배장되는 것을 최고 의 영전榮典으로 여겼다. 하지만 고종은 군신과 불화와 반목을 만들어 살기 가 등등했고 중종시대는 위무의 화(韋武의 禍)가 발생했다. 또 현종 시기에 는 안사의 난이 일어나서 당대 제릉배장제도는 점차 쇠락해 갔다. 현종은 비록 개원의 성세를 이루어 재위 44년 동안 문무대신이 구름처럼 많았고 자녀도 59명이나 되었지만 사후에는 처량하고 고독했다. 능원 배장자는 그와 고난을 함께한 환관 고력사高力士 한 사람 뿐이고, 그 외에 원헌황후元 獻皇后 양씨楊氏가 태릉에 합장되었다. 현종이 그토록 총애한 귀비貴妃 양옥 환楊玉環은 마외파馬嵬坡(지금 섬서성 興平市 서쪽)에 초장草葬했다. 청대 봉강 대사封疆大使 임칙서林則徐(1785~1850)가 도광道光 7년(1827) 마외를 지나갈 때 시를 지어 "금속金粟 더미 앞에서 새가 홀로 울고, 팥배나무 아래 달이 활 같구나. 삼랑三郎(이융기)은 동혈同穴을 불러 보내지 아니하고, 허공에는 귀비의 정령이 보이니 잠에서 깨는구나(『제양태진묘(題楊太眞墓)』)"라고 했다. 섬서 순무 필원畢沅의 시에는 "정호룡鼎湖龍이 유궁遺宮에 가서 떨어지니 영원하자던 맹세는 끝나지 않았네. 태릉을 차지하고 한 줌 흙이 되었으니, 마침내 극진한 총애는 고공高公에게 양보했네(『마외회고(馬嵬回顧)』)"라고 쓰고 있다. 이 시들은 모두 현종 사후 귀비 양옥환을 합장 혹은 배장하지 않은 상황을 전하고 있다.

| 원헌황후 양씨(元獻皇后 楊氏) | 『신·구당서』에 의하면 현종의 황후 양씨는 홍농 화음弘農 華陰(지금 섬서성 화음시) 사람이다. 숙종肅宗·이형李亨의 생모라고 되어 있다. 조부 양달楊達은 수왕조에서 벼슬을 하여 관직이 납언納言(왕명을 출납하는 고급문관)에 이르렀다. 천수天授(690~692)에 무측천은 양달이 자신의 생모 양씨와 동족이어서 그를 정왕鄭王에 추봉追封하고 태위太尉를 삼았다. 아버지 양지경楊知慶은 좌천우장군左千牛將軍에 임명되고 태위 정국공鄭國公을 하사 받았다.

양씨는 어려서부터 자색이 으뜸이었으며, 경솔하게 말하지 않았고 행동이 너그러우면서 예의가 있었다. 예종 경운 원년景云(710), 이융기가 고모 태평공주와 정변을 일으켜 위황후와 안락공주 등을 죽였다. 연화延和 원년(712), 예종이 태자 이융기에게 양위하려 하자 바야흐로 태평공주가 자신의 공을 믿고 거만하게 굴며 이융기를 위협했다. 조정 대신들은 비밀리에 태평공주를 따랐다. 이융기는 위협을 느끼며 매우 불안한 나날을 보내고 있었는데 마침 양양원楊良媛이 임신을 했다. 이융기는 태평공주가 이 사실을 알고 그녀를 해칠까 하여 두려워했다. 이때 그는 몰래 심복 장설을 불러 "권력을 휘두르는 자는 내가 아들을 많이 낳길 바라지 않으므로 나는 재앙이 양씨에게 미칠까 걱정이다. 어찌하면 좋겠는가?"라고 물었으나 장설 역

시 묘안이 없었다. 이융기는 비밀리에 장설에게 낙태약을 들이도록 했고, 자신이 몸소 밀실密室에서 약을 달였다. 연기와 약냄새가 코를 찌르고 결국 에는 혼미해져 자고 싶어 졌다. 몽롱한 상태에 빠진 현종은 어떤 이가 갑옷을 입고 창을 들고 약 솥을 에워싸며 걸어오고 있는 것을 보았다. 현종은 그 모습을 보며 달인 약 솥을 세 번 모두 엎었다. 이융기는 의아해 하며 장설에게 그 까닭을 물어보니 장설이 감탄하며 말하길, "이것은 천명입니다. 이제 다시는 근심하지 마십시오"라고 했다. 선천先天 2년(713) 7월에 이융기는 기선을 제압하고 태평공주 일당을 주살했다. 얼마 후 양씨가 아들을 낳았는데 이가 바로 숙종 이형李亨이다.

개원 17년(729) 양비가 죽자 장안 세류원細柳原에 초장하고 현종은 장설에게 명하여 지문을 쓰도록 했다. 거기에는 "돌짐승의 표면은 매끄럽지 않아 푸른 이끼가 달라붙고 묘지에 남아 있는 숙근초는 백로에 젖어있네. 능침은 막혀있고 연지와 분은 끈적이는데 어느 해에 화장함이 열릴지 알지 못하겠네"라고 새겨져 있다. 지덕至德 원년(756) 이형은 영하 영무寧夏 靈武에서 즉위했다. 다음 해 5월, 이융기는 태상황이 되었고, 양씨는 원헌태후에 추증되었다. 보응寶應 2년(763) 정월 양씨는 태릉에 합장되었다.

| 환관 고력사(宦官 高力士) | 『신・구당서』와 근년에 발견된 고력사 묘비 기록에 의하면, 고력사는 본명이 풍원일馮元一이고 영남 번주岭南 潘州(지금 廣東省 高州縣) 사람으로 명문 귀족 출신이다. 그의 선조는 풍앙馮盎으로, 수나라 개황 시기 송강령宋康令이 되었고, 당초唐初에 광廣, 고高, 소韶, 라羅, 춘春, 백白, 애崖, 담儋, 림林 등 18주대도독에 임명되었으며, 경국공耿國公에 봉해지고 이후 좌효위대장군左驍衛大將軍, 형주도독荊州都督을 하사받았다. 그의 조부 지욱知彧은 일찍이 반주자사潘州刺史를 역임했다. 부친 군형君衡은 교만하여 죄에 연루되어 관직을 박탈당하고 그 가족은 적몰籍沒되었다. 어린 시절 그는 어머니 맥씨麥氏와 헤어진 후 거세당하여 입궁했는데 총명

하여 무측천의 총애를 얻었으며 고력사라는 이름을 하사받았다(기록에는 고
력사가 嶺南 討擊使 李千里에게 추천받아 太監 高延福에 의해 양자로 받아들여져서 성
이 고씨가 되었다고 함). 후에 작은 과실 때문에 매질당하고 쫓겨나서 환관 고
연복의 양자로 들어갔는데 1년 후에 무측천의 조카 무삼사에 의해 다시 입
궁했다.

중종 경룡景龍 연간(707~710) 임치왕臨淄王에 봉해진 이융기가 변방에 있
을 때 고력사는 힘을 다해 그와 친분을 맺었다. 이후 고력사는 위황후의 난
을 평정할 때 큰 공을 세웠고 현종의 신임을 얻어 조산대부朝散大夫 내급사
內給事에 봉해지고, 환관의 우두머리가 되었다. 개원 초 우림문위장군右臨
門衛將軍을 추가로 하사 받고 내시성사內侍省事를 주관하여 당대 역사상 환
관이 장군에 봉해진 선례를 열었다. 이때부터 사방에서 상소문이 올라오면
반드시 먼저 고력사에게 올리고 난 연후에 임금에게 나아갈 수 있었고, 사
소한 일은 고력사가 바로 결정했다. 고력사는 비록 임금의 총애를 한 몸에
받고 있었으나 여전히 성실하게 업무를 보았고 거만하지 않았으며 아첨하
지 않았다. 현종은 "고력사가 당직을 하면 나의 잠자리가 편안하다"라는
말을 자주 했다.

현종은 즉위 초 정사에 힘쓰고 백성을 사랑하며 악정惡政을 멀리했다.
그의 치세 동안 당왕조의 정치와 사회는 안정되었고 물산이 풍부해졌으며
공전空前의 번영을 구가하여 개원의 치세를 열었다. 그러나 잠깐의 평화로
움은 그를 도취하게 했고 향락에 빠져들도록 했다. 천보 4년(745) 8월, 나이
가 벌써 환갑이었던 현종은 27세의 며느리이자 수왕 이모壽王 李瑁(당현종과
武惠妃의 아들)의 비妃였던 양옥환楊玉環을 자신의 귀비로 맞이하여 날마다
조가야무朝歌夜舞의 향락에 빠졌다. 백거이는 『장한가長恨歌』에서 "구름 같
은 귀밑머리, 꽃 같은 얼굴에 한들거리는 금장식, 부용 휘장 안에 따뜻한
봄 밤은 깊어, 짧은 봄 밤 한탄하며 해가 높아 일어나니, 황제는 이로부터
조회를 보지 못했네"라고 읊었다. 현종은 천보 연간에 구밀복검口蜜腹劍으

로 유명한 간상奸相 이임보와 외척 양국충楊國忠, 역신 안록산 등을 신임했다. 고력사는 이들 사이에 오가는 중요한 비밀을 일찍 알아차리고 수차례 현종에게 진언했으나 애석하게도 받아들여지지 않았다. 『신당서』고력사전에, 임금이 대동전大同殿에 있을 때 역사가 모시니, 왕이 "내가 장안에 10년 정도 나가지 않아도 온 천하는 평안하다. 짐이 장차 도가의 양생술을 배우려고 하는데 천하 일은 임보에게 넘겨주면 어떠하겠는가?"라고 말했다. 역사가 대답하길 "천자가 나라를 순시하는 것은 오래된 제도입니다 … 천하의 칼자루를 다른 이에게 빌려줄 수 없습니다"라고 하니 황제가 기뻐하지 않았다. 천보 연간에 변방의 장수들이 서로 공을 다투자 황제가 시험해보며 말하기를, "짐의 춘추가 높으니 조정의 사소한 업무를 재상宰相에게 주고, 번이蕃夷가 습격하지 못하도록 제장諸將에게 주면 어찌 여유롭지 않겠는가?"라고 하자 역사가 대답하기를 "군신 사이에 왕래가 없고, 상소문을 보니 운남에서 군대를 모조리 잃고 또 북병(안록산부)이 날래고 용감하니 무엇으로 이를 막으실지, 신은 화가 끊이지 않을까 걱정입니다"라고 답했다. 후에 안록산이 반란을 일으키자 현종은 뼈저리게 뉘우치고 슬퍼하며 역사에게 말하기를 "애초 경의 말을 듣지 않아 오늘의 화에 이르렀으니 후회스럽구나"라고 했다. 고력사는 입신출세한 후에 권세가 대단하여 태자는 그를 형이라 부르고 부마는 그를 아버지라고 불렀다. 그가 비록 당시 암담한 정치에 대해 일부분 책임은 있지만 권력을 독점하여 국가의 재앙을 초래하고 선악이 전도되고 폐위를 도모하는 큰 악행을 저지르지는 않았으며, 신하로서 일관되고 세심하며 근면하고 신중하여 생각이 깊었다. 그러므로 『신당서』(권207)에서는 그에게 "평생 뚜렷하게 큰 과오가 없다"고 했는데 그 말은 비교적 타당한 것 같다.

상원 원년(760) 8월에 현종은 숙종肅宗 장황후張皇后 및 태감 이보국李輔國의 협박과 박해를 받았으며, 이보국이 현종을 강제로 태극궁太極宮으로 옮겨 예무문睿武門에 이르니 500명의 금병禁兵이 칼을 들고 길을 막아서 현종이 놀라 말에서 내렸다. 고력사는 대노하여 직접 이보국을 질타하며 말하기를 "상왕이 40년간 태평을 이룬 천자인데 그대가 임금을 시해하고 반역자가 되려고 하는가?"라고 했더니 보국이 할 말이 없어 물러났다. 현종이 고력사의 손을 잡고 눈물을 흘리며 말하길 "오늘 만약 장군이 아니었다면 짐이 하마터면 목숨을 보전하지 못했을 것이오"라고 했다. 얼마 후 이보국은 장황후와 결탁하여 몰래 조서를 내려 고력사를 무주巫州(지금 湖南省 黔陽縣)로 유배시켰는데 이때 그의 나이 77세였다. 무주에서 고력사는 오언시『감무주제채感巫州薺菜』를 지었다. "양경兩京에서 힘을 다했으나 오계五溪에서는 알아주는 사람이 없구나. 오랑캐와 중국이 비록 같지 않으나 기질은 죽어도 변하지 않네." 그는 사물을 빌어 뜻을 읊었는데, 자신이 비록 다른 곳에 있으나 충심은 변함없다는 심정을 표현했다. 보응 원년(762) 4월에 고력사는 은혜를 입어 돌아오게 되는데 낭주朗州에 이르렀을 때 두 황제(현종, 숙종)가 승하했다. 그는 현종의 죽음을 듣고 북쪽을 바라보며 슬피 통곡하다 피를 토하고 죽었다. 그 때 나이 79세였다. 대종大宗 이예李豫는 나이가 들자 선조先朝를 생각하며 고력사를 양주대도독揚州大都督에 추증했다. 또한 대력 12년(777) 5월 11일 비석을 세워 그를 표창했다.

고력사의 묘는 포성현 금속산 당 현종 태릉 동남쪽 2km 지점에 있다(지금 保南鄕 山西村 西門 外路 북쪽). 현존하는 묘총은 대략 원추형을 띠고 있으며, 높이는 약 7m, 주변 길이는 40m이다. 1963년부터 1971년까지 그 부근에서 출토된 고력사의 묘비석은 이미 두동강이 나 있었는데 1982년 완전하게 맞붙여서 현재 전시하고 있다(포성현문화관 석각실 서쪽 복도에 전시됨). 비석 몸체는 순색의 커다란 응회암으로 만들어졌으며 전체 높이가 4.05m, 너비 1.50m 두께는 0.25m이다. 비석 머리에는 여섯 마리 이무기가 아래로 늘어져 있고, 양측에는 둘둘 감긴 가지에 잎과 꽃무늬가 선각되어 있으며 비석 몸체 뒷면은 평범하다. 경조부호조참군京兆府戶曹參軍 이양빙李陽冰이 '대당고개부의동삼사증양주대도독고공신도비大唐故開府儀同三司贈揚州大都

督高公神道碑' 라고 전서체로 쓰고, 본문은 한림대조翰林待詔 장소제張少悌가 썼다. 비문은 모두 30행이고, 각 행은 55자로 총 1,650자이다. 필체가 힘이 있고 유창하며 부드럽고 아름답다.

1997년 7월부터 11월까지 섬서성고고학연구소와 위남지구문관회渭南地區文官會가 고력사의 묘를 발굴했다. 이 묘는 남향으로 묘도, 과동, 천정, 용도와 묘실로 이루어져 있으며 총 길이는 약 60m이다. 경사진 묘도는 길이가 14.20m, 너비가 1.40~1.60m이다. 아치형 과동이 3개인데 각 과동 양쪽 토대에는 모두 벽감이 1개씩 있다. 6개의 벽감은 크기 및 형상과 구조가 같고, 안에는 도기마용陶騎馬俑, 도립용陶立俑, 도동물용陶動物俑 등 부장품들이 놓여 있다. 천정은 4개인데 크기가 기본적으로 같고 길이는 약 1.70m, 너비는 약 0.50m이다. 이러한 장방형의 좁은 천정은 발굴된 당묘 중에서 그리 흔히 볼 수 있는 것이 아니다. 가장 북쪽의 네 번째 천정은 벽돌로 만든 용도의 천장에서 뚫은 까닭에 묘실과 통하지 않는다. 용도는 이층의 벽돌 아치형 천장으로 되어 있고, 북단에는 묘실 남쪽 벽에서 동쪽으로 치우친 곳에 문을 두었다. 용도는 남에서 북으로 벽돌로 폐쇄된 문 3개와 석문石門 1개가 있는데 모두 도굴 흔적이 있다. 묘실은 벽돌로 쌓았고, 평면은 대략 정방형正方形을 띄고 있으며, 한 변의 길이는 4.20m, 높이가 5.60m이다. 네 벽은 대략 바깥쪽을 향해 활모양으로 볼록 튀어나와 있고, 윗부분 네 모서리는 뾰족한 아치형 천장으로 되어 있다. 지면은 방형 벽돌을 깔았고 지표로부터 9.80m 떨어져 있다. 묘실 사방 벽면에 원래 벽화가 있었으나 물이 새고 침식되어 대부분 색이 벗겨졌다. 동쪽과 서쪽 벽에 회백색으로 그려진 짐승머리에 사람 몸을 한 12지 그림을 희미하게 볼 수 있다. 묘실 남쪽 벽에는 큰 말이 한 마리 그려져 있는데 넓은 날개모양을 하고 있어 마치 주작이나 상학翔鶴 혹은 봉황 같기도 하다. 북쪽 벽은 내용이 불분명하다. 묘실 내 서반부西半部는 석관상石棺床인데, 길이는 4.20m, 너비 2.40m, 평면은 11개의 석판을 이어 만들었다. 석관상 내부는 흙과 벽돌

부스러기를 깔았고, 바깥 부분은 석판으로 쌓아올리고 바깥 한쪽으로는 감지減地에 의지하여 화초와 괴수怪獸를 선각했다. 괴수는 개광開光 안에 7마리가 있는데 모두 머리에 뿔이 나 있고, 머리 뒤에는 갈기가 있으며, 돌출된 눈과 넓은 코, 몸에는 반점이 있고 이빨을 드러내고 발톱을 치켜세우고 있는 모습으로 매우 생동감 있게 표현되었다.

이 묘는 여러 차례 도굴 당했으나 여전히 이곳에서 진흙으로 만든 붉은 도용陶俑 220개가 출토되었다. 기마용, 서 있는 여용立女俑 및 방한모를 쓴 남자 입용風帽男立俑, 동물용動物俑 등이다. 그밖에 개원통보開元通寶, 건원중보乾元重寶 등 동전銅錢 20여 개 및 소량의 유골도 나왔다.

묘에서 장방형 묘지墓誌 1개가 출토되었는데 응회암 재질이다. 지개誌蓋 길이는 1.12m, 너비는 0.78m, 두께가 0.12m이다. 정개頂蓋에는 '당고개부의동삼사증양주대도독고공묘지唐故開府儀同三司贈揚州大都督高公墓誌'의 글자가 전서로 양각되어 있고, 사찰감지四刹減地에는 청룡, 백호, 주작, 현무 사신도가 선각되어 있다. 지석의 지개 크기와 두께는 0.14m로 같고 사방에는 12지 도안이 선각되어 있다. 지문은 행서와 해서체인데, 상서가부원외랑尙書駕部員外郎 반염潘炎이 글을 짓고 태중대부太中大夫 장소제張少悌가 글씨를 썼다. 글자는 45행으로 각 행은 10~34자로 일정하지 않으며 모두 1,420자가 들어 있다. 지문은 고력사의 혈통, 출신, 인품, 공적, 관직, 가정현황 및 사인死因 등이 서술되어 있는데 한 자도 모자람이 없어서 『고력사신도비高力士神道碑』 및 사전史傳에서의 실수와 부족한 부분을 보정補正할 수 있다.

고력사의 묘는 지금까지 발굴된 것 중에서 관직이 가장 높은 환관의 고분이다. 그는 생전에 지위가 일품一品에 이르렀고 권세가 대단하여 온 천하에 잘 알려진 역사적 인물이며 대당제국의 번성과 쇠락을 본 산 증인이라고 할 수 있다. 하지만 이 묘의 규격 및 등급, 건축물의 질 등은 모두 투박하고 보잘 것 없어 살아생전 그에 상응하는 지위와 그다지 부합하지 않는다.

이것은 중당中唐 이후 정치 · 경제적인 쇠락과 무력함을 반영한 것이다. 이 묘의 발굴은 당사唐史와 중국환관사中國宦官史 연구에 중요한 자료를 제공한다.

| 부록 : 楊貴妃(玉環)의 墓 | 양귀비(719~756)는 이름이 옥환이고 호는 태진太眞이며 당 포주蒲州 영락永樂(지금 山西省 永濟縣) 사람이다. 촉주사호蜀州司戶 양현염楊玄琰의 딸로 어렸을 때 부모가 세상을 떠나 숙부 집에서 자랐다. 옥환은 어린 시절 자질이 총명하고 아름다웠으며 가무歌舞에 능하고 음률音律을 알았다. 개원 연간 현종의 18남 수왕壽王 이모李瑁(현종과 무혜비 사이의 아들)의 비로 책봉되었는데 후에 입궁해서 현종의 총애를 받아 천보 4년(745) 귀비에 봉해졌다.

천보년간(742~756) 현종은 잇따라 이임보李林甫, 양국충에게 정치를 일임하고 온종일 주색과 향락에 빠져 정사를 돌보지 않았다. 천보 14년(755) 11월, 안록산이 범양范陽에서 간상 양국충을 토벌한다는 명분을 내걸고 반란을 일으켰다. 이듬해 6월 반란군이 동관潼關을 함락시키고 장안으로 공격해 오자 현종과 군신들은 황급히 사천으로 달아났다. 마외역馬嵬驛을 지날 때 군사들은 전란의 책임을 양씨 집안에 전가했다. 대장군 진현례陳玄禮가 무력을 써서 현종에게 "양국충은 토번과 반역을 꾀했습니다"라고 하며 양국충 부자를 주살했으며 또 현종을 다그쳐 양귀비를 죽이도록 했

114 양귀비상(楊貴妃像)

다. 현종은 "귀비는 늘 심궁深宮에 거하였는데, 어찌 국충이 반역을 꾀함을 알았겠는가?" 하며 차마 죽이지 못했다. 환관 고력사는 "귀비가 진실로 죄가 없어도 군사들이 이미 양국충을 죽였으니 귀비가 폐하 곁에 있다한들 어찌 혼자 안전하겠습니까? 원컨대 폐하께서 이를 생각하십시오. 군사들이 편안해야 폐하께서 편안하십니다"라고 했다. 현종은 귀비와 결별할 수밖에 없었고, 고력사에게 명을 내려 귀비가 불당佛堂 앞에서 비단끈으로 목을 매어 죽도록 했다. 이때 그녀의 나이 38세였다. 군사들은 양귀비가 죽었다는 소식을 듣고 현종을 보호하여 다시 서쪽으로 피난길에 올랐다.

양귀비의 묘는 지금 섬서성 흥평시興平市 서쪽 12km 지점 마외파에 위치한다. 뒤로는 황산黃山(옛날에는 北邙山이라 불렸는데 형태가 이무기가 누워 있는 것과 같아 北蟒山이라고도 함)에 의거하고, 서남쪽은 평원으로 멀리 위하渭河를 굽어보고 있으며 농해隴海 철로와 서보西寶(西安~寶鷄) 도로가 그 아래

115 양귀비묘(楊貴妃墓)

116 여산 화청지(驪山 華淸池)

를 통과한다. 『신당서』후비전 기록에 의하면, 양귀비는 현종에 의해 죽은
후 "시체를 자주색 요로 싸서 길 가에 묻었다"고 되어 있다. 당숙종 지덕至
德 2년(757) 9월에 당나라 장군 곽자의 등이 병사를 인솔하여 장안을 수복
한 후, 현종은 성도成都에서 장안으로 돌아와 "비밀리에 사자를 보내 관곽
을 구비해 매장했다. 묘를 열어 보니 오래된 향낭이 아직도 있어 중인中人
이 그것을 현종에게 올리자 황제는 이를 보고 눈물을 흘리며 슬퍼했다"고
한다. 즉 현존하는 묘총은 의관총衣冠冢임을 말해 준다.

　귀비의 묘는 원래 토총土冢으로 높이가 약 3m였다. 봉분을 흙으로 덮었
는데 시일이 지나 하얀색을 띠고 향기가 나면서 촉촉하여 사람들이 이것을
'귀비분貴妃粉'이라고 했다. 만청晩淸 유월兪樾의 『차향실총초茶香室叢鈔』에
서는 조학민趙學敏의 『본초습유本草拾遺』의 기록을 보면, "귀비분은 마외파
에서 생산된다. … 흙이 분과 같아서 결이 곱고 반들반들하며 밝고 깨끗하

여 여자에게 가장 적합하고 피부에 효과가 있다"고 적고 있다. 유람객 및 부근의 부녀자들이 흙을 주워가서 봉토가 많이 없어졌다. 이후 귀비의 묘를 보호하기 위해 내화耐火 벽돌을 이용하여 돔 형태의 묘총을 만들었다.

현재 양귀비 묘는 작은 공원묘지이다. 1956년 8월 섬서성이 제1차 중점 문물보호단위로 지정하고, 1979년 양귀비묘문관소楊貴妃墓文管所를 두어 전문적으로 보호와 수리를 담당하고 있다. 공원묘지는 현재 문루門樓, 당을 모방한 향전享殿, 비랑碑廊과 무늬가 있는 담장 등으로 꾸몄다. 문루의 정중 앙에는 민국民國 25년(1936) 섬서성 정부주석政府主席 소력자邵力子 선생이 친필로 쓴 '당양씨귀비지묘唐楊氏貴妃之墓' 라는 큰 글씨 7자가 상감되어 있다. 글씨는 단정하고 장중하며 위풍당당하다. 대문大門 안쪽 정면에는 화려한 향전 3칸이 있는데 양측에는 각각 달 모양의 곁문이 있어 귀비총 정원으로 연결된다. 이 묘총은 높이가 약 3m이고 봉토주변 바닥은 시멘트로 보호하고 있으며, 내화벽돌이 천장을 에워싸고 있다. 묘 앞에는 석비石碑 1기가 있다. 석비 윗부분은 섬서성위서기陝西省委書記 이이중李爾重이 쓴 '양귀비지묘楊貴妃之墓' 의 글자가 있다. 묘총 주위, 즉 정원의 삼면은 청대 양식의 비랑으로 되어 있다. 당 이후 고관, 문인시인들이 귀비묘를 오갈 때 상감하여 쓴 진귀한 시사각석詩詞刻石이 30여 기가 있다. 이 석각들은 후세에 이곳을 찾아온 사람들이 현종과 양귀비의 비극적 사랑의 역사성에 대한 감개를 담은 내용과 묘지 수리복원의 정황을 기록하고 있다. 이러한 내용은 그 시대의 역사를 이해하고 연구하는데 진귀한 실물자료를 제공한다.

七　肅宗의 建陵

숙종의 건릉

1. 숙종 이형李亨

숙종 이형(711~762)의 이름
은 이사승李嗣升, 이준李浚, 이
여李璵, 이소李紹라고 칭한다.
현종 이융기의 셋째 아들이며
당왕조 제8대 황제(756~762)이
다. 그의 어머니는 원헌황후 양
씨이며, 경운 2년 9월(711년 10월
19일)에 동궁 별전에서 태어났
다. 처음 섬왕陝王에 봉해졌다
가 후에 충왕忠王이 되고 겸삭
방대사, 선우대도호에 임명되
었다. 개원 25년(737) 4월, 황태

117 숙종(肅宗) 이형(李亨)

자 이영이 죄를 얻어 죽게 되자 그 다음해 6월 황태자의 자리에 오르게 되었고 천보 3년 2월 이름을 이형으로 개명했다.

천보 연간 안록산이 3진절도사가 되어 변방의 막강한 실력자로 부상하고 조정은 양국충에 의해 부패해 있었다. 천보 13년 정월 안록산이 입조했을 때 이형은 그의 태도를 보고 안록산이 모반할 것이라고 예측했다. 이형은 비밀리에 현종에게 말하기를 "죄를 주어 그를 죽이십시오"라고 청했으나 받아들여지지 않았다. 천보 14년 11월(755년 12월 16일), 오랜 준비를 마친 안록산이 드디어 범양에서 군대를 일으켜 당왕조에 반기를 들었다. 현종은 조서를 내려 이형을 천하병마대원수에 임명하고 당시 와병중인 하서, 농우절도사 가서한哥舒翰을 불러 황태자전봉병마원수로 삼아 군대 20만을 거느리고 동관을 방어하도록 했다. 다음해 6월, 가서한은 군대를 거느리고 동관으로 향했다. 군대가 영보 서쪽에 이르렀을 때 안록산의 반군과 접전을 벌였는데 참패를 당하여 동관을 방어하는데 실패했다. 동관이 함락되었다는 소식을 접한 현종은 급히 황실 친인척 및 조정 대신들을 거느리고 피난을 떠났다. 황제의 피난행렬이 마외역에 이르렀을 때 용무장군 진현례는 태자 이형과 함께 군대를 선동하여 마외사변을 일으켜서 양국충과 양씨세력을 제거하고 양귀비를 목매달아 죽게했다.

마외사변 이후 태자 이형은 현종의 피난행렬에서 떨어져 나와 북상했다. 이형은 영무에 도착하여 지지자들의 도움으로 황제에 올라 연호를 지덕으로 고친 후 안사의 난 평정 책임을 맡았다. 영무에서 황제에 오른 이형은 아들 이숙李俶(즉 대종 李豫임)을 천하병마원수로 삼고, 이필李泌을 모사로 하여 국정운영을 계획했다. 이때 삭방절도사 곽자의가 하북에서 5만의 군대를 이끌고 영무에 도착했다. 당시 관중과 하남일대는 모두 안록산의 반군에게 점령당한 상태였다. 장안과 낙양을 회복하기 위해 이형은 직접 군대를 이끌고 남하하여 팽원彭源(지금 감숙성 경양 서남쪽)에 이르렀다. 이곳에서 이형은 곽자의를 부원수에 임명하고 아울러 사신을 회흘回紇에 보내 원병을 요청했다. 지덕 2년 정월, 곽자의 군대가 향적사香積寺 북쪽과 풍수澧水 동쪽 지역에서 반군과 접전을 벌여 크게 승리했다. 이후 장안이 회복되고 10월에는 낙양이 회복되었다. 장안이 회복되자 이형은 촉蜀에 사람을 보내 현종을 모셔온 후 천하에 사면령을 내렸다. 이어 장씨를 황후에 책봉하고 이예를 황태자로 삼았다. 반란을 평정하는 동안 이형은 환관 어조은魚朝恩을 관군용사觀軍容使로 삼고 환관 이보국에게 병부상서의 중책을 맡겨 이후 환관으로 하여금 국정을 담당하도록 하는 폐단을 초래했다. 보응 원년(762) 3월, 숙종 이형은 병세가 깊어 조정에 나올 수가 없었다. 4월에 현종이 병으로 세상을 떠났다. 당시 장황후는 황태자 이예를 폐위시키고 월왕 이계李係를 후계자로 세우려고 음모했다. 그러나 일이 사전에 발각되어 환관 이보국, 정원진程元振이 금군을 거느리고 장황후와 연루된 인물들을 체포했다. 소식을 접한 장황후는 황급히 숙종이 거하는 침궁으로 몸을 피했다. 그러나 이보국은 금군을 거느리고 황제의 침궁에 진입하여 장황후를 끌어낸 후 궁중에 유폐시켰다. 이 사건을 겪은 이형의 병세는 급속도로 악화되었고, 762년 5월 대명궁 장생전에서 52세에 세상을 떠났다. 군신들이 시호를 '문명무덕대성대선효황제' 라고 하고, 묘호는 숙종이라고 했다. 보응 2년 3월(764년 5월), 섬서성 예천현 무장산에 장례지냈는데 이곳을 건릉建陵이라고 한다.

2. 능묘와 능원

1) 능묘 위치

건릉은 중당中唐시기 첫 번째 황제의 능묘로 섬서성 예천현성禮泉縣城

118 숙종의 건릉(建陵)

북쪽 약 15km 지점 무장산武將山에 위치한다. 무장산은 해발 981m에 달하는데 주봉은 마치 불지佛指처럼 곧게 치솟아 있다. 주위에는 계곡들이 종횡하며 북쪽으로는 뭇 산들이 기복하여 첩첩 산봉우리를 이루고 있어 그 형세가 웅장하다. 남쪽에서 바라보면 기름진 평야가 끝없이 펼쳐져 있다. 건릉 뒤쪽은 무장산 주봉에 기대어 있고, 동쪽은 구종산(당태종 이세민의 소릉)과 멀리 마주하고 있다. 서쪽은 양산梁山의 건릉(당고종과 무측천의 무덤)과 하천을 사이에 두고 서로 바라보고 있다. 감하泔河에 이르러 높은 곳에서 굽어보면 그 기세가 장관이다. 1956년 8월 6일 섬서성이 제1차 중점문물보호단위로 지정했으며, 2001년 6월 25일 국무원이 제5차 중점문물보호단위로 지정했다.

2) 능원 규모

건릉 능원은 '인산위릉因山爲陵' 제도에 따랐으며 사방 40리 구조로 되어 있다. 능묘 구조는 내성內城, 석마도石馬道(神道), 배장묘 지역 세 부분으로 구분된다. 내성은 능원 가장 북쪽에 위치하고 있는데 무장산의 자연적인 지형에 제한을 받아 대략 남쪽이 넓고 북쪽이 좁은 사다리꼴 모양을 하고 있다. 발굴 결과에 따르면 성벽의 동쪽 담장 길이가 1,524m, 남쪽 담장은 1,050m, 서쪽 담장 길이는 1,373m, 북쪽 담장 길이가 879m이고 면적은 약 145만m²로 나타났다. 성벽 내 자연적 지모地貌가 매우 복잡하고 계곡이 종횡으로 교차하고 있는 형세이다. 그 중에 동남과 서남으로 약간 기울어져 있는 깊이 약 100m, 너비 약 500m에 달하는 두 개의 큰 협곡이 성벽을 세 부분으로 나누고 있다. 북에서 남으로 내려다보면 마치 바지 하나를 땅에 평평하게 펴 놓은 것 같아 옛날부터 이 지방 사람들은 이곳을 '고아당褲

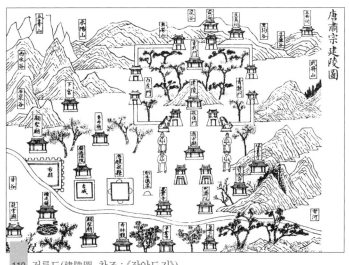

119 건릉도(建陵圖, 참조 :《장안도지》)

兒禮'이라 불렀다. 성벽에는 사문四門을 설치했는데, 동쪽은 청룡문, 남쪽은 주작문, 서쪽은 백호문, 북쪽은 현무문이다. 동·서 두 문은 서로 1,338m 떨어져 있고, 남·북 두 문은 1,206m 간격을 두고 있다. 청룡과 백호 두 문이 산지지형의 제한을 받아 약간 편차(남·북은 서로 약 50m 차이가 난다)가 있는 것을 제외하고 나머지는 모두 비교적 정연한 대칭구조이다. 현무문에서 주작문까지 남단 석각석주의 사이가 일직선으로 되어 있으며, 모든 능원 건축물은 대칭이 되도록 반으로 똑같이 나뉘어져 있다. 건릉 현궁은 바로 이 중앙 축선에서 북으로 치우친 무장산 주봉의 작은 산에 안치되어 있으며, 그 '연도羨道'의 흔적을 뚜렷하게 볼 수 있는데 입구를 열면 바로 남쪽 작은 산허리 지점에 위치한다.

　건릉은 완성된 후 여러 차례 자연 및 인위적인 훼손을 당하여 현재 성벽은 남아있지 않다. 능원 네 모퉁이 각루유적만이 그 모습을 남기고 있는데 그 가운데 동남쪽 모퉁이 각루유적은 소릉향昭陵鄕 색산촌索山村에 위치하며, 그 높이는 2.50m, 바닥 지름이 약 12m이다. 서남쪽 모퉁이 각루유적은 건릉향乾陵鄕 산서두촌山西頭村에 위치하며, 높이 3.50m, 바닥 지름은 12m이다. 동북쪽 모퉁이 각루유적은 건릉향 고가촌高家村 동쪽에 위치하며, 높이 3m, 바닥 지름 12.50m이다. 서북쪽 모퉁이 각루유적은 건릉향 고가촌 서쪽에 위치하며 높이 3m, 바닥 길이 14m, 너비 12m이다. 동쪽 성벽 기초부분 항토층夯土層은 아직도 뚜렷이 남아 있다. 사문 밖 궐루 토대 역시 남아 있는데 그 가운데 청룡문 밖 두 궐루는 서로 약 50m 떨어져 있으며, 주작문 밖 두 궐루는 서로 약 84m 간격을 두고 있다. 백호문 밖 두 궐루는 서로 약 111m 떨어져 있으며, 현무문 밖 두 궐루는 약 134m 떨어져 있다.

　건릉 성벽 내부 건축물 구조는 수도 장안과 비슷하다. 원래 헌전과 편방便房, 궐루 등 건축군建築群이 여러 곳에 있었으나 지금은 남아있지 않다. 주작문 안에 남아 있는 헌전유적은 대략 직사각형이고 면적은 약 2,500m² 이다. 이곳 정중앙의 북쪽으로 치우친 곳에 벽돌로 쌓은 비루碑樓가 하나

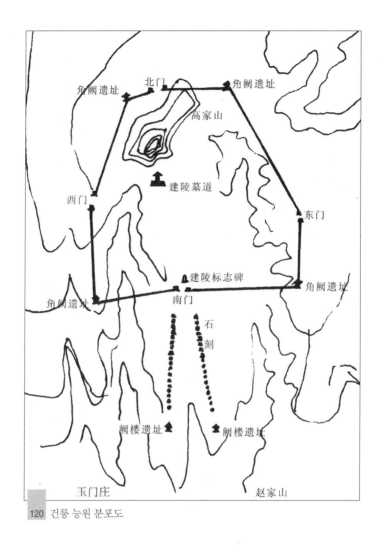

北門
角闕遺址
高家山
建陵墓道
西門
东门
建陵标志碑
角闕遺址
南門
石
刻
闕楼遺址
闕楼遺址
玉门庄
赵家山

120 건릉 능원 분포도

있는데 내정內正과 뒤쪽 양면에 각각 하나씩 비석이 상감되어 있다. 정면南
面 비석은 세로로 3행을 새겼고, 좌행은 해서체로 '사진사급제병부시랑겸
부도오사섬서순무필원경립賜進士及第兵部侍郎兼副都御史陕西巡撫畢沅敬立'이
라고 되어 있고, 중행은 예서체로 '당숙종건릉唐肅宗建陵'이라고 되어 있으

며, 우행은 해서체로 '대청건륭세차병신맹추大淸乾隆歲次丙申孟秋'라고 씌어 있다. 뒷면北面의 작은 비문에는 "당 건륭 석각예술의 가치는 상당히 높지만 오래된 까닭에 이미 부식되어 무너졌다. 우리 현당縣黨과 현정부縣政府 문관회文管會가 점검하고 결정하여 중앙문관회에 알려 자금을 받아 개축하였다. 현재 완전하게 정비하여 비석을 세우고 지문을 썼다. 아울러 인근 주민들 및 여행객에게 알려 보호하도록 당부했다. 예천현禮泉縣 인민정부위원회 현장縣長 절경영折敬盈. 1957년 12월 □일"이라고 끼워 넣었다. 이 내용을 통해 비루碑樓는 1957년에 다시 세워졌으며 아울러 중화인민공화국 건국 후에 기록되었다는 것을 알 수 있다. 또한 중앙문관회가 자금을 조달하여 건릉석각을 개축한 정황을 알 수 있다.

3. 능원 석각

능원 내 석각의 종류와 위치는 이전에 세워진 건릉과 태릉의 양식을 띤다. 주로 능원 최남단 주작문 밖 사마도 양측과 삼문三門 밖에 분포되어 있다. 사자석 4쌍, 석인 10쌍, 석마 5쌍, 견마인과 타조가 각각 1쌍, 익마 1쌍, 석주 1쌍이 있고, 현무문 밖에 석마 3쌍이 있다. 자연 또는 인위적 훼손으로 현재 남아있는 석각은 42개 정도이다.

1) 웅크린 사자석

능원 내성 사문四門 밖에 각각 1쌍씩 모두 8개이다. 그 가운데 청룡문 밖 남쪽 사자석의 높이는 1.56 m, 길이 1.24m, 흉관 0.87m이다. 북쪽 사자석 높이는 1.50m, 길이 1.30m, 흉관 0.55m이다. 두 사자석은 서로 16m 사이를 두고 있다. 주작문 밖 동쪽 사자석 높이는 1.50m, 길이 1.24 m, 흉관 0.80m이다. 서쪽 사자석은 높이 1.57m, 길이 1.20m, 너비 0.90m이다. 두 사자석은 18m 간격을 두고 있다. 백호문 (西門) 북쪽 사자석 높이는 1.51

121 건릉 석사(石獅)

m, 길이 1.32m, 흉관 0.55m이다. 남쪽 사자석 높이는 1.55m, 길이 1.34m, 흉관 0.56m이고 두 사자석의 거리는 14m이다. 현무문(北門) 동쪽 사자석 높이는 1.45m, 길이 1.30m, 흉관 0.75m이다. 서쪽 사자석 높이는 1.50m, 길이 1.40m, 너비 0.80m이다. 두 사자석은 16m 간격을 두고 있다.

　건릉 사자석은 모두 이층으로 된 주춧돌 위에 쭈그리고 앉아 있으며, 형상과 구조는 태릉 사자석과 기본적으로 같다. 모두 갈기를 아래로 늘어뜨린 형태이고, 털끝은 말려 있으며, 가슴근육이 잘 발달되어 있고, 앞다리가 꼿꼿하고 힘이 있다. 어떤 석상의 모습은 돌출된 눈, 벌어진 입 모양을 하고 있고 또 어떤 석상은 꼭 다문 입과 성난 눈을 하고 있다. 위엄 있게 능원 내성의 사문 밖을 지키고 있는 석상들의 표정은 생동감 있고 고풍스러우며 살아 있는 듯한 느낌을 준다.

2) 사마도 석각

능원 내성 주작문 밖 최남단의 두 궐루유적 사이에 위치한다. 동·서로 배열되어 있는데 그 거리는 60m이다.

| 석주 | 석주는 원래 1쌍이 있었는데 현존하는 것은 동쪽에 위치한다. 그 형태와 구조는 기타 제릉帝陵과 비슷하다. 다만 이전 제릉 석주와 같이 주춧돌 위에 12잎의 복련이 둥그렇게 돌아가며 조각되어 있는 것은 찾아볼 수 없다. 그 대신 약간 볼록한 원반圓盤이 빙 둘러 조각되어 있다. 서쪽 석주는 구도沟道 속에 묻혔으나 지면의 본래 장소에는 아직도 2층 주춧돌이 남아 있다. 상층 주춧돌은 윗부분이 둥글고 아래는 네모난 형태이다. 그 중심에는 직경 0.43m, 깊이 0.25m의 원묘圓卯가 있고, 주춧돌 높이가 0.53m, 길이와 너비는 각각 1.51m이다. 하층 주춧돌 높이는 0.15m, 길이와 너비가 각각 1.81m이다. 동쪽 석주의 지면 노출 부분 높이가 7.60m인데 이미 두 토막으로 끊어졌다. 아래 반 토막은 주춧돌 위에 고정되어 있으며 위 반 토막은 꼭대기에 복련 정개가 하나 있고 그 위에는 구체球體 하나가 조각되어 있다. 석주 주신에는 역시 만초蔓草와 상서로운 동물 무늬를 음각으로 장식했다.

122 건릉 사마도 동쪽 석주(石柱)

| 익마 | 익마 1쌍은 석주 북쪽 28m 지점에 위치한다. 익마는 상서로움을

나타내며 요괴를 쫓아내는 신령한 짐승으로 상징된다. 건릉 신도 동쪽 익마는 지면으로 전반신前半身이 노출되어 있고 후반신後半身은 완전히 흙 속에 묻혀 있다. 서쪽 익마는 앞발 오른쪽 말굽이 약간 손상된 것 외에 나머지는 온전하다. 말 높이는 2.45m, 신장 2.40m로 2단의 주춧돌 위에 서 있으며 네 발굽은 윗부분 주춧돌과 서로 닿아 있다. 형태와 구조는 태릉과 기본적으로 같다. 머리 꼭대기에는 뿔 하나가 나 있고 갈기와 귀는 서 있으며 머리는 숙이고, 등은 넓고 둥글며, 힘줄이 강하고, 새털 구름 같은 날개를 펼치고자 하면서 똑바로 서있는 모습이다. 복부 아래 유운流雲을 조각하여 마치 공중에 떠 있는 듯하다. 정면에서 보면 질주하는 듯 하고 측면에서 보면 우뚝 솟아 있다. 이곳 익마의 정교함은 여러 당릉 가운데 가장 뛰어나다.

123 건릉 익마(翼馬)

| 타조 |　타조 1쌍은 익마 북쪽 32m 지점에 위치한다. 길이 1.81m, 높이 1.21m, 두께 0.23m의 돌병풍 위에 조각되어 있다. 머리와 목은 구부러져 날개 바깥쪽으로 꺾여 있고 전신은

124 건릉 사마도 서쪽 타조(鴕鳥)

기린의 깃으로 덮여있다. 꼬리는 약간 아래로 늘어뜨린 모습을 하고 있는데 그 형상이 마치 산꼭대기에 서서 고개를 돌려 사방을 둘러보는 것 같다. 타조는 건릉 석각 가운데 유일한 고부조高浮彫 형식이다.

| 장마 | 장마 5쌍은 타조 북쪽 약 32m 지점에 위치한다. 각 쌍의 남북 거리는 30m이다. 장마 신장의 잔존 길이는 1.48~1.88m, 잔존 높이는 1.20~1.80m이다. 체형이 크고 머리에는 그물과 비두轡頭(고삐와 재갈)가 장식되어 있고, 갈기를 휘두르며 꼬리를 늘어뜨린 모습을 하고 안천鞍韉을 갖추고 있다. 목 아래 정 중앙에 직경 0.18m의 원구圓球의 방울모양이 유일하게 조각되어 있는데 이는 당릉 석각 장마에서는 보기 드문 것이다. 건릉 장마의 왼쪽 앞과 뒤쪽에는 원래 각각 무사 복장의 견마인이 1개씩 있었는데 지금은 1개만 남아 있다. 석인은 머리 부분이 없고 잔존높이가 1.21m, 너비 0.59m이다.

| 석인 | 석인은 원래 10쌍이 있었는데 현존하는 것은 19개이고 장마의 북쪽 32m 지점에 위치한다. 석인의 남북 거리는 약 30m이며 동문서무東文西武 형태로 되어 있다. 석인의 신장은 2.16~2.65m, 흉관은 0.70~0.90m이다. 문관은 머리에 당부선璫附蟬 장식을 한 진현고관進賢高冠을 쓰고 있고, 넓은 소매의 두루마기를 입고 있다. 두루마기 앞에는 뒷 끈을 묶고 허

125 건릉 사마도 서쪽 무장(武將)

리에는 가죽띠를 맸는데 쌍패雙佩를 장식했다. 코가 높은 신발은 두루마기 바깥으로 나와 있으며, 두 손은 가슴 앞에서 홀笏을 잡고 있는데 표정과 태도가 장중하고 경건하다. 무관은 머리에 고산관高山冠을 쓰고 있으며 넓은 소매의 두루마기를 입고 있다. 허리에는 가죽띠를 매고 무사 신발을 신고 있는데 신발 코가 두루마기 바깥으로 나와 있다. 두 손은 검에 지탱하고 있고, 검에 달린 술은 칼자루를 감고 있으며 표정과 태도가 매우 위엄이 있다.

126 건릉 사마도 동쪽 문신(文臣)

건릉 사마도 석인의 문좌무우文左武右 배치는 태릉 이전의 당릉 석인과는 다르다. 『신당서』의위지儀衛志에 의하면, "아침조회 하는 날 … 백관百官이 모두 나와 문·무관은 서로 마주 보고 서 있고, … 문관은 동문(左)에서 들어오고, 무관은 서문(右)에서 들어오고 … 백관이 전정殿庭 좌우에 드니 …"라고 되어있다. 이것은 건릉석인의 문좌무우의 배열 위치와 서로 부합하는 것이다. 동시에 건릉 석인 가운데 문무 각 10인의 제식制式도 당 조정의 '조일朝日' 의식에 맞다. 당 조정의 문관 가운데 5품 이상의 관원만이 순서대로 조정에 들어갈 자격이 있었다. 규정에 따라 문관이 순번대로 조정에 들어갈 때, "먼저, 일품반一品班, 다음 이품반二品班, 다음 삼품반三品班, 다음 사품반四品班, 다음 오품반五品班의 순서대로 하고 각 반의 상서성관尙書省官이 우두머리가 된다." 이 다섯 개 품급의 관원 가운데 1품에서 4품까지는 모두 정正·종從 각 1인이고, 5품은 정1·종2 모두 3인이다. 이것은 능묘 석인 문관과 비교해 볼 때 1인이 많아서 마치 제도에 맞지 않는 것 같으나 만약 10개의 문관을 다섯 개 품급의 정·종품에 따라 이해한다면 당대 예제禮制와 딱 들어맞는다. "무반 공봉자供奉者는 횡가橫街 북쪽에 서고, 다음 천우중랑장千牛中郞將, 다음 천우장군千牛將軍, 다음 과상중랑장過狀中郞將 1인, 다음 접상중랑장接狀中郞將 1인, 다음 압주중랑장押柱中郞將 1인, 다음 배계중랑장排階中郞將 1인, 다음 압산수장중랑장押散手仗中郞將 1인, 다음 좌우금오위대장군左右金吾衛大將軍이 서 있다." 이 숫자는 건릉 무관석인 수량과 서로 부합한다. 이상의 정황을 통해 볼 때, 건릉 사마도에는 문무 반반씩 10쌍의 석인이 배치되었다는 것을 알 수 있다.

건릉석각은 '안사의 난' 이후 당왕조의 사회경제가 번성했다가 쇠약해져 가는 시기에 만들어진 것이다. 각종 석각의 풍격에서 보자면 자태가 비록 보편적이고 이전 당릉 석각과 비교해 볼 때 작고 조각 기법 역시 거칠지만, 그 자체로 볼 때 비율이 적합하고 소박한 멋을 담고 있다. 건릉 사마도는 산을 끼고 있어서 그 양측과 남면이 모두 깊은 골짜기를 이룬다. 또 길이 울퉁불퉁하여 다니기가 매우 힘들어서 유람객이 비교적 드물다. 때문에 석각보존 상태가 비교적 온전하여 현재 보존 석각이 많은 당대 제왕 능묘에 속한다.

4. 배장묘

문헌기록에 보이는 건릉 배장묘는 3기이다. 분양왕汾陽王 곽자의郭子儀, 건국공汧國公 이회양李懷讓, 숙종장경황후肅宗章敬皇后 오씨吳氏의 묘이다. 현재 건릉 서남쪽 약 4km 지점 요소촌堯昭村 동북쪽에 3m 높이의 잔총殘塚 1기가 있다. 명나라 만력년간에 세워진 '분양왕곽자의지묘汾陽王郭子儀之

墓' 라는 묘비가 무덤 동남쪽 약 70m 지점 언덕에 넘어져 있다. 이 무덤이 바로 곽자의 묘총으로 보인다. 그 밖에 능 서남쪽 약 3km 지점 조가위장촌 趙家圍墻村 북쪽에 1기가 있고, 파양촌坡楊村 경내에 4기가 있다. 이상 6기 묘총 중에 3기는 이미 봉토가 없지만 위치가 모두 건릉 내에 속하므로 당연히 건릉 배장묘에 넣어야 할 것 같다. 하지만 곽자의 묘에만 묘비가 있을 뿐 나머지는 매장자가 누구인지 발굴하기 전에는 알 수 없다.

| 숙종장경황후 오씨 |　오씨는 복주 복양濮州 濮陽(지금 河南省 濮陽) 사람으로 태위太尉 오령규吳令珪의 딸이며 어머니 이씨李氏는 진국부인秦國夫人에 봉해졌다. 오령규는 어떤 사건에 연루되어 관직을 잃게 되었고 오씨는 어려서부터 궁중 액정에 들어갔다. 개원 13년(725) 현종이 충왕忠王 이형李亨의 관저에 행차했는데 이곳에서 시중을 드는 궁녀가 매우 적은 것을 보고 즉시 고력사에게 명하여 액정에서 궁녀 몇 명을 택하여 이형에게 주도록 했다. 이때 오씨 역시 이형에게로 보내졌다. 당시 이형의 나이 15세였고 오씨는 18세였다. 그녀는 성격이 겸손하고 총명하여 이형의 총애를 얻었으며, 다음 해에 아들 이숙李俶(후에 李豫로 개명함. 代宗임)을 낳았다. 개원 28년(740), 33세에 세상을 떠나자 장안성 춘명문春明門 밖에 매장했다.

보응 원년(762) 이예가 즉위하여 군신들의 건의에 따라 숙종의 산릉을 축성할 때 제도에 따라 선태후先太后를 능묘陵廟에 합장하고자 했다. 곽자의 등이 아뢰기를 오씨는 생전에 생활이 검소하고 성격이 원만했으며 총명하고 정직하여 부덕婦德의 아름다움이 있었으니 장경황후로 추증할 것을 청했다. 보응 2년 3월 건릉에 합장했다. "춘명문 밖에 오래된 무덤을 열어보니 얼굴이 살아있는 것 같고, 화장한 모습은 예전 그대로이며, 의복이 온통 자황색이어서 보는 사람들이 의아해 하며 성자聖子의 모습이라고 여겼다(『구당서』 후비전). '

| 현국공 이회양(詿國公 李懷讓) |　　이회양(?~763)의 일생에 대한 기록은
『신·구당서』와 『자치통감』 등 문헌에 분산되어 있다. 문헌기록에 의하면
이회양은 수조(지금 河北省 景縣 남쪽) 사람으로 일찍이 '진국군절도사鎭國軍
節度使'를 역임했고(『구당서』 李元諒傳), 이후 관직이 급사중에 이르렀다(『구
당서』 李尙隱傳).

　　중종 경룡연간(708~710), 이회양이 좌대감찰어사左臺監察御使가 되었을
때 "시중서시랑時中書侍郞, 지이부선사知吏部選事 최식崔湜 및 이부시랑吏部
侍郞 정음鄭愔이 동시에 발탁되었는데 원궐員闕을 3년 역용逆用하여 사대부
들의 원망을 샀다(『구당서』 이상은전)." 회양은 어사御史 이상은李商隱과 함께
조정에 탄핵하여 최식 등을 강등시켰다. 당시 최식과 상관소용上官昭容이
사통했는데, 소용이 즉시 안락공주와 무연수武延秀 등에게 부탁하여 중종
에게 억울함을 풀어달라고 하자 얼마 되지 않아 중종은 최식을 양주자사襄
州刺史로 삼고, 이후 다시 상서좌승尙書左丞의 관직을 내렸다. 정음은 강주
사마江州司馬가 되었다. 그리고 이상은은 전중시어사殿中侍御史 자리에서
이궐령伊闕令으로 강등되고, 이회양 역시 위현령魏縣令으로 좌천되었다. 이
후 최식은 태평공주의 태자 이융기 폐위사건에 연루되어 죽임을 당했다.
이상은은 다시 정주사마定州司馬에서 이부원외랑吏部員外郞이 되었고, 회양
은 하양령河陽令에서 병부원외랑兵部員外郞으로 발탁되었다. 얼마 후 회양
은 다시 동화同華(同州, 華州) 절도사에 임명되었으며 검교공부상서檢校工部
尙書에 제수되었다. 대종 보응 2년(763) 6월에 이회양은 환관 정원진程元振
의 모함을 당하여 자살했다. 이회양의 묘는 아직 발굴되지 않았다.

| 상부분양군왕 곽자의(尙父汾陽郡王 郭子儀) |　　곽자의(697~781)는 화주 정
현華州 鄭縣(지금 陝西省 華縣) 사람이다. 그의 아버지 경지敬之는 수綏, 위渭,
계桂, 수壽, 사泗의 자사를 역임했다. 곽자의는 유년시절 체구가 건장하고

용모가 준수했으며 무예가 뛰어나고 병서를 좋아했다. 이후 무과에 우수한 성적으로 합격하여 좌위장사左衛長史에 제수되었고, 제군사諸軍使, 좌위대장군左衛大將軍, 삭방朔方(지금 寧夏 銀川 남쪽) 절도우상병마節度右廂兵馬 겸구원태수兼九原太守, 부원수副元帥를 역임했다.

천보 14년(755) 11월에 안록산이 양국충을 토벌한다는 명목으로 범양에서 반란을 일으켰다. 현종 이융기는 급히 곽자의를 위위경衛尉卿 겸영무군태수兼靈武郡太守, 삭방절도사에 임명하여 반란군 토벌 명령을 내렸다. 곽자의는 선우도호부單于都護府를 출발하여 정변군靜邊軍을 회복하고, 안록산의 부장部將 주만경周萬頃, 고수암高秀岩 등을 격퇴한 후 운중雲中(지금 山西省 大同)과 마읍馬邑(지금 山西省 朔州 동쪽)을 포위하고 동형관東陘關(지금 山西省 代縣 동쪽)을 치니 대적할 자가 없었다. 현종은 곽자의가 반란군을 토벌하여 자주 승리한다는 소식을 듣고 어사대부御史大夫의 관직을 내렸다(『구당서』 곽자의전).

천보 15년(756) 정월에 현종은 곽자의에게 출병을 명하여 안록산에게 점령당한 동도東都를 되찾도록 했다. 2월, 곽자의와 하동절도사 이광필李光弼이 군대를 거느리고 정형井陘(지금 하북성 정형)을 공략하고, 상산군常山郡(지금 하북성 正定)을 함락시킨 후, 다시 조군趙郡을 점령하여 사사명의 군대 4,000여 명을 생포했다. 5월, 사하지구沙河地區에서 다시 사사명의 군대를 대패시켰다. 이후, 항양恒陽(지금 하북성 曲陽)에 이르러 반란군과 대치했다. 곽자의는 "성벽을 견고히 하고 자강自强하여, 적이 공격해 오면 지키고 적이 퇴각하면 추격한다. 낮에는 물러나고, 밤이 되면 적의 진영을 공격한다"는 계책을 사용했다. 이 계책으로 가산嘉山에서 반란군을 대파하고 적군 4만 명의 수급을 베었다. 사사명은 박릉博陵(지금 하북성 定縣)으로 달아났다. 가산에서의 대승은 안사의 난 이후 당군이 얻은 첫 번째 승리였으며 반란군의 사기를 꺾는 결정적인 전투였다. 이후 "하북 십여 개 군郡이 모두 적군을 베어 왕사王師를 맞이하였고(『구당서』 곽자의전)," 반란군이 범양으로 돌아갈 수 있는 길을 차단했다.

곽자의는 군사를 이끌고 반란군을 토벌하는 동시에, 하남의 전사戰事와 관중의 정치에 세심한 주의를 기울였다. 현종은 환관 변령성邊令誠의 모함을 그대로 받아들여 동관을 지키던 봉상청封常清과 고선지高仙芝를 죽였다. 그리고 와병중인 하남·농우隴右 절도사 가서한哥舒翰을 주장主將으로 삼아 동관을 방어하도록 했다. 아울러 환관 최박催迫을 보내 가서한의 군대에게 섬陝, 락洛(동관 동쪽 陝縣, 洛州)을 회복하도록 했는데 이때 곽자의는 이광필과 연락하여 동관을 고수해야 한다고 상주上奏했다. "동관의 대군은 응당 고수해야 하며 가벼이 출전해서는 안됩니다(『자치통감』권218)." "만약 동관에서 출사出師하면 분전하더라도 반드시 패할 것입니다. 동관성을 지키지 못하면 경실京室에 변고가 생기고 천하가 어지러워질 것인데 어찌 이를 평정할 수 있겠습니까(『자치통감』)!" 가서한 역시 의견을 상주하여 만약 동관에서 나간다면 안록산의 계책에 빠질 것이므로 험준한 곳에 의지하여 굳게 지킬 것을 주장했다. 현종은 이들의 주장을 듣지 않고 양국충의 말만 믿고 환관 최박을 보내 가서한의 군대로 하여금 동관에서 나가 적과 싸우도록 했다. 가서한은 하는 수 없이 병사를 이끌고 동관을 나섰다. 그 결과 영보靈寶(지금 하남성 영보) 서쪽 평원에서 안록산의 복병계伏兵計에 빠져 당군은 참패를 당하고 가서한은 포로가 되었으며 마침내 동관이 함락되어 현종은 할 수 없이 사천으로 피난을 떠났다.

8월, 곽자의와 이광필은 보병과 기병 5만 명을 인솔하여 영무에 도착했다. 조정이 막 세워졌을 때라 병사들이 적고 약하여 당실唐室을 중흥시키려면 오로지 삭방군朔方軍을 의지해야만 했다(『구당서』곽자의전). 숙종은 곽자의를 병부상서, 동중서문하평장사同中書門下平章事, 영주대도독부장사靈州大都督府長史, 삭방군절도사로 삼았다. 이때 안록산·사사명의 부장部將 아사나阿史那가 영무 서북쪽에서 부족 수만 명을 이끌고 영무를 침범하자 숙종은 곽자의에게 출병을 명했다. 곽자의는 용병에 능하여 적절한 방법으로 지휘하고 신속하게 승리하여 많은 토지를 되찾았다.

지덕至德 2년(757) 정월, 곽자의는 하동이 양경兩京 사이에 위치하기 때문에 하동을 얻고 동관을 취하면 양경은 곧 회복할 수 있다고 생각했다. 그는 바로 몰래 하동에 사람을 보내 살피도록 했다. 2월, 곽자의는 군대를 이끌고 동진하여 안·사군의 용장 최건우崔乾祐, 하동수河東邃를 대파하고 동시에 그의 아들 곽간郭旰 및 대장 이소광李韶光, 왕조王祚를 파견하여 황하를 건너 동관을 공격하도록 했다. 안록산의 아들 안경서安慶緖가 병사를 보내 동관을 구하도록 했는데, 이소광과 왕조가 이 전투에서 전사했으며 곽간 등은 대패하여 하동으로 물러났다. 안록산이 부장 안수충安守忠을 보내 병사 2만으로 하동을 공격하자 곽자의가 군대를 이끌고 반격하여 크게 승리하였다. 얼마 후 안록산은 그의 아들 안경서가 사주한 사람에게 죽임을 당했다. 4월, 숙종은 장안을 수복하기 위해 곽자의를 사공司空으로 삼고 관내關內와 하동군부원수河東軍副元帥의 직책을 내렸다. 5월, 곽자의가 군대를 이끌고 장안을 공격했으나 장안성 서쪽에 있는 반군의 습격을 받아 크게 패하여 뿔뿔이 흩어졌다. 곽자의는 남은 병사들을 모아 후퇴하여 무공武功(지금 섬서성 무공)을 지키면서 숙종에게 자신의 잘못을 표하고 관자官資를 강등시켜주길 청했다. 이때 좌복야左仆射로 강등되었으나 나머지는 예전과 같았다. 8월, 숙종은 모든 장수들을 불러 모아 장안을 공격하도록 하면서 곽자의에게 말하기를 "일의 성공과 실패는 이번 출전에 달려있다"고 하자, 곽자의가 맹세하여 말하길 "이번 출정에서 승리하지 못하면 신은 반드시 죽겠습니다"라고 했다(『자치통감』권219). 9월, 곽자의는 광평왕廣平王 이숙李俶을 따라 삭방의 군대 및 회흘回紇, 서역병西域兵 15만을 이끌고 봉상鳳翔을 출발하여 장안성 서쪽 향적사香積寺에서 안·사 반란군을 대패시켰다. 곽자의는 승세를 몰아 반란군을 추격하여 다시 화양과 홍농 지역을 함락시켰다. 이어서 안경서를 패배시키고 동도 낙양을 공격해 들어갔다. 낙양대첩 후 숙종은 장안으로 돌아올 수 있었고, 태상왕 이융기도 촉蜀에서 장안으로 돌아왔다. 12월, 곽자의가 동도에서 장안으로 귀환하자 숙종은 친히 백관을 거느리고 파상灞上(지금 섬서성 서안시 東灞河 西岸)에서 그를 맞이하며, "비록 나의 가국家國이나 실로 경이 있어 재건할 수 있었소"라고 감격해 했다. 곽자의는 사도司徒가 더해져 대국공代國公에 봉해지고 식읍食邑 1,000호를 하사받았다(『구당서』 곽자의전).

건원乾元 원년(758) 7월, 곽자의가 안사충을 생포하여 돌아오자 숙종은 망춘루望春樓에서 맞이하고 곽자의를 중서령中書令에 제수했다. 9월, 숙종은 곽자의, 이광필, 왕사례王思禮 및 평로병마사平盧兵馬使 동진董秦에게 명하여 보병과 기병 20만을 이끌고 하북 업성鄴城으로 가서 안경서를 토벌하라고 명했다. 숙종은 곽자의, 이광필이 모두 공이 커서 제어하기 힘들다고 생각하여 원수로 세우지 않고, 심복 환관 어조은魚朝恩을 관군용선위사觀軍容宣慰使로 삼아 파견했다. 이때부터 환관이 당왕조의 군권을 장악하는 계기가 되었다.

건원 2년(759) 곽자의는 이광필 등 9개 절도사들과 함께 업성을 포위하여 이중으로 진지를 쌓고 삼중으로 참호를 판 후 장하漳河의 물을 끌어들여 관개를 했다. "성 안의 우물은 넘쳐나고 가축우리를 얽어 짜서 거하며 겨울부터 봄을 지냈다. 안경서는 성을 굳게 지키면서 사사명을 기다렸다(『자치통감』 권221)." 그런데 반란군 진압에 나선 9개 절도사 군대는 상하 명령체계가 없었다. 이때 사사명의 군대는 업성을 막고 당군의 양도糧道를 차단했다. 식량이 부족하자 군대가 동요하기 시작했다. 3월, 반란군과 당군 60만이 안양安陽 하북에서 격전을 벌였는데 때마침 큰 바람이 불어와 사방에 모래가 가득하여 양군이 동시에 뿔뿔이 흩어졌다. 당군은 전마戰馬 1만필에서 겨우 3천필만 남았고, 무기는 거의 버리고 도망했다. 곽자의는 삭방군을 지휘하여 하양교河陽橋를 끊고 동경으로 후퇴하여 지켰다. 나머지 절도사 군대는 흩어져서 본진本鎭으로 돌아갔다. 당군의 업성 패전은 환관이 군대를 감독하여 전체적인 군대통솔권이 장수들에게 없었기 때문에 초래된 결과였다. 숙종은 여기에서 깨달은 바가 있어 즉시 "곽자의를 동도기東都畿, 산남동도山南東都, 하남제도행 영원수河南諸道行營元帥로 삼았다(『구당서』곽자의전)." 7월, 환관 어조은이 업성 패배를 빌미로 곽자의를 비방했다. 숙종은 곽자의를 장안으로 불러들이고 대신 이광필을 삭방절도사, 병마원수에 임명했다. 이때 곽자의는 병권을 잃었다.

상원 2년(761) 2월, 이광필의 병사들이 망산邙山에서 패하고 하양이 함락되자 어조은은 섬주로 후퇴하여 지켰다. 보응 원년(762) 2월, 하중河中과 태원太原의 군대가 총사령관을 죽이고 난을 일으켰다. 숙종은 다시 곽자의를 삭방, 하중, 북정北庭, 로로, 의儀, 택澤, 심沁 등 주절도사행영州節度使行營겸흥평정국兼興平定國 등 군부원수軍副元帥로 삼고 분양군왕汾陽郡王(곽자의의 곽씨성은 太原 陽曲에서 유래함. 옛날 이곳이 분양이었기 때문에 분양군왕에 봉해짐)으로 봉하여 강주絳州(지금 산서성 신강)를 수비하도록 했다. 곽자의가 출발할 때 숙종은 병세가 위중했다. 곽자의는 숙종을 알현하고 "노신老臣이 명을 받아 밖에서 죽고자 하나 폐하를 뵙지 못하면 죽어서도 눈을 감지 못할 것입니다"라고 했다. 숙종은 침실로 곽자의를 불러서 말하길, "하동의 일은 모두 경에게 맡기오"라고 했다. 곽자의는 강주에 이르러 반란군의 우두머리 왕원진王元振 등 수십 명을 생포하여 죽이고 단기간에 반란군을 평정했다(『구당서』곽자의전). 4월, 갑인甲寅에 현종이 신룡전神龍殿에서 붕어하고, 정묘丁卯에 숙종이 동내침전東內寢殿에서 세상을 떠났다. 기사己巳에 대종 이예가 즉위했다. 옹왕 이적雍王 李適이 천하병마원수天下兵馬元帥가 되어 군사를 이끌고 낙양을 점거한 사조의史朝義를 토벌하러 나섰다. 대종은 곽자의를 부원수로 삼고자 했으나 환관 정원진과 어조은이 중간에서 저지하자 곽자의의 부장 고회은固懷恩을 부사副師로 임명했다. 광덕 원년(763) 정월에 사조의가 하북에서 패해 자살하고 '안사의 난'이 끝났다.

755년부터 시작된 '안사의 난' 중에 곽자의는 군영에서 6년 동안 병사들을 이끌고 반란군 진압에 앞장섰다. 숙종은 곽자의가 반군을 평정하고 장안을 회복했을 때 그를 위로하며 "비록 나의 가국이나 진실로 그대가 있어 재건할 수 있었소(『구당서』 곽자의전)"라며 진심으로 그의 노고를 치하했다.

곽자의의 묘는 건릉 서남쪽 약 2km 지점 파양촌坡陽村에 위치한다. 잔총殘冢 높이가 약 3m이다. 묘 앞에는 명왕조 만력년간 섬서감찰어사陝西監察御史 필무강筆懋康이 세운 '분양왕곽자의지묘汾陽王郭子儀之墓'라고 쓴 묘비 하나가 서 있다. 비석 높이는 2.20m, 너비는 약 0.06m, 두께가 0.50m이다. 비석 아래 거북모양 받침돌은 길이가 1.10m, 너비가 1.17m, 두께가 0.50m이다. 이 묘는 아직 발굴되지 않았다. 앞으로 발굴을 기대해 본다.

八 代宗의 元陵
대종의 원릉

元陵

1. 대종 이예李豫

대종 이예(727~779)는 숙종 이형의 장자이며 당왕조 제9대 황제(762~779)이다. 개원 14년 12월(727년 1월 9일) 장경황후 오씨 소생으로 낙양 상양궁에서 태어났다. 처음 이름은 이숙李俶이며 15세에 광평왕에 봉해졌다. 이숙은 어려서부터 학문을 좋아했고, 예와 역에 밝았으며 성품이 온화하고 효성스러워 현종의 사랑을 받았다.

천보 14년, 안사의 난이 발생하자 현종은 급히 촉으로 피난을 떠났고 이숙은 아버지 이형을 따라 영무로 향했다. 756년 이형이 황제에 즉위하자 이숙은 천하병마원수의 직책을 맡아 곽자의 등과 함께 20만의 군대를 동원하고 회흘의 원군과 연합하여 장안과 낙양을 회복했다. 이후 초왕에 봉해졌다가 다시 성왕成王에 책봉되었다. 건원 원년 5월 경인(758년 6월 29일) 황태자에 책봉된 후 이름을 이예李豫로 고쳤다. 보응 원년 4월(762년 5월), 숙종의 병환이 위독해지자 아들을 낳지 못한 장황후가 몰래 월왕 이계와 모의하여 이예를 폐위시키려고 했다. 음모가 사전에 발각되어 환관 이보국,

정원진 등이 금군을 동원하여 월왕 이계와 그 일당들을 체포했다. 당시 장황후는 숙종의 침궁으로 피신했으나 이보국이 군대를 거느리고 황제의 침궁에 진입하여 장황후를 끌어낸 후 별궁에 유폐시켰다. 이 일로 충격을 받은 숙종이 세상을 떠나자 환관 이보국과 정원진 등이 이예를 황제로 즉위시켰는데 이가 바로 대종이다. 이때 사사명의 아들 사조의가 하남을 점거하자 대종은 각지 병사들을 소집하고 아울러 회흘에 사신을 보내 원병을 요청하며 아들 이적李適을 천하병마원수로 삼아 반란군을 토벌하도록 했다. 다음 해, 사조의가 자살하자 10여 년에 걸친 안사의 난이 마침내 종결되었다. 대종시기에 전란이 끝나고 잠시 평화가 찾아왔다. 대종은 수도와 낙양, 하남, 하북 등지에서 한때 반란군에 참여한 백성들의 죄를 묻지 않고 용서하겠다고 했다. 또 반란을 진압하는 과정에서 공을 세운 무장들에게 절도사의 칭호를 내렸다. 그러나 대종시대 지방세력에게 절도사 권한을 부여한 결과 방진方鎭이 서로 내지와 마주하고 있어 큰 것은 10개가 되며 아주 작은 주 역시 3, 4개를 겸하게 되는 지방통치의 할거국면을 야기했다.

대종이 즉위한 후 환관 이보국과 정원진의 세력이 날로 강성해졌다. 두 사람은 스스로 공훈을 세웠다고 자부하여 국가대사를 좌우하며 국정을 농단했다. 황제는 이보국 등 환관정치에 불만을 품고 있었지만 병권이 이보국 수중에 있었기 때문에 함부로 움직일 수 없었다. 이보국은 당시 '상부尙父'라는 칭호를 받았다. 중국 역사상 환관이 정식으로 재상이 된 사례는 이때 밖에 없었다.

이보국과 정원진은 조정에서 서로 자신의 권력을 내세우며 암투를 벌였다. 이때 정원진은 대종에게 은밀히 이보국이 장악하고 있는 병권을 빼앗도록 건의했는데 이것은 대종이 바라던 바였다. 대종은 이보국의 병권을 빼앗고 중서령의 직책도 회수하여 그를 외지로 보냈다가 이후 사람을 보내 제거했다. 이보국이 조정에서 물러난 이후 대권은 정원진에게 돌아갔다. 대종은 정원진을 진군대장군으로 임명한 이후 다시 환관정치의 국면을 불러왔다.

광덕 원년(763) 7월, 안사의 난을 평정하는 동안 변방 군대를 내지로 투입시킨 결과 변경수비가 크게 약화되었다. 이 틈을 타 토번과 당항족이 농우隴右 일대를 침입하여 약탈했다. 이때 지방관들이 계속 중앙에 위급한 상황을 전했으나 정원진은 사실을 숨기고 대종에게 알리지 않았다. 결국 토번세력이 경기 일대까지 침범해 오자 대종은 그때서야 상황의 심각성을 파악하고 곽자의에게 수도방어를 맡기고 정원진을 파면하여 낙향시켰다.

대종 이예는 어리석은 황제였다. 대종 제위 기간 비록 안사의 난은 평정되었지만 이때 당왕조는 커다란 상처를 입었다. 지방에서는 계속 번진할거세력이 출현했고 게다가 조정은 환관의 전횡으로 부패했으며 변경 역시 토번과 회흘의 강압 때문에 늘 불안정했다. 갈수록 국고는 텅비어갔으며 황하유역은 해년마다 이어지는 자연재해로 백성들의 생활은 날로 궁핍해갔다.

대력 14년(779) 5월, 이예의 병이 깊어지자 급히 태자 이적을 감국監國에 임명하고 곽자의를 수도로 불러와 섭정하도록 했다. 그 해 대종은 장안성 자신전紫辰殿에서 53세에 세상을 떠났다. 8월 경신(10월 7일), 군신들이 시호를 '예종효무황제'로 하고 묘호는 '대종'이라고 했다. 10월 기묘(11월 25일)에 경조 부평현(지금 섬서성 부평현)에 장례를 치렀는데 이곳이 즉 '원릉'이다.

2. 능묘와 능원

원릉元陵은 섬서성 부평현 서북쪽 약 15km 지점의 단산檀山(지금 莊里鎭과 齊村鄕의 壇山 남쪽)에 위치한다. 동북쪽으로 문종文宗의 장릉章陵과 3km 떨어져 있고, 동남쪽으로 중종中宗의 정릉定陵과 약 5.50km 거리에 있다.

1956년 8월 6일 섬서성이 제1차 중점문물보호단위로 지정했으며, 2001년 6월 25일 국무원이 전국 제5차 중점문물보호단위로 지정했다.

단산은 해발 851m로 동쪽에는 지가구支家溝가 있고 서쪽에는 3개의 천이 흐른다. 원릉은 단산의 자연적인 산세를 따라 축조했으며 봉역封域은 사방 20리이다. 원릉 능침 건축제도에 대한 문헌기록을 보면 "장례제도는 검약함을 힘써 따르고 금·은·비단으로 장식해서는 안 된다"고 했다(『당대조령집』 대종유조). 덕종이 즉위하여 조서하기를 대종 원릉은 "인산위릉因山爲陵 제도를 따라 후하게 하고, 재물을 아끼지 말고 비용을 제공하라"고 했다. 형부원외랑刑部員外郎 영호원令狐垣이 상서하여 간하길 "신이 『한서』 유향전劉向傳을 읽었는데 왕이 산릉을 경계해야 하는 것을 논할 때, 양리良吏를 찬탄하며 오랜 세월 아름답다고 했습니다. 왜 그러한가? 성현의 마음은 근검에 힘쓰며 모든 방법을 구해 무익한 것을 하지 않습니다. 옛날 순임금은 창오蒼梧(지금 호남성 寧遠縣 남쪽 30km 지점 九疑山 기슭에 있음)에 장례 지냈으나 마음대로 하지 않았고, 우임금은 회계會稽(지금 浙江省 紹興市 동남쪽

127 원릉(元陵) 문궐유지(門闕遺址)

8km 지점 禹陵鄉 禹陵村에 있으며 회계산을 등지고 있음)에 장례 지냈으나 선례를 바꾸지 않았습니다. 주나라 무왕武王은 필맥 畢陌(지금 섬서성 咸陽市 북쪽 5km 지점 周陵鄉 崔家村 남쪽에 있음. 능 앞에는 청 건륭연간 섬서 순무 필원이 직접 쓴 '周武王陵'이라는 비석이 1기 있음)에 장례 지냈으나 묘를 만들지 않았습니다. 한문제는 패릉霸陵(지금 섬서성 서안시 灞橋區 毛西鄉 楊家圪塔村)에 장례 지냈으나 산골짜기의 형세를 따랐습니다. 우는 불충하지 않았고, 계는 불순하지 아니했으며, 주공은 불제不悌하지 아니했고, 경제景帝는 불효하지 아니하여 군친君親을 모시는 데 있어 모두 소박함을 따랐습니다. 진시황은 여산驪山(지금 섬서성 臨潼縣 동쪽 5km 지점 여산 북쪽 기슭에 있음)에 묻혔는데 생선기

128 원릉 신도 익마(翼馬)

129 원릉의 석사(石獅)

름으로 등촉을 밝히고 수은으로 강과 바다를 만들고 진귀한 보물을 가득채웠으니 좋은 예라고 할 수 없으며 천세에 허물입니다. … 한나라 문제의 패릉은 모두 토기이고 금은으로 장식하지 않았습니다. 이를 통해 볼 때 덕이 있는 자는 더욱 더 박장薄葬

하고, 덕이 없는 자는 갈수록 후장厚葬에 힘썼음을 알 수 있습니다"라고 했다(『구당서』令狐垣傳). 마침내 덕종은 영호원의 건의를 채택하여 검소하게 대종의 장례를 치렀다. 원릉 건축규모가 선제만 못한 것은 '안사의 난' 이후 당왕조의 정치와 사회경제 상황이 갈수록 쇠퇴했다는 것을 보여주고 있다.

원릉은 산을 능으로 했기 때문에 내성 평면이 불규칙한 직사각형을 띠

130 원릉 신도 동쪽 익마(翼馬)

고 있다. 사면에는 각각 문이 하나씩 나 있는데, 즉 청룡·주작·백호·현무의 사신문이다. 동·서양 문은 서로 2,500m 떨어져 있으며 남·북 양 문은 서로 2,700m 사이를 두고 있다. 능원 네 모퉁이에는 각루가 세워져 있다. 신도는 남문 밖에 위치하고 있는데 길이가 약 600m이다. 그 남쪽에는 유대乳臺와 작대鵲臺가 세워져 있다. 현재 능원 지상 건축물은 이미 흔적을 찾을 수 없고, 다만 사문 밖 궐대闕臺 몇 곳과 각궐角闕 토대 일부만 남아 있다. 능원의 석각 크기와 구조는 건릉과 비슷하다. 현재 훼손된 석각이 36개 정도 남아 있다. 석주 1개가

131 원릉 신도 동쪽 석인(石人)

있고, 사자석 5개의 잔존 높이는 1.10~2.50m, 잔존 신장은 0.80~1.20m이다. 장마 3쌍은 잔존 높이가 0.60~0.69m이며 잔존 신장은 1.40m이다. 대부분 석각은 1960년대에 훼손되었다.

3. 배장묘

원릉 배장묘에 대해 자세한 문헌기록은 없다. 다만 『구당서』 대종예정황후심씨전代宗睿貞皇后瀋氏傳에 의하면, 헌종 영정永貞 원년(805) 11월에 예정황후의 황후제복을 대종황제 능침 우측에 합장했다는 기록이 있다. 심씨는 오흥吳興(지금 절강성 오흥) 사람으로, 비서감 심이직沈易直의 딸이다. 개원 말, 숙종 이형이 심씨를 자신의 장자 광평왕 이예에게 하사했다. 천보원년(742), 심씨는 아들 이적李適을 낳았는데 후에 덕종이 되었다. '안사의난'이 발발하여 현종이 사천으로 황급히 도망치자 도망갈 틈도 없었던 제왕諸王과 비妃들은 모두 반란군의 손에 들어가서 후에 동도 낙양 액정掖庭에 구금되었는데 심씨도 그 속에 있었다. 이예가 병사를 이끌고 동도를 되찾은 후 낙양 황궁에서 심씨와 재회했지만 당시 북벌과 반란을 평정하는 일이 급해 황후를 장안으로 돌려보낼 틈이 없었다. 상원 2년(761) 사사명이 재차 낙양을 공격하여 점령했다. 얼마 후 사사명은 그의 아들에 의해 죽임을 당했다. 이후 당의 관군官軍이 사조의를 공격하여 재차 낙양을 되찾았을때 심씨의 행방은 알 수 없었다. 대종이 즉위한 후 사방에 사람을 보내 찾았으나 그가 죽을 때까지 심씨를 찾지 못했다. 덕종이 즉위한 후 건중建中원년(780) 11월, 다시 조서를 내려 생모를 찾았다. 후에 고력사의 양녀 등 4명이 심태후를 사칭하였으나 덕종은 모두 죄를 면해주고 석방했다. 하지만심씨는 정원지세貞元之世가 끝나도록 소식이 없었다.

영정 원년(805) 8월, 덕종의 손자 이순李純이 그의 아버지 순종 이송李誦을 이어 제위에 올라 헌종憲宗의 시대를 열었다. 9월에 예의사禮儀使가 상주하길 "태후 심씨는 … 세월이 더욱 깊어 찾는 것도 이치를 다했으니 … 지금 예례禮例를 자세히 살피고 삼가 청하오니 대행황제(代宗)께서 궁으로 오시는 날을 알리어, 백관이 숙장문肅章門 내의 정전正殿에서 죽음을 애도하고, 먼저 관리에게 명하여 황후제복을 하나 만들고, 애도일을 발표하여 내관에게 명해 황후제복을 장막에 두도록 하십시오. 이후 궁인이 조석으로 식사를 올리고 먼저 원릉에 고시하고 다음으로 천지 종묘宗廟와 소덕황후묘昭德皇后廟에 알리십시오. 태황태후로 추존하고 신주神主를 만들어 날을 택해 대종의 종묘에 합장하십시오. 황후의 옷은 가마를 준비하여 원릉사당에서 영접하고 다시 대종황제의 곤룡포 오른쪽에 두고 즉시 애도일을 발표하여 국기國忌로 삼도록 하십시오"라고 청했다. 헌종은 이 건의를 받아들여 심씨를 위해 황후제복을 만들어 궁실宮室에 헌납하도록 명했다. 그 해 11월, 시호를 예정황후로 하고 대종의 원릉에서 황후제복을 영접하여 능침 우측에 안치하고 조부 덕종황제의 염원을 매듭지었다.

九 德宗의 崇陵
덕종의 숭릉

崇陵

1. 덕종 이적李適

덕종 이적(742~805)은 대종 이예의 장자이며 당왕조 제10대 황제(780~805)이다. 천보 원년 4월(742년 5월 27일) 예정황후 심씨 소생으로 장안성 동궁에서 태어났다. 그해 11월 특진特進에 임명되고 봉절군왕奉節郡王에 책봉되었다. 보응 원년(762) 5월에 천하병마원수, 노왕魯王이 되었다. 8월에 다시 옹왕으로 봉해졌다. 10월, 대종의 명을 받아 섬주(지금 하남성 섬

132 덕종(德宗) 이적(李適)

현)에서 군대를 모아 사조의史朝義의 반란군을 토벌하고 하북일대를 안정시켰다. 안사의 난이 수습된 이후 공을 인정받아 상서령에 임명되었고 2천 호의 식읍을 받았다. 광덕 2년 2월(764년 3월) 황태자에 책봉되었다. 대력 14년 5월(779년 6월) 대종이 세상을 떠나자 6월 12일 태극전에서 제위에 올랐는데 그때 나이가 38세였다. 다음 해 연호를 '건중建中'으로 했으며 군신들이 '성신문무황제'라는 존호를 올렸다(『구당서』덕종본기).

덕종은 즉위 초, 안사의 난 이후 나타난 정치와 사회경제의 문제점을 쇄신하고 개혁하려는 의지를 보였다. 건중 원년, 그는 재상 양염楊炎의 건의를 받아들여 양세법을 실시했다. 당 전기 조세제도는 조·용·조 체제였다. 안사의 난 이후 토지제도와 조세법은 모두 변화를 모색해야 했는데 양세법은 균전제가 무너지고 토지겸병이 가속화되어 빈부격차가 심각하게 대두한 상황에 적합한 제도였다. 조세제도를 개혁함과 동시에 덕종은 중앙집권을 강화하여 번진할거세력을 억제하고자 했다. 그러나 정치와 사회경제 여건이 열악한 상황에서 그 성과는 미흡했고 더구나 번진을 이용하여 번진세력을 제압하고자 하는 정책은 결국 전란의 피해를 가중시키는 결과를 초래했다. 건중 2년 위박진魏博鎭(지금 하북성 대명 동쪽)의 절도사 전열田悅이 이유악李惟岳(절도사 이보신의 아들), 이납李納(절도사 李正己의 아들), 산남동도절도사 양숭의梁崇義와 연합하여 반기를 들었다. 덕종은 하동절도사 마수馬燧, 범양절도사 주도朱滔, 회서절도사 이희열李希烈에게 이들을 토벌하도록 했다. 당시 반란군을 토벌한 이후 곧 문제가 발생했다. 토벌에 참여한 절도사 주도朱滔가 반대로 반란을 일으키고 게다가 이희열까지 반란에 가담하여 상황은 더 복잡해졌다. 덕종은 황급히 관내關內 주둔병을 투입시켜 진압에 나섰다. 10월, 경원涇原절도사 요령언姚令言이 병사들을 거느리고 장안을 지날 때 반란을 일으켜 장안을 점거했다. 이때 덕종은 서둘러 봉천奉天(지금 섬서성 건현)으로 피신했다. 장안을 점거한 경병涇兵은 주도朱滔의 형 주차朱泚를 황제에 즉위시키고 덕종에게 대항했다. 덕종은 변방절도사 이회광李懷光을 불러들여 반란군을 토벌하려고 했으나 이회광은 관중에 도착하여 오히려 반란군에 합류했다. 덕종은 봉천에서 양주(지금 섬서성 한중)로 피신해야만 했다. 후에 이성李晟이 거느린 신책군神策軍이 주차를 제거하고 장안을 회복했다. 봉천의 어려움을 겪은 덕종은 번진세력을 제압하는데 속수무책이라는 결론을 얻었다. 이때부터 덕종의 정치개혁에 대한 신념은 사라지게 되고 반대로 환관을 정치에 개입시켜 당왕조의 혼란을 가중시켰다.

덕종은 난을 피하여 봉천에 이르렀을 때 식량이 떨어지고 모든 것이 부족한 상황을 직접 경험했다. 이러한 상황을 겪은 덕종은 이후 장안으로 돌아와 백성의 재물을 수탈하여 황실 창고를 채우는데 급급했다. 당시 지방관들은 황제의 마음을 얻고자 하여 더욱 백성들을 수탈하는 등 정치적 부패와 폐단이 속출했다. 수도 장안에 궁시宮市를 두어 환관에게 궁시사宮市使의 직책을 부여하고 시장의 재물을 거두어들였다. 덕종 통치 연간 백성들의 생활은 갈수록 궁핍해졌고 사회모순은 심각한 상황에 이르렀다.

정원 21년(805) 정월, 태자 이송李誦이 갑자기 중풍에 걸려 말을 못하게 되었다. 이 일로 덕종은 상심하여 병석에 눕게 되었고, 마침내 805년 2월 25일 장안 회녕전에서 64세에 세상을 떠났다. 순종 영원 원년 8월(805년 9월 27일) 군신들이 시호를 '신무효문황제', 묘호를 '덕종'이라고 했다. 헌종때 경조 운양현(지금 섬서성 경양현) 북쪽 차아산嵯峨山에 장례를 지냈는데 이곳이 바로 숭릉이다.

2. 능묘와 능원

숭릉은 섬서성 경양현涇陽縣 북쪽 약 20km 지점 장로향蔣路鄕 몽가구촌

蒙家溝村 차아산嵯峨山 남쪽에 위치한다. 능원은 경양과 삼원三原 두 현에 걸쳐 있다. 1956년 8월 6일, 섬서성이 제1차 중점문물보호단위로 지정했으며, 2001년 6월 25일, 국무원이 제5차 중점문물보호단위로 지정했다.

차아산은 예전에 형산荊山이라고 했는데 지세가 높고 웅장하여 관중關中의 명산名山 중에서도 으뜸에 속한다. 이곳에는 다섯 개의 봉우리가 있고 그 형상이 붓걸이를 닮았다고 하여 필가산筆架山이라고도 부른다. 주봉은 해발 955m이고 산꼭대기에 오르면 경涇, 위渭, 황黃의 모든 하천이 한눈에 들어온다. 숭릉은 만당晚唐 능묘 중에서 산을 능으로한 전형적인 구조이다. 침궁은 차아산 남쪽기슭 중봉中峰 산허리에 있는데 9개 산맥이 합류하는 지점이 9쪽 연꽃 중앙과 흡사하여 이를 '연화혈蓮花穴'이라 부른다. 숭릉 현궁은 높은 곳에서 굽어보면 산이 겹겹이 둘러싸고 물이 안고 있는 형세로, 능총陵冢이 높이 돌출되어 있다. 지하 갱도는 방형과 장방형의 응회암 덩어리를 겹쳐 쌓고, 석조石槽를 박아 넣어 철판으로 막아 생철生鐵 액을

133 숭릉(崇陵) 전경

주입하여 매우 견고하게 축조했다. 능원 안팎에는 2개의 성이 있다. 내성 內城에는 4개의 문이 있는데 청룡·주작·백호·현무의 사신문이다. 성벽 은 산세를 따라 구축하였으며 평면구조는 사다리꼴 모양에 가깝다. 그 중 남쪽 성벽은 차아산 남쪽기슭을 따라 동서로 직선구조이며 5개의 산골짜 기에 가로로 걸쳐 있다. 성벽 전체 길이는 2,850m, 담장 너비가 6m인데 현 존하는 최장 길이는 약 350m이다. 북쪽 성벽은 차아산 북쪽기슭을 따라 동

134 숭릉 능원 평면도

서로 직선구조이며, 전체 길이가 1,300m인데 자연적인 훼손으로 현재 남아 있지 않다. 동쪽 성벽은 동쪽 산등성 협곡을 따라 세워졌다. 전체 길이는 1,870m이고, 현존하는 지면 최장 구역은 60m, 잔존 높이는 1.50m이다. 서쪽 성벽은 자연적인 산세를 따라 산등성이에 세워졌다. 전체 길이는 2,220m인데 현존하는 최장 구역은 약 800m이다. 동·서·북 삼면 성벽 기초 너비는 모두 3.50m이며 항토기법이고 항층 두께가 8~13cm이다. 내성 총면적은 약 4,243.3만m²이며 주변길이는 약 8.20km이다. 『장안지』에는 "숭릉 봉내는 40리이다"라고 되어 있다.

숭릉은 중당中唐의 저명한 재정관리인 두우杜佑가 산릉사山陵使를 맡아 주관했다. 두우는 예전禮典에 매우 밝아서 숭릉능원의 각종 시설은 모두 예제禮制에 합당했다. 그러나 숭릉은 당말 오대五代시기 요주耀州절도사 온도溫韜에 의해 도굴당하여 능원 건축물과 석각이 많이 훼손되었다. 능원 내 건축물을 조사하기 위해 발굴조사팀이 능원 내성 사문의 문지門址, 문궐, 각루, 제단 등을 발굴했다. 내성 주작문은 남쪽 성벽 정중앙에 위치하며 동서 너비는 약 16m이다. 현무문은 북쪽 성벽 서쪽에 치우쳐 있으며 동서 너비가 약 15m이다. 남북 양문兩門 문지門址는 기본적으로 서로 마주하고 있다. 청룡문은 동쪽 성벽 북쪽에 치우쳐 있는데 문지는 이미 훼손되었다. 백호문은 서쪽 성벽 북쪽에 치우쳐 있으며 문지 너비는 13.70m이고, 청룡문과는 동서로 멀리 떨어져 서로 마주하고 있다. 내성 사문 밖에는 모두 대칭 궐루토대가 있는데 그 중에 주작문 앞에 토궐土闕 2쌍이 있다. 첫 번째 토궐은 신도 남단에 위치한다. 동쪽 궐지闕址의 잔존 높이가 5.40m이며 북쪽으로 내성 남쪽 성벽과 660m 떨어져 있다. 서쪽 궐지는 잔존 높이가 2.70m인데 북쪽으로 내성 남쪽 성벽과 668m 떨어져 있으며 두 궐의 동서 거리가 120m이다. 두 번째 토궐은 주작문 밖에 위치하며 복두형 구조를 이룬다. 동측 궐루유적 잔존 높이는 4.75m이고 북쪽으로 성벽과 42m 떨어져 있다. 서측 궐루유적 잔존 높이는 4.30m이며 북쪽으로 성벽과 52m 떨어져 있다.

두 궐의 동서 거리는 56m이다. 현무문 밖에 있는 두 토궐의 동서 거리는 112m이다. 서측 토궐은 남쪽으로 북쪽 성벽과 42m 떨어져 있다. 동측 토궐은 남쪽으로 북쪽 성벽과 75m 떨어져 있는데 현재 두 궐은 모두 일부만 남아 있다. 청룡문 밖에 있는 두 궐은 남북 사이의 거리가 54m이다. 북측 궐지의 잔존 높이가 3m인데 서쪽으로 동쪽 성벽과는 약 60m 떨어져 있다. 남측 궐지는 잔존 높이가 4.40m이며 서쪽으로 동쪽 성벽과 약 50m 떨어져 있다. 백호문 밖에 있는 두 궐은 서로 48m 떨어져 있는데 남측 궐지의 잔존 높이가 2.30m이고 동쪽으로 서쪽 성벽과 42m 떨어져 있다. 북측 궐지는 잔존 높이가 1m이며 동쪽으로 서쪽 성벽과 28m 떨어져 있다. 내성 네 귀퉁이에 원래 각루가 있었다. 현재 대부분 훼손된 상태지만 항토 축성이며, 여전히 각루의 구체적인 위치를 탐측해낼 수 있다. 이 근처 퇴적물에서 평기와, 반원통형 기와, 연꽃무늬 와당조각, 깨진 벽돌조각 및 회백색 벽면 등 건축 유물이 발견되었다.

그밖에 내성 주작문 정남 약 80m 지점에서 제단祭壇유적이 발견되었는데 현재 대부분 폐허로 남아있다. 현존하는 부분은 사마도 서측에 위치하는데 남북 37m, 동서 약 8m이다. 이곳에서 훼손된 석각이 몇 개 출토되었다. 퇴적물에는 대량의 벽돌 조각, 평기와, 반원통형 기와와 연꽃무늬 와당 조각이 나왔다.

3. 능원 석각

숭릉 능원에 설치된 석각의 종류와 형식은 당대 제릉帝陵과 같은 구조이며 일본 나라시대[奈良時代] 문화에 영향을 주었다. 현재 능원 내에 38개의 석각이 남아 있다. 현무문 밖에 사자석 1쌍과 석인 3개가 있고, 백호문 밖에 사자석 1쌍과 제단에 석인 6개가 있는 것을 제외하고 나머지는 모두 주작문 밖 길이 약 680m에 달하는 사마도 양측에 분포한다. 이곳에 웅크리고 있는 사자석 1쌍, 석인 9쌍, 안장을 장식한 석마 7개, 타조 1개, 익마 1쌍, 석주 1쌍이 있다.

| 석주 | 석주 1쌍은 사마도 남단 석각 첫머리에 위치한다. 동서 거리가 82m이고 북쪽으로 주작문과 572m 떨어져 있다. 그 형태와 구조는 태릉, 건릉과 비슷하다. 동쪽 석주는 전체 높이가 7.88m이며 꼭대기 도형桃形 높이는 1.80m이다. 주신은 팔각형 구조로 그 높이는 5.32m이며, 각 모서리에 기악비천伎樂飛天과 만초 무늬가 선각되어 있다. 주춧돌 길이는 1.57m, 너비 1.54m, 두께 0.42m이며 그 위에 돌출된 원형의 받침대는 직경이 1.58m, 높이가 0.18m이다. 저좌底座 아래 주춧돌 길이와 너비는 각각 1.84m이며 지면에 노출된 높이는 0.34m이다.

서쪽 석주의 전체 높이는 7.79 m이고 꼭대기는 역시 도형 구조이며 높이가 2.05m이다. 주신 높이는 5.30m, 주춧돌 길이와 너비는 각각 1.71m, 두께 0.44m이다. 가장 아래 부분 주춧돌은 흙 속에 묻혀있다.

135 숭릉 신도 서쪽 석주(石柱) 및 익마(翼馬)

| 익마 | 익마 1쌍은 석주 북쪽 약 28m 지점에 위치한다. 그 형태와 구조는 현종의 태릉 익마와 비슷하다. 두 익마는 서로 마주보고 서 있으며 동서 거리는 82m이다.

동쪽 익마는 2층 주춧돌 위에 서 있다. 익마 길이는 2.50m, 높이 2.85m로 보존상태가 온전하다. 상층 주춧돌은 동서 길이가 1.95m, 남북 너비 1.04m, 두께 0.30m이다. 하층 주춧돌은 동서 길이가 2.50m, 남북 너비 1.27m, 두께 0.30m이다. 서측 익마는 3층 주춧돌 위에 서 있다. 그 길이는 2.65m, 높이 2.70m이며 보존상태가 양호하다. 상층 주춧돌 동서 길이는 1.83m, 남북 너비는 1.08m, 두께 0.27m이다. 중층 주춧돌은 돌덩이 3개를 맞붙여서 만든 것으로 동서 길이가 2.55m, 남북 너비는 1.40m, 두께 0.35m 이다. 하층 주춧돌은 돌덩이 4개를 맞붙여서 만들었고 동서 길이는 2.98m, 남북 너비가 1.68m, 두께 0.37m이다.

숭릉 익마의 형태와 구조는 태릉 익마와 비슷하지만 말의 머리가 좀 더 야위어 보이고 목이 비교적 길며 몸도 짧게 바뀌고 다리 역시 높게 바뀌었다. 목에는 갈기가 흐트러져 있고 양쪽 날개는 마치 세 다발 낭화浪花같이 갈기 뿌리에서 교차하며 꼬리는 아래로 늘어뜨리고 있고 사지는 주춧돌에 이어져 있다. 배 아래에서 주춧돌 사이에 이르는 사방에는 모두 새털구름 문양이 돋을새김으로 되어 있다. 태릉 익마와 비교하면 숭릉 익마의 형체는 품격이 다소 떨어진다.

| 타조 | 타조는 원래 1쌍이 있었는데 지금은 동쪽에 1개만 남아 있다. 익마 북쪽 약 44m 지점에 위치한다. 타조는 남북 길이 2.05m, 높이 1.52m, 두께 0.32m의 돌병풍 위에 돋을새김으로 조각되어 있다. 돌병풍의 초석은 남북 길이 2.25m, 너비 0.74m, 두께 0.35m이다. 숭릉 타조의 자태는 태릉과 같다. 행진하면서 걸음을 멈추고 뒤돌아보는 모습이다. 목은 자연스럽게 뒤로 구부려 날개 위로 꺾은 모습인데 형체가 작고 조각 기법으로 볼 때 태릉의 타조만 못하다.

| 장마 | 장마 4쌍은 익마 북쪽 26m 지점에 위치하며 동서 거리가 74m이

다. 현재 7개(동쪽 3개, 서쪽 4개)가 남아 있는데 모두 불완전하다. 그 잔존 높이는 1.45~1.80m이다. 말은 등에 안복鞍袱을 걸치고, 안천鞍韉, 앙추鞅鞦 장식을 하고 있으며 꼬리는 아래로 늘어뜨린 모습이다. 서쪽에 남아 있는 것은 주춧돌 1개 뿐이다. 그 길이는 1.50m, 너비 1.20m, 지면에 노출된 높이가 0.44m이다.

| 석인 | 석인 9쌍은 장마 북쪽에 있고 동서 거리가 74m이며 남북 거리는 약 25m이다. 옷차림과 자세로 볼 때 왼쪽이 문신, 오른쪽이 무신으로 태릉 석인과 같다. 동쪽 문신 중에 온전한 석인의 신고身高가 2.76~2.83m이다. 머리에는 관을 쓰고 있고, 몸에는 소매가 넓은 긴 두루마기를 걸치고 있으며, 옥으로 만든 홀 형태의 코가 깊은 신발을 신고 있다. 양 손은 홀을 잡고 있는데 가슴 앞에서 홀판笏板을 구부러지게 들고 있다. 그 아래 주춧돌은 길이가 0.95m, 너비 0.63m, 지면에 노출된 높이가 0.25m이다.

서쪽 무신 중에 온전한 것은 신고身高가 2.78~2.85m이다. 머리에는 고

136 숭릉 신도 동쪽 석인(文臣)

137 신도 서쪽 석인(武將)

산관高山冠을 쓰고 있는데 윗부분에 꽃무늬가 장식되어 있다. 소매가 넓은 긴 두루마기를 걸치고 있으며, 신발코가 둥근 신을 신고 있고, 양 손은 가슴 앞에서 검에 지탱하고 있다. 그 아래 주춧돌 길이는 0.95m, 너비 0.61m, 지면에 노출된 높이가 0.25m이다.

| 사자석 |　　사자석 1쌍은 주작문 밖 11m 지점에 위치하며 동서 거리가 24.20m이다. 두 사자는 모두 2층 주춧돌 위에 웅크리고 앉아 있다. 동쪽 사자석 높이는 1.75m, 흉관 0.94m이다. 둥근 머리에 말린 꼬리를 하고 광대뼈가 튀어나왔으며 얼굴표정이 엄숙하다. 꼬리는 오른쪽 다리 위에서부터 말려나와 끄트머리는 수직으로 피어난 뭉게구름 같다. 주춧돌 상층은 남북 길이가 1.43m, 동서 너비 1m, 두께 0.25m이다. 하층 주춧돌 남북 길이는 1.77m, 동서 너비 1.23m, 지면에 노출된 높이가 0.27m이다. 서측 사자석 높이는 1.70m, 흉관 0.87m이다. 헝클어진 털에 벌린 입은 마치 포효하는 모습 같다. 꼬리는 왼쪽 다리 위에서부터 말려 나와 끝부분은 비교적 곧게 뻗어 있다. 주춧돌 상층 남북 길이는 1.40m, 동서 너비 1.09m, 두께 0.25m이다. 하층 주춧돌 남북 길이는 1.80m, 동서 너비 1.25m, 지면에 노출된 높이가 0.30m이다.

　　숭릉 사자석은 이전 당릉의 형태와 구조를 따르고 있지만 그 조각기법은 현저하게 떨어진다. 이곳 석각은 체형이 눈에 띄게 작아졌을 뿐만 아니라 조

138 숭릉 남문 서쪽 석사(石獅)

각기법 역시 섬세하지 않다. 석각에 나타난 이러한 변화는 당왕조의 절정기에서 쇠퇴기로 가는 과정을 반영하고 있다.

4. 배장묘

안사의 난 이후 당왕조의 사회상황과 군신관계의 변화는 당태종 이세민이 제정한 제릉배장제도를 유명무실하게 만들었다. 배장자가 갈수록 적어질 뿐만 아니라 심지어 1명의 배장자도 없는 상황에까지 이르렀다. 『신·구당서』와 『당회요』 등 문헌 기록에 의하면 숭릉은 배장묘가 없다. 현재까지 숭릉 주위에서 배장묘 흔적은 발견되지 않았다. 하지만 『구당서』 덕종본기를 보면, 영정 원년 10월 기유(805년 11월 8일)에 덕종이 숭릉에 안장되고 소덕황후昭德皇后 왕씨王氏를 합장했다는 내용이 있다.

『구당서』 덕종소덕황후왕씨德宗昭德皇后王氏 기록에 의하면, 소덕황후 왕씨는 비서감 왕우王遇의 딸이다. 덕종 이적이 봉절군왕奉節郡王이 되었을 때 왕씨를 빈嬪으로 들였다(『구당서』 후비전에는 "덕종이 노왕(魯王)이 되었을 때 빈으로 들였다. 상원 2년 순종황제를 낳았다"는 기록이 있는데 이것은 오류가 아닌가 싶다. 안(案): 덕종이 노왕으로 봉해졌을 때는 '대종이 즉위한 해의 5월', 즉 762년 5월이고, 그의 아들 순종 이송은 상원 2년 정월에 태어났는데, 즉 761년 정월이다. 이적이 왕씨를 비로 들인 해는 762년이 아니라 760년, 즉 덕종이 봉절군왕에 있을 때이며 노왕에 봉해졌을 때가 아니다). 상원 2년(761) 정월, 장자 이송李誦(후에 순종)을 낳자 총애가 나날이 깊어졌다. 대력 14년(779) 5월에 이적이 황제가 되었다. 이후 번진藩鎭의 난이 발생하여 정국이 불안정하자 황후를 세우지 못하고 다만 왕씨를 숙비淑妃로 책봉하여 많은 비빈들의 우두머리에 두고 황후의 권력을 행사하도록 하는 동시에 그의 아버지를 양주(지금 강소성 양주시) 대도독으로 삼고, 형제 왕과王果를 미주眉州(지금 사천성 眉山) 사마로 삼았으며 생질들 중에 관직에 임명된 자가 20여 명에 달했다.

덕종은 즉위 초 번진 할거세력을 누르려고 했으나 적절한 조치를 취하지 못해 도리어 대란을 야기했다. 장안이 반란군에게 점령당한 후 덕종은 급히 봉천으로 도망치느라 옥새를 챙기지 못했다. 세심한 왕씨는 옥새를 옷 속에 감추고 봉천에 다다른 후에 덕종에게 건네주었는데 후에 다시 홍원으로 피난했다. 장기간 피난 생활에 지친 왕비는 불행히도 병에 걸렸다. 전란이 수습되길 기다려 장안에 돌아왔을 때 왕비의 병은 이미 완치될 수 없는 상황에 이르렀다. 정원 2년 11월 갑오(786년 12월 3일)에 왕씨를 황후로 책봉했으나 당일 장안 양의전兩儀殿에서 세상을 떠났다. 왕씨는 중국 역사상 재위기간이 가장 짧은 황후였다. 덕종은 "진문명후晋文明后(晋文帝 사마소의 황후 王元姬를 말함)가 죽자 천하에 3일을 애도하라고 공포했다"며 친히 소복을 입고 7일간 집무하며 재상 한황韓滉에게 애책문哀册文을 쓰도록 하고 '소덕황후'라는 시호를 내렸다. 다음 해 5월, 정릉靖陵에 매장했다. 영정 원년(805) 11월에 정릉에서 숭릉으로 옮겨 합장했다.

十 順宗의 豊陵
순종의 풍릉
豊陵

1. 순종 이송李誦

순종 이송(761~806)은 덕종 이적의 장자이며 당왕조 제11대 황제이다. 정원 21년(805) 정월부터 8월까지 제위에 있었다. 숙종 상원 2년 정월(761년 2월 21일), 숙비 왕씨(비서감 王禹의 딸이며 사후에 소덕황후의 시호를 받음) 소생으로 장안성 동내東內에서 태어났다. 대종 대력 14년 6월 경자(779년 7월 19일)에 선왕宣王에 봉해졌다(『자치통감』 권225). 덕종 건중 원년 정월 정묘(780년 2월 11일)에 황태자로 책봉되었다. 이송은 "성품이 관대하며 온화하고 결단력이 있었고, 검소하면서 큰 뜻을 품은 인물"이었다. 그는 숙종시기 빈번하게 발생한 번진세력의 반란과 환관의 전횡에 대해 불만을 갖고 있었다. 한 때 시독侍讀 왕숙문王叔文, 왕비王伾 등과 합력하여 황제에 즉위하면 곧바로 개혁을 단행하고 인재중심의 정치를 구현하고자 계획하기도 했다.

덕종은 만년에 환관을 신임하고 대신들을 멀리했다. 이 때문에 황제의 총신들과 환관들이 조정을 장악하여 권력을 농단하기 시작했다. 대신들은 무능한 덕종 앞에서 감히 직언을 할 수 없었지만 이송은 태자의 신분으로 그들을 비판했기 때문에 환관들로부터 미움을 샀다. 정원 20년(804) 9월, 이송이 중풍에 걸려 말을 할 수 없게 되었고 덕종은 병중이었다. 이때 "여러 왕들과 친척들이 시중을 들었으나 오직 상(이송)은 병중이었으므로 시중을 들지 못했다(『구당서』 순종본기)." 다음 해 정월 13일, 덕종이 세상을 떠났다. 환관들이 급히 한림학사 정인鄭絪, 위차공衛次公 등을 불러와 유조를 받들도록 했다. 이때 환관 중에서 어떤 사람이 말하기를 "궁중에서 어떤 사람이 제위를 계승할 것인지 아직 결정하지 않았다"고 하자 그 자리에 있던 사람들이 모두 아무 말도 하지 않았다. 그때 오직 위차공이 말하기를 "태자가 비록 병중이나 적장자이며 중외中外가 따르고 있다. 꼭 안된다면 마땅히 광릉왕廣陵王(이송의 장자 李純)을 세워야 한다"고 했다. 나머지 사람들도 위차공의 주장을 따랐다. 이렇게 하여 이송의 황위계승권이 보장될 수 있었다(『자치통감』 권236). 이송은 병중인 몸으로 태극전에서 26일(2월 28일)에 제위에 올랐는데 이가 바로 순종順宗이다. 3월, 장자 광릉군왕 이순李淳을 황태자에 책봉하고 아울러 이름을 순純으로 고쳤다.

순종은 즉위 후, 왕숙문을 한림학사로 임명하고 개혁을 단행했다. 동시에 이부시랑 위집의韋執誼를 상서좌승동평장사로 삼고 산기상시散騎常侍 왕비, 둔전원외랑屯田員外郎 유우석劉禹錫, 예부원외랑禮部員外郎 유종원柳宗元 및 한태韓泰, 한엽韓曄, 진간陳諫, 정이程異, 능준凌準 등 개혁인물을 중심으로 덕종시기 정치적 폐단을 바로잡고자 했다. 왕숙문 등은 황제의 조서로 당시 대표적인 혹리였던 경조윤京兆尹 이실李實을 파면하고 궁시宮市를 철폐했으며 조세를 감면하고 염철사鹽鐵使의 월진전月進錢과 지방관리들의 진봉進奉을 모두 정지시켰다. 또 민간의 관부에 대한 기타 세금을 면제하는 정책을 실시하여 '영정혁신永貞革新'의 정치를 펼쳤다. 그러나 개혁은 환관집단과 번진세력의 이익을 침범했기 때문에 실시하자마자 강한 반대에 직면했다. 곧이어 왕숙문은 환관들이 장악하고 있던 병권을 빼앗고 우금오위대장군右金吾衛大將軍 범희조範希朝를 보내 신책군神策軍(황제의 금위군)을 접수하도록 했다. 당시 신책군 장령들은 대부분 환관들이 신임하는 인물들로 병권을 쉽게 내놓지 않았다. 정원 21년 5월 이후, 환관 구문진俱文珍, 유광기劉光琦, 설영진薛盈珍 등이 거짓 순종의 명의名義로 왕숙문 등의 권력을 빼앗고 동시에 번진세력과 결탁하여 개혁을 반대하는 행동에 나섰다. 7월, 검남서천절도사劍南西川節度使 위고韋皐, 형남절도사荊南節度使 배균裴均 등이 상표하여 황태자 이순李純을 감국監國으로 청했다. 8월, 순종이 재차 중풍으로 힘들어지자 구문진 등 환관들이 이것을 구실로 삼아 순종을 강압하여 태자 이순에게 양위하도록 했다. 순종은 태상황이 되고 연호를 '영정永貞'으로 했는데 역사는 이 사건을 '영정내선永貞內禪'이라고 한다. 이때 왕숙문과 왕비는 죽임을 당했고, 유종원, 유우석 등 8명은 외주사마外州司馬가 되어 지방으로 쫓겨났다. 후대인들은 이 사건을 '2왕8사마사건二王八司馬事件'이라고 부른다. 결국 순종이 주도한 개혁은 이렇게 실패로 끝을 맺었다.

순종은 퇴위 후, 남내南內 흥경궁興慶宮에 거주했다. 헌종 원화 원년 정월 19일(806년 2월 11일), 순종이 흥경궁 함녕전에서 46세에 세상을 떠났다. 6월 을묘(7월 12일), 군신들이 시호를 '지덕대성대안효황제至德大聖大安孝皇帝', 묘호는 순종順宗이라고 했다. 7월 임인(8월 28일), 경조 부평현(지금 섬서성 부평현) 동쪽 금옹산金瓮山에 장례지냈는데 이곳이 바로 풍릉豊陵이다. 선종 대중 3년(849) 12월, 시호를 '지덕홍도대성대안효황제至德弘道大聖大安孝皇帝'로 추존했다.

2. 능묘와 능원

풍릉은 순종 이송과 장헌황후莊憲皇后의 합장묘이다. 지금 섬서성 부평

풍릉(豊陵) 전경

현 동북쪽 약 20km 지점 금옹산金瓮山 남쪽(지금 曹村鄕陵 앞마을)에 위치한
다. 동북쪽으로 예종의 교릉과 26km 떨어져 있다. 1956년 8월 6일, 섬서성
이 제1차 중점문물보호단위로 지정했고, 2001년 6월 25일, 국무원이 제5차
중점문물보호단위로 지정했다.

금옹산은 해발 851m로 산세가 웅장하고 누워있는 호랑이와 매우 닮아
서 속칭 호두산虎頭産이라고도 부른다. 동부와 남부 지세는 평탄하고, 북부
와 서부 산봉우리가 첩첩이 겹쳐 있다. 풍릉 능원은 산을 의지해 건축한 것
으로 현궁은 산의 남쪽 기슭에 뚫었다. 발굴 자료에 근거하면 능원 평면은
불규칙한 직사각형 구조이고 동서 약 1,500m, 남북은 약 1,700m이다. 능원
사면에는 각각 문이 하나씩 나 있고 모퉁이에는 각궐이 세워져 있다. 남문
밖에 신도가 있고 그 남쪽에 유대乳臺 1쌍이 있다. 봉내封內는 40리이며 하
궁은 능에서 5리 떨어져 있다. 문헌기록에 근거하면, 순종이 유조遺詔하기
를 "숭릉 침궁에 엎드려 흙을 덮고 비로소 돌아갔는데 사람들을 피로하게

140 풍릉 신도 석주수(石柱首)

141 풍릉 서문 잔존석사(殘存石獅)

하여 쉽게 한지 얼마 지나지 않아 지금 또 무겁게 노역을 명하여 봉토를 만드니 짐이 이것을 불쌍히 여기는 바이다(『당대조령집』 순종유조)." 순종이 죽었을 때, 그의 부친 덕종의 숭릉 준공이 두 달 남아 있었다. 그런데 다시 순종의 침궁을 세워야 했으므로 인력과 물자 모두 '안사의 난'과 번진 할거세력으로 인해 심한 타격을 받은 당왕조의 입장에서 보자면 모든 것이 쉽지 않은 상황이었다. 『구당서』 헌종본기 내용을 보면, 순종 사후 둘째 날 헌종이 바로 재상 두우杜佑를 파견하여 총재冢宰(즉 山陵使)를 대행하도록 하고 두황상杜黃裳을 예의사禮儀使로 삼아 순종 능침 건축을 주관하도록 했다. 두우는 예전禮典에 밝아 일찍이 덕종의 숭릉 건축을 주관했었다. 때문에 풍릉의 능원제도는 숭릉 건축과 비슷하다.

순종 이송은 당왕조 황제 중에서 재위기간이 가장 짧았다. 때문에 능원규모 역시 비교적 작다. 역사 변천과 자연적 파괴로 인해 풍릉 건축유적은 남아 있는 것이 매우 적다. 능원 내성 사문 밖에 원래 각각 사자석이 1쌍 있었고, 주작문 밖에는 석인 10쌍, 석마 5쌍, 타조 1쌍, 익마 1쌍, 석주가 1쌍 배치되어 있었으며, 현무문 밖에는 석마 3쌍이 놓여 있었으나 지금은 거의 다 훼손되어 남아있지 않다. 주작문 밖 석주 1개만 남아 있는데 그 구조는 8각기둥이고, 상부는 복련보주覆蓮寶珠를 우러르고 있는 형태이다. 석주 전체 높이는 3.71m, 모서리면의 너비는 0.38m인데 전체적으로 고르지 않다. 현무문 밖에 현존하는 사자석 1개의 높이는 1.75m인데 대부분 땅 아래에 묻혀 있다. 장마는 2개가 있고, 서문 밖에 남아 있는 사자석 1쌍은 모두 온전하지 않다. 능원 내에는 그 밖에 청대 섬서 순무였던 필원이 세운

142 풍릉 석주 주신(柱身)

'당순종풍릉唐順宗豊陵' 이라고 쓴 비석 1

기가 있다. 현지 백성들의 말에 따르면 문혁 때 풍릉 현궁의 지하갱도가 10여 m 정도 파헤쳐 졌으며 석각도 이때 대부분 훼손되었다고 한다.

3. 배장묘

『신·구당서』 후비전과 『자치통감』의 기록에 의하면, 장헌황후莊憲皇后 왕씨王氏는 풍릉에 배장되었다(『문헌통고』는 풍릉에는 배장묘가 없다고 함).

장헌황후 왕씨(763~816)는 낭야 임기琅琊 臨沂(지금 산동성 임기)사람이다. 금자광록대부金紫光祿大夫, 위위경衛尉卿 왕안王顔의 딸이며 순종 이송의 황후이다. 왕씨는 어렸을 때 후궁으로 뽑혀 재인才人으로 입궁했다. 13세 때 대종 이예가 그녀를 장손인 선왕宣王 이송李誦에게 하사했는데 이때 이송

의 나이 18세였다. 대력 13년(778)에 아들 이순李純(헌종)을 낳았다 덕종 건중 원년(780) 정월, 이송이 황태자에 책봉되자 왕씨는 양제良娣(太子妾)에 봉해졌다. 정원 20년(804) 9월, 이송이 중풍을 앓고 난 이후 그녀는 곁에서 수발을 들며 떠나지 않았다. 다음해 정월, 이송이 제위를 계승하여 순종이 되었다. 본래 왕씨를 황후로 책봉하고자 했으나 "질병이 아직 낫지 않아" 말을 하지 못해 책봉전례를 행하지 못했다. 8월에 순종이 태자 이순에게 양위하고 스스로 태상황이라 칭하고 왕씨를 태상황후로 책봉했다. 헌종 원화 원년(806) 정월, 순종이 병으로 세상을 떠나자 왕씨를 황태후로 추존하여 남내 흥경궁南內 興慶宮에 거하도록 했다. 역사 기록에 왕씨는 평생 언행이 공손하고 부지런했다고 한다. "성격이 어질고 공손했으며, 외척을 억누르고 추호의 거짓도 없었으며, 내직內職을 가르침에 엄격하여 모의母儀의 풍격이 있었다(『구당서』 후비전)."

원화 11년 3월 경오(816년 4월 5일), 왕태후가 흥경궁의 함녕전咸寧殿에서 병으로 세상을 떠났는데 향년 54세였다. 이날 군신들이 서궁西宮 양의전兩儀殿에서 장례 지냈다. 재신宰臣 이봉길李逢吉을 산릉사로 삼고, 배도裵度를 예의사禮儀使로 삼아, 내고內庫에서 비단 5만 필을 내어 산릉을 모시도록 했다. 6월 신유(7월 25일)에 군신들이 장헌황후의 시호를 올렸다. 8월 경신(9월 22일)에 풍릉에 합장했다(『자치통감』 권239).

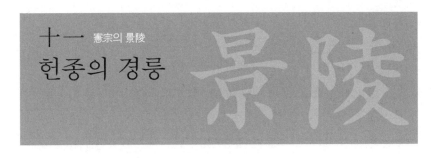

헌종의 경릉

1. 헌종 이순李純

143 헌종(憲宗) 이순(李純)

헌종 이순(778~820)은 순종 이송의 장자이며 장헌황후莊憲皇后 왕씨 소생이다. 부친 순종을 이어 당왕조 제12대 황제(806~820)가 되었다. 대종 대력 13년 2월 14일(778년 3월 17일), 장안 동내東內에서 태어났으며 본래 이름은 이순李淳이었다. 덕종 정원 4년(788) 6월, 광릉군왕 개부의동삼사開府儀同三司에 봉해졌다. 정원 21년 3월 계사(805년 4월 26일)에 황태자에 책봉되고 이름을 이순李純이라고 했다. 7월, 순종의 병환이 위독해지자 군국정사를 맡게 되었고, 8월 환관 구문진 등이 순종을 강압하여 양위하도록 하자 선정전에서 28세에 제위에 올랐다. 다음 해 연호를 '원화元和'라고 했다.

이순은 비록 환관들에 의해 황제가 되었지만 젊고 패기가 있었으며 강직하고 결단력이 있었다. 그는 번진할거 국면을 수습하여 당왕조의 중앙집권과 통일을 회복하고자 힘썼다. 안사의 난 이후 당왕조는 번진할거세력과 군벌들의 혼전混戰으로 중앙의 정령政令이 관철되지 않았다. 이순은 즉위 초, 번진세력에 대한 억압을 적극적으로 주장한 이길보李吉甫, 무원형武元衡, 두황상杜黃裳, 배도裴度 등을 중용했다. 당시 번진세력간의 모순을 이용하면서 전후로 신책행영절도사神策行營節度使 고숭문高崇文, 신책병마사神策兵馬使 이원혁李元奕 등을 파견하여 사천의 유벽劉辟을 평정하도록 했다. 계속하여 진해절도사鎭海節度使 이기李錡의 반란을 진압하여 중앙정부의 권위를 세웠다. 이후 막강한 하북의 번진 위박절도사魏博節度使 전홍정田弘正을 항복시켰다. 원화 9년(814) 9월, 회서절도사淮西節度使 오소양吳少陽이 죽었는데 그 아들 오원제吳元濟가 그 사실을 숨기고 상喪을 발하지 않고 "스스로 병권을 장악하여 무양舞陽 등 4개현을 불태우고 약탈했다. 조정에서 사절을 보내 조문했으나 거절하고 받아들이지 않았다(『구당서』 헌종본기)." 원화 12년(817), 헌종은 배도의 건의를 받아들여 감군監軍을 없애고 대장군 이광안李光顔과 젊은 장령 이기李錡를 임용하는 동시에 회서, 채주蔡州(하남성 汝南) 지역 번진을 평정했다. 이 두 지역은 수십 년 동안 오소성吳少誠, 오소양吳少陽 형제 및 오소양의 아들 오원제가 장악하고 있었다. 또 연말에 명장 이소李愬가 채주蔡州를 습격하여 회서절도사 오원제를 생포했다. 이러한 성과는 숙종이래 60여 년 동안 지속된 번진할거 국면을 기본적으로 마감하여 헌종 치세 동안 잠시 새로운 통일국면을 조성하는 계기가 되었다. 때문에 사람들은 이 시기를 '원화중흥元和中興'이라고 한다.

하삭3진河朔三鎭을 대표한 지방할거세력을 평정한 이후 당왕조는 비록 형식적으로 전국통일의 형세를 갖추었지만 근본적인 번진세력의 문제를 제거하지는 못했다. 젊고 패기가 넘쳤던 헌종은 점차 사치와 향락에 빠져들며 정치를 그르치고 있었다. 원화 13년(818), 헌종은 군대를 동원하여 대명궁 인덕전을 증축하고 연못을 조성하는 등 궁전건축을 시작했다. 이때 우용무장군 장봉국張奉國, 대장군 이문열李文悅이 재상 배도에게 청하여 궁전건축의 규모가 너무 크다고 하는 간언을 올리도록 했다. 배도가 헌종에게 간언하자 헌종은 크게 노하여 장봉국과 이문열을 지방으로 좌천시켜 버렸다.

이후 헌종은 점차 불교에 심취하여 전국적으로 거대한 사원을 설립하여 국가 재정을 탕진했다. 대신들의 간언도 듣지 않았다. 헌종은 불교를 신봉하는 동시에 또 불로장생에 심취하여 방사들을 궁중에 불러들여 장생선약長生仙藥을 만들도록 했다. 방사의 말을 가볍게 믿고 선약을 복용한 이후 헌종은 자주 화를 내고 성격이 포악해져 곁에 있는 환관들을 질책하고 심지어 죽이기까지 하자 환관들이 불만을 품기 시작했다. 원화 15년 정월 경자(820년 2월 14일) 밤, 환관 진홍지陳弘志, 왕수징王守澄이 대명궁 중화전에 잠입하여 헌종을 살해하고 거짓으로 황제가 "단석丹石을 잘못 복용하여 독이 발하여 갑자기 붕어하셨다"고 하고, 거짓 유조遺詔로 무능한 태자 이항李恒을 제위에 앉혔는데 이가 바로 목종穆宗이다. 이때부터 당왕조의 황제 폐립廢立은 환관들에 의해 조종되기 시작했다.

헌종 이순은 43세에 세상을 떠났으며, 15년 동안 제위에 있었다. 원화 15년 4월 정유(820년 6월 10일), 군신들이 시호를 '성신장무효황제聖神章武孝皇帝', 묘호는 헌종憲宗으로 올렸다. 5월 경신(7월 3일), 경조 봉선현(지금 섬서성 포성현) 금치산金幟山에 장례를 지냈는데 이곳이 경릉이다. 선종 대중 3년(849), 시호를 '소문장무대성지신효황제昭文章武大聖至神孝皇帝'라고 추존했다.

2. 능묘와 능원

경릉은 섬서성 포성현 서북쪽 13km 지점 금치산金幟山(지금 三合鄉 義陵村)에 위치한다. 서쪽으로 예종의 교릉과 3km 떨어져 있고, 동북쪽으로 목종穆宗의 광릉光陵과 7km 떨어져 있으며, 현종의 태릉과는 19km 떨어져 있다. 1956년 8월 6일, 섬서성이 제1차 중점문물보호단위로 지정했으며, 2001년 6월 25일, 국무원이 제5차 중점문물보호단위로 지정했다.

금치산은 해발 872m로 우뚝 솟아 오른 산세가 장관이다. 청대 정대창程大昌은 금치산을 보며, "산세가 우뚝 솟아 펼쳐진 것이 마치 매달린 깃발 같다(『雍勝略』)"고 했다. 동쪽과 남쪽 지세는 평탄하고 서쪽은 크고 깊은 골짜기를 이루고 있으며, 북쪽은 뭇 산들이 구불구불하게 이어져 있다. 경릉은 금치산 주봉에 의지해 건축했으며 남향이고, 봉역封城은 20km가 된다. 『포성현지蒲城縣志』 기록에는 경릉 점유지가 20경 30무로 되어 있다.

『구당서』 영호초전令狐楚傳 기록에 의하면, 원화 15년 정월에 헌종이 붕

144 경릉(景陵) 신도 및 능산(陵山)

어하고 그의 셋째 아들 이항李恒이 즉위하여 재상 영호초를 산릉사로 삼고 류공작柳公綽을 산릉부사로 삼아 금치산에 헌종의 경릉을 짓도록 했다. 금치산은 응회암으로 만들어진 산봉우리로 지하 궁전을 뚫기가 매우 어려웠지만 능원의 모든 건축은 4개월 만에 완공되었다. 이해 5월 19일(820년 7월 3일), 목종은 헌종의 영거靈車를 봉선현奉先縣(지금 포성현)의 금치산까지 호송하여 장례를 거행하고, 태자 이침李忱(헌종의 열세 번 째 아들로 후에 宣宗이 됨)이 상喪을 따랐다. 뜻밖에도 영거길에 비바람을 만나 백관이 모두 흩어져 비를 피했는데, 오직 산릉사 영호초만이 영구靈柩를 떠받치고 떠나지 않음으로써 그의 충심을 표현했다. 헌종의 장례를 마친 후, 어떤 사람이 영호초를 고발하기를 그가 경릉 산릉사를 맡는 동안 능묘 공정을 잘 아는 경조부京兆府 호조참군戶曹參軍 위정목韋正牧, 석작전지관石作專知官 봉선현령奉先縣令 우휘于鞏 및 한림음양관翰林陰陽官 등이 함께 공도工徒의 돈을 횡령하고, 공용의 음식을 가로채서 '초과 징수된 세금'이라는 명목으로 15만여 관貫의 임금을 주지 않아 사람들의 "원망이 길에 가득찼다"고 했다. 목종은 할 수 없이 영호초의 지위를 선흡宣歙(지금 안휘성 宣城, 歙縣 일대) 관찰사로 강등시키고, 위정목과 우휘는 태장笞杖을 내려 죽게 했다. 이어 영호초는 다시 형주衡州(지금 호남성 衡陽市) 자사로 강등되었다. 후에 『당대조령집』에서도 그의 이름은 언급되지 않았다.

금치산 산세는 북쪽이 높고 남쪽이 낮아 경릉은 남향이다. 현궁은 남쪽에서 산허리를 뚫었다. 능원 구조는 장안성의 배치와 같다. 원래 안팎 이중으로 성벽이 있고 내성內城의 네 가장자리에 모두 성문이 설치되어 있었으며, 문 앞에는 사자석 등 대형 석의石儀가 놓여 있었고, 네 귀퉁이에는 궐각闕閣 건축물이 설치되어 있었다. 내성에는 침전, 궁궐, 위소衛所, 제단 등 건축물이 세워졌다. 문물발굴팀 조사에 의하면, 능원 내성 사문의 문궐과 각궐유적은 보존상태가 비교적 온전하고, 그 중 동남과 서남 각궐 유적의 거리 및 서남에서 서북 각궐 유적까지의 거리는 모두 2,400m이다. 남북 두

문 사이의 거리는 약 2,500m이고, 동서 두 문 사이의 거리가 2,900m이다. 주작문 내 북쪽 약 50m 지점은 헌전 유적으로 그 범위가 동서 길이 200m, 남북 너비 150m이다. 그 위에는 예서체로 '당헌종경릉唐憲宗景陵'이라고 쓴 웅회암 비석 1기가 있는데, 상관上款에는 '사진사급제병부시랑섬서순무겸도찰원우부도어사가오급필원근서賜進士及第兵部侍郞陝西巡撫兼都察院右副都御史加五級畢沅謹書'라고 씌어 있고, 하관下款에는 '대청건릉세차병신맹추지포성현사풍방업립석大淸乾隆歲次丙申孟秋知蒲城縣事馮方鄴立石'이라는 글자가 있다. 주작문 밖에 문지門址 2개가 있는데, 첫 번째 문은 작대鵲臺로 남쪽 신문神門에서 2,876m 떨어져 있다. 작대 양궐兩闕 거리는 63m이며 서궐은 아직 남아 있다. 그 잔존 높이는 1m, 바닥 길이 7m, 너비 6m이고 동궐터는 이미 평평해졌다. 두 번째 문은 유대乳臺로 남쪽 신문에서 526m 떨어져 있고 동서 양궐 유적의 거리는 195m이다.

　　문헌기록을 보면, 경릉을 다 지은 후 일찍이 소나무와 잣나무를 널리 심어서 백성柏城이라 불렀다고 한다. 오대五代 때, 후량後梁의 군벌 온도가 경릉 침궁을 파헤쳐서 금은보화를 훔쳐가고 하궁을 불태웠다. 북송北宋의 조광윤이 개보 6년(973) 조서를 내려 역대 제왕 능묘를 개축하라고 했는데 경릉도 여기에 포함되었다. 민국 초에 능원의 천년고백千年古柏이 남김없이 벌채되었고 내성 사문 밖 석각 역시 대부분 훼손되었다. 하궁 유적은 현재 포성현 삼합향 제가촌齊家村 서남장西南莊 북쪽 250m 지점에 위치하는데 북쪽으로 능원과 2,300m

145 헌종경릉비(憲宗景陵碑)

떨어져 있다. 유적범위는 동서 약 350m, 남북 약 200m이다. 유적 남쪽에는 북송 개보 9년(976)에 세운 '대송신수당헌종묘비명大宋新修唐憲宗廟碑銘'이라고 쓴 비석 1기가 있다. 비액碑額에는 여섯 마리 교룡이 머리를 늘어뜨리고 있다. 비석 신고身高는 2.66m, 너비 1.52m, 두께 0.48m이다. 비문은 '중

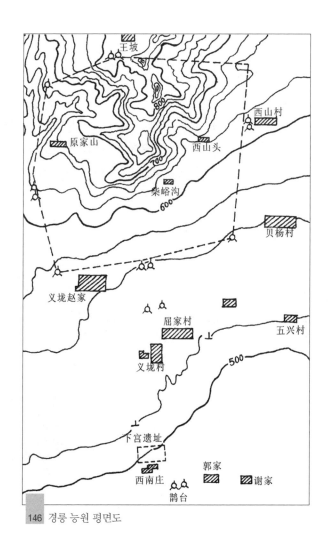

146 경릉 능원 평면도

대부행상서사훈원외랑판리부상서 겸추판태상사공상주국中大夫行尙書司勳 員外郎判吏部尙書 兼推判太常寺公上柱國'화현和峴이 짓고, 한림원대조조의대 부태자세마동정翰林院待詔朝議大夫太子洗馬同正 장인원張仁願이 썼는데 글자 체는 행서와 해서이다. 현재 비석의 글자가 대부분 희미하다.

3. 능원 석각

경릉 석각 구조는 현종의 태릉과 비슷한데 다만 현무문北門 밖에 작은 사자석 2쌍이 더 있는 것이 당대 제왕 능묘에서 보기 드문 점이다(唐 懿宗 簡 陵에도 2쌍이 있음). 능원에는 석각 40여 개가 남아 있으며(송·원·명·청의 역 대 제사비석은 제외), 그 중 주작문 밖 사마도 양측에 석각 25개가 있는데 동 서 양쪽으로 서로 바라보며 서 있다. 그 거리는 약 68m 떨어져 있다.

| 석주 | 석주 1개(東列)는 유대궐 지의 북쪽 79m 지점에 위치하며 전체 높이가 8.18m이다. 형태와 구조는 숭릉과 같다.

| 익마 | 익마 1쌍은 석주 북쪽 24m 지점에 위치한다. 신장은 2.35m이고 높이는 2.76m이다. 머 리 꼭대기에는 뿔이 하나 있고 목 에는 갈기가 곧추 서 있으며 체구 가 크다. 동쪽 익마는 꼬리를 늘어

147 경릉 신도 동쪽 익마(翼馬)

뜨리고 있는데 뿔이 비교적 작다. 서쪽 익마는 꼬리를 묶고 있으며 뿔이 비교적 크다. 경릉 익마 조각기법은 전체적으로 볼 때 보잘 것 없다. 숭릉과 비교하면 기교가 한층 간소화되었고 말 양옆구리 날개 하단 조각기법 역시 간단하다.

| 타조 | 타조 1개(西列)는 익마 북쪽 24m 지점에 위치한다. 높이는 1.35m, 신장은 1.75m이다. 목을 구부리고 있으며, 체구가 크고 꼬리는 작으며 다리가 짧다. 배 아래는 산석山石이 돋보이며 앞뒤 높이가 같다.

148 경릉 신도 타조(鴕鳥)

| 장마 | 장마는 5쌍이 있는데 타조 북쪽 24m 지점에 위치한다. 그 남북 사이 거리는 각각 24m이다. 장마의 형태와 구조는 건릉과 같다. 신장이 1.45~1.98m, 몸 높이가 1.55m이며 말 머리는 비교적 길고 얼굴에는 당노當盧가 장식되어 있다. 입에는 재갈이 물려 있으며 목 아래에는 방울이 달려 있다. 또

149 경릉 신도 동쪽 장마(杖馬)

몸체에 안천鞍韉이 장식되어 있고 등鐙자는 없으며 꼬리를 아래로 늘어뜨리고 있다. 그 외에 북쪽 신문 밖에도 장마가 3쌍 있는데, 동서간 거리가 45m이다. 서쪽 세 번째 장마가 꼬리를 묶고 있는 것을 제외하고 그 나머지는 모두 사마도 장마와 형태 및 구조가 같다.

150 경릉 신도 동쪽 석인(石人)

| 석인 | 석인 11개(동쪽 7개, 서쪽 4개)는 장마 북쪽 22.50m 지점에 위치한다. 각 쌍의 남북간 거리가 22m이다. 온전한 것은 높이가 2.80~2.85m이다. 동쪽은 문관으로 홀을 들고 있고, 서쪽은 무관으로 무기를 들고 있다. 그 형태와 구조는 태릉과 같다.

| 사자석 | 사자석은 경릉 내성 주작문 밖에 1개가 배치되어 있고, 나머지는 3문 밖에 각각 1쌍씩 위치한다. 사자석 신고는 1.59~1.80m, 흉관 0.85m이며 각 쌍의 거리는 15~37.20m이다. 사자 머리 형태는 방형이고 이마와 눈썹뼈가 돌출되어 있다. 조각은 그다지 섬세하지 않다. 북쪽 신문 밖 장마 북쪽에 따로 작은 사자석이 2쌍 있다. 1

151 경릉 신도 석인(石人)

쌍은 웅크린 모습이고, 1쌍은 걷고 있는 형상인데 동서로 나뉘어 있고 형태와 구조가 서로 같다. 웅크린 사자의 신고가 0.90~0.95m, 흉관 0.40m이고 주춧돌은 땅 속에 묻혀 있다. 걷는 사자석은 입을 다물고 있는데 신고가 0.81m, 신장은 1.15m, 흉관이 0.40m이다.

경릉은 만당晚唐시기 능묘를 대표한다. 능원 석각은 이전 능묘 석각과 비교하면 형체가 그리 높고 크지 않으나 조형은 여전히 정교하고 아름답다. 조각기법은 단순하면서도 세련된 솜씨를 보여주고 있는데 이는 '원화 중흥元和中興' 시기 당왕조의 정치·사회·경제·군사·문화의 점진적인 회복과 발전을 반영한 것이다.

4. 배장묘

『신·구당서』와 『당회요』 등의 기록에 의하면, 경릉 배장묘에는 혜소 태자惠昭太子 이녕李寧, 의안곽후懿安郭后, 효명정후孝明鄭后와 왕현비王賢妃의 묘 4기가 있다고 한다. 혜소태자 이녕의 묘는 도굴로 인해 이미 섬서성 고고연구소와 임동현 문물원림국文物園林局이 1990년 12월부터 1991년 정월까지 발굴하여 정리작업을 마쳤다. 능터는 현재 섬서성 임동현 서쪽과 서안 파교구灞橋區가 인접한 서천향西泉鄉 춘수촌椿樹村과 곽왕촌郭王村 사이에 위치하며, 북쪽으로는 춘수촌과 1,200m 떨어져 있고, 남쪽으로는 곽왕촌과 800m 정도 떨어져 있다. 현재 경릉능원 남쪽 1,200m 지점 굴가촌屈家村 북쪽과 능원 남쪽 2,050m 지점 서남장西南莊 북쪽에 각각 배장묘가 1기씩 있는데 아직 발굴하지 않아서 묘주는 알 수 없다.

| 의안황후 곽씨(懿安皇后 郭氏) | 곽씨(778~848)는 화주 정현華州 鄭縣(지금

섬서성 華縣) 사람으로 분양군왕 곽자의의 손녀이며, 좌복야左仆射 부마도위 곽난郭暖의 딸이고, 그 어머니는 당대종의 장녀 승평공주升平公主이다. 헌종 이순이 광릉군왕廣陵郡王이 되었을 때 곽씨를 왕비로 들였다(이순은 당 대종의 증손이고 곽씨는 대종의 외손녀이므로 촌수를 논하자면 곽씨가 이순보다 한 세대 높다). 곽씨의 할아버지와 아버지가 당왕실에 탁월한 공적을 세웠고, 또 그 모친의 출신이 존귀하여 헌종이 더욱 그녀를 총애했다.

덕종 정원 11년(795) 7월, 곽씨는 아들 이항李恒(목종)을 낳았다. 이순이 즉위한 후 원화 원년(806) 8월에 곽씨를 귀비로 책봉했다. 곽귀비는 명문가 출신으로 행동이 단정하며 사람을 대할 때 너그럽고 후했다. 원화 8년 12월에 군신이 여러 차례 상주하여 귀비를 황후로 세울 것을 청했으나 헌종은 후궁后宮에 많은 첩들이 있어 가문이 번성한 곽귀비를 황후로 세우기가 염려되었다. 헌종은 친히 비빈 처소의 출입을 제한하여 황후로 책봉하는 일을 늦추려고 했다. 이 때문에 곽씨는 헌종이 죽을 때까지 귀비의 자리에서 황후의 역할을 수행해야만 했다.

원화 15년(820) 정월에 목종 이항이 즉위했다. 윤정월 경오(820년 3월 15일), 그의 어머니 곽귀비를 황태후로 추존하고 남쪽 흥경궁興慶宮에 살도록 하고 매월 초하루에 배알했다. 또 매년 곽씨 생일에 친히 백관을 거느리고 와서 축하했다. 경종敬宗 이담李湛은 즉위 후 곽씨를 '태황태후'로 추존했다. 문종 이앙李昂은 곽씨에게 '효도하고 겸손하여 식사는 진과珍果를 올리고, 만이蠻夷가 기이한 조공을 바치면' 먼저 태후에게 보냈다. 무종武宗 이염李炎 역시 조모를 존중하여 성심껏 받들었다. 선종宣宗 이침李忱에 이르기까지 곽씨에 대한 은혜와 예의는 특별했다.

곽씨는 잇따라 일곱 황제를 거치면서 다섯 황제들로부터 태모의 존중을 받았지만 오히려 궁중 일에는 간섭하지 않았다. 목종이 붕어하자 환관들이 곽태후에게 조정에 나와 섭정하라고 청했으나 태후는 "옛날 무후가 천자를 대신해 섭정하여 사직을 위태롭게 했다. 우리 집안은 대대로 충의를 지켜왔으니 무씨에 비할 바가 아니다. 태자가 아직 어리나 어진 재상을 얻어 이를 보좌하고 경들이 조정을 간섭하지 않으면 어찌 국가가 불안함을 근심하겠는가! 자고로 여자가 천하의 주인이 된다면 어찌 요·순의 치治를 이룰 수 있겠는가(『자치통감』 권243)!” 그녀는 늘 “직언을 거절하지 말고 한쪽의 말만 듣지 말라”고 황제에게 권고했다. 무종 이잠은 일찍이 곽태후에게 어떻게 하면 성세명군盛世名君이 되는지 가르침을 청했다. 곽태후는 “직언하는 신하의 상소문은 펴서 읽어봄이 마땅하고, 헤아려 효용이 있으면 이를 쓰고, 불가하면 재상에게 의견을 물어보십시오. 한쪽 말만 듣지 말고 직언을 받아들여 충성스럽고 선량한 사람을 심복으로 삼으십시오. 이것이 천자를 흥성하게 하는 방법입니다(『신당서』 후비전).” 이를 통해 볼 때, 곽씨는 과연 명신 곽자의의 손녀답게 치국에 대해 상당한 식견이 있었음을 알 수 있다.

선종 대중 2년 5월 21일(848년 6월 25일) 곽태후는 흥경궁에서 세상을 떠났는데 나이가 70세였다. 선종은 태후를 ‘의안황태후’로 추증하고 11월 26일(848년 12월 25일), 경릉에 합장했다.

| 효명황후 정씨(孝明皇后 鄭氏) |　정씨(?~865)는 태어난 해가 분명하지 않다. 단양丹陽(지금 江蘇省 단양) 사람이다. 원화 초, 관상을 보는 어떤 사람이 정씨가 후에 천자를 낳을 것이라고 하자 진해鎭海(지금 강소성 鎭江市) 절도사 이기李錡가 이 말을 듣고 내시內侍에 들였다. 당헌종 원화 2년(807), 이기가 반당으로 죽임을 당한 후 정씨는 액정 궁녀로 들어와 의안황후 곽씨를 모셨다. 후에 헌종의 총애를 얻어 황제의 열세 번째 아들 이침李忱(선종)을 낳았다. 이침이 광왕光王에 봉해졌을 때 정씨는 왕태비王太妃가 되었다. 회창會昌 6년(846), 이침이 즉위한 후 정씨는 황태후가 되었다. 정태후가 혼자 살기를 원하지 않아 선종이 그녀를 동내 대명궁東內 大明宮에 살도록 하고 조석으로 친히 문안을 갔다. 그녀의 동생 정광鄭光은 검교호부상서檢校戶部

尙書 제위장군諸衛將軍, 평호平戶(지금 遼寧省 朝陽) 절도사가 되었다.

의종懿宗 함통咸通 6년 12월 5일(865년 12월 26일), 정씨가 사망하자 '효명
황태후'로 추증하고 이듬해 5월 갑진(866년 6월 16일), 경릉에 배장했다.

| 왕현비(王賢妃) | 왕현비는 『신·구당서』에 전傳이 없고 기타 문헌에도
자세한 기록이 없어서 그 일생에 대해 알 수가 없다. 사후 경릉에 배장되
었다.

목종의 광릉

1. 목종 이항李恒

목종 이항(795~824)은 헌종 이순의 셋째 아들이며 당왕조 제13대 황제(820~824)이다. 덕종 정원 11년 7월 6일(795년 7월 26일), 의안황후懿安皇后 곽씨郭氏 소생으로 장안 대명궁 별전에서 태어났다. 처음 이름은 이유李宥이다. 정원 21년(805) 4월에 건안군왕建安郡王이 되었고, 헌종 원화 원년(806) 8월에 수왕遂王에 봉해졌다. 원화 6년 12월, 혜소태자惠昭太子 이녕李寧이 세상을 떠나자 다음 해(811) 10월 황태자에 책봉되어 이항李恒으로 개명했다.

원화 15년 정월 27일, 헌종 이순이 침전에서 갑자기 세상을 떠났다. 그 해 윤정월 병오(820년 2월 20일)에 환관 진홍지陳弘志, 왕수징王守澄과 중위中尉 양수겸梁守謙 등이 이항을 황제로 옹립시켰는데 당시 26세였다. 그 다음 해에 연호를 '장경長慶'으로 하고 군신들이 '문무효덕황제'의 존호를 올렸다.

헌종 시기 한 때 번진할거세력을 평정하여 천하가 잠시 안정되었으나 이항이 즉위하여 원화중흥은 사라지고 점차 사회모순이 대두하기 시작했다. 중앙 정치는 환관들의 전횡으로 문란해지고 조정은 우승유牛僧孺, 이덕유李德裕의 '우이당쟁牛李黨爭'으로 반목했다. 지방은 다시 번진세력이 대두하고 있었다. 변경 역시 불안정하여 토번 등 여러 민족이 경천涇川(지금 감숙성 경천), 영무靈武(지금 영하회족자치구 영무), 하夏(지금 섬서성 靖邊), 아안雅安(지금 사천성 아안) 일대를 침략해 왔다. 목종은 이러한 상황에서 주변민족과 화친관계를 통해 문제를 해결하고자 했다. 장경 원년, 토번이 당왕조에 화친을 청하자 목종은 유원정有元鼎을 사신으로 파견하여 라싸 대명사에 이르러 토번과 맹약을 맺고 '당번회맹비唐蕃會盟碑'를 세우기도 했다. 또 황제의 여동생 태화공주를 회흘回紇의 등라골몰시登羅骨沒施 합비가가한崇毗伽可汗에게 시집을 보내 화친을 맺었다.

원화 15년, 성덕절도사 왕승종王承宗이 죽자 그 아우 왕승원이 절도사를 파견해 달라고 조정에 요청했다. 어리석은 목종은 일찍이 두 차례나 성덕 토벌에 나섰던 전홍정田弘正을 성덕절도사에 임명했다. 성덕의 군사들은 전홍정의 통치에 불복하고 점차 원망하며 갈등이 깊어졌다. 장경 원년(821) 7월, 성덕도지병마사 왕정주王廷湊가 병사들의 심정을 이용하여 전홍정과 그 막료, 그리고 장리將吏 및 가속家屬 300여 명을 죽이고 조정에 협박하여 자신을 절도사에 임명하라고 압력을 가했다. 이 기회를 틈타 다른 지역에서도 빈번하게 무장세력이 반란을 일으키고 조정에 대항했다. 이러한 상황에서 조정은 무력하기만 했고 결국 각지 절도사들의 요청을 받아들일 수 밖에 없었다. 아울러 병부시랑 한유韓愈를 선위사宣尉使로 파견하여 성덕군成德軍을 위무한다는 황제의 뜻을 전달했다. 왕정주는 오만무례하게 황제의 사절을 거절했다. 한유는 왕정주의 태도에 전혀 아랑곳하지 않고 직접 병영을 방문하며 군대를 위무했다. 이에 왕정주는 두려워하여 급히 한유에게 예를 취하여 배웅했다.

목종 이항은 정치적 리더십이 없었으며 향락과 편안함만을 추구한 무능한 황제였다. 그의 통치기간 사회모순은 갈수록 심각해져 백성들은 빈곤

한 삶속에 허덕이고 있었지만 황제는 오히려 날마다 연회를 베풀고 주색에 빠져 세월을 보냈다. 그러나 인재를 알아보고 그들을 요직에 임명하여 재능을 발휘하도록 하는 안목은 있었다. 한유는 한때 관직에서 파면되었으나 목종이 그에게 중책을 맡겨 조정의 중신으로 거듭났다. 또 일찍이 자신과 사이가 좋지 않았던 이청李聽을 중용하고 하동 질서의 책임을 부여했다. 동시에 목종은 변경일대의 주변민족과 우호관계를 취함으로써 변방을 안정시키는 정책을 실시하기도 했다. 그렇지만 전체적으로 목종의 통치기간 당왕조는 환관의 전횡과 조정의 당쟁, 번진세력의 끊임없는 반란으로 갈수록 불안정한 국면으로 나아갔다.

목종은 장경 4년 정월 임신(824년 2월 25일), 장안성 청사전淸思殿에서 30세의 젊은 나이에 세상을 떠났다. 군신들이 시호를 '예성문혜효황제睿聖文惠孝皇帝', 묘호는 목종이라고 했다. 11월 경신(12월 18일), 경조 동주 봉선현同州 奉先縣(지금 섬서성 포성 북쪽)의 요산堯山에 묻혔는데 이곳이 즉 광릉이다.

2. 능묘와 능원

1) 능묘 위치와 능원 규모

광릉은 섬서성 포성현 북쪽 약 15km 지점 요산堯山(지금 翔村鄕 光陵村) 서쪽 기슭에 위치한다. 1956년 8월 6일, 섬서성이 제1차 중점문물보호단위로 지정했고, 2001년 6월 25일, 국무원이 제5차 중점문물보호단위로 지정했다.

요산은 해발 1,091m이다. 산세는 남쪽과 북쪽, 그리고 동남부의 지세가 비교적 완만하며 동북으로 산들이 중첩하여 이어지고 서부와 남부는 협곡

을 이루고 있다. 문헌기록에 의하면, 경종 이담李湛이 부친의 유조遺詔를 받
들어 광릉을 축조했다고 한다. 그 결과 헌종의 경릉에서 가까운 요산 자락
에 능묘를 만들게 된 것이다. 능지가 결정된 이후 경종은 산릉사, 예의사禮
儀使, 교도사橋道使, 염박사鹽薄使, 의장사 등을 파견하여 산릉을 축조하도
록 하고 장례 준비를 했다. 전체 건축공정은 신책6군과 봉선奉先(지금 포성
현), 역양櫟陽(지금 臨潼 북쪽), 미원美原(지금 섬서성 삼원), 고릉高陵(지금 섬서성
고릉), 부평富平(지금 섬서성 부평)의 백성들을 동원하여 완성했다. 장경 4년
10월, 기본적인 공정이 모두 끝나자 경종은 친히 '광릉우로덕음光陵優勞德
音'의 조서를 내려 능묘건축에 참여한 관리들에게 포상을 내리고 동시에
지역 백성들에게 청묘전青苗錢을 감면해 주었다. 그리고 11월 15일(824년 12
월 8일), 목종을 광릉에 안장했다.

　'인산위릉' 제도에 의하면 광릉 배치구조는 헌종의 경릉과 비슷하다.
『포성현지』에 광릉 점유면적은 16경 92묘 8분이라고 되어 있다. "봉내가

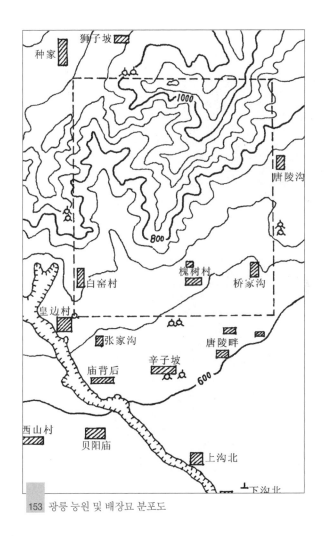

광릉 능원 및 배장묘 분포도

40리이고 하궁은 능에서부터 5리이다". 능원은 안팎으로 두 겹의 성벽을 쌓았다. 내성은 남북은 길고, 동서 방향은 좁은 장방형 구조이며, 성벽 사면에 각각 문이 한 개씩 나 있는데, 즉 사신문으로 네 모퉁이에는 각루가 설치되어 있다. 동서 두 문 거리는 2,350m이고, 남북 두 문은 2,900m 간격

154 광릉 석주 주두(柱頭)

155 광릉 석안마(石鞍馬)

을 두고 있다. 남문 밖에 신도가 설치되어 있는데 그 길이가 592m이며, 신도 남쪽에 유대 1쌍이 있다. 궐루유적을 보면, 서남쪽 각궐角闕 유지 저경底徑이 12m이고 잔고가 1.50m이다. 성안에는 헌전, 향전, 능서陵署 및 정대亭臺누각 건축흔적이 있는데 그 규모를 짐작할 수 있다. 청 건륭 40년(1775), 섬서 순무 필원畢沅이 역대 건축물을 보수할 때, 광릉 성벽은 일백장一百丈이고 담

장의 높이가 6척, 두께 3척이었다고 하는데 아쉽게도 지금은 모두 무너지고 없다. 그때 세워진 '당목종광릉' 석비 1개가 내성 헌전유지에 남아 있어 필원이 섬서지역의 고대문물을 보호하려고 했던 흔적을 엿볼 수 있다. 헌전유지는 내성 남신문南神門 북쪽 20m 지점에 위치한다. 그 범위는 동서 300m, 남북 150m이다. 이곳에서 벽돌조각 및 기와 파편이 발견되었다.

2) 능원의 석각

광릉 능원 석각 형식은 기본적
으로 순종의 풍릉과 일치한다. 사
문四門 석사자, 남문南門 신도 석각,
북문 장마仗馬 세 부분으로 이루어
져 있다. 능원 내 현존하는 석각은
모두 26건이다. 사문 석사자 형태
는 헌종의 경릉과 같다. 현존하는
석사자는 7개이다. 동쪽과 남쪽, 그
리고 서쪽 문밖에 각각 1쌍씩 있고
북문 밖에는 1개만 남아 있다. 석사
자 잔고는 1.30~1.82m, 흉관 0.85
m, 신고 0.87~1.30m이다. 사자 머
리는 방형구조이고 꼬리뼈가 돌출
되어 있다. 몸체는 크고 풍만한데
전체적으로 볼 때 조각기법이 단순
하며 거칠다.

156 광릉 석사(石獅)

신도석각은 동서로 배치되어 있
으며 60m 거리를 두고 있다. 현재
12건이 남아 있다. 그 중에 석주 1
쌍의 잔고가 5.37~7.27m인데 그 형

157 광릉 남문 동쪽 석사(石獅)

태는 숭릉과 비슷하다. 익마 1쌍은 석주 북쪽 22m 지점에 위치한다. 말 신
고는 2.64m이다. 동열東列 익마 머리위에는 뿔이 한 개 조각되어 있고 꼬
리는 늘어뜨리고 있다. 서열西列 익마 머리는 파손된 상태다. 목은 빼고 있
으며 꼬리는 가늘게 조각되어 있다. 타조 1쌍은 현재 부서진 돌조각만 남

158 광릉 남문 동쪽 익마(翼馬)

아 있다. 동쪽 열 장마 3건은 타조 북쪽에 위치한다. 잔고는 0.75~0.88m이며 등에 안복鞍袱을 걸치고 있고 안천鞍韂을 두었으며 등자는 없고 앙추鞅鞦를 차고 행엽杏葉으로 장식했다. 현존하는 석인은 5개뿐이다. 그 중 동쪽 열에 위치한 석인은 1개뿐인데 익마 북쪽 약 155m 지점에 위치한다. 형태는 경릉과 같다. 서쪽 열 4개의 석인 신고는 2.68m이다. 머리에는 고관高冠을 쓰고 있으며 앞부분은 꽃무늬 장식이고 양측으로 우시문羽翅紋을 장식했다. 석인은 소매가 넓은 긴 두루마기를 걸치고 있는데 소맷부리가 무릎까지 내려와 있다. 신발을 신고 있

159 광릉 동문 유지에서 발견된 문함석(門檻石)

으며 양 손은 가슴 앞에서 검을 잡고 있다.

북신문北神門 밖에는 장마 3쌍이 있는데 모두 부서진 상태다. 동서쪽 열 간격이 32m이고 말 높이는 0.98~1.16m이며 신고가 1.73~1.99m이다. 장마 형태는 신도神道 장마와 같다. 그밖에 작은 석사자 1개가 있으며 그 높이는 1.13m, 신장은 0.76m이다.

동문 석사자 뒤쪽에 6개의 청석문青石門 돈대墩臺가 있는데 모두 방형구조이다. 중간에 위치한 2개의 돈대 거리는 3m이며 양쪽 가장자리에 있는

것은 2.90m의 간격을 두고 있다. 청석문은 당대 제왕 능묘에서 처음 발견된 것이다. 이를 통해 당시 문동門洞의 높이와 폭을 추측할 수 있게 되었다.

3. 배장묘

『장안지』 기록에 의하면, 광릉에는 2기의 배장묘가 있는데 공희황후와 정헌소황후의 묘가 이곳에 위치한다고 되어 있다. 현재 광릉 남쪽 하구촌下溝村에서 배장묘 하나가 발견되었는데 발굴하지 않은 상태여서 배장묘의 주인이 누구인지 밝혀지지 않았다.

| 공희왕황후(恭僖王皇后) | 목종 공희왕황후 왕씨는 월주越州(지금 절강성 소흥) 사람으로 무주금화婺州金華(지금 절강성 금화)령 왕소경王紹卿의 딸이다. 왕씨는 어렸을 때 입궁하여 헌종의 셋째 아들 이항의 시중을 들었는데 총애를 얻어 원화 4년(809)에 이담李湛(경종)을 낳았다. 원화 15년(820), 이항이 황제에 즉위하자 왕씨를 비로 삼았다. 장경 4년(824) 목종 이항이 세상을 떠나고 이담이 즉위하여 경종의 시대를 열었다. 이때 왕씨는 황태후가 되었다. 아울러 부친 왕소경은 사공에 임명되었고 어머니 장씨는 조국부인이 되었다. 문종 이앙李昂이 즉위하여 경종의 연호를 취하여 왕씨를 '보력태후寶歷太后'라고 했다. 대화 연간(827~835)에 문종은 보력태후를 의안전義安殿에 거하도록 하고 '의안태후義安太后'로 책봉했다. 무종 회창 5년 정월 경신(845년 2월22일), 의안태후 왕씨가 세상을 떠나자 '공희황후恭僖皇后'의 시호를 추증했다. 5월 임술(6월 24일), 공희황후는 광릉 백성柏城 밖에 묻혔다.

| 정헌소황후(貞獻蕭皇后) | 정헌황후 소씨는 복건사람이다. 목종이 건안
왕에 있을 때 총애를 받았다. 원화 4년(809) 10월, 이앙을 낳았다. 보력 2년
(826) 12월, 이앙이 문종을 이어 황제가 되자 모후의 자격으로 황태후에 책
봉되었다. 소태후는 일찍 부모를 여의고 전란으로 인해 고향을 떠나 건안
왕의 저택에 들어왔는데 복건에 형제가 한 명 있다는 것을 기억하고 항상
그리워했다. 문종이 사람을 파견하여 수소문하자 어떤 사람이 태후의 친형
제 소홍蕭洪을 자칭하며 나타났다. 이에 "태후가 보고 울며 기뻐하자" 문종
은 사실 여부를 조사하지 않고 "외삼촌을 얻었다고 여기고 (소홍)을 금오
장군, 검교호부상서, 하양河陽(지금 하남성 맹현) 절도사에 임명했다. 얼마 후
다시 검교좌복야, 부방邠坊(지금 섬서성 부현) 절도사에 임명했다(『구당서』 목
종정헌황후소씨)." 그런데 얼마 후 소본蕭本이라고 하는 자가 나타나 소태후
의 친형제라고 했다. 이때 소홍은 환관 구사량에게 미움을 샀는데 구사량
이 소태후의 동생이 다시 나타났다는 사실을 알고 소홍을 심문하고 환주驩
州로 유배시켰다가 가는 도중 사약을 내렸다. 문종은 소본이라는 사람을
또 외삼촌으로 여기고 찬선대부贊善大夫에 제수하고 위위소경, 좌금오장군
에 봉했다. 개성 2년(837), 복건관찰사 당부唐扶가 상주하여 천주 진강사람
소홍蕭弘이 소태후의 친동생이라는 보고를 했다. 문종이 그 소리를 듣고 놀
라서 어사대御史臺, 형부刑部, 대리大理에 명하여 공동으로 이 일을 조사하
도록 했는데 결과는 두 사람 모두 거짓으로 판명되었다.

소태후는 끝내 친동생을 찾아내지 못했으나 만년까지 존중 받고 영예
를 누렸다. 당시 의안태후는 홍경궁에 거하고, 보력태후는 의안전에 거했
으며, 소태후는 대내大內에 거했기 때문에 사람들은 세 사람을 '삼궁태후三
宮太后'라고 칭했다. 문종은 5일마다 한 번씩 문안했다. 후에 소태후는 처
소를 적경전積慶殿으로 옮겼는데 이 때문에 '적경태후'라고도 부른다. 선
종 대중 원년 4월 15일(847년 6월 1일), 소태후가 세상을 떠나자 시호를 '정
헌황후'로 하고 그해 8월, 광릉에 배장했다(『구당서』 선종본기).

1. 경종 이담李湛

경종 이담(809~827)은 목종 이항의 장자이며 당왕조 제14대 황제(824
~826)이다. 공희황태후 왕씨 소생으로 헌종 원화 4년 6월 7일(809년 7월 22일)
장안성 동내 별전에서 태어났다. 목종 장경 원년 3월 무오(821년 4월 27일),
경왕景王에 봉해졌다. 장경 2년 12월 병오(823년 2월 4일), 재상 이봉길李逢吉
과 좌복야 배도裴度가 청하여 황태자에 책봉되었다. 장경 4년 정월에 목종
이 세상을 떠나자 태극전에서 황제에 즉위했는데 당시 16세였다. 그 다음
해에 보력寶歷으로 연호를 바꾸었으며 군신들이 시호를 '문무대성광효황
제文武大聖廣孝皇帝'라고 했다.

안사의 난을 겪은 후 당왕조는 번진할거와 환관의 정치간섭으로 피폐
해져 있었다. 숙종부터 목종까지 6대에 걸쳐 그 폐해가 날로 심각해져 갔
다. 목종과 경종 시기 조정 대권은 환관 왕수징王守澄, 양수겸梁守謙과 재상
이봉길, 우승유牛僧孺의 수중에 있었다. 경종은 아직 어린 나이였고 정치
에 관심도 없었으며 오락에 빠져 세월을 보냈다. 그가 막 황제가 되어 아

직 목종의 장례가 끝나지 않았는데도 궁중에서 격구擊毬를 즐기는가 하면, 조정에 나아가 업무를 볼 때도 신하들을 한참 동안 기다리게 하는 일이 빈번했다.

경종이 즉위한 후 당왕조의 조정은 갈수록 황폐해지고 국권은 환관 및 다른 인물들에게 넘어가게 되어 정국의 형세가 더욱 불안정해졌다. 하삭3진河朔三鎭(즉 成德, 盧龍, 魏博)이 조정을 배반하고 각각 할거국면을 조성하여 전란이 끊이지 않아 백성들의 원성이 높았다(『구당서』경종본기). 기록에 의하면, 장경 4년 4월 17일(824년 5월 19일)에 염공染工 장소張韶가 역술가 소현명蘇玄明과 연계하여 염공 100여 명을 동원하고 궁중에서 반란을 일으켰다. 그 때 경종은 환관들과 완구玩球를 즐기고 있었는데 이 소식을 듣고 황급히 좌신책군左神策軍 병영으로 피신했다. 좌신책군 병마사 강예전康藝全이 병사들을 이끌고 궁중에 들어와 반란을 진압했다. 이 사건은 경종에게 일시적인 자극을 주긴 했지만 큰 교훈이 되지 못했다.

경종의 유희 방식은 갈수록 다양해졌다. 그러나 그가 가장 심취한 유희는 척구踢球와 격투格鬪였다. 경종은 각지 신료들에게 격구를 잘하는 사람들을 뽑아 올리라고 명령하고 아울러 내시 고개高個로 하여금 역사力士들을 모집하여 태감과 격투를 벌이도록 했다. 어떤 태감은 체력이 버티지 못하여 머리를 다치거나 팔다리가 부러지기까지 했다. 또 한밤중에 여우사냥을 나가는 것을 아주 좋아했는데 궁중에서는 이를 '타야호打夜狐(밤 여우사냥)'라고 했다. 경종의 취미생활을 시중들게 된 환관과 역사들은 점차 황제에게 불만을 품기 시작했다. 보력 2년 12월 8일(827년 1월 9일) 한밤중에 경종은 밤 여우사냥을 즐기고 궁으로 돌아온 후 환관 유극명劉克明, 전무성田務成, 허문단許文端 및 격구군장擊球軍將 소좌명蘇佐明, 왕가헌王嘉憲, 석정관石定寬 등 28명과 연회를 베풀었다. 연회가 끝나고 경종이 술에 취하여 내실에 들어가 옷을 갈아입자 유극명이 등불을 껐다. 이때 소좌명이 내실로 들어와 경종을 살해하고 거짓으로 황제가 갑자기 발병하여 세상을 떠났다고 알렸다. 18세에 환관과 역사에 의해 죽임을 당한 이담의 재위기간은 겨우 2년이었다. 군신들이 시호를 '예무소민효황제睿武昭愍孝皇帝', 묘호를 경종敬宗이라고 했다. 문종 대화 원년 7월 13일(827년 8월 9일), 경조 삼원현(지금 섬서성 삼원현) 서북 5리 지점에 장례를 지냈는데 이곳이 바로 장릉이다.

2. 능묘와 능원

1) 능묘 위치

장릉은 섬서성 삼원현 동북으로 약 15km 지점에 위치하는데 지금 능 앞에는 시가요촌柴家窯村이 있다. 동남쪽으로는 무종의 단릉과 5km 떨어

160 경종(敬宗)의 장릉(莊陵)

져 있고 북으로는 의종의 간릉과 21km 거리를 두고 있다. 1956년 8월 6일, 섬서성이 제1차 중점문물보호단위로 지정했으며, 2001년 6월 25일, 국무원이 전국 제5차 중점문물보호단위로 지정했다.

　　문헌기록에 의하면, 보력 2년(826) 12월에 경종 이담이 세상을 떠나자

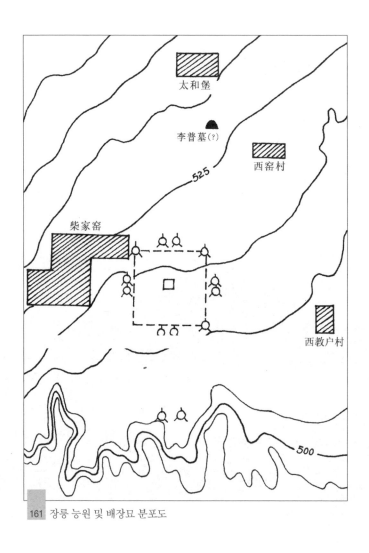

161 장릉 능원 및 배장묘 분포도

추밀사 왕수징王守澄, 양승화楊承和가 한림학사 위처후韋處厚 등과 함께 강왕江王 이함李涵(문종)을 황제로 추대했다. 이때 재상 배도裴度가 섭총재攝塚宰가 되어 능묘 건축 책임을 맡았다.

장릉은 당18릉 가운데 두 번째로 황토고원에 축성한 것이다. 능지陵地는 봉역封域이 사방 40리이고 하궁은 능에서부터 5리이다. 능원 구조는 평면 방형方形으로 되어 있고 동서 길이가 431m, 남북 너비가 480m이며 능 남쪽이 북쪽 보다 47m 정도 넓다. 봉토는 복두형이며 높이가 17m, 밑 부분 길이가 57m이며 동서쪽이 능원 중심부에 해당한다. 능원 사방으로 문이 하나씩 나 있고 네 모퉁이에 각루가 설치되어 있다. 남문 밖에 신도가 있는데 길이가 460m이고 그 남쪽에 유대 1쌍이 위치한다. 조사결과에 따르면 능원 성벽의 기초 너비는 약 3m이고, 현재 네 각루 유지가 잔존한다. 그 중에 동남쪽 각루 유지 잔고가 1.50m이고 밑 부분은 방형구조이며 변 길이는 약 16m에 달한다. 동북 각루 유지 잔고는 3.50m이고 밑 부분은 곡척형曲尺形으로 길이가 16m, 너비는 14m이다. 서북 각루 유지 잔고는 3.20m, 밑 부분 길이가 8m, 너비 6m이다. 기타 건축유지는 거의 남아 있지 않다.

2) 능원의 석각

장릉 능원 석각은 순종의 풍릉과 구조가 비슷하며 현존하는 석각은 28 건이다. 사문에 각각 석사자가 1쌍씩 있는데 13.50~19m 간격을 두고 있다. 그 중 남신문 사자 높이가 1.80m, 흉관이 0.85m이다. 북신문 사자 신고는 1.15m, 흉관은 0.95m이다. 남신문 밖 신도석각은 동서 양쪽으로 분포하며 그 거리는 67.50m이다. 남쪽에서 북쪽을 따라가면 석주 1쌍이 있다. 그 형태는 숭릉과 비슷하며 지면으로 돌출된 높이가 6.45m이다. 익마 1쌍은 석주 북쪽 24m 지점에 위치한다. 익마 높이는 2.15m 혹은 2.65m이다. 말은

162 장릉 석사(石獅)

163 장릉 익마(翼馬)

목이 가늘고 길며 머리는 짧고 다리가 높다. 동쪽은 꼬리를 늘 어뜨리고 있고 서쪽은 꼬리를 묶고 있다. 동쪽 열에 위치한 타조 1개는 익마 북쪽 24m 지점에 위치하는데 그 형태는 헌종의 경릉과 같다. 타조 신고는 1.10m, 길이는 1.50m이다. 석인 7개는 타조 북쪽에 있다. 현재 잔고가 2.10~2.80m이다. 동쪽 열 석인 3개는 그 형태가 덕종의 숭릉과 같고, 서쪽 열 석인 4개는 목종의 광릉과 비슷하다. 그러나 안타깝게도 1996년 5월 3일 밤 도굴꾼에 의해 신도에 위치한 5개 석인의 머리가 사라졌는데 현재 그 중에서 1개만 되찾았을 뿐이다.

장릉 능묘 남신문 밖, 그리고 신도 동쪽 열 석인이 위치한 곳에서 소석인상小石人像(혹은 蕃酋石像) 8개가 발견되었다. 소석인상 중에서 완전한 것은 그 높이가 0.67m, 너비 0.34m, 두께 0.12m의 석좌石座에 세워져 있다. 그 좌저座底에 준榫(장부)이 있는데 직경이 0.18m, 길이 0.11m이다. 석인 머리 부분은 부서져 없고 잔고가 0.67

~1.56m이다. 둥근 목깃에 좁은 소매의 옷을 입고 있으며 두 손은 맞잡고 있다. 장화를 신고 허리띠를 하고 있으며 칼을 차고 있는 모습은 마치 경종이 격국擊鞠을 하고 있는 것처럼 보이는데 연구해 볼만한 부분이다.

164 장릉 신도 서쪽 석인(石人)

3. 배장묘

『당회요』 권21에 근거하면, 장릉의 배장자는 도회태자悼懷太子 이보李寶 1명뿐이라고 되어 있다. 현재 장릉 동북쪽 800m 지점에서 토총 하나가 발견되었는데 이보의 묘가 아닌가 싶다. 앞으로 발굴을 기대해 본다.

도회태자 이보는 경종 이담의 장자로 어머니는 곽비郭妃이다. 보력 원년(825)에 보왕普王이 되었다. 문종 이앙이 즉위하여 자신의 아들처럼 사랑하고 적장자로 삼고 싶어 했다. 대화 2년 6월 을묘(828년 7월 16일)에 이보는 5살 어린 나이에 병으로 세상을 떠났다. 문종이 그를 애도하여 '도회태자'에 책봉했다(『구당서』 권17상, 권175 및 『신당서』 권82).

1. 문종 이앙李昂

문종 이앙(809~840)은 목종 이항의 둘째 아들이며 경종 이담의 이복 동생이다. 경종 사후 당왕조 제15대 황제(827~840)가 되었다. 이앙은 헌종 원화 4년 10월 10일(809년 11월 20일), 정헌황후 소씨 소생으로 장안성 동내에서 태어났으며 장경 원년(821)에 강왕江王에 봉해졌다. 보력 2년 12월 8일(827년 1월 9일), 경종이 세상을 떠나자 환관 유극명, 소좌명蘇佐明 등이 위조된 경종의 유조로 강왕絳王 이오李悟(헌종 이순의 여섯 번째 아들)를 협박하여 황제에 등극시켰다. 이틀 후, 환관 왕수징, 양수겸 등이 금군을 거느리고 입궁하여 강왕絳王 이오李悟를 살해하고 강왕江王 이함李涵을 즉위시켰다. 이후 이름을 이앙李昂으로 고치고 연호를 대화大和라고 했다(『구당서』 문종 본기).

이앙은 강왕江王에 있을 당시 "태종의 『정관정요』를 매우 좋아하여 늘 부지런히 탐독하며 자못 뜻이 있었다"고 한다. 그는 목종과 경종시기 환관 정치의 폐단에 대해 "마음속으로 미워하고 수치스럽게 여겼다(『구당서』 문종본기)." 이앙이 즉위할 당시 조정 신하들은 우승유와 이덕유 당을 결성하고 환관세력과 결합하여 더욱 정치를 문란하게 했다. 이앙은 비록 환관에 의해 황제가 되었지만 개혁의지를 갖고 있는 인물이었다. 그는 환관세력을 제압하고 황권을 회복하기 위해 특별히 우군중위右軍中尉 왕수징이 추천한 하층관료 이훈李訓과 정주鄭注를 선발하여 한림시강학사로 임명하고 이 두 사람과 밀모하여 환관세력을 몰아내고자 했다. 얼마 후 이훈을 재상으로 임명하고, 정주를 어사대부로 삼고 아울러 환관사이의 파벌을 이용하여 우승유와 이덕유를 조정에서 몰아냈다. 이어서 왕수징의 병권을 빼앗고 헌종 살해의 책임을 물어 짐독으로 자진하게 했다. 또 정주를 봉상절도사에 임명하여 환관들의 외원外援을 차단하고자 했다. 이앙은 이훈, 정주와 의논하여 왕수징의 장례에 모든 환관들을 모이게 하고 정주로 하여금 군대를 이끌고 와서 환관들을 제거하려는 계획을 세웠다. 이때 이훈은 정주가 봉상에서 군대를 거느리고 오는 사이 이앙과 의논하여 계획을 변경하고 먼저 가서 환관을 모두 살해했다. 그리고 정주를 조정에서 쫓아냈다.

　대화 9년 11월 21일(835년 12월 14일), 이앙이 자신전紫宸殿에 나와 있을 때 좌금오위대장군 한약준韓約遵이 이훈의 계획에 따라 황제에게 아뢰기를 좌금오장원左金吾仗院 내에 있는 석류나무에 감로甘露가 나타났다고 하며 직접 가서 보기를 청했다. 이훈이 꾸민 이 일은 오장원에 병사들을 미리 매복시켜 놓고 구사량 등 환관무리들을 유인하여 일망타진할 계획이었다. 이앙은 무슨 뜻인지 알아차리고 이훈을 먼저 보내서 어떻게 된 사연인지 알아보도록 했다. 이훈이 사람을 데리고 가서 보고 돌아와 보고하기를 진위 여부를 단정하기 어렵다고 했다. 보고를 접한 이앙은 거짓으로 깜짝 놀란 표정을 지으며 구사량, 어홍지에게 환관들을 거느리고 가서 직접 살피고 오도록 했다. 구사량 등이 그 입구에 막 도착했을 때 한차례 바람이 획 지나가면서 장막에 가려져 있던 복병들이 드러났다. 구사량 등 환관들은 복병을 보고 놀라서 즉시 자신전으로 도망하여 이앙을 붙잡아 연교軟轎에 태위 궁안으로 도망했다. 이훈은 계획이 실패했다는 것을 알고 급히 복병을 지휘하여 환관들을 주살했다. 궁안으로 도망한 구사량은 이앙을 강압하여 이 사건에 연루된 관병들을 모두 살해했다. 얼마 후 구사량은 금군을 거느리고 재상 서원여舒元輿 등 천여 명의 조신朝臣들을 제거했다. 이훈은 변장하고 도망했으나 결국 붙잡혀 재난을 면치 못했다. 정주는 군대를 이끌고 오는 도중 이 소식을 듣고 다시 봉상으로 퇴각했으나 최후에 그 역시 감군監軍 환관 장중청張仲淸에게 죽임을 당했다. 이 사건은 감로와 관계가 있다 하여 역사는 이를 '감로지변甘露之變'이라고 한다.

감로의 변고 이후 이앙은 구사량 등 환관들에게 철저하게 연금당하여 이때부터 조정은 모두 환관들의 수중에 들어갔다. 이앙은 시를 좋아하여 연금 상태에 처한 상황을 시로 달래며 종일 술에 취해 있었다. 그는 일찍이 학사 주지周墀에게 한탄하기를 자신은 가노家奴에게 억압당하고 있으니 오히려 주 난왕周 赧王 희연姬延(?~B.C.256)과 한 헌제 유협劉協(181~234)이 제후들에게 억압당한 것 보다 더 못한 상황이라고 했다. 개성 5년(840) 정월, 이 앙이 욱성질郁成疾을 억압하고 추밀사 유홍일劉弘逸, 설계릉薛季稜에게 명하여 양사복楊嗣復, 이각李珏을 금중으로 불러들여 그들에게 태자 이성미李成美를 보좌하도록 당부했다. 환관 구사량, 어홍지가 이 사실을 알고 거짓 조서를 내려 황태자를 폐위시켜 진왕으로 강등시키고, 영왕穎王 이전李瀍 (이앙의 친형제이며 목종의 다섯째 아들)을 황태제皇太弟로 삼아 군국정사를 처리하도록 했다. 이때부터 이전은 사현전思賢殿에서 백관을 접견했다. 이러한 상황에 직면한 이앙은 속수무책이었고, 결국 정월 4일(840년 2월 10일), 장안성 대명궁 태화전에서 32세에 생을 마감했다. 군신들이 시호를 '원성소헌황제元聖昭獻皇帝', 묘호를 문종이라고 했다. 그해 8월 17일(840년 9월 18일, 『자치통감』 권246에는 8월 19일로 되어 있어 2일 차이가 있음)에 유홍일, 설계릉이 금군을 거느리고 문종의 영구를 호위하여 장릉에 안장했다(『구당서』 문종본기).

165 문종(文宗)의 장릉(章陵)

문종 이앙은 목종과 경종의 방종한 정치상황을 바로잡고 환관정치와 지방 번진할거세력을 제압하여 중앙집권을 회복하고자 했다. 그러나 중당 이후부터 장기간 진행된 정치적 폐단은 문종의 힘으로는 역부족이었다. 그가 비록 원대한 꿈을 갖고 이훈, 정주 등을 임용하여 정치개혁을 단행하려고 했으나 이들 역시 교활한 무리들로 결국 감로의 사건을 일으켜 위태로운 당왕조를 더욱 곤경에 빠뜨렸다. 때문에 역사는 문종에 대해 "제왕의 도道는 있었으나 제왕의 재능은 없었다"고 평가한다.

2. 능묘와 능원

장릉은 섬서성 부평현 서북 15.30km 지점 뇌촌향雷村鄕과 제촌향齊村鄕

166 장릉 남문 서쪽 궐대 및 석인(石人)

167 장릉 석사(石獅)

이 만나는 천유산天乳山의 양지 바른 쪽에 위치한다. 천유산은 서령산西嶺山이라고도 하는데 해발 783m 높이에 우뚝 솟은 봉우리가 평지 위에 드러난다. 장릉은 천유산 남쪽에 축조했는데 능원 봉내封內는 22.50km 이며 하궁은 능에서 1.50km 거리이다. 1956년 8월 6일, 섬서성이 제1차 중점문물보호단위로 지정했으며, 2001년 6월 25일, 국무원이 전국 제5차 중점문물보호단위로 지정했다.

문헌기록에 의하면, 문종이 세상을 떠난 후 재상 양사복이 섭총재攝冢宰가 되어 능침을 건축했다(『구당서』 권18상, 『자치통감』 권246). 환관 구사량 등이 문종의 유조로써 "한문제가 박장을 명하여 짐(문종)이 실로 그를 흠모했다. 산릉 건축은 검약에 힘쓰고 금은이나 채색장식품을 부장하지 않도록 하라"고 했다(『당대조령집』 문종유조). 장릉 구조는 순종의 풍릉과 비슷하다.

장릉은 산으로 무덤을 삼는 제도에 따라 현궁은 천유산 남쪽 기슭을 뚫어 만들었다. 능원의 평면은 방형에 가깝다. 동서로 약 1,350m, 남북으로 약 1,300m이다. 능원 내성 사방에 문이 각각 1개씩 나 있고 네 모퉁이에는

168 장릉 익마(翼馬)

170 장릉 신도 서쪽 석인(石人)

169 장릉 타조(鴕鳥)

각궐이 있다. 남문밖에 신
도가 설치되어 있는데 길
이가 약 500m이며 그 남쪽
에 유대 1쌍이 있다. 현재
남아있는 성벽유지는 동남
쪽, 서남쪽과 동북쪽 각궐
터 부분이다. 동남쪽에서

서남쪽 각궐 거리는 약 840m이며, 동북에서 동남 각궐유지 거리는 약
830m이다. 능원면적은 약 65만㎡에 달한다. 사문四門 밖에는 원래 석사자,
석마, 석인, 석주 등 석각이 배치되어 그 구조는 풍릉과 같았다. 현재 석사
자 1개가 남아 있으며, 그 잔고는 0.95m이다. 또 검을 받치고 있는 석인이
하나 있는데 그 잔고는 1.75m, 흉부 두께가 0.55m이다. 1개 남아 있는 석

주 직경은 1.01m인데 모서리 면이 일정하지 않다. 잔고는 2.60m이다. 번추상蕃酋像 2개의 잔고는 0.64~0.80m이며 어깨 너비가 0.63m이고, 기좌基座 변이 0.62m, 높이가 0.14m이다. 그 나머지 석각은 문혁시기에 모두 파괴되었다.

3. 배장묘

『장안지』에 근거하면 장릉 배장묘는 1기 뿐이라고 되어 있다. 바로 현비 양씨의 묘인데 현재 흔적을 찾아내지 못했다. 현비賢妃 양씨는 문종 개성 2년(837) 8월에 책봉되었다. 『신·구당서』에 전傳이 없다. 『구당서』 무종본기 기록을 보면, "초에 양현비가 문종의 총애를 받았는데 장각태자莊恪太子(문종의 장자 이영)의 생모 왕씨가 총애를 잃고 원망하자 양현비가 참소하여 왕씨가 죽고 태자는 폐위되었다. 개성 말년에 이르러 황제(문종)가 병이 많고 후사가 없자 현비가 안왕安王 용溶을 후계자로 청했다. 황제가 재신宰臣 이각李珏에게 상의했으나 이각이 아니라고 하자 진왕(이성미)을 세웠다. 구사량 등이 무종(이염)을 세우고 그 공을 자신에게 돌리고자 하여 안왕(이용)의 고사故事를 발설했다. 이 때문에 이성미와 이용, 현비는 모두 죽음에 이르렀다"고 한다.

무종의 단릉

武宗의 端陵
十五
端陵

1. 무종 이염李炎

무종 이염(814~846)은 목종
이항의 다섯 번째 아들이며 문
종 이앙의 동생이다. 문종을 이
어 당왕조 제16대 황제(840~846)
에 즉위했다. 헌종 원화 9년 6
월 12일(814년 7월 7일), 선의황
후 위씨 소생으로 동궁에서 태
어났다. 처음 이름은 이전李瀍
이다. 장경 원년 3월 무오(821년
4월 27일)에 영왕에 봉해졌다.
문종 개성(836~840) 연간에 개부
의동삼사, 검교이부상서 직책

171 무종(武宗) 이염(李炎)

이 더해졌다. 개성 5년 정월 2일(840년 2월 8일), 문종이 위중해지자 재상 이각, 지추밀知樞密 유홍일劉弘逸을 불러 태자 이성미를 보좌하도록 했다. 환관 구사량, 어홍지 등이 권력을 장악하기 위해 거짓 조서를 꾸며 이전李瀍을 황태제皇太弟로 세우고 국정을 운영하도록 했다. 정월 4일, 문종이 세상을 떠나자 이전은 영구 앞에서 황제에 즉위했는데 그의 나이 27세였다. 다음 해 연호를 '회창會昌'으로 바꾸었다. 회창 2년 4월 정해(842년 6월 5일), 군신들이 존호를 '인성문무지신대효황제仁聖文武至神大孝皇帝'라고 했다. 회창 5년 정월 초하루에 군신들이 휘호를 '인성문무장천성공신덕명도황제'라고 했다. 회창 6년 3월 임인(846년 3월 31일), 이름을 염炎이라고 했다(『구당서』 무종본기).

　　이염은 환관의 거짓 조서에 의해 황제가 된 인물이다. 그의 통치 시기 당왕조는 이미 붕괴의 길을 걷고 있었다. 조정과 지방할거세력의 모순이 갈수록 격화되고 사회경제는 극도로 피폐한 상태에 이르렀다. 이염은 당왕조가 이미 회복할 힘을 상실했다는 것을 깨닫고 있었다. 그는 자신의 황권을 지키기 위해 환관 구사량의 건의를 받아들여 문종이 지목한 태자 이성미와 그 세력을 제거했다.

　　그러나 이염은 회남절도사 이덕유李德裕를 재상으로 삼고 환관과 번진 세력을 억제했다. 또 구사량의 가산을 적몰하고 거택據澤(지금 金山 西晉), 노潞(지금 산서성 長治) 일대 소의진昭義鎭 유진劉稹의 반란세력을 평정했으며 변경 방어에 있어서는 회흘의 침략을 막아냈다. 무종 이염의 시대 한때 당왕조는 새로운 전기를 마련하는 듯 했다.

　　무종은 중앙집권적 통치질서를 회복하는 과정에서 왕조의 역량을 강화하기 위한 여러 조치들을 시행했다. 그 중에 특히 국가세원을 확보하기 위해 초당 이래 형성되어 온 불교사원 경제에 타격을 가했다. 불교는 한왕조 시대 중국에 전래된 이래 역대 왕조를 거치면서 중국 종교로 정착했다. 당왕조 시대 불교는 국가 보호를 받으며 막대한 사원전을 소유했는데 이후

법문사(法門寺) 전경

불교사원의 발전은 국가권력과의 충돌을 야기했다. 물론 이러한 충돌은 당 왕조 뿐만 아니라 이전 왕조에서도 발생했다. 즉 중국불교 역사상 세 차례 수난 시대가 있었는데 이를 '삼무지화三武之禍' 혹은 '삼무멸불三武滅佛'이 라고 한다. 제1차 사건은 북위 태무제 탁발도拓跋燾(408~542) 때이고, 제2차 는 북주 무제 우문옹宇文邕(543~578) 시기이며, 제3차는 당무종 이염 회창 5 년(845)에 발생했는데 역사는 이를 '회창법난會昌法難'이라고 한다.

무종의 시대 사원경제력은 절정기에 이르러 세속지주와 충돌하기 시작 했고 왕조의 조세수입에도 타격을 주었다. 문헌기록에 의하면 무종은 번왕 藩王이었을 때부터 불교에 대해 반감을 갖고 있었고 도사道士들과 교류하 며 도교의 장생불로사상과 양생술에 심취했다. 무종은 즉위하여 얼마 지나 지 않아 금군 천여 명으로 하여금 용수지龍水池에 응성원應聖院을 만들도록 하고 도사 조귀진趙歸眞 등 80여 명을 궁중에 불러들여 그들과 함께 도법道 法에 정진했다. 또 형산도사衡山道士 유현정劉玄靖을 은청광록대부銀靑光祿

大夫, 충숭현관학사充崇玄館學士로 삼고 '광성선생廣成先生'의 칭호를 주어 도사 조귀진 등과 함께 금중 삼전三殿에 금록도장金籙道場을 설치하여 조귀 진을 스승으로 모시고 직접 삼전에 임하여 소위 구천선단九天仙壇의 법록 (즉 符籙, 도교의 密文)을 받았다. 이러한 무종의 도교 심취에 대해 신하들은 치국에 불리하다고 상소를 올렸다. 재상 이덕유 역시 무종에게 진언하여 조귀진을 가까이 하면 조정에 화를 불러올 것이라고 했지만 무종은 듣지 않았다. 이때 조귀진은 형산도사 유현정과 함께 철저하게 불교를 배척하도 록 무종에게 진언하여 '회창법난會昌法難'의 불교탄압을 초래했다.

무종은 억불정책을 단행하면서 도교를 숭상하고 불로장생에 심취했다. 궁중에 방사方士들을 불러들이고 금중에서 금단金丹을 만들도록 하여 복용 했는데 이후 중독현상이 나타나면서 성격이 포악해지고 갈수록 심신이 쇠 약해졌다. 이때 재인才人 왕씨가 걱정하며 "황상께서 단약을 복용하여 장 생불로 하고자 하나 지금 오히려 갈수록 쇠약해져서 얼굴이 수척해 보입니 다. 마땅히 삼가하고 조금 드셔야만 합니다"라고 했지만 듣지 않았다(『신당 서』후비전).

무종은 단약에 중독되어 갈수록 쇠약해졌고 성격의 변화가 이루 말할 수 없었다. 회창 6년 3월 23일(846년 4월 22일), 장안성 대명궁 내전에서 세상 을 떠났는데 겨우 33세였다. 군신들이 시호를 '지도소숙효황제至道昭肅孝 皇帝'라고 하고 묘호는 무종이라고 했다. 그해 8월 3일(8월 28일), 섬서성 삼 원현 북쪽에 장례지냈는데 이곳이 바로 단릉이다.

2. 능묘와 능원

단릉은 섬서성 삼원현 서목원 서쪽(지금 삼원현 徐木鄕 桃溝村 동북)에 위치한다. 동북쪽으로 고조의 헌릉과 약 5km 떨어져 있고, 서북으로는 대종의 원릉과 약 6km 거리를 두고 있다. 1956년 8월 6일, 섬서성이 제1차 중점문물보호단위로 지정했고, 2001년 6월 25일, 국무원이 전국 제5차 중점문물보호단위로 지정했다.

단릉은 당대 18릉 중에서 세 번째로 평지에 건축된 제왕 능묘이다. 『구당서』 무종본기에 의하면, 회창 6년 3월에 이염이 세상을 따나자 재상 이덕유가 섭총재攝冢宰가 되어 능묘를 건축했다. 이곳은 주변에 높은 산들이 위치하여 단릉은 '퇴토위릉堆土爲陵' 구조이지만 '인산위릉因山爲陵'의 경관을 갖추고 있다.

단릉 봉역은 20km에 달하는데 『장안지』에 의하면 하궁은 능에서 2km이다. 능묘 형태는 헌릉과 대략 같다. 능원 평면은 방형구조이며 동서로 540m, 남북으로 593m이고 점유면적은 약 32만㎡에 달한다. 능원 사방에 각각 문이 하나씩 나 있으며 네 모퉁이에 각궐이 세워져 있다. 남문 밖에 신도가 설치되어 있는데 길이가 약 248m이며, 신도 남쪽으로 유대 1쌍이

173 단릉(端陵) 능총

174 단릉 능원 및 배장묘 분포도

있다. 봉토는 복두형 구조로 능원 중심부에 위치하며 저부底部가 동서 58m, 남북으로 약 60m이며 높이는 15m 정도 밖에 되지 않는다. 이 높이는 한왕조 능묘와 비교해 볼 때 삼분의 일 정도에 불과하다. 궐루는 이전 제왕 능묘와 비슷하며 능원 내성 사문四門 밖에 축조했는데 현재 궐루유지가 대부분 남아 있다.

3. 능원 석각

단릉 석각 형태는 풍릉과 같은 구조이며 능묘 사문 밖과 사마도 양측에 분포한다. 현재 단릉 석각은 20건이 남아 있다. 그 중 동·남·서문 밖에 각각 석사자가 1쌍씩 있고 북문 밖에 위치한 석사자는 모두 훼손되었다. 석사자 잔고는 1.45~1.66m이며 흉관이 0.75~1m이다. 그 거리는 17.30~24.30m 정도이며 형태는 장릉과 비슷하다. 남문 밖 사마도 석각은 동·서 양쪽 열이 서로 마주보고 있고 양쪽 거리는 66m이다. 석주 1개는 지면으로 드러난 높이가 7.22m이고 주신 높이는 6.76m이다. 석주 8각 면은 모두 만초문을 조각했는데 그 형태는 건릉建陵과 같다. 익마 1쌍은 석주 북쪽 9.80m 지점에 위치한다. 익마는 길이 2.15m, 너비가 1.10m, 두께는 0.32m의 돌에 조각되어 있다. 말 신장은 2.80~2.85m, 너비 1.05~1.10m이다. 익마는 야윈 목에 머리는 짧고 다리가 높은 형상인데 그 형태가 장릉과 비슷하다. 타조 하나는 원래 익마 북쪽 약 10m 지점에 위치했으나 현재 서안비림박물관에 소장되

175 단릉 남문 석사(石獅)

176 단릉 석주(石柱)

어 있다. 타조는 길이 2.20m, 너비 1.47m, 두께 0.35m의 돌병풍에 조각되어 있다. 서쪽 열에 있는 장마 2개는 모두 훼손된 상태인데 서쪽 열 익마 부

177 단릉 신도 남문 무장(武將) 석상

178 단릉 신도 동쪽 문신(文臣) 석상

근에 위치하며 신장은 1.60m이다. 장마는 등에 안복鞍袱을 걸치고 있고 안천鞍韉을 두었으며 등자는 없고 앙추鞅鞦를 차고 있는데 꼬리는 내려뜨리고 있다. 북문 밖 장마는 사라지고 없다. 이곳에 말을 끌고 있는 모습의 석상 1개가 남아 있다. 석인은 머리 부분이 없고 높이는 1.40m이며, 둥근 깃에 소매가 좁은 옷을 걸치고 있으며 허리띠를 하고 장화를 신고 있다. 석인은 원래 3쌍이 있었는데 지금은 4개밖에 남아 있지 않다. 동쪽 열에 위치한 석인은 문관으로 홀笏을 잡고 있으며 그 잔고가 0.93m이다. 서쪽 열에 있는 석인상은 무관으로 검을 짚고 있는데 현존하는 것은 1개 뿐이고 신고는 2.89m이며 형태는 장릉과 같다. 아쉽게도 1996년 2월 23일 밤, 도굴꾼에 의해 단릉 석인상 머리와 함께 도굴당하여 지금까지 그 행방을 알 길이 없다.

4. 배장묘

『장안지』권20 등 문헌기록에 근거하면, 단릉 배장묘는 단 1기 뿐인데, 즉 무종의 현비 왕씨 무덤이다. 현비 왕씨는『신당서』후비전 기록에 의하면, 한단邯鄲(지금 하북성 한단시) 사람으로 성품이 민첩하고 가무에 능했다고 한다. 13세에 궁중에 들어와 이염이 영왕으로 있을 때 목종이 그녀를 이염에게 하사했다. 문종이 사망하자 왕씨는 환관 구사량, 어홍지 등과 결탁하여 거짓 조서를 꾸며 이염을 황태숙皇太叔으로 삼고 아울러 황태제의 이름으로 황제에 즉위시켰다. 무종 이염이 즉위하여 왕씨는 재인才人으로 책봉되었고 갈수록 황제의 총애가 더해졌다. 왕씨는 키가 커서 무종과 거의 비슷했다. 무종이 사냥을 나갈 때면 그녀 역시 말에 올라 사냥터에 나갔는데 신하들이 그 모습을 보고 마치 무종을 닮아 착각했다고 한다. 무종은 왕씨를 황후로 세우고자 했지만 재상 이덕유가 말하기를 "재인은 자식이 없고 출신 또한 한미하여 천하의 논쟁거리가 될 것"이라고 간곡하게 만류하여 그만두었다.

무종이 도사들을 믿고 단약을 복용하여 갈수록 수척해지는 것을 본 왕씨는 옆에서 시중을 들며 간언했으나 무종은 듣지 않았다. 회창 6년 무종이 세상을 떠나자 왕씨 역시 스스로 목숨을 끊고 무종의 뒤를 따랐다. 선종이 즉위하여 그 절의를 아름답게 여겨 현비에 추증하고 단릉에 배장했다.

十六 宣宗의 貞陵
선종의 정릉

貞陵

1. 선종 이침李忱

선종 이침(810~859)은 헌종 이순의 13번째 아들이며 목종의 동생이고 경종, 문종, 무종의 숙부이다. 무종에 이어 당왕조 제17대 황제(846~859)에 즉위했다. 헌종 원화 5년 6월 22일(810년 7월 27일), 효명황후 정씨 소생으로 장안성 동내 대명궁에서 태어났다. 처음 이름은 이이李怡라고 했다. 회창 6년(846) 3월, 무종의 병이 깊어지자 환관 마원지馬元贊 등이 거짓 조

179 선종(宣宗) 이침(李忱)

서로써 그를 황태숙으로 삼고 군국정사를 담당하도록 했는데 이때 이름을 침忱으로 고쳤다. 3월 23일, 무종이 세상을 떠나자 그의 영구 앞에서 황제에 즉위했는데 이 때 나이가 37세였다. 다음 해에 연호를 대중大中이라고 했다.

이침은 어렸을 때 생각이 많고 말을 많이 하지 않아 겉으로 봤을 때 총명하지 않은 것 같았다. 그러나 황제가 되어 백성의 고충을 알고 몸소 검약을 실천하며 정치쇄신을 시도하고자 했다. 이침은 만당 황제 중에서 비교적 재능 있는 인물이었다. 그는 덕종 정원 초기에 제정된 독찰고핵督察考核을 회복하여 관리들의 부정부패 방지법을 강화했다. 동시에 지방관의 부임지가 바뀔 때 그가 통치한 지역의 호구가 천호千戶 증가했으면 승진을 시키고, 만약 도망한 호구가 7백호에 이르면 관직을 파면하고 3년 동안 관직에 나오지 못하도록 하는 규정을 만들었다. 이침은 과감한 결단력과 공평무사한 원칙으로 대신들과 뜻을 합하여 정치를 안정시켰다. 역사는 선종 이침의 통치에 대해 "대중(선종의 연호)의 정치에는 정관(태종의 연호)의 기풍이 있었다"고 하여 그를 '소태종小太宗' 이라고 평가한다. 이침의 통치기간 형벌이 크게 줄고 현명한 인재들이 중용되었으며 변경의 토번과 회흘 역시 당왕조와 화친을 유지하여 전국이 비로소 안정되었다.

그러나 당왕조의 안정적인 국면은 오래 지속되지 못했다. 대중 9년부터 12년(855~858) 사이 절동, 영남, 선주 일대에 계속 병변兵變이 발생하여 절도사를 죽이거나 혹은 쫓아내는 상황이 발생했다. 동시에 각지에서 실권을 장악한 절도사들 역시 서로 파벌 싸움을 하며 중앙의 명령에 불복했다. 대중 13년(859), 50세의 나이에 이른 이침은 노쇠해진 체력을 보강하기 위해 의관 이현백李玄伯, 도사 우자지虞紫芝의 말에 현혹되어 '금석金石' 이란 단약을 복용하기 시작했다. 단약을 복용한 후 잠시 동안 체력이 좋아지는 것 같았으나 얼마 지나지 않아 중독현상으로 등에 종기가 생겨 병상에 눕게 되었다. 결국 이침은 8월 7일(859년 9월 7일), 장안성 대명궁 함녕전에서 세상을 떠났다. 군신들이 시호를 '성무헌문효황제聖武獻文孝皇帝'라고 하고 묘호를 선종이라고 했다. 의종 함통 원년 2월 병신(860년 3월 11일), 정릉貞陵에 장례지냈다. 함통 13년(872) 12월에 시호를 '원성지명성무헌문예지장인신총의도대효황제元聖至明成武獻文睿智章仁神聰懿道大孝皇帝'로 추존했다(『구당서』 의종본기).

2. 능묘와 능원

1) 능묘 위치

정릉은 섬서성 경양현涇陽縣 서북쪽 30km 지점 백왕진白王鎭 최황촌崔黃村 중산仲山 남쪽 기슭에 위치한다. 동남쪽으로 덕종의 숭릉과 20km 떨어져 있다. 1956년 8월 6일, 섬서성이 제1차 중점문물보호단위로 지정했으며, 2001년 6월 25일, 국무원이 전국 제5차 중점문물보호단위로 지정했다.

중산은 해발 1,003m이며 동·서·북 삼면이 모두 산으로 둘러싸여 있다. 동쪽으로 야욕산治峪山이 위치하고 서쪽으로는 경하가 흐르고 있어 산을 두르고 물을 안고 있는 형세인데 높은 곳에서 굽어보면 매우 장관이다. 중산은 남쪽으로 지세가 점점 완만해져서 수십 리 분지가 형성되어 있다. 한고조 유방의 형 유승중劉僧曾이 이곳에 거했고 산 위에 그의 사당이 있어서 중산이라는 명칭이 생겨났다.

문헌기록에 의하면, 대중 13년 8월 7일에 선종이 장안 대명궁에서 세상을 떠나자 문하시랑, 평장사 영호도令狐綯(헌종시기 재상 영호초의 둘째아들)가 섭총재가 되어 선종의 능묘 건축을 주관 했다. '인산위릉' 제도에 따라 침궁은 중산의 북쪽 정봉正峰(현지인들은 走馬嶺이라고 함) 산허리에 만들었다.

180 중산(中山) 및 정릉(貞陵) 신도

1980년대 조사에 의하면 묘도 남북 길이는 약 37m이고 다량의 청석靑石이 깔려 있는 흔적을 발견했다. 침궁 남쪽은 주작문에서 1,120m 떨어져 있으며 북쪽은 현무문에서 2,705m 거리를 두고 있고 동쪽은 청룡문과 1,150m 떨어져 있으며 서쪽은 백호문과 840m 거리를 두고 있다. 정릉은 중산을 따라 축조하여 능원이 횡으로 경양과 돈화에 걸쳐 있다. 봉역은 사방 60km이며 면적은 태종의 소릉과 비슷한 규모인데 만당시기 대표적인 제왕 능묘에 속한다고 볼 수 있다.

2) 능원 건축

정릉 능원 건축에 대한 역사 기록은 없다. 문물연구팀 조사에 의하면 정릉 능원에는 본래 헌전·제단·하궁·궐루·각루 등 여러 건축물이 있었고 내성內城 면적이 약 629만㎡로 나타났다. 내성 사방에는 각각 문을 하나씩 두었는데 즉 사신문이다. 내성 담장은 남쪽 성벽 기초가 북중산北仲山 남쪽 기슭을 따라 동서향 직선건축으로 된 것을 제외하면, 동·서·북 세 방향은 모두 산맥의 자연적인 흐름을 따라 축성했다. 성벽 기초는 모두 항토 축성이며 그 너비가 3m이다. 성벽 네 모퉁이에 각궐이 세워져 있는데 그 중에 동남쪽은 서남쪽 두 각궐지角闕址와 서로 1,680m 떨어져 있으며 주작문 동서쪽 중앙에 위치하는데 문지는 이미 훼손되었다. 동남과 동북쪽 두 각궐지는 서로 2,985m 떨어져 있으며 청룡문 중앙에 남쪽으로 치우쳐 있다. 문지 남북 너비는 약 12m이고 문지 남쪽에서 동남쪽 각궐지 성벽은 산기슭을 따라 남북향 직선으로 축조했으며, 북에서 동북으로 이어진 각궐 성벽은 구불구불한 산세를 따라 축성했다. 동북각궐 서쪽은 현무문과 1,600m 떨어져 있고, 서북각궐 동쪽은 현무문과 1,200m 거리를

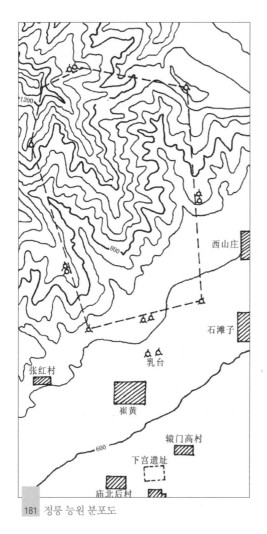

181 정릉 능원 분포도

두고 있으며 현무문의 위치는 북쪽 성벽 서쪽으로 치우쳐 있고 주작문과 서로 마주보고 있다. 서북쪽은 서남쪽 두 각궐지와 약 2,500m 떨어져 있다. 백호문 서쪽성벽에 남쪽으로 치우쳐 있는데 청룡문과 멀리 마주하고 있다. 남북 이신문二神門은 약 3,300m 거리를 두고 있고, 동서 이신문은 서로 1,950m 떨어져 있다. 그 밖에 서쪽성벽 기초 백호문과 서북 모퉁이 각루 사이 자연암반에 2개의 작은 길이 뚫려있다. 그 길이는 각각 300m와 650m이며, 너비는 0.30~0.70m이다. 동북 양끝은 성벽 기초부분과 연접하고 있는데 현지인들은 천상산天上山이 여전히 이 길로 이어져 사용된다고 한다. 이곳에서 성벽 기초 유지와 유물들을 발견했다. 이러한 자료를 근거로 분석해 보면 이곳에는 원래 항토 축성의 성벽은 없었고, 산등성이 동쪽 낭떠러지를 자연적인 성벽으로 이용했음을 알 수 있다. 오랜 세월 비바람에 침식되고 또 사람들에 의해 훼손당하여 능원 담장은 거의 무너져 내린 상태이다. 능원 네 모퉁이에 각궐유지가 잔존한다. 그 중에 동남 각궐유지는 경양현 백옥향 석탄촌石灘村 서북에 위치하는데 평면은 곡척형曲尺形을 띠며, 길이와 너비가 각각 12m이고 잔고는 2.10m이다. 서남 각궐유지는 경양현 백옥향 최황촌 서북에 위치하며 잔고는 3.05m이다. 동북 각궐유지는 순화현淳化縣 석교향石橋鄕 부덕촌富德村 동쪽에 위치하는데 잔고가 5.80m이다. 서북 각궐유지는 순화현 석교향 부덕촌 북쪽에 위치하며 잔고는 3.50m이다. 서남과 동북, 그리고 서북쪽 3개의 각궐유지 크기는 서로 비슷하며 저경底徑이 약 14m이다. 이곳 퇴적층에서 판와板瓦, 통와筒瓦, 연화문 와당 및 백회白灰 담장층 등 건축유물이 발견되었다.

능원 내성 사문四門 앞에 대칭의 궐루유지가 있는데 모두 6쌍이다. 그 중 주작문 앞에 3쌍이 있는데 문지門址에서 남쪽으로 약 50m 지점에 첫 번째 1쌍이 위치한다. 양궐兩闕 동서 거리는 약 70m 간격을 두고 있으며 복두형 구조이다. 좌궐유지左闕遺址 저장底長은 18m, 너비 8m, 잔고 3.30m이다. 우궐유지 잔고는 2.60m인데 대부분 훼손되어 남아있지 않다. 다시 남쪽으로 440m 지점에 두 번째 1쌍이 있는데, 즉 유대乳臺이며 양궐 동서 거리는 약 150m 간격을 두고 있다. 좌궐유지는 복두형이며 저부 길이는 약 20m, 너비 14m, 잔고 3.90m이다. 다시 남쪽으로 1,680m 지점에 세 번째 1쌍이 있는데 즉 작대鵲臺 유지이며 양궐 동서 거리가 약 195m이며 복두형 구조이다. 유지 저부 길이는 약 16m, 너비 10m, 잔고는 각각 4.80m와 2.80 m이다. 근처에서 부서진 벽돌, 깨진 기왓장, 연화문 와당 파편 등이 발견되었다.

청룡문 앞 토궐 1쌍은 서쪽 문지와 45m 떨어져 있는데 양궐 남북 거리가 27m이며 복두형 구조이다. 잔고는 각각 6.20m와 6.25m이다. 백호문 앞 토궐 1쌍은 문지와 약 11m 떨어져 있고, 양궐 남북 거리는 18m이며 복두형 구조이다. 그 잔고는 각각 7.04m와 12.24m이다. 현무문 앞 토궐 1쌍은 문지와 약 32m 거리를 두고 있으며 양궐 동서 거리는 20m 간격을 두고 있다. 그 형태는 복두형이며 잔고가 각각 3.30m와 4.85m이다. 헌전은 주작문 내에 있다. 유지 면적은 동서 40m, 남북 30m이다. 동쪽 평지에서 다량의 판와, 통와, 벽돌조각 등이 발견되었다.

제단은 주작문 밖 정남쪽에서 서쪽으로 치우친 약 80m 지점에 위치한다. 유지면적은 약 1,200m²이다. 이곳에서 다량의 판와, 통와, 벽돌조각 등 건축재료가 발견되었다. 그 밖에 머리가 없는 석조상石雕像 2개가 발견되었는데 그 중 1개는 잔고가 1.35m, 다른 1개의 잔고는 1.20m이다. 석상은 소매가 좁은 긴 도포를 입고 있으며 허리띠를 하고 있다. 그 중에 하나는 두 손을 가슴 앞에 모으고 무엇인가 짚고 있는 형상이다. 석조상 길이는 각각 0.57m와 0.55m, 너비 0.39m, 높이 0.15m이다.

하궁下宮 위치는 작대유지에서 서북으로 약 250m 지점에 있다. 그 분포 범위는 남북으로 약 210m, 동서 약 200m이다. 이 근처에서 다량의 벽돌조각, 판와조각, 통와, 국화문와당, 연화문 벽돌조각 등이 발견되었다. 유지 가장 남쪽 부분에 '대송신수당선종묘비大宋新修唐宣宗廟碑' 1기가 있다.

3. 능원 석각

정릉 능원의 석각 종류 및 형식은 순종의 풍릉과 비슷하다. 주로 석사자, 석주, 익마, 타조, 장마와 석인 석각 등이 능원 내성內城 사문四門 밖, 그리고 505m에 달하는 사마도 양측에 세워져 있다. 현존하는 석각은 38건이며 모두 청석靑石을 사용했다.

웅크리고 앉아 있는 4쌍의 석사자 형태는 숭릉과 비슷하며 능원 사문 밖에 위치한다. 백호문 밖 석사자 1쌍은 문지 서쪽 325m 지점 산등성이에 있고 나머지는 모두 각각 신문神門 밖 9~14m 지점에 위치하는데 서로 9.30~22.45m 떨어져 있다. 석사자 높이는 1.58~1.80m이고 흉관은 0.80~0.93m이다. 석좌石座의 길이는 1.31~1.43m, 너비 0.92~1.10m, 두께 0.23~0.33m이다. 초좌礎座의 길이는 1.68~1.90m, 너비 1.24~1.36m, 지면에 노출된 부분 높이가 0.28~0.34m이다. 사문 석사자 중에서

182 정릉 석사(石獅)

183 정릉 남문 신도 동쪽 석사(石獅)

주작문 석사자 조각이 가장 뛰어나다.

사마도 석각은 정릉 내성 주작문 밖에 위치하는데 남북 길이가 505m, 동서 너비는 북에서 남쪽으로 약 60~83m이며 양측으로 석각 26건이 배열되어 있다. 동서쪽 열 석사자 거리는 22.45m이고 나머지는 68m 떨어져 있다. 석사자에서 남쪽으로 95m 지점에 입석 석인상 6쌍이 마주보고 있다. 석인상의 남북 거리가 24m, 신고 2.70~2.93m, 석좌의 길이는 0.91~0.95m, 너비 0.52~0.68m, 높이 0.22~0.23m이다. 초좌의 길이는 1.20~1.32m, 너비 0.87~0.98m, 높이 0.42~0.54m이다. 동쪽에 늘어선 석인 6쌍은 모두 관을 쓰고 있으며 넓은 소매에 긴 도포를 걸치고 있고 양손은 가슴 앞에 홀을 잡고 있다. 서쪽에 늘어선 6개 석인은 복장이 모두 동쪽 열 석인과 같다. 그중에 5개 석인은 가슴 앞에서 양손을 검에 지탱하고 있고, 1개 석인은 두 손을 가슴 앞에 모아 홀을 잡고 있다. 1개는 수염이 길고 2개는 눈이 깊고 코가 높은 모습으로 봐서 소수민족 형상으로 추측된다.

현종의 태릉에서부터 사마도 양측에 배치된 석인은 고종의 건릉과 예종의 교릉에 일률적으로 설치한 직각장군의 형식을 변화시켜 좌문左文 우무右武 형식이다. 그러나 정릉 사마도 서쪽 열 북쪽에서 5번째 석인의 복식 형태 및 자세는 동쪽 열 석인과 완전하게 일치한 문신이다. 왜 이렇게 배치했는지 그 까닭은 이후 연구자들의 고증을 기다려 본다.

석인 남쪽 40m 지점에 서로

184 정릉 북문 밖 서쪽 장마(杖馬)

마주보고 서 있는 3쌍의 장마 및 어수馭手가 있는데 그 거리는 24m 간격이다. 동쪽 열 2건, 서쪽 열에 4건이 있다. 견마인牽馬人은 이미 사라졌고 석좌石座만 남아 있다. 장마 중에서 완전하게 남아 있는 것은 서쪽 열에서 남쪽에서 부터 헤아려 두 번째인데 말 높이는 1.59m, 길이 2.03m이다. 머리에는 유륵을 쓰고 있고 목 아래에 방울이 달려 있으며 등에는 안복鞍袱을 걸치고 안천鞍韉을 두었으며 등자는 없고 꼬리는 늘어뜨리고 있다. 석좌 동서 길이는 1.37m이고 남북 너비가 0.77m, 높이 0.22m이다. 초좌 길이는 2.26m, 너비 1.23m, 높이는 0.34m이다. 정릉 사마도 장마 중에서 기타 제왕 능묘의 석각과 다른 점은 3개의 말 등에 13~16개의 원와圓窩(둥글게 패인 부분)가 있다. 와경窩徑은 2~7cm, 와심窩深은 0.10~1cm인데 그 용도를 알 수 없다.

그밖에 현무문 밖 석사자 북쪽으로 장마 3쌍이 있었는데 현재 2쌍만 남아 있다. 장마는 동서로 24m 떨어져 있으며 남북 거리가 24m이다. 그 중 완전한 것은 말 높이가 1.62~1.72m, 길이는 1.92~2m이다. 형태는 주작문 장마와 비슷하다. 다시 남쪽으로 24m 지점에 타조 1쌍이 위치한다. 현재 남아 있는 것은 동쪽 석병石屛이다. 남북 길이가 2.05m, 높이 1.56m, 두께 0.41m이다. 석좌의 길이는 2.33m, 너비 0.80m, 높이 0.33m이며 석병면石屛面에는 산과 돌을 가득 조각했는데 지금은 매우 심하게 파손된 상태다.

타조의 남쪽 20m 지점에 마주 보고 서 있는 1쌍의 익마가 있다. 동쪽 열 익마 머리는 강의 부두와 비슷하다. 머리에는 뿔이 없고 꼬리는 늘어뜨리고 있는 모습인데 조각이 거칠다. 말 신장은 2.80m이고 높이는 2.61m이다. 석좌 동서 길이는 2.18m, 남북 너비가 1.10m, 높이 0.28m이다. 초좌는 2층으로 되어 있다. 상층 길이는 2.50m, 너비 1.32m, 높이 0.34m이다. 하층 길이는 2.89m, 너비 1.55m, 높이 0.35m이다. 서쪽 열 익마 머리에는 독각獨角이 있으며 길이는 0.34m, 너비 0.17m, 잔고 0.17m이다. 꼬리는 묶고 있는 모습이고 엉덩이 뒤쪽은 비스듬하게 조각했는데 소박한 기법이다. 말

185 정릉 익마(翼馬)

등 앞 뒤 부분에 24개의 원와圓窩가 있는데 와경이 3~8cm이며 와심은 0.50~1cm이다. 말신고는 2.55m, 길이 2.73m이다. 석좌 동서 길이는 2.19m, 남북 너비가 1.08m, 높이 0.34m이다. 초좌는 2층으로 되어 있다. 상층 길이는 2.60m, 너비 1.40m, 높이 0.4m이다. 하층 길이는 2.92m, 너비 1.55m, 높이 0.37m이다. 두 익마의 사지 사이는 공간을 두지 않았으며 사방으로 권운문卷雲紋 도안을 부조했다.

익마 남쪽으로 26m 지점에 석주 1쌍이 있다. 남쪽 유대궐지乳臺闕址에서 24m 떨어져 있는데 그 형태는 숙종의 건릉과 같다. 동쪽 석주 높이는 8.06m이다. 꼭대기에는 도형桃形장식을 조각했는데 높이가 1.90m이다. 주신柱身은 8각형이고 높이가 0.65m이다. 8각형 주신 각 면에 음선으로 만초 문양을 조각했다. 석주좌石柱座는 방형구조이다. 그 길이와 너비는 각각 1.56m, 높이는 0.65m이며 주신과 연접하는 곳은 복련판문覆蓮瓣紋을 조각 했다. 서쪽 열 석주는 두 부분으로 부서진 상태인데 전체 높이는 7.83m이 다. 형식은 동쪽 열 석주와 같은 구조인데 다른 점은 석좌가 두 개의 돌로 이어져 있다.

정릉은 만당시기 가장 대표적인 제왕 능묘이며 건축 형식은 '인산위 릉' 제도에 근거하고 있지만 독특한 부분이 있는 능묘이다. 예를 들면 능 원 서쪽성벽 북단은 자연암벽을 뚫어서 소도小道를 만들고 산등성이 동쪽 으로 이어진 낭떠러지를 이용하여 항토기법 성벽을 대신했다. 또 능원 석각을 보면, 내성 백호문 밖 쭈그리고 앉아 있는 석사자는 문궐 밖 산등성이에 배치되어 있고 백호문과 325m 떨어져 있는 점이다. 기타 석각 형태는 비록 이전 황릉과 기본적으로 비슷하지만 조각기법이 소박하고 거칠다. 특히 사마도 양측 석인상은 중당시기 능묘와 비교해 볼 때 세밀하고 원만한 조각기법은 이미 찾아보기 어렵다. 그 원인은 왕조의 정치불안, 사회경제 쇠퇴에서 찾아볼 수 있을 것이다.

문헌기록에 의하면, 정릉은 오대시기 요주절도사 온도에 의해 도굴당했으며 석각 역시 여러 차례 파괴를 면치 못했다. 그러나 현존하는 유물을 통해 만당시기 정치와 사회경제, 문화예술의 특징을 파악할 수 있다. 정릉 배장묘에 대한 문헌기록은 없으며 현재까지 조사에서도 발견되지 않았다.

十七 懿宗의 簡陵
의종의 간릉

1. 의종 이최李漼

의종 이최(833~873)는 선종
이침의 장자이며 당왕조 제18
대 황제(859~873)이다. 문종 대
화 7년 11월 14일(833년 12월 28
일), 원소황태후 조씨晁氏 소생
으로 광왕光王의 번저藩邸에서
태어났다. 처음 이름은 이온李
溫이었다. 회창 6년(846) 10월에
운왕鄆王에 봉해졌다. 이온은
비록 선종의 장자였지만 선종
의 11명 아들 중에서 총애를 얻

186 의종(懿宗) 이최(李漼)

지 못하여 궁중에 거처하지 못했다. 선종 말년에 셋째아들 이자李滋를 총애하여 후사로 삼고 싶었으나 정치적 혼란이 발생하자 오랫동안 황태자를 세우지 않았다(『자치통감』권249).

대중 13년 8월, 선종이 위독하자 비밀리에 추밀사 왕귀장王歸長, 마공유馬公儒와 선휘남원사宣徽南院使 왕거방王居方 등을 침궁으로 불러 이자를 황태자로 세우고자 했으나 조서를 내리기 전에 세상을 떠났다. 이때 좌군중위 왕종실王宗實과 부사副使 개원실소開元實素가 왕귀장과 사이가 좋지 않았는데 그들은 급히 선휘북원사宣徽北院使 개원간장開元簡將을 보내 운왕 이온을 궁중으로 불러들이고 조서를 내려 황태자에 책봉했다. 이때 이름을 이최로 바꾸고 군국대사를 장악했다. 8월 7일, 선종이 세상을 떠나고 9일(859년 9월 9일), 이최는 선종의 영구 앞에서 황제에 즉위했는데 이때 나이가 27세였다. 왕종실은 왕귀장 등을 체포하여 후환을 없애고자 그들을 제거했다. 다음 해에 연호를 '함통咸通'으로 고쳤다(『구당서』의종본기).

이최는 매우 교만하고 사치스러운 행동을 일삼았고, 충신과 간신을 분별하지 못하는 혼군渾君이었다. 그가 황제에 즉위했을 때 당왕조의 사회모순은 극에 달하여 조정은 겨우 명맥을 유지하고 있었다. 이때 절동 영국寧國(지금 안휘성 영국) 지역에서 구보裘甫가 이끈 농민봉기가 발생했는데 처음 300여 명에서 수일 사이에 3만여 명으로 발전했다. 봉기군이 도착한 지역에서 관군은 여러 차례 패하여 당흥唐興(지금 절강성 天臺), 자계慈溪(지금 절강성 자계), 여요余姚(지금 절강성 여요), 봉화, 섬현剡縣(지금 절강성 嵊縣), 영해와 상산 등이 봉기군에 의해 점령당했다. 아울러 남조南詔 등지에서도 당왕조에 불복하고 끊임없이 반란을 일으켜 파주播州(지금 귀주성 遵義), 거옹주據邕州(지금 광서성 南寧市), 휴주巂州(지금 사천성 西昌) 지역에서 위급함을 알려왔다. 변경에서 위급한 사항이 올라오면 이최는 환관과 조신들에게 떠넘기고 자신은 관망하며 종일토록 유희와 연회를 즐기며 지냈다. 역사기록에 의하면 이최는 "음악을 좋아하고 연회를 즐겨하여 전殿 앞에 봉사하는 악사들을 500여 명 배치시켜 두고 매월 잔치를 베풀었다. 산해진미를 모두 갖추어 놓고 음악을 듣고 아름다움을 즐기는 것이 끝이 없었다(『자치통감』권 250)." 악사 이가급李可及은 당시 새로운 악기를 잘 연주하여 황제의 환심을 샀는데 벼슬이 좌위위장군左威衛將軍에 이르렀다. 조신朝臣 조확曹確이 태종과 문종의 고사를 인용하여 이 일을 간언했으나 이최는 듣지 않았다. 대신 유태劉蛻가 상서하여 간언하자 그를 현령으로 강등시켰다.

동창공주同昌公主(사후에 위국공주로 추증)는 이최와 곽숙비 사이에서 태어났다. 함통원년 정월 9일(869년 2월 23일), 공주는 우습유右拾遺 위보형韋保衡에게 시집갔는데 궁중의 진귀한 재물을 헤아릴 수 없이 챙겨서 갔다. 함통11년 8월 기묘(870년 9월 28일)에 공주가 병으로 세상을 떠났다. 공주가 병중에 있을 때 이최는 매우 슬퍼하며 한림의관 한소종韓紹宗 등에게 명하여 치료하도록 했는데 공주가 사망하자 거의 20여 명에 달하는 사람들을 죽이고 이들과 관련된 친족 300여 명을 체포하여 감옥에 가두었다. "재상 유첨劉瞻, 경조윤 온장溫璋이 상소하여 법이 너무 지나치다고 간언" 하자 이최는 이들을 조정에서 축출했다(『구당서』의종본기). 다음 해 정월 공주의 장례를 치를 때 "위씨(위보형 가족)들이 정제庭祭의 재물을 서로 차지하려고 다투었는데 모두 금은金銀 이었다". 공주의 장례행렬은 30여 리에 이르렀고, '비단과 주옥으로 의위儀衛와 명기明器'를 했는데 200여 수레에 달했다. 장례 행렬의 "무자舞者가 수백 명으로 궁중 창고의 보물을 내어 머리장식을 하고" 비단 8백필을 "무대에 깔아 주옥으로 땅을 덮었다".

이최는 환락에 빠진 생활을 하면서 불교에도 심취했다. 『자치통감』권 250 기록에 근거하면 "상(이최)은 불심이 지나쳐 정사에 태만했다"고 한다. 함통 14년 3월, 이최는 법문사에 사람을 보내 불골佛骨을 모셔오도록 했는데 군신들 중에 간언하는 자가 많았다. 이때 이최는 "짐이 생전에 그것을 볼 수 있다면 죽어도 여한이 없겠다!" 하고 아울러 널리 부도浮圖, 보장寶帳, 향여香輿, 번화幡花, 당개幢蓋를 조성하고 금은, 비단, 비취로 장식했다. 경성에서 사찰까지 300리 사이에 차마車馬가 밤낮으로 끊이지 않았다. 불골이 경사에 이르렀을 때 금군의 병장兵仗과 공사公私 음악을 모두 동원하여 성대한 환영행사를 거행했다.

정치부패와 사회모순이 격화되면서 당왕조는 관官은 혼란스럽고 사람들은 가난하여 도적들이 들끓고, 그 붕괴의 형세가 조석으로 근심해야 하는 절박한 상황에 이르렀다. 악주관찰사鄂州觀察使 검교공부상서 유윤장劉允章이 『직간서直諫書』를 제출했을 당시 "관官은 8입八入이 있고, 국國은 9파九破가 있으며, 민民은 팔고오거八苦五去가 있다"고 했다. 관의 8입이라는 것은 절도사가 돈으로 매관하고, 색色으로 공을 두드러지게 하고, 무武에서 문文으로 가고, 허함虛銜으로 입사하고, 거짓을 옳은 것으로 꾸미고, 아첨하여 승직하고, 공이 없는데도 상을 받는 것을 의미한다. 국에 9파가 있다는 것은 일년 내내 군대를 모집하고, 만이蠻夷가 왕성해지고, 권문세족의 사치가 만연하고, 대장이 불조不朝하고, 불교사원을 확대하고, 뇌물이 횡행하고, 장리長吏가 잔혹하고, 부역이 균등하지 않고, 관록을 받는 자는 많으나 납세자는 적은 점을 지적한 것이다. 민에게 8고가 있다는 것은 관리의 가렴주구, 사채의 가중, 번잡한 부세, 구걸하는 자에게 세금을 걷는 것, 도망한 사람의 세납과 복역을 하는 것, 억울함을 해결할 수 없는 것, 잘못된 것을 바로잡을 수 없는 것, 추워도 옷이 없고, 굶주려도 먹을 것이 없고, 병들어도 치료할 수 없고, 죽어도 장례를 치를 수 없는 것을 말한다. 그리고 5거五去는 세력침탈, 간리奸吏의 농간, 정병을 파하여 병으로 삼는 것, 항인降人을 객으로 삼는 것, 역을 피하여 출가하는 것을 의미한다.

의종 이최 통치기간 정치는 극도로 불안한 상황으로 치달았다. 함통 연간 발생한 구보의 농민봉기는 마침내 평정되었지만 다시 방훈龐勛이 서사徐泗(지금 광서성 계림 일대)지역을 중심으로 봉기했다. 이때부터 당왕조는 끊임없는 농민봉기에 직면하게 되고 결국 쇠망의 길을 걷게 되었다.

함통 14년 7월, 이최의 병이 위독해지자 보왕普王 이엄李儼이 황태자가 되어 군국정사를 맡았다. 그해(873년 8월 15일) 함녕전에서 이최는 41세에 세상을 떠났다. 백관들이 시호를 '예문소성공혜효황제'로 하고 묘호는 의종이라고 했다. 다음 해 2월 갑오(874년 2월 24일), 간릉에 장례지냈다.

2. 능묘와 능원

간릉은 '인산위릉' 제도에 따라 조성한 능묘이다. 능묘 위치는 지금 섬서성 부평현 서북 18km의 장춘향 동요촌 북쪽 자금산紫金山에 있는데 동남쪽으로 대종의 원릉과 3.50km 떨어져 있다. 1956년 8월 6일, 섬서성이 제1차 중점문물보호단위로 지정했으며, 2001년 6월 25일, 국무원이 전국 제5차 중점문물보호단위로 지정했다.

자금산은 일명 호두산虎頭山이라고 부르는데 주봉은 해발 889m에 달한

187 간릉(簡陵) 신도 및 능산

다. 동·서 양 봉우리가 마치 날개와 같다. 문헌기록에 의하면 함통 14년
(873) 8월, 의종이 함녕전에서 세상을 떠났는데 유조遺詔에 "사공, 문하시
랑, 평장사 위보형을 섭총재로 했다. … 박장의 예로 마땅히 한위漢魏 문제
를 따랐다. 산릉제도는 일체 검약하고 아울러 금은 비단으로 치장하지 않
도록 했다(『구당서』의종본기)."

　간릉은 비록 '인산위릉' 제도에 의하여 건축했지만 당말 농민봉기가 진
행되는 상황이었고, 사회가 극도로 혼란한 상태였기 때문에 능묘건축에 막
대한 재력을 소모할 여력이 없었다. 간릉 침궁은 자금산 봉우리 중간 남쪽
기슭을 뚫고 만들었다. 능원 성벽은 산을 따라 축성했고 평지는 방형구조
이다. 내성 사면에는 산릉을 마주보고 문이 1개씩 나 있다. 문 밖에는 각각
석사자 1쌍이 있고 항토 축성의 쌍궐雙闕이 있다. 동·서 이신문二神門 밖
궐지는 해발 814m와 883m의 산봉우리에 축성했다. 현재 동신문 밖 궐대
유지闕臺遺址 서쪽은 문지와 34m 떨어져 있다. 양궐 유지 남북 거리는 68m
간격을 두고 있다. 그 중 남궐유지 저부 길이는 18m이며 너비가 15m이다.
정부頂部 길이는 9m이고 너비가 2.50m, 높이가 약 7m이다. 북궐유지 저부
길이는 18m, 너비 15m이다. 꼭대기 부분 변 길이는 3m이고 높이가 약 6m
이다. 항토층 두께는 9~12cm 정도인데 주변에 깨진 벽돌조각이 흩어져 있
다. 서신문西神門 밖 궐대유지는 동쪽이 문지와 34m 떨어져 있다. 양궐지
남북간 거리는 56m이다. 그 중 남궐유지 저부 길이가 26m이며 너비 21m
이다. 정부頂部 길이는 9m, 너비 2.50m, 높이가 약 9m이다. 북궐유지 저부
길이는 26.50m, 너비 14.50m이다. 정부頂部 길이는 9m, 너비 2.50m, 높이
가 약 8m이다. 항토층 두께는 8~10cm이다. 북신문 밖 쌍궐유지는 석마령
石馬嶺(지금 섬서성 耀縣 경내)에 위치한다. 이곳은 지세가 평탄하며 시야가
넓고 해발 1,000m가 되는 높은 곳이다. 현존하는 양궐유지 동서 거리는 약
50m이며 그 중 동궐유지 저부 길이가 18.50m이고 너비는 16m이다. 정부
頂部 길이는 6m, 너비 2m, 높이가 약 9m이다. 서궐유지 저부 길이는 24m,

너비 18m이다. 정부頂部 길이는 8m, 너비 2m, 높이 8.50m이다. 항토층 두께는 8~10cm 정도이다. 남신문 밖 궐대 2쌍 가운데 1쌍은 문지 남쪽 42m 지점에 있고, 양궐유지 동서간 거리는 104m이다. 그 중 동궐유지 저부 길이는 5m, 너비 2m, 잔고가 1.50m이다. 서궐유지 저부 길이는 13m, 너비 8m, 높이 7m이다. 항토층 두께는 약 10cm 정도이다. 부근에 깨진 벽돌조각이 흩어져 있다. 또 다른 1쌍은 남신문 밖 312m 지점에 있다. 현존하는 이궐유지二闕遺址 동서 거리는 147m이다. 그 중 동궐유지 저부 길이는 20m이며 너비 11m, 높이 8m이다. 서궐유지 저부 길이는 8m이며 너비가 5m, 잔고는 약 1m이다. 항토층 두께는 10~12cm이다. 동·서 이신문二神門과 남북 이신문의 직선 거리는 2,100m쯤 된다. 능원 네 모퉁이에 각루가 설치되어 있는데 현존하는 동남쪽 각루기지角樓基址 잔고는 2.58m이다. 『장안지』에 의하면, 간릉 봉역은 20km이며 하궁은 능에서 3.50km 떨어져 있다. 간릉 침궁은 오대시기 온도溫韜에 의해 도굴당한 적이 있다.

3. 능원 석각

간릉 능원 석각은 현무문 북쪽 소석사小石獅 2쌍을 제외하면 그 나머지
는 순종의 풍릉과 같다. 현존하는 석사자는 6개이며 익마가 1쌍, 장마 2건,
석인 2건과 그 밖에 '번추蕃酋' 소석상 2개가 있다.

| 사문 석사자(四門 石獅子) | 석
사자는 원래 4쌍이 있었는데 현존
하는 것은 동쪽과 서쪽문에 각각 1
쌍이 있고, 남쪽과 북쪽문에 각각
1쌍씩 있다. 그 좌고座高는 0.22
~0.25m이며 길이가 1.50~1.77m,
너비는 1.05~1.20m이다. 사자 높
이는 1.40~1.95m, 신장 1.15~1.40
m, 흉관 0.87~1.20m이다. 석사자
는 모두 무릎을 꿇고 앉아있는 형
상이며 체구가 풍만하고 왼쪽에

189 간릉 서문 남쪽 석사(石獅)

수컷, 오른쪽에 암컷을 배열했다. 형태는 경종의 장릉과 비슷하다.

| 신도석각(神道石刻) | 간릉 석각은 주로 주작문 밖 신도 양측에 위치하며
동·서 양측의 거리가 90m 떨어져 있다. 현존하는 익마, 장마, 석인이 각각
2건이며 그 형태는 정릉과 비슷하다. 남쪽에서 북쪽을 향해 두 번째에 위
치한 익마 1쌍은 유대궐지 북쪽에서 약 90m 지점에 위치하며 동서로 마주
하고 있다. 양마兩馬 높이는 2~2.10m이며 신장은 2~2.06m이고 너비가
1.05~1.20m이다. 서쪽 열 익마 독각獨角은 돌출되어 있으며, 동쪽 열 익마

190 간릉 신도 서쪽 석인(石人)

독각은 매우 작다. 이 두 익마는 1991년에 섬서역사박물관으로 이전하여 전시하고 있다. 장마 2건은 서쪽 열에 위치한다. 남쪽에서 헤아려 첫 번째에 해당하는 장마는 익마 북쪽 45m 지점에 위치한다. 두 번째 장마는 첫 번째 장마의 북쪽 20m 지점에 있다. 양마는 모두 파손된 상태인데 등에는 안복鞍袱을 걸치고 안천鞍韉은 두었으며 등자는 없다. 견마인牽馬人 역시 현재 모두 사라지고 없다. 석인 2개는 모두 서쪽 열에 있는데 남쪽에서 헤아려 첫 번째 석인은 장마 북쪽에서 22m 지점에 있다. 두 번째 석인은 첫 번째 석인과 45m 떨어져 있다. 석인 머리는 이미 파손된 상태이다. 신고는 2.40m, 흉관은 0.85m이다. 몸에는 소매가 넓은 긴 옷을 입고 있으며 장화를 신고 있고 허리띠를 하고 있다. 두 손은 가지런히 검에 지탱하고 있는데 무관의 형상이다.

그 밖에 주작문 밖 동측 궐루유지는 남쪽으로 약 10m 지점에 있다. 남북으로 초석을 배열했는데 현재 5개가 남아 있다. 초석 간격은 일정하지 않다. 최소 0.90m, 최대 4.68m이다. 초석 길이는 91~95cm이며 너비가 78cm, 높이는 54cm이다. 정면頂面 중간에 묘卯(장부)가 있는데 직경은 약 24cm이며 초석 사방에 만초문을 음각했다. 초석 밖에 소석인이 2개 있으나 머리가 남아 있지 않다. 초석 하나의 높이는 1.30m이며 어깨 너비는 0.50m이다. 몸에는 둥근 목깃에 소매가 좁은 옷을 걸치고 있고 허리띠를 하고 있으며 장화를 신고 있다. 흉부 앞쪽은 표대飄帶 2개를 하고 있으며 양 손은 앞으로 모으고 있다. 나머지 하나는 신고가 1.28m, 어깨 너비가

0.50m이다. 몸은 둥
근 목깃에 소매가
좁은 옷을 입고 있
으며 허리띠를 하고
짧은 장화를 신고
있다. 양 손은 가슴
앞에 모아 맞잡고
있으며 흉부 앞 양
쪽에 각각 한 가닥

191 간릉 신도 익마(현재 섬서역사박물관 소장)

변발을 조각했는데 '번추蕃酋' 상으로 추측된다.

간릉 배장묘는 역사기록에 없다. 조사에서도 밝혀진 배장묘는 아직까
지 없다.

희종의 정릉

1. 희종 이현李儇

희종 이현(862~888)은 의종
의 다섯 번째 아들이며 당왕조
제19대 황제(873~888)이다. 안
혜황후 왕씨 소생으로 함통 3
년 5월 8일(862년 6월 8일)에 장
안성 동내 대명궁에서 태어났
다. 처음 보왕普王에 책봉되었
으며 이름은 이엄李儼이었다.
함통 14년 7월 무인(873년 8월 12
일)에 의종의 병이 위독해지자
18일, 좌군중위 유행심劉行深,

192 희종(僖宗) 이현(李儇)

우군중위 한문약韓文約이 거짓 조서로써 보왕을 황태자로 옹립했다. 보왕

은 이름을 이현李儇으로 개명하고 군국정사의 임무를 맡았다. 7월 19일 의
종이 세상을 떠나자 이현은 의종의 영구 앞에서 12세의 나이에 황제에 즉
위했는데 당대 황제 중에서 가장 어린 나이에 황제가 되었다. 다음 해 11월
연호를 건부乾符라고 했다.

이현은 유약하고 방탕하여 그가 황제에 즉위한 후 정치는 환관 유행심
과 한문약이 "궁중에 거하여 정치를 장악하고 아울러 국공에 봉해졌다."
또 환관 중에 전령자田令孜라는 인물이 있었는데 함통 연간에 의부義父를
따라 내시성에 들어와 환관이 되어 성을 전씨라고 했다. 의종시기 그의 관
직은 내사의 소마방사小馬坊使에 이르고 어마御馬 관리 책임을 맡았다. 이
현이 보왕에 있을 때, 전령자가 늘 함께하여 두 사람 사이가 매우 깊어졌
다. 이현이 황제에 즉위한 후 전령자는 황제의 총애를 한 몸에 받으며 정권
과 군권 모두를 장악했다.

이현은 상당히 총명했고 능력 또한 겸비하고 있었지만 전대 몇 명의 황
제들처럼 정사에 태만하고 유희에 빠져 지냈다. 『자치통감』 권253 기록에
의하면, "상(이현)은 말타고 활쏘기, 검술, 산술을 좋아했으며 음악과 장기,
축국蹴鞠, 투계鬪鷄를 잘했다"고 한다. 또 이현은 내기를 좋아하여 심지어
절도사 자리 역시 격구 시합으로 승부를 판가름하여 결정했다. 광명 원년
(880) 3월, 전령자가 황소黃巢 반란군이 북상하는 것을 보고 사천으로 피난
을 결심하고 아울러 이현에게 청하기를 좌금오대장군 진경선陳敬瑄과 좌신
책대장군 양사립楊師立, 우욱牛勖, 나원고羅元杲 등 네 사람 중에서 삼천三川
(검남의 동천과 서천, 그리고 산남의 서도) 절도사를 선발하도록 청했다. 이러한
중요한 임무를 부여하는 순간 이현은 네 사람을 불러 격구시합으로 결정했
다. 이때 진경선이 1등을 하여 검남서천절도사劍南西川節度使가 되었고, 우
욱, 양사립이 산남서도와 검남동천절도사에 임명되었다.

나이가 어리고 놀기를 좋아했던 이현은 국정대권을 전령자에게 위임하
고 그를 '아부阿父'라고 칭했다. 전령자는 "자못 글을 알았고 모략도 있어

서" 전권을 차지하기 위해 더욱 더 어린 이현을 유희와 향락에 빠져들도록 유도했다. 그는 이현을 만나러 갈 때마다 항상 과일 두 접시를 준비하여 함께 먹으면서 한참 동안 이야기를 나눈 후 자리를 뜨곤 했는데 이때 정치 얘기는 하지 않고 그냥 아이들처럼 웃고 떠들었다. 전령자는 이현이 정치에 관심이 없다는 것을 알고 대담하게 뇌물을 받고 공공연하게 매관매직에 전념했다. 당왕조는 5품 이상 고관은 비색緋色, 자색紫色 관복을 입을 수 있었는데 전령자는 5품 이상 관원을 황제에게 알리지도 않고 멋대로 임명했다.

이현이 즉위하여 토지겸병은 갈수록 심각해지고 토지가 없는 농민들은 각지로 흩어져 유망流亡했으며 잡세의 수탈이 가혹했다. 전내甸內(즉 京兆府)의 도망한 호구에도 세금을 징수했다. 관동, 하남, 관중 등지에 계속 가뭄과 메뚜기 출현 등 재해가 발생하여 백성들의 고충은 심각했지만 조정에서는 이러한 상황을 인식하지 못하고 있었다. 건부 원년(874)에 복주濮州(지금 산동성 鄄城 북쪽) 사람 왕선지王仙芝가 그의 고향 복양현에서 봉기했다. "그 무리가 3천이었는데 마을을 약탈하고 복주를 함락하여 정장丁壯 1만명을 사로잡았다(『구당서』 의종본기)." 다음 해, 조주曹州(산동성 조현) 원구宽句(지금 산동성 하택) 사람 황소가 반란을 일으켰다. 왕선지와 황소가 농민들을 규합하여 봉기하는 시기에 절서 통주浙西 通州(지금 강소성 남통시) 낭산진狼山鎮에서도 조정의 군장軍將 왕영王郢 등이 병변兵變을 일으켜 대규모의 농민봉기로 발전했다. 이들은 소주와 상주常州를 함락시키고 배를 타고 왕래하며 강과 바다를 장악하여 양절兩浙을 약탈하고 남쪽으로 복건에 이르렀다. 왕선지와 황소가 이끄는 농민봉기는 남북으로 이어졌다.

재상 노휴盧携 등이 사실을 숨기고 있었기 때문에 건부 2년(875) 5월에 이르러 희종은 이 사실을 알았다. 이현은 회남淮南(지금 강소성 양주), 충무忠武(지금 하남성 허창), 선무宣武(지금 하남성 개봉), 의성義成(지금 하남성 활현), 천평天平(지금 산동성 동평) 등 5개 군진의 절도사와 감군에게 반란군을 토벌하도록 했다. 아울러 복건, 강서, 호남 관찰사와 자사에게 명하여 병사들을 훈련시켜 반란군 진압에 나서도록 했다. 그러나 각지 번진절도사들은 군대를 움직이지 않고 서로 관망하고 있었기 때문에 농민군은 신속하게 세력을 확장했다. 이현은 일찍이 조칙을 발하여 "왕선지와 상군장尙君長의 죄를 사면하고 관직을 내린다"고 회유했지만 효과가 없었다. 이후 이현은 각지의 장군들을 불러 모아 농민군을 반격하고 또 투항을 유도하면서 그 역량을 와해시켰다. 기주蘄州 황매黃梅(지금 호북성 황매현) 전투에서 왕선지가 패하여 죽자 상양尙讓이 나머지 농민군을 통솔하여 황소군과 다시 회합했다.

건부 5년(878) 2월, 황소는 황왕黃王을 칭하고 관속을 설치하여 당왕조의 통치를 종식시키고자 했다. 황소는 봉기군을 이끌고 황하 서안을 따라 작전을 개시했다. 건부 6년(879) 6월, 황소군이 광주를 점령하고 10월에 장안공격을 감행했다. 황소군은 군기가 엄하여 가는 곳마다 농민들의 환호를 받아 순식간에 그 대오가 백만으로 늘어났다. 황소군이 나타났다는 소식을 들은 지방관들은 도망하기에 바빴다. 광명 원년(880) 9월, 황소는 대군을 거느리고 회하를 건너 11월 17일 낙양에 도착했다. 동도유수東都留守 유윤장劉允章은 감히 대항하지 못하고 관리들과 함께 투항했다. 황소는 낙양에서 군비를 보충한 이후 계속 장안으로 공격해 들어갔다. 12월 2일에 동관이 함락되었다. 동관이 함락되자 전령자는 희종이 자신을 책망할 것을 두려워하여 즉시 노휴盧携에게 그 죄를 뒤집어씌웠다. 4일 아침조회에 이현은 노휴에게 죄를 물어 재상직을 박탈하고 왕휘, 배철裵澈을 재상으로 임명한 후 날이 밝기 전 복왕, 목왕, 택왕, 수왕 등 4명의 아들 및 비빈들을 거느리고 전령자가 통솔하는 500명의 신책군의 호위를 받으며 장안성 서쪽 금광문을 빠져나와 피난길에 올랐다. 피난행렬은 함양, 봉상, 흥원興元(지금 섬서성 한중시)을 거쳐 어렵게 행군했는데 밤낮으로 쉬지 않고 나아갔다. 마침내 중화 원년 정월 28일(881년 3월 2일), 이현의 피난행렬은 성도에 도착하여 이곳에서 4년을 지냈다.

광명 원년 12월 5일(881년 1월 8일), 황소군이 장안을 점령했다. 이때 장안을 빠져나오지 못한 상서좌복야 겸좌금오대장군 장직방張直方이 문무 관원 수십 명을 거느리고 파灞(즉 灞水, 지금 섬서성 서안 동쪽)에서 황소에게 투항하고 그들을 장안으로 맞이했다. 13일(1월 6일), 황소는 대명궁 함원전에서 정권을 세우고 연호를 금통金通으로 하고, 상양尙讓을 태위 겸중서령으로 삼고 조장겸趙璋兼을 시중으로 임명했다. 동시에 항복한 당 조정의 관료들을 대거 임명하고 "당 관료 3품 이상은 모두 해임하고 4품 이하는 예전과 같이 한다"고 선포했다. 희종이 몰래 도망하면서 조정 관료들에게 통보를 하지 않아 수도에 남아 있던 공주들과 승상 및 기타 관원들이 황소군에게 죽임을 당했다. 당왕조 통치집단은 황소 군대에 의해 심각한 타격을 입었다.

희종은 촉으로 도피한 후 즉시 관군을 조직하여 반군에 대한 공격을 감행했다. 『구당서』 권182 기록에 의하면, 의무군절도사義武軍節度使(지금 하북성 정현 일대) 왕처존王處存은 대대로 신책군의 녹祿을 받아 경사京師의 부족富族이 되었다. 그는 장안이 함락되고 희종이 도망했다는 소식을 듣고 통곡하며 조령詔令을 기다리지 않고 2천명의 병사를 파견하여 희종을 호위하도록 하고 본인도 직접 금군을 거느리고 장안 수복에 나섰다. 황소 정권에 투항한 여러 번진들은 그들을 "받드는 것처럼 하고 속으로 도모하여(『구당서』 楊復光傳)" 시기가 무르익기를 기다려 반격하고자 했다.

광명 원년 12월, 왕중영王重榮이 먼저 하중河中(지금 산서성 영제현)에서 황소 정권에 항거했다. 황소가 그 소식을 듣고 아우 황업黃鄴을 파견하여 군대를 거느리고 화주華州(지금 섬서성 화현)에서 출발하도록 하고, 또 주온朱溫으로 하여금 동주同州(지금 섬서성 大荔)에서 출발하도록 하여 수만의 군대가 함께 왕중영을 공격했으나 크게 패배했다. 이 전투에서 승리한 왕중영은 다량의 식량과 병기를 획득했고 군대의 사기를 진작시켰다. 아울러 왕처존과 결맹結盟하고 위북渭北에 병사를 주둔시켜 장안의 의군과 연합하여 반군공격에 나섰다.

장안을 잃고 사천 성도에서 피난생활을 겪은 이현은 심중에 느낀 바가 컸다. 그는 몸은 비록 성도에 있었지만 늘 장안을 생각하며 "날마다 북쪽 산하를 바라보고, 동쪽으로는 능묘를 굽어보며 … 식사를 하면서도 탄식했다(『전당문』賜薛應辭詔)." 그는 성도에서 끊임없이 각 지역 번진에게 관직을 내리고 병사들을 모아 장안을 회복하기 위해 노력했다. 중화 원년(881), 이현은 양주揚州의 고병高騈을 경성 행영도통行營都統으로 임명하고, 환관 양복광楊復光을 경서 남면 행영도감行營都監으로 제수하고, 정전鄭畋을 경서 서면의 행영도통으로 임명하여 황소군과 관중 일대에서 격전을 벌이도록 했다. 그 결과 중화 2년에 이르러 관군은 점점 관중 일대에서 반군을 제압해 나갔다.

중화 2년 정월 8일(882년 1월 30일), 희종은 다시 재상 왕탁王鐸에게 고병高騈을 대신하여 제도諸道 행영도통行營都統을 맡도록 하고, 태자태사太子太師 최안잠崔安潛을 부도통으로 임명했다. 아울러 왕탁으로 하여금 직접 휘하 장군들을 임명하도록 허락했는데 왕탁의 지도하에 장안 회복 계획은 새로운 국면으로 접어들었다. 황소는 수십만의 군대를 당군 봉쇄지에 배치시켰는데 자연재해를 만나 양식이 모두 바닥나는 등 군심이 동요하기 시작했다. 『구당서』 희종본기 기록에 "천하 근왕勤王의 군대가 경기京畿에 운집하여 경사의 식량이 모두 바닥나서 사람이 사람을 먹었다"는 내용이 있다. 거대한 외부의 압력에 직면한 황소군은 내부에서 장수들이 동요하여 투항하는 사건이 속출했다. 특히 동주방어사同州防御使 주온이 당에 항복하고 화주자사 이상李詳의 친신親臣 왕우王遇가 병변을 일으켜 장안을 방어하는 두 요충지 동주와 화주가 당군의 수중에 들어가게 되었다. 게다가 이국창李國昌, 이극용李克用 부자가 거느린 사타족沙陀族이 합세하게 되면서부터 당군은 승리의 자신감을 얻었다.

중화 3년 2월부터 3월까지 사타병沙陀兵을 중심으로 한 당군은 화주성 서쪽 양전피梁田陂(지금 섬서성 화현 서북)와 장안 동북 영구零口(지금 섬서성 임동현)에서 황소군과 두 차례 대전을 벌였는데 모두 승리를 거두었다. 4월 8일, 이극용이 군대를 이끌고 장안성 북쪽 광태문光泰門에서 경사 공격을 감행하여 황소군을 패퇴시켰다. 4월 10일(883년 5월 20일) 밤, 황소는 15만의 군대를 거느리고 장안을 빠져나와 남전藍田(지금 섬서성 남전)을 거쳐 상산商山으로 도망하고 다시 동쪽으로 퇴각했다. 이후 당군은 하남 일대에서 황소군과 전투를 벌였다. 중화 4년 6월 15일(884년 7월 11일), 황소군이 내무萊蕪(지금 산동성 내무 서쪽)에서 재차 패하여 막대한 피해를 입고 낭호곡狼虎谷(지금 산동성 내무 서남쪽)으로 물러났다. 17일, 황소는 대세가 이미 기울었음을 깨닫고 목을 매어 자살했다. 이렇게 하여 10여 년 동안 지속된 당말 농민봉기는 마침내 종지부를 찍었다. 그러나 한 차례 천지를 뒤흔든 황소의 농민봉기는 당왕조 멸망을 앞당기는 계기가 되었다.

중화 4년(884) 10월, 관동 번진들이 상표하여 희종을 장안으로 돌아오도록 청했다. 다음 해 정월 22일(885년 2월 11일) 희종의 어가가 성도를 출발하여 3월 12일(885년 3월 31일) 장안으로 돌아왔다. 다음 날, 이현은 선정전에 등극하여 천하에 사면령을 내리고 연호를 '광계光啓'로 했다. 5월, 군신들이 존호를 '지덕광열효황제至德光烈孝皇帝'라고 했다. 그러나 장안으로 다시 돌아온 이현은 성안의 사업이 모두 황폐해지고 전국이 크게 동요한 상황에서 통치 의지를 상실하고 말았다.

장안으로 돌아온 당 조정은 곧 재정위기에 직면했다. 이러한 상황에서 각지의 번진들은 부세를 가로채고 있었다. 하남, 하북, 강회 등지의 조세가 조정으로 올라오지 않고 있었기 때문에 조정의 재원은 이미 고갈상태에 직면했다. 이때 조정에서는 할 수 없이 세원 확보를 경기, 동주, 화주, 봉상 등지에서 취하고 있었는데 이 지역 조세만으로는 조정을 정상적으로 운영할 수 없었다. 이때 환관 전령자는 새로운 조세원을 확보하기 위해 안읍安邑, 해현解縣의 염세를 놓고 하중절도사 왕중영과 무장충돌을 일으켰다. 광계 원년 12월 23일(886년 1월 31일), 왕중영은 이극용과 연합하여 장안을 압박해

왔다. 25일 밤, 전령자는 이현을 대동하고 장안성 서쪽 개원문開遠門(장안성 서쪽 북루 제1문)을 빠져나와 봉상으로 도주했다. 장안은 다시 왕중영과 이극용의 군대에 의해 거의 폐허가 되다시피 파괴되었다.

희종은 다시 피난길에 올랐고 환관 전령자가 여전히 권력을 장악하고 있었다. 희종은 이때 장성하여 전령자의 통치에 불만을 갖게 되었지만 어떻게 할 방법이 없었다. 사료에 기록하기를 "전령자가 날로 교만하여 천자를 제어하고 모든 것을 마음대로 하여 상(이현)이 그 전횡을 근심하고 때때로 좌우에 말하며 눈물을 흘렸다"고 한다. 희종이 봉상으로 도망한 이후 이극용과 왕중영이 연합 상서하여 전령자를 죽이라고 요청했다. 이러한 상황에서 희종은 환관 양복공楊復恭을 추밀사로 임명하여 전령자를 견제했다. 광계 2년 정월 8일(886년 2월 15일) 밤, 전령자는 무력으로 이현을 끼고 보계寶鷄로 도망했다. 너무 갑자기 일어난 사건이어서 궁정의 위사衛士와 환관 수백 명만 함께 떠났을 뿐 재상 소구蕭遘, 배철裴澈, 정창도鄭昌圖 등 조정 신하들은 그 사실을 알지 못하고 봉상에 남아 있었다. 3월 17일(4월 27일), 희종 일행은 흥원興元(지금 섬서성 한중시)에 도착했다. 절도사 왕중영, 주매朱玫, 이창부李昌符가 연명으로 상서하여 희종에게 전령자를 죽이라고 청했다. 재상 소구 역시 백관들을 거느리고 전령자 및 그 일당들의 죄상을 알리고 희종에게 그들을 제거하도록 청했다. 이러한 상황에 직면한 전령자는 할 수 없이 추밀사 양복경을 좌신책군중위, 관군용사로 임명하여 금군을 관장하도록 하고 본인은 스스로 검남서천감군사의 직함을 부여하고 성도로 도망하여 진경선陳敬瑄에게 의탁했다.

그때 숙종의 현손 양왕襄王 이온李熅이 희종을 따라 도피하는 중에 병으로 인해 반군 주매朱玫에게 붙잡혔다. 4월 3일, 주매는 봉상에 있는 백관들을 강압하여 이온을 '권감군국사權監軍國事'에 봉하고, 자신은 좌우신책십군사左右神策十軍使를 겸임하며 군권을 장악했다. 이현의 제위는 이미 위태롭게 되었다. 그러나 주매를 중심으로 하여 희종에게 반기를 든 군사연합은 여러 가지 원인으로 결렬되었다. 이때 재상 두양杜讓이 희종에게 건의하기를 추밀사 양복공의 형 양복광이 왕중영과 사이가 좋다는 점을 이용하여 조서를 내려 왕중영을 조정에 복귀하도록 설득했다. 왕중영은 조서를 받아들여 비단 10만 필을 홍원으로 보내고 아울러 반장 주매를 토벌하겠다는 뜻을 밝혔다. 그해 10월, 주매와 재상 소구, 태자태사 배거裴據를 중심으로 한 장안의 백관들은 이온을 황제에 즉위시키고 연호를 '영정永貞'으로 바꾸었다. 희종은 '태상원황성제太上元皇聖帝'로 추존되었다. 12월 10일(888년 1월 7일), 주매의 대장 왕행유王行瑜 군대가 당군에게 패배당하고 장안으로 돌아왔는데 이때 주매가 살해되었다. 배철 등이 백관 200여 명을 거느리고 이온을 호위하여 하중河中으로 도망하자 왕중영은 거짓으로 이온 일행을 맞이하고 그를 붙잡아 죽였다.

문덕 원년 2월 7일(888년 3월 23일), 심신이 쇠약해진 희종은 병상에 눕게 되었다. 2월 14일 병세가 조금 호전되자 장안으로 돌아와 대사면을 실시하고 연호를 문덕文德으로 고쳤다. 문무 백관들이 휘호를 '성문예덕광무홍효황제'라고 했다. 3월 6일, 이현의 병세가 위독하여 동생 수왕 이걸李傑을 황태숙으로 책봉하고 군국정사를 맡도록 했다. 그날 저녁 이현은 무덕전에서 세상을 떠났는데 그의 나이 27세였다. 군신들이 시호를 '혜성공정효황제', 묘호를 '희종'이라고 했다. 그해 10월 신묘(888년 12월 4일)에 경조 봉천현 동북쪽 계자퇴鷄子堆에 장례를 지냈는데 이곳이 바로 정릉靖陵이다(『자치통감』 권257).

2. 능묘와 능원

정릉은 최근까지 당대 황제 능묘 중에서 유일하게 발굴된 무덤이다. 그

정릉(靖陵) 능총

위치는 섬서성 건현 동북으로 약 10km 떨어진 구릉이며, 고종과 무측천의 건릉에서 4.50km 떨어져 있고, 동북으로 숙종의 건릉과 15.50km 거리를 두고 있다. 1956년 8월 6일, 섬서성이 제1차 중점문물보호단위로 지정했으며, 2001년 6월 25일, 국무원이 전국 제5차 중점문물보호단위로 지정했다.

문헌기록에 근거하면, 문덕 원년(888) 3월에 희종이 세상을 떠나자 좌복야평장사 공위충孔緯充을 산릉사로 하고, 위소도韋昭度를 총재로 하여 능묘 건축을 시작했다. 정릉은 '퇴토위릉堆土爲陵'으로 그 규모가 결코 작지 않다. 능묘는 해발 811m에서 821.40m에 이르는 곳에 자리잡고 있는데 북쪽이 높고 남쪽은 낮다. 서쪽으로는 표욕구豹峪溝를 사이에 두고 건릉과 마주하고 있으며 북쪽은 불교성지 청량산淸凉山을 대하고 있다. 동쪽은 백마구에 임하고 남쪽은 수왕조 공제恭帝의 능묘와 연접하고 있어 지리적으로 매우 뛰어난 곳이다.

문헌에 정릉 봉역은 20km라고 되어 있다. 고고학발굴 조사에 따르면 정릉 능원 면적은 49만m²이며 내성유지 동서쪽이 450m, 남북이 471.80m

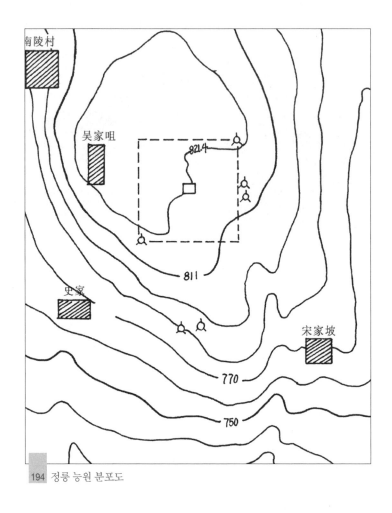

194 정릉 능원 분포도

이다. 봉토는 내성 동서쪽에 위치하며 복두형 항토축성이다. 저부底部 변 길이는 약 48.50m이며 현재 높이는 8.60m이다. 정부頂部 각 변의 길이는 8m이고 내성 남쪽 성벽과 236m 떨어져 있고, 북쪽 성벽은 176m 거리를 두고 있다. 내성 성벽은 항토축성이며 사방에 문이 하나씩 나 있는데 즉 사신 문이다. 성벽 네 모퉁이에 각루가 축성되어 있고, 사문四門 밖에 각각 궐대 1쌍이 축성되어 있으며 사마도 남단에 유대 1쌍이 있다. 나머지 건축유지는 발견되지 않았다.

청룡문 밖에 궐대유지 1쌍이 있는데 그 위치는 능총 동쪽으로 263m 지점이다. 양궐유지 남북 거리는 약 40m이며 그 중 남궐유지 남북 길이가 7.10m, 동서 너비가 1.80m, 잔고가 1.45m이다. 북궐유지 남북 길이는 7.80m, 동서 너비가 3.90m, 잔고는 2m이다. 유대 위치는 사마도 남단 619.20m 지점인데 현재 동·서쪽 유지 거리가 약 100m이다. 그 중 동쪽 궐루유지 저부 동서는 11.30m, 남북은 9.80m, 잔고 4m이다. 서쪽 궐루유지 저부 남북은 11.50m, 동서 9.50m, 잔고가 5.50m이다. 유지는 모두 항토축성으로 항토 두께가 8~10cm 정도이다. 성벽 네 모퉁이 각루유지가 모두 남아 있다. 그 중 동남 각루유지는 능총 동남모서리 완만한 대지에 위치한다. 저변 동서쪽 길이가 14.30m, 남북은 15m, 잔고가 3.20m이다. 동북 각루유지는 능총 동북모서리 과수원 지점인데 저변 동서는 8.90m, 남북 16.90m, 잔고가 2.50m이다. 서북 각루유지는 능총 서북모서리 대지위에 위치한다. 저변 동서는 5.80m, 남북은 4.60m, 잔고가 2.60m이다. 서남쪽 각루유지는 능총 서남모서리 평지에 위치한다. 저변 동서는 6.60m, 남북은 5.40m, 잔고가 0.85m이다. 유지는 모두 항토축성이며 항토 두께가 8~10cm이다. 주위에 깨진 벽돌조각이 흩어져 있다.

3. 능원 석각

정릉 능원에 배치된 석각은 순종의 풍릉과 비슷하다. 능원 4문 밖에 각각 석사자 1쌍이 있는 것을 제외하고 나머지는 내성 주작문 밖 619.20m에 이르는 신도 양측에 배열되어 있다. 남쪽에서 북쪽을 향해 차례로 석주, 익마, 장마, 석인, 석사자 등이 위치하며, 동쪽과 서쪽 열 사이 거리는 약 60m

이다. 능원에는 현재 석각 14건이 남아 있는데 모두 석회암 재질이고 완전한 것은 거의 없다. 석주 1쌍은 능총 남쪽 596.20m 지점에 위치하며 무너진 상태이다. 동쪽 석주 잔고는 3.50m이며 복분련식覆盆蓮式 초좌礎座에 8각형 주신을 하고 있다. 주신 각 면 너비는 0.23~0.26m로 고르지 않다. 현재 주신 조각 문양은 희미하다. 서쪽 석주는 겨우 초좌만 남아 있고 현재

195 정릉 석주두(石柱頭)

신도 서쪽 밭 가운데 위치한다. 석주 길이는 1.07m, 너비 1m이다. 익마는 서쪽 열 부분만 남아 있다. 신도 서쪽 26.90m 경사진 농토에 위치하며 높이가 1.53m, 잔장殘長은 1.46m, 너비 0.70m이다. 기좌基座 길이는 1.40m, 너비 0.77m, 두께는 0.39m이다. 말 양측에는 권운문양卷雲紋樣 쌍익雙翼 조각이 있고, 복부 아래쪽이 건장하며 사지가 힘찬 모습으로 생동감 있게 표현되었다. 현존하는 장마는 3건이다. 동쪽 열 2건 중에 남쪽에서 헤아려 첫번째는 능총 남쪽 475.30m 지점에 위치한다. 말 잔장殘長은 1.24m, 잔고는 0.70m, 너비 0.52m이다. 장마는 안천鞍韉을 걸치고 있으며 목에는 5개의 방

196 정릉 신도 안마(鞍馬)

울을 달고 있고 엉덩이 좌우에 각각 3
개의 문양을 장식했다. 머리 부분이
없고 사지 역시 모두 훼손되었다. 두
번째 장마 위치는 능총 남쪽 426.90m
지점이며 신도 동쪽 21m 밭 가운데에
있다. 말 등에는 안천이 조각되어 있
고 양쪽 엉덩이 부분 안대鞍帶에 각각
방울 4개가 달려 있다. 서쪽 열은 1건
밖에 남아 있지 않다. 위치는 능총 남
쪽 455.30m 지점이며 신도 서쪽
27.30m 부분이다. 말 잔장은 1.40m,
높이 0.76m, 너비 0.56m이다. 등에는
안천 장식이 있고 머리는 남아 있지

197 정릉 신도 서쪽 석인(石人)

않다. 장마 북쪽에 석인 2건이 있다. 동쪽 석인은 능총 남쪽 413.20m 지점
에 위치하며 신도 동쪽 25.40m 지점 밭 가운데에 묻혀 있다. 지면으로 드
러난 높이는 0.56m이며 머리는 부서지고 없다. 몸에는 소매가 넓은 긴 옷
을 입고 있으며 허리띠를 하고 있고 양 손은 가슴 앞에서 홀을 잡고 있다.
서쪽 열 석인은 능총 남쪽 328m 지점이며 신도 서쪽 0.80m에 위치한다. 머
리가 없고 신고는 1.59m이며 소매가 넓은 긴 옷에 허리띠를 하고 양 손에
검을 짚고 있다.

4. 지하궁전 발굴현황

『신오대사』 권40 기록에 의하면, 온도溫韜가 후량後梁(907~923)의 정승

198 정릉 발굴현장

군절도사靜勝軍節度使가 되어 "도韜가 7년을 주둔하며 당의 제릉諸陵이 그 경내에 있다는 것을 알고 발굴하여 그곳에 있는 금은보화를 취했다"고 한

199 정릉 지하궁전 봉문석(封門石)

다. 정릉과 같이 평지에 봉토를 축성했거나 규모가 크지 않은 능묘는 쉽게 도굴에 노출되었다. 송 태조 개보 3년(970) 9월, 유사有司에게 명하여 이전 제왕능묘 중에서 도굴당한 능묘를 보수하도록 했는데 정릉 역시 그 중에 포함되었다. 오대 이후에도 정릉은 여러 차례 도굴을 면치 못했다.

1990년대 초에도 정릉은 여러 차례 도굴 당했다. 특히 1994년 12월 30일 밤, 도굴꾼이 폭약을 사용해 봉토 남쪽부분에 16m 깊이의 도동盜洞을 만들어 묘실까지 직접 들어갔는데 그 피해가 매우 컸다. 섬서성고고학연구소는 도굴방지와 문물보호를 위해 발굴 허가를 받고 조사를 진행했다. 조사팀의 발굴을 통해 정릉 지하궁전은 묘도, 용도, 묘실 세 부분으로 이루어져 있고 전체 길이가 44.18m로 나타났다. 묘도 위치는 봉토퇴封土堆 남측 정중앙이며 남북으로 향하는 길이가 35.60m, 너비 2.40~2.90m이며 45도 계단형을 띄고 있다. 묘도 동쪽과 서쪽 양 벽에 원래 벽화가 있었다. 동쪽 벽에 약 20m²에 달하는 쌍층雙層 벽화가 잔존殘存한다. 벽화는 청룡, 의장, 견마 등이 그려져 있다. 용도 길이는 3.80m, 너비 2.40m이다. 정부頂部는 도동盜洞으로 인해 파손되었다. 그 입구 양쪽으로 창을 집고 있는 무사 그림이 있고 북쪽 동·서 벽면에 각각 2개의 감龕이 나

200 정릉 지하궁전 벽화[卯兎]

201 정릉 지하궁전 벽화[午馬]

있는데 벽감壁龕내에는 수수인신獸首人身 도안이 있다. 용도 중간에 원래 목문木門이 있었지만 지금은 부식되어 남아 있지 않다. 현재 잔석殘石으로 막은 문은 북송 초에 수리할 때 만

든 것으로 보인다.

묘실은 토동土洞과 아치형 천정으로 되어 있다. 저부 동서는 5.80m이고 남북은 4.50m이며 동쪽과 서쪽 벽은 각각 대칭이며 3개의 벽감이 있다. 남벽南壁 동서 양측에 각각 벽감 1개가 있는데 벽감 안쪽에는 수수인신獸首人身 벽화, 소매가 넓고 긴 옷을 입은 사람, 두 손에 홀을 잡고 있는 사람이 그려져 있다. 현재 벽화 중에서 쥐, 토끼, 말, 양, 원숭이, 닭 등이 비교적 양호한 상태다. 묘실 내 벽면은 대부분 떨어져 나갔는데 다만 북벽北壁 동·서 양측 시신도侍臣圖와 정부頂部의 천상도天象圖가 일부 남아 있다.

202 정릉 지하궁전 벽화
(창을 잡고 있는 무사)

묘실 바닥은 석비石碑, 석괴石塊, 방전方磚, 조전條磚으로 쌓았으며, 동서 4.40m, 남북 3.10m의 관상棺床이 있다. 관상과 북벽 사이에 석함石函 2개를 두었다. 능묘가 여러 번 도굴당해 물이 들어와 원래 관상과 주변의 관곽, 상箱, 영장靈帳 등은 일찍이 훼손되거나 사라졌다. 관목은 전부 부식되었으나 밑바닥 목인木印 흔적이 뚜렷하고 진흙 속에서 인골 여러 개가 발견되었다.

묘실에서 출토된 주요 유물은 석비石碑, 석함石函, 영장좌靈帳座, 용봉龍鳳 문양 유리벽, 용봉 문양 유리패琉璃佩, 사미鉈尾, 한백옥 애책 잔편漢白玉哀册 殘片, 금박유리구슬과 석각 잔편 등이다.

정릉 발굴 후 뜻밖의 사실은 정릉 묘실 석관상石棺床이 일찍이 건릉에

배장된 상서좌복야 두로흠망豆盧欽望과 좌복야 양재사楊再思의 묘비墓碑로
만들었다는 것이다. 이것은 섬서성에서 처음 발견된 건릉배장묘 묘비이
다. 두로흠망의 묘비 문자는 보존상태가 양호하지만 양재사의 묘비문은 알
아볼 수 없을 정도로 마모되었다. 묘비는 현재 건릉박물관에 소장되어 있
다. 이 두 묘비가 정릉 건축에 사용된 까닭은 당시 왕조의 재정이 고갈되어
주변에 있는 재료를 가져다 능묘 건축자재로 사용했기 때문이다. 그 덕분
에 현재 두 묘비가 비교적 양호한 상태로 전해진 것으로 볼 수 있다. 정릉
배장묘에 대한 역사기록은 없으며 현재까지 주변에서 배장 흔적은 발견되
지 않았다.

十九 <small>其他 陵墓</small>
기타 당릉 <small>陵墓</small>

1. 소종昭宗 이엽李曄의 화릉和陵

소종 이엽(867~904)은 의종 이최의 일곱 번째 아들이며 희종 이현과 어머니가 같은 형제이다. 희종을 계승하여 당왕조 제20대 황제(888~904)가 되었다. 이엽은 혜안황후 왕씨 소생으로 함통 8년 2월 22일(867년 3월 31일) 장안성 동내에서 태어났다. 처음 이름은 이걸李傑이었으며 수왕壽王에 봉해졌다. 건부 4년(877), 개부의동삼사開府儀同三司, 유주대도독幽州大都督에 임명되고 유주와 노룡盧龍의 절도사를 역임했다. 희종이 여러 차례 어려움을 당하여 피난을 떠났을 때 항상 모시며 따랐는데 그로 인해 총애를 받았다. 문덕 원년(888) 3월, 희종의 병이 위중해지자 그 아들이 아직 어린 까닭에 관군용사 양복경이 수왕을 감국으로 할 것을 요청했다. 희종이 허락하고 조칙을 내려 수왕을 황태제로 삼고 군국정사를 담당하도록 했다. 8월에 희종이 세상을 떠나자 황제에 즉위했는데 당시 22세였다. 다음 해, 연호를 용기龍紀로 바꾸고 이름을 엽曄으로 고쳤다. 대순 원년(890) 정월, 군신들이 '성문예덕광무홍효황제聖文睿德光武弘孝皇帝'의 존호를 올렸다.

이엽은 어렸을 때 책읽기를 좋아하고 특히 유술儒術을 중시했는데 표정이 준엄하고 기백이 있어 회창(무종 이엽의 연호)의 유풍遺風을 보였다(『구당서』소종본기). 그가 즉위했을 때 당 조정은 조관朝官, 환관宦官, 번진藩鎭 들의 치열한 각축장으로 변해 있었다. 이엽은 당왕조의 중흥을 꿈꾸며 환관과 번진세력을 제압하기 시작했다. 대순 원년(890) 4월, 이엽은 재상 장준張濬의 건의를 받아들여 강병책으로 천하를 제압하고자 했다. 그는 먼저 하동절도사 이극용의 관작을 회수하고 군대를 파견하여 토벌하도록 했지만 결과는 참패하여 이극용의 압박하에 그의 관작을 회복시켜 줄 수밖에 없었다. 다음 해 9월, 다시 좌군중위左軍中尉 양복공楊復恭에게 사직하도록 강요하고 군대를 보내 토벌하자 양복경이 흥원興元(지금 섬서성 한중)으로 도망했다. 경복 원년(892) 정월, 봉상절도사 이무정李茂貞 등이 흥원을 토벌하도록 청하자 이무정이 산남山南의 후방을 취하고자 하는 뜻이 있음을 알고 조서를 내리지 않았다. 이때 이무정은 불만을 품고 빈주절도사邠州節度使 왕행유王行瑜와 함께 흥원을 공격했다. 양복경은 흥원절도사 양수량楊守亮과 함께 태원으로 도망했는데 도중에 화주華州(지금 섬서성 화현) 절도사 한건韓建에게 붙잡혀 죽임을 당하여 그 머리는 경사에 보내졌다. 얼마 후에 환관 유계술劉季述 등이 다시 신책군중위 등 요직을 맡게 되어 번진세력과 결탁하고 이엽을 제압하고자 했다. 경복 2년(893), 이엽은 군대를 보내 봉상절도사 이정무를 토벌하도록 했는데 관군이 패하여 할 수 없이 이무정과 다시 타협할 수 밖에 없었다. 건녕 2년(895) 7월, 이무정의 양자 이계붕李繼鵬의 계책으로 이엽이 봉상鳳翔으로 행차했는데 중위中尉 유경선劉景宣과 왕행실王行實이 그 사실을 알고 이엽을 빈주로 행차하도록 위협하려고 금군에서 반란을 일으켰다. 이엽은 급히 염주鹽州(치소가 지금 섬서성 定邊이었음) 6도六都의 군대를 불러 경사에 주둔시키고 자신은 제왕諸王들과 함께 종남산으로 피신했다. 8월에 다시 장안으로 돌아와 사졸 수만 명을 모집하고 종실 제왕들로 하여금 통솔하도록 하여 왕실의 자강을 도모하고자 했다. 건녕 3년

(896) 7월, 환관의 지지를 받은 봉상절도사 이무정이 군대를 거느리고 경기
지역을 압박하자 이엽은 제왕들을 거느리고 태원으로 출발하려고 했는데
중도에서 화주절도사 한건韓建에게 저지당했다. 한건은 이엽을 협박하여
종실 제왕들의 군직을 철회시키고 군대를 해산하도록 한 후 제왕들을 살해
했다. 이때 이엽은 재상 최윤崔胤을 파면하고 하남에 주둔하고 있는 주전충
朱全忠에게 조서하여 도움을 청했다. 주전충에 의해 환관세력은 제거했지
만 이엽은 다시 그의 통제하에 놓이게 되었다. 주전충은 이엽에게 최윤의
공적을 상서하여 평장사의 직책을 내리도록 했다. 건녕 4년 2월 기미(897년
3월 20일), 이엽은 덕왕德王 이유李裕를 황태자에 책봉하고자 했다. 건녕 5년
(898) 1월 이무정의 관작을 회복시켰다. 8월, 주전충이 이엽을 낙양으로 모
시고자 했는데 이무정이 그 사실을 알고 급히 경사로 돌아가자고 청하여
장안으로 돌아올 수 있었다. 이때 연호를 '광화光化'로 바꾸었다. 이엽은
번진과 환관세력을 제압하여 당왕조의 중흥을 꾀하고자 했으나 여러 차례
좌절을 당하면서 오히려 번진세력에게 강압당하는 신세가 되고 말았다. 이
때부터 그는 성격이 난폭해지고 음주에 빠져 좌우 시중드는 사람들을 죽이
기도 했다. 광화 3년 11월 경인(900년 11월 30일), 좌우군중위 유계술劉季述,
왕중선王仲先 등이 이엽을 폐위시켜 소양원少陽院에 유폐시키고 태자 이유
를 황제로 즉위시켰다. 12월 계미에, 최윤이 신책군호가염주도장神策軍護駕
鹽州都將 손덕소孫德昭, 주승회周承誨, 동언필董彦弼 등이 유계술, 왕중선 등
을 살해하고 이엽을 복위시켰다. 천복 원년(901) 11월, 환관 한전회韓全誨
등이 또 이엽을 위협하여 봉상에 이르렀다. 다음 해 5월, 주전충이 군대를
이끌고 봉상을 위협하고 10월 사람을 보내 황제를 모셔왔다. 천복 3년 정
월, 이무정의 계책으로 마침내 한전회가 살해되었다. 이무정은 주전충과
타협하여 황제를 다시 장안으로 모셔왔다. 이때 최윤을 사공, 문하시랑, 평
장사로 삼았다. 최윤은 주전충이 어린 황제를 세워 당왕조를 찬탈하려고
한다는 의도를 파악하고 경조윤 정원규鄭元規와 모의하여 병사를 모아 자

구책을 세웠다. 천복 4년, 주전충이 그 아들 주우량朱友諒을 보내서 최윤을 살해했다. 천우 원년(904) 정월, 주전충은 이엽을 위협하여 장안의 사민士民을 이끌고 낙양으로 천도했다. 주전충이 장안을 떠나면서 모든 건축물을 파괴했기 때문에 장안은 거의 폐허상태가 되었다. 이해 8월 임인(904년 9월 22일) 밤, 주전충이 양자 좌룡무통군左龍武統軍 주우공朱友恭, 우룡무통군 씨숙종氏叔琮, 추밀사 장현휘蔣玄暉 등을 보내 낙양궁 초전椒殿에서 이엽을 시해했는데 당시 38세였다. 군신들이 시호를 '성목경문효황제聖穆景文孝皇帝', 묘호를 '소종昭宗' 이라고 했다. 다음 해 2월 20일(905년 3월 28일), 낙양 구씨현緱氏縣의 경산에 장례지냈는데 이곳이 바로 화릉和陵이다. 그해 10월, 다시 시호를 '공령장민효황제恭靈壯愍孝皇帝' 라고 했다.

화릉은 지금 하남성 언사시 구씨진의 경산에 위치하는데 동남쪽으로 효경황제 이홍李弘의 공릉恭陵과 약 2km 떨어져 있다. 『독사방여기요讀史方輿紀要』의 하남河南 경산조景山條 기록에 의하면, "천우天祐 초에 주온朱溫(주전충)이 소종을 시해하고 이곳에 장례지낸 이후 '화릉' 이라고 했다." 『구당서』哀帝本紀의 기록을 보면, 천우 원년 8월에 소종이 시해당하자 황태자 이축李柷이 영구 앞에서 즉위했다. 9월, 평장사 독고손獨孤損을 산릉사, 배추裴樞를 산릉예의사山陵禮儀使, 병부시랑 이연충李燕充을 치박사齒薄使, 하남윤 위진충韋震充을 교도사橋道使, 종정경 이극근李克勤을 충안안행사充按安行使로 삼아 함께 소종의 장례를 책임지도록 했다. 천우 2년 2월에 소종은 화릉에 묻혔다.

소종은 17년 제위帝位기간 당왕조의 재건에 힘썼지만 번진세력의 강압에서 벗어나지 못하고 결국 주전충에 의해 죽임을 당했다. 화릉은 당왕조의 능묘격식을 갖추지 못하여 규모가 협소하고 현재 봉분 또한 무너져 내려 평지가 되었다. 현재 능묘 주위에는 어떤 건축유지도 남아 있지 않다. 다만 부근에 서궁저西宮底, 중궁저中宮底, 동궁저東宮底 등의 명칭이 남아 있어 화릉과의 관계를 짐작할 수 있을 뿐이다.

2. 애제哀帝 이축李柷의 온릉溫陵

애제 이축(892~908)은 이엽의 아홉 번째 아들이며 당왕조 마지막 황제 (904~907)이다. 어머니는 하씨何氏이며, 소종 경복원년 9월 3일 장안성 대 내大內에서 출생했다. 처음 이름은 조祚라고 했다. 건녕 4년(897) 2월에 휘 왕輝王에 책봉되었다. 천복 3년(903) 2월, 개부의동삼사, 제도병마원수에 제 수되었다. 천우 원년(904) 8월 11일에 주온이 사람을 시켜 소종을 죽이고 다음 날 추밀사 장현휘蔣玄暉가 거짓 조서를 내려 휘황을 황태자로 책봉했 다. 이때 이름을 축柷으로 바꾸고 군국대사를 처리했다. 이축은 소종의 영 구 앞에서 황제에 즉위했는데 당시 13세였다. 연호는 소종을 계승하여 '천 우天祐'를 그대로 사용했다.

이축이 즉위할 당시 주온은 당을 찬탈하려는 야심을 노골적으로 드러 내고 있었다. 조정은 완전히 주온의 수중에 들어갔으며 이축은 꼭두각시 황제에서 벗어날 수 없는 상황이었다. 천우 2년(905), 주온은 반대세력들을 제압하기 위해 소종의 남은 자식들을 제거했다. 6월, 배구裴樞, 독고손獨孤 損, 최원崔遠, 육의陸扆, 왕부王溥, 조숭趙崇, 왕찬王贊 등 대신 30여 명을 살해 하여 그 시신을 황하에 던졌다. 11월, 이축은 주온에게 상국을 제수하고 위 왕에 책봉하여 구석九錫(고대 제왕이 신하에게 예를 갖추어 내리는 9가지 器物임. 후에 정권을 장악한 신하가 자신의 왕조를 건립하기 전에 9석을 받았는데 이것은 공식 적인 행사가 됨)을 내렸는데 주온이 거절하고 받지 않았다. 천우 4년(907), 주 온이 이축을 강압하여 대량大梁(지금 하남성 개봉)으로 천도했다. 얼마 후, 주 온은 이축을 제음왕濟陰王으로 폐위시키고 조주曹州(지금 산동성 조현)로 이 주시켰다. 4월 갑자(907년 6월 1일)에 주온이 마침내 황제에 즉위하여 국호 를 양梁이라고 했다. 개평 2년 2월 21일(908년 3월 25일), 주온이 조주에 사람 을 보내 이축을 독살하였는데 당시 17세였다. 시호를 '애황제哀皇帝'로 하 고 왕의 예우로 제음현 정도향定陶鄉에 장례지냈는데 이곳이 온릉溫陵이다.

후에 시호를 '소선광열효황제昭宣光烈孝皇帝'라고 했다. 역사에서는 '당애 제唐哀帝', 혹은 '소선제昭宣帝'라고 칭한다.

온릉은 현재 산동성 하택荷澤 경내에 있으며 정도定陶와 멀지 않다. 온 릉은 지대가 낮은 곳에 위치하여 명대에 황하가 범람했을 때 침수당하여 현재 그 위치를 분명하게 찾아내지 못하고 있는데 이후 고고학 발굴조사를 기대해 본다.

3. 효경황제孝敬皇帝 이홍李弘의 공릉恭陵

이홍(652~675)의 자는 선자宣慈이며 고종 이치의 다섯 번째 아들이고 무 측천의 장남이다. 영휘 3년(652)에 장안성 감업사에서 태어나 다음 해 5월 어머니 무측천과 함께 입궁하여 대왕代王에 봉해졌다. 영휘 6년(655) 11월, 무측천이 황후에 책봉되자 다음 해 정월 4살의 나이에 황태자가 되었다.

고종과 무측천은 이홍에게 정치능력과 조정업무를 익히도록 하기 위해 어렸을 때부터 태자태사 이적, 중서령, 태자빈객 허종경, 태자우중호 이경 현, 태자좌중호 유인궤, 태자우서자 허어사許圉師를 그의 보신輔臣으로 지 정했다. 이홍이 동궁으로 거처를 옮기고 얼마 지나지 않아 그해 윤10월에 고종은 무측천과 낙양으로 행차했다. 이때 이홍은 '국감國監'으로 장안에 남아있었는데 "태자는 부모를 몹시 그리워했다"고 한다(『자치통감』 권200). 건부 2년(667) 9월, 고종의 병이 오래되자 태자에게 명하여 감국監國하도록 했다. 함녕 4년(673)에 이홍은 좌금오장군 배거도裵居道의 딸과 혼인했다. 고종이 이홍의 배씨裵氏를 매우 신임하고 주위에 말하기를 "동궁 내정內政 은 내가 이미 걱정할 것 없다"고 했다(『구당서』 효경황제홍전).

상원 2년(675), 고종은 자신의 몸이 불편한 것을 걱정하며 태자에게 양

공릉(恭陵) 능총 및 신도(神道)

위하고자 했는데 이홍은 그 소식을 듣고 매우 걱정하며 병석에 눕고 말았다. 그해 4월(675년 5월 25일) 이홍은 부모와 함께 낙양으로 행차했는데 그곳에서 병으로 갑자기 세상을 떠났다. 이홍의 나이 24세였다. 5월에 고종이 조서하여 "짐이 황태자에게 양위하고자 했는데 병으로 일어나지 못하고 (세상을 떠나니) 마땅히 황명으로 그 이름을 존중하여 시호를 효경황제라고 한다" 하고, 8월에 낙주洛州 구씨현緱氏縣 오래산懊來山에 장례지냈는데 이곳이 공릉이다. 이홍의 장례 제도는 천자의 예를 따랐다. 고종은 병중에 직접 『효경황제예덕지기孝敬皇帝睿德之紀』를 짓고 비문을 만들어 능 옆에 세웠다. 고종은 조서를 내려 이홍에게 효경황제의 시호를 추증했는데 이는 중국역사상 태자가 죽은 이후 황제의 시호를 받은 선례가 되었다.

공릉은 지금 하남성 언사시 구씨진 동북 2.50km 지점 호타령滹沱嶺에 위치한다. 서북쪽으로 낙양성과 45km 떨어져 있으며, 북쪽으로 언사시와 15km 거리를 두고 있다. 1963년 하남성이 제1차 중점문물보호단위로 지정했으며, 2001년 6월 25일, 국무원이 전국 제5차 중점문물보호단위로 지정했다.

호타령은 지대가 높고 면적이 넓은 형세로 하상夏商시대에는 경산景山

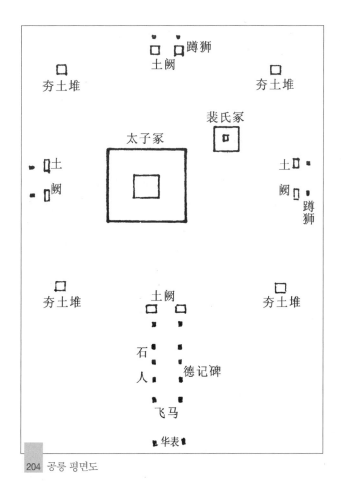

공릉 평면도

이라고 했다. 고종은 이곳에 이홍을 장례지낸 후 태평산太平山이라고 했는
데 현재 백운령 혹은 호타령이라고 부른다. 공릉은 호타령의 최고봉에 위
치하여 남쪽은 숭악嵩岳이 펼쳐지고 북으로는 이수와 낙수를 끼고 있어 예
로부터 명산이라고 했다.

  공릉은 북쪽에 기초한 남향으로 정방형正方形을 띠며 길이와 너비가
440m이다. 능원내에는 대총大塚과 소총小塚이 있는데 대총은 능원 중앙의

서쪽에 위치하며 이홍의 무덤이다. 소총은 대총의 동북쪽 모퉁이에 자리 잡고 있는데 이곳에는 태자비 배씨가 묻혀 있다. 두 무덤의 위치는 능원의 정중앙에 해당한다. 이러한 능묘제도는 서한시대에 황제와 황후의 합장제 도를 따른 것인데 즉, 묘지는 같으나 함께 매장하지 않는 형식이다(徐苹芳, 「中國秦漢魏晉南北朝時代的陵園和塋域」, 『考古』 1981년 6기). 공릉의 두 무덤은 장 방복두형長方覆頭形으로 현재 태자총 저부의 동서 길이가 150m, 남북의 너 비는 130m이다. 정부頂部 동서 길이가 46m, 남북이 50m, 잔고는 22m이다. 조사자료에 의하면, 태자총의 봉토는 천년이 넘는 세월 동안 비바람을 맞 으며 침식되어 사방이 모두 10여 m 정도 무너져 내렸다. 원래 봉토 저부 길이는 160~180m에 이른 것으로 추측된다. 능총의 흙은 점도가 높은 홍갈 색 항토축성으로 견고하게 쌓아올려 천여 년의 세월 동안 5m 정도 침식당 했을 뿐 기본 모습은 그대로 남아 있다. 황후총(배씨 무덤)은 태자총과 50m 떨어져 있다. 현재 모습은 많이 변하여 불규칙하다. 저부는 방추형이고 길 이와 너비가 50m이다. 상반부는 원형을 이루는데 잔고는 13m이다. 1998 년 2월 15일, 황후총 묘도가 도굴당하여 유물 64건을 잃어버렸는데 현재 거의 되찾았다. 공릉 능묘의 사면에 항토축성의 담장이 있고, 사방 담장의 중간 위치에 각각 문이 하나씩 나 있는데 즉 사신문이다. 문밖에는 쌍궐을 축성했고 사방 모서리에 각루가 있다. 현재 조사에 의하면 담장은 이미 평 지로 변했고 담장의 기초 너비는 겨우 1m이다. 네 모퉁이 각루유지가 남아 있는데 높이가 약 3~4m, 길이와 너비는 각각 10여 m이다. 문 앞 쌍궐은 북 문이 비교적 양호한데 길이가 23m, 너비 20m이며 두 궐은 서로 30m 떨어 져 있다. 능원 남신문의 실측 너비는 약 30m이다. 문궐 밖 10m 지점에 입 사자 1쌍이 좌우에 배치되어 있고 그 거리는 54m 떨어져 있다. 그 밖에 나 머지 3문의 상황은 이와 비슷하며 입사자立獅子가 아닌 준사자蹲獅子 즉, 앉 아있는 사자를 배치한 점이 다를 뿐이다. 남신문 내에 건축유지 흔적은 발 견되지 않았고 문 밖 쌍궐 남쪽에 어도御道가 설치되어 있으며 그 양쪽에 대형석각을 배치했다.

현재 공릉 능원에는 석상 18건과 석비 1기가 남아 있다. 능원 동·서·북 삼면 밖 석사자 1쌍을 제외하면 나머지 12건은 모두 남신문 밖 신도 양측에 배열되어 있으며 동서 거리가 50m이다.

석주 1쌍은 남신문과 300m 떨어져 있으며 전체 높이가 6.50m이고, 기좌基座, 주신主身, 연화蓮花 세 부분으로 되어 있다. 기좌는 방형이며 상하 양층으로 나뉘어져 있는데 하층은 동서 2.14m, 남북 2.30m이며 지면으로 드러난 높이가 0.90m이다. 상층은 동서 1.58m, 남북 1.70m이며 높이는 0.80m이다. 그 윗부분은 연화문이 새겨진 주춧돌이 놓여 있는데 높이가 0.12m, 직경은 1.50m이다. 연화문 주춧돌 위에는 8각형 석주가 세워져 있

205 공릉 신도 동쪽 석주(石柱)

다. 석주의 높이는 3.75m, 직경은 0.85m이며 각 면에 무늬는 조각되어 있지 않다. 주정柱頂 상층은 앙련昂蓮을 조각했다. 이러한 주정은 불교예술의 영향을 받은 것으로 그 형상이 용문龍門 석굴의 당대 조각과 비슷하다.

익마 1쌍은 석주 북쪽 92m 지점에 위치한다. 당대 능묘 앞

206 공릉 신도 동쪽 천마(天馬)

에 설치된 익마는 공릉에서 비롯되어 그 후 건릉乾陵, 건릉建陵, 숭릉崇陵 등 8명의 황제릉 앞에 세워져 있다. 공릉의 익마 높이는 2.40m이며 상층雙層 석좌石座 위에 설치했다. 하층의 길이는 2.65m, 너비 1.95m, 높이 0.76m이다. 상층 길이는 2.21m, 너비 1.01m, 높이 0.41m이다. 저판底板의 길이는 2.10m, 너비 0.86m, 두께 0.20m이다. 익마의 사지四肢 및 수미垂尾는 저판과 연결되어 있고, 배 아래는 투조기법이며 전체 높이가 3.57m이다. 익마는 머리를 들고 서 있는 자세이며 풍만하고 건장한 골격을 하고 있다. 공릉의 익마는 신선사상의 영향을 받아 당대 제릉諸陵의 석각 중에서 걸작에 속한다.

석인 3쌍 중에서 첫 번째는 익마 북쪽 43m 지점에 위치하며 남북의 거리는 32m 간격을 두고 있다. 공릉 석인의 높이는 2.73~3.30m이며, 복식형태는 함양에 있는 양씨의 순릉과 비슷한 구조이다. 머리에는 책건幘巾을 쓰고 있고 몸에는 소매가 넓은 긴 옷을 걸치고 있는데 안에는 긴 치마를 입었

207 공릉 신도 동쪽 석인(石人)

고 밖으로는 조끼를 입고 있다. 또 허리띠를 하고 장화를 신고 있으며 양손은 흉부 앞에서 검을 잡고 있다. 공릉 석인의 형상은 북위시대 낙양의 능묘 석인을 계승하여 발전했다. 석인의 전체적인 조형을 보면 비례가 적절하고 당대 조각기풍을 표현했다. 석인의 장식을 보면 중랑장中郞將(직각장군)의 관직에 해당한다.

석인 북쪽의 석사자立石獅 1쌍은 능원 남신문 밖 쌍궐 남쪽 10m 지점 좌우에 분포하는데 서로 54m 떨어져 있다. 두 사자는 모두 남쪽을 바라보

고 서 있으며 달리는 형상을 하고 있다. 동쪽 수사자 높이가 2.64m인데 사자의 머리가 비교적 크고 머리를 들고 앞을 응시하고 있으며 귀가 작고 견치犬齒가 밖으로 드러나 있다. 아래턱에는 수염 세 가닥을 조각했고 목 뒤쪽에는 말린 모양의 털이 드러나 있다. 흉부가 튼튼하고 앞발은 곧게 서 있고 뒷발은

208 공릉 신도 동쪽 석사(石獅)

약간 굽히고 있어 힘을 앞 쪽에 실은 모습이다. 또 두 다리 사이에 분명하게 성별을 알 수 있는 표시가 있다. 긴 꼬리는 오른쪽으로 내려와 복부까지 이어지고 사지四肢는 석판과 연결되어 있고 복부 아래는 투조기법을 사용했다. 서쪽 암사자 높이는 2.40m인데 그 형태는 수사자와 기본적으로 비슷하다. 다만 긴 꼬리는 왼쪽으로 흔들고 다리 사이에 성별 표시가 없다. 석사자 기좌는 두 층으로 나뉘어 있으며 하층의 길이가 2.76m, 너비 1.75m, 높이는 0.45m이다. 상층의 길이는 2.22m, 너비 1.34m, 높이는 0.98m, 두께는 0.27m이다. 제릉帝陵 사문四門에 석사자가 배치된 것은 공릉이 처음이며 또한 가장 완전한 모습으로 남아 있는 형태인데 고종과 무측천의 건릉에서부터 제도적으로 자리잡게 되었다.

예덕기비睿德紀碑 1개는 동쪽 열에 위치하는데 남쪽에서 헤아려 첫 번째와 두 번째 석인 사이에 있다. 전체 높이가 7.23m, 비신碑身의 높이는 6.03m, 너비 1.94m, 두께 0.65m이다. 비좌碑座의 높이는 1.20m, 너비가 2.70m, 두께는 1.90m이다. 비액碑額은 비백서飛白書로 '효경황제예덕지기孝敬皇帝睿德之紀' 8자가 새겨져 있다. 비문은 해서체로 오른쪽에서 왼쪽까지 아래로 33행이 들어와 있고, 매 행마다 82~89자가 새겨져 있는데 모두

예덕기비(睿德紀碑)

2,000자 정도 된다. 오랜 시간이 흘러 비문 대부분이 마모되어 글자가 분명하지 않다. 『전당문全唐文』, 『금석췌편金石萃編』 등에 수록된 비문은 1,700자 정도 된다. 그 내용은 이홍에 대한 미사여구로 인효, 명덕, 검약 등에 관해 언급하고 있으며 구체적인 사망 원인에 대해서는 자세한 기록이 없다.

공릉에 현존하는 석상 중 3쌍의 준사자蹲獅子는 능원 동·서·북 3문 밖에 분포한다. 그 형태와 크기는 모두 비슷하다. 사자의 높이는 2.30m이며 머리를 들고 앞을 응시하고 있으며 앞다리는 비스듬히 지탱하고 있다. 머리와 목 부분의 털은 둘둘 말린 모습이고 아래턱은 세 가닥의 수염으로 조각했고 긴 꼬리는 왼쪽으로 흘러내린 모습으로 매우 웅장하며 힘이 있다. 사자는 3층으로 된 장방형 석좌위에 있으며 상층 초좌礎座는 사자와 이어져 있다. 길이는 1.89m, 너비 1.17m, 높이가 0.25m이다. 중층 기좌의 길이는 2.07m, 너비 1.35m, 높이 0.70m이다. 하층 기좌 길이는 2.60m, 너비 1.75m, 높이가 1m이다. 북신문 밖 동측에 위치한 사자의 좌측 둔부에서 송대 제기題記 "낙민洛民 염영진閻永眞, 장사남張士南, 왕혜시王惠時가 치평 원년治平(1064년 송 영종의 시대) 10월 1일 이곳에 이르다"가 발견되었다.

공릉 석각은 조각의 세밀함, 조형의 생동감 등에서 당대 석각예술의 혼을 엿볼 수 있다. 공릉은 중원지역에 세워진 제릉 중에서 비교적 잘 보존된 능묘에 해당한다. 비록 이홍의 신분은 황제에 속하지는 않지만 그가 죽은 후 '천자의 예'로 장례를 지냈기 때문에 능묘 규모나 석각예술의 특징은 제릉과 비슷한 형태를 갖추고 있다. 당대 능묘제도를 연구할 때 참고 가치가 있는 묘장제도와 석각, 부장품 등을 주목할 필요가 있다.

4. 효명고황후孝明高皇后 양씨楊氏의 순릉順陵

순릉은 무측천의 어머니 '무상효명고황후無上孝明高皇后' 양씨의 무덤으로 현재 섬서성 함양시 위성구 저장진底張鎭 진가촌陳家村 서남 300m 지점에 있다. 1961년 3월 4일, 국무원이 전국 제1차 중점문물보호단위로 공포했다.

문헌기록에 의하면, 양씨(579~670)는 홍농 선장弘農 仙掌(지금 섬서성 위남시 동관) 사람이며 수왕조 시대 재상을 지낸 양달楊達의 딸이다. 양씨는 어렸을 때부터 총명했고 후에 불교에 입문했다. 당왕조 무덕 3년(620)에 공부시랑 무사확이 상처하자 그 사실을 안 고조 이연이 두 사람의 혼인을 주선

210 순릉(順陵) 능원 전경

했다. 이연은 양씨 집안과 친분이 있었는데 양달이 세상을 떠난 후 그의 딸 양씨가 불문에 들어가 있다는 사실을 알고는 계양공주를 보내 적극적으로 혼사를 성사시켰다. 무사확과 결혼한 양씨는 세 딸을 낳았으며 무측천이 그녀의 둘째딸로 태어났다. 태종 정관 9년(635), 무사확이 임지에서 세상을 떠나자 57세에 양씨는 과부가 되었다. 정관 12년(639), 무측천이 재인으로 간택되어 입궁하고 고종 영휘 6년(655) 황후에 책봉되자 양씨는 대국, 영국, 정국부인에 책봉되었다. 함형 원년 9월 갑신(670년 10월 3일)에 양씨가 세상을 떠나자 시호를 '노국충렬부인魯國忠烈夫人'으로 했다. 같은 달 무사확을 태위, 태원왕으로 추증하고 양씨는 왕비로 하여 왕의 예를 갖추어 함양에 매장했다. 묘원 및 묘 앞에 배치된 석각 규모는 비교적 작은 편이다. 얼마 후, 산서성 문수현 남쪽에서 무사확의 혼을 불러 두 사람을 합장했다. 문명 원년(684), 무사확을 태사, 위정왕으로 추증하고, 양씨는 위왕비로 삼았다. 영창 원년(689), 무측천이 황제에 즉위하기 위해 그 부친을 추존하여 '주충 효태황周忠孝太皇', 모친은 '충효태후'로 하고 아울러 양씨의 묘를 명의릉 明義陵(또 順義陵이라고 함)으로 고쳤다. 천수 원년(690), 무측천이 예종 이단

211 순릉 묘총 및 내성(內城) 남문 쌍궐(雙闕)유지

을 황사皇嗣로 강등시키고 대주大周의 황제가 되었다. 이때 부친을 '태조효
명고황제太祖孝明高皇帝'로 삼고 어머니는 '태조효명고황후'로 하여 무덤
을 '순릉順陵'이라고 했다. 무측천은 자신의 권세를 드러내기 위해 그 부모
의 시호를 바꾸고 능묘의 명칭 또한 수정할 필요가 있었다. 원래 능묘 면적
이 83,070㎡였는데 1,094,624㎡로 확장하여 능원의 총 면적을 13배 정도
확대했다. 아울러 천하의 양석良石을 선택하고 선조의 능묘를 표준으로 삼

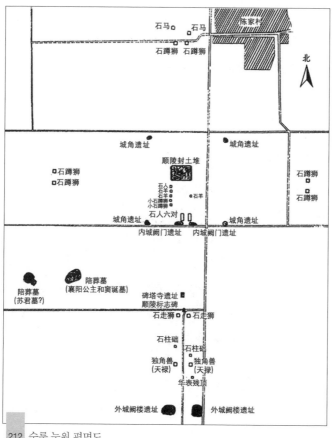

212 순릉 능원 평면도

아 대형석각을 조각하여 능총 남측에 배열했다. 개원 원년(713)에 이르러 효명고황제의 칭호는 태원왕이 되고, 효명고황후는 태원왕비로 했다. 이후부터 순릉은 다시 왕비의 무덤으로 바뀌었는데 사람들은 습관상 여전히 순릉으로 칭하고 있다.

순릉 능원은 내·외 양성兩城이 있다. 내성은 처음 묘원에 해당하는데 평면은 방형을 띄며 담장은 항토축성으로 되어 있고 동쪽 담장 길이가 291m이다. 남쪽 담장 길이는 286m, 서쪽 담장 길이가 294m, 북쪽 담장 길이는 282m이다. 사방에 문이 각각 하나씩 나 있다. 남문 밖에는 쌍궐을 축성했는데 현존 기지基址 거리가 22m이다. 외성은 무덤을 능으로 했을 때 확장하여 쌓은 것으로 장방형 구조이며 남북의 길이가 1,264m, 동서 너비가 866m에 달한다. 능총의 봉토 저부는 방형을 띄며 변의 길이가 48.50m, 높이 12.60m이다. 조사결과 묘도의 위치는 봉토 남측 부분이며 정남에서 북쪽을 향하고 묘도는 경사구조이다. 그 길이는 약 28.50m, 너비는 2m이다. 묘도 내 양쪽 벽에 벽화가 그려져 있다.

순릉 능원에 현존하는 석각은 34건이며 모두 석회암 재료를 사용했다. 능묘 동·서·북 삼면에 각각 석준사石蹲獅 1쌍이 있으며, 석준사의 북쪽에 석마 1쌍이 있고, 능총의 남쪽 사마도 양측에 석인, 13건, 석양 3건, 석준사 1쌍, 연화좌蓮花座 1쌍, 석주사石走獅 1쌍, 천록 1쌍이 있다. 그 중에 석주사와 천록은 묘의 명칭이 순릉으로 바뀌면서 추가 설치된 것이며 순릉 석각 중에서 걸작에 해당하는 작품으로 당대 석각예술의 풍격을 담고 있다.

천록은 다른 말로 해치獬豸라고 칭하는데 중국 고대에 선악을 판별하고 곡직을 해결해 주는 길한 짐승이라고 한다. 『신이경神異經』의 기록에 "해치는 일각一角이 양羊이며, 청색의 사족四足에 혹 곰과 비슷하다고 하는데 능히 곡직을 알며 죄를 식별할 수 있어서 옥의자獄疑者는 양각羊角으로 촉觸하도록 했다"고 한다. 때문에 『후한서』 여복지輿服志 규정에 "법관法冠, 법 집행자의 복장은 … 혹 그것을 해치의 관冠이라고 한다"는 기록이 있다.

순릉 앞에 배치한 천록은 당대 황제의 능묘에는 없다. 무측천이 황제가 되어 모친의 무덤에 천록 석각을 추가 배치했는데 그 의도는 어머니 양씨의 무덤을 수호하고 또 자신의 정치가 시비곡직을 분명히 하고 명신과 간신을 구별하는 즉, 명군의 정치를 표방한다는 의미를 내포하고 있다.

213 순릉 천록(天祿)

순릉에는 천록 2마리가 배치되어 있다. 천록과 석좌는 한 덩어리의 돌로 조각되어 있고, 사지四肢 및 수미垂尾와 석좌石座가 서로 연결되어 있다. 천록의 높이는 4.15m, 신장 4.20m, 너비 1.50m이다. 석좌의 높이는 0.40m이고 동서 길이는 3.50m이며 무게가 약 70여 톤에 이른다. 머리는 사슴과 비슷하고 두

214 순릉 석사(石獅)

정頭頂에 구부러진 독각獨角이 하나 있으며 몸은 소와 닮았다. 전지前肢 양측에 아름다운 구름모양의 무늬가 조각되어 있는데 발모양은 말과 닮았다. 복부 아래는 투조기법이며 4명이 앉을 수 있는 크기이다. 전체 형상이 웅대하고 기세가 넘치는 풍격으로 조각기법이 정교하여 당대 제릉 석각 중에서도 으뜸에 속한다고 볼 수 있다.

석사石獅 1쌍은 천록 북쪽에 위치하며 사마도 양측에 배치되어 있는데

동쪽은 숫컷, 남쪽은 암컷으로 되어 있다. 사자는 석좌石座와 한 덩어리 돌로 되어 있다. 사자의 높이는 3.05m, 신장은 3.45m, 너비 1m이다. 석좌의 높이는 0.45m, 남북의 길이는 3.05m, 동서 너비가 1.35m이다. 총 무게가 70톤에 달한다.

215 순릉 내성 동쪽 석인(石人)

순릉 남문 사마도 양측에 배치된 석주, 석인, 천록, 준사자 석각 이외에 거대한 '순릉비順陵碑'를 세웠다고 한다. 문헌기록에 의하면, 순릉비는 대주大周 장안 2년(702) 정월에 무삼사가 글을 짓고 상왕 이단李旦이 글을 썼다. 전문全文이 4,449자이며, 그 중에 무측천이 만든 글자가 16자 들어 있다. 자체가 반듯하고 전서, 예서체의 형식으로 되어 있다. 이 비는 명대 가정 34년 12월(1556년 1월), 관중에 발생한 대지진으로 무너져 내렸는데 후에 함양 현령이 사람을 보내 무너진 조각을 거두어 위하渭河 제방을 보수하는데 사용했다. 청초에 위하가 붕괴되었을 때 세 토막으로 갈라졌고 후에 현의 관서로 이전하여 보관했다. 이후 가장 큰 조각이 다시 세 부분으로 갈라져 다섯 조각이 되었다.

216 순릉 내성 서쪽 석호(石虎)

1964년 문물팀이 함양 저장 수리공사시에 2개를 더 발견했으며, 1965년에 다시 함양현 묘문廟門 앞 하수도 공사에서 하나를 더 발견하여 모두 8조각이 남아 있는데 그 위에 283자가 새겨져 있다.

현존하는 석비 조각들을 근거하여 볼 때, 비수碑首 높이가 2.40m, 신고 6m, 좌고 1.80m, 전체 높이는 약 10.20m로 추정된다. 잔비석殘碑石은 현재 함양박물관에 보관되어 있다(張鴻杰 등, 『함양비석』, 삼진출판사, 1990년 12월).

5. 양황제讓皇帝 이헌李憲의 혜릉惠陵

이헌의 본래 이름은 이성기李成器이며 예종 이단의 장자이고 현종 이융기의 맏형이다. 고종 의봉 3년(678)에 숙명황후肅明皇后 유씨 소생으로 별전別殿에서 태어났다. 문명 원년(684), 무측천이 임조칭제 할 당시 여섯 살의 나이로 황태자에 책봉되었다. 천수 원년(690), 무측천이 황제가 되어 무주의 시대를 개창하자 이단은 황사로 강등되었으며 이성기 역시 황손皇孫으로 강등되고 후에 다시 수춘군왕壽春郡王에 봉해졌다. 무측천 사후 중종 이현이 즉위했으나 황후 위씨에게 독살되었다. 이후 이융기가 모의하여 위황후 세력을 제거하고 부친 예종을 즉위시켰다. 예종 즉위 후 당연히 장자 이성기가 황태자의 자리에 올라야 했으나 자신의 공로가 아우 이융기에 미치지 못하다는 것을 알고 양보했다. 716년, 이름을 이헌李憲으로 바꾸고, 개원 7년 영왕寧王에 봉해졌다. 이헌은 본래 성품이 겸손하고 신하의 예를 갖추어 조정에 간섭하지 않았으며 사당私黨을 만들지 않았고 형제들과 화목했다. 개원 29년 11월 신미(742년 1월 5일), 63세에 세상을 떠났다. 현종이 그의 죽음을 듣고 슬피 울며, 자신에게 양위한 뜻을 높게 칭송하며 승상 배요경, 태상경 위도韋縚에게 명하여 이헌을 '양황제讓皇帝'에 책봉하도록 했다. 이헌의 아들 이진李璡이 상소하여 부친 생전에 겸양하고 물러났는데 감히 받을 수 없다고 하였으나 조서를 내려 허락하지 않았다. 동시에 이헌의 비 원씨를 공황후에 봉하고 교릉 옆에 배장하도록 했다. 이헌의 장례는 왕의 예로써 하고 그 명칭은 '혜릉惠陵'이라고 했다.

혜릉은 지금 섬서성 포성현 삼합향三合鄉에 위치하며 서북으로 예종의 교릉과 7.50km 떨어져 있다. 1999년 10월, 크게 도굴당한 흔적이 남아 있는데 도동盜洞의 깊이가 9m에 이른다. 이후 섬서성고고학팀이 이곳 문물을 보호하기 위해 발굴 정리작업을 진행했다. 혜릉은 북쪽에 자리잡고 있으면서 남향인데 봉토는 복두형이다. 봉토의 변 길이가 60m, 높이가 약 15m이다. 고고학조사에 근거하면 능원에 문궐, 담장, 각루, 궐대, 침전 등 건축물이 있었다고 한다. 현재 남아 있는 유물은 잔석각殘石刻 2건으로 석주 1건과 익마 1건이 있다. 발굴조사에 의하면 혜릉 지하궁전은 경사진 묘도를 따라 과동, 천정, 벽감, 용도, 묘실 등으로 이루어져 있고 전체 길이가 약 60m에 이른 것으로 밝혀졌다. 가장 깊은 곳은 지표에서 약 6.50m 떨어져 있다. 묘실 평면은 아치형이고 네 벽의 높이는 약 4m인데 아치형 천정의 가장 높은 곳은 10.08m에 이른다. 묘실 서쪽에 석곽을 안치했는데 전체 높이가 2.20m, 길이가 3.96m, 너비는 2.35m이다. 정개頂蓋는 6개로 조각한 무전식廡殿式 석판으로 이루어졌고, 주위 벽은 10개의 방형 석주石柱와 10개의 벽판壁板으로 조성하여 그 위에 정교하고 아름다운 선각화線刻畵와 만초문蔓草紋을 조각했다.

이 무덤은 일찍이 여러 차례 도굴당했지만 여전이 이곳에서 채색도용 및 각종 유물 860여 건이 출토되었다. 도용은 체형이 큰 편이고 수량도 많다. 그 중에 입용立俑의 높이가 0.74~0.76m, 입마立馬의 높이는 0.70m, 입타立駝의 높이는 0.80m 이상이 된다. 와타臥駝의 길이는 0.80m 정도이다. 채색 천왕용天王俑의 높이는 1.60m이다. 그 밖에 애책잔편哀册殘片, 은장식, 유리구슬 목걸이, 옥기 파편, 동마기銅馬器, 동식편銅飾片, 철기, 자기 파편 등이 출토되었다. 묘도, 과동, 천정 및 용도, 묘실 네 벽에 모두 벽화가 그려져 있는데 그 내용은 궁정생활을 담고 있다. 그 중에 묘도 동·서쪽 벽에 각각 6m에 이르는 청룡백호가 그려져 있는데 용호龍虎의 위풍당당한 모습은 당왕조의 전성기를 표현하고 있다. 출토된 애책잔편에 근거하면 혜릉은 양황제 이헌과 공황후 원씨의 합장묘로 추정된다. 이 묘는 이헌의 생전에 축조하기 시작하여 사후에 '양황제'에 추증되었으나 묘실 지하부분은 이미 개조할 수 없었기 때문에 지상 건축물에만 제왕 능원의 격식을 따른 것으로 보고 있다. 혜릉은 현재 발굴작업을 마친 성당시기 가장 대표적인 제왕 능묘에 해당한다. 봉토의 규모가 매우 크고 능원 내에 배치된 석각 역시 당왕조의 웅장한 면모를 담고 있다(馬志軍, 張蘊, 「我國首次發掘唐代帝后合葬墓」, 『中國文物報』, 2000년 10월 25일).

6. 태조 이호李虎의 영강릉永康陵

이호(506~577)의 자는 위맹威猛이며 농서 성기隴西 成紀(지금 감숙성 진안) 사람으로 서량西凉 무소왕武昭王 이고李暠의 후손이며, 서위西魏 태위 이천석李天錫의 아들이며, 당고조 이연의 조부祖父이다. 『주서』 권16, 『북사』 序傳, 『구당서』 고조본기와 『신당서』 종실세계전의 기록에 의하면, 이호의 부친 이천석은 일찍이 북주의 농동隴東(지금 섬서성 농현 동남쪽) 태수를 역임했다. 이호는 어렸을 때부터 넉넉한 집안에서 좋은 교육을 받으며 성장했다. 어른이 되어 경사經史에 능통했으며, 유학에 밝고 지략을 겸비한 인물이 되었다. 이호는 서위의 진주 청수군淸水郡(지금 감숙성 청수) 태수를 역임했고 후에 태위, 대도독, 상서좌복야, 농우행대隴右行臺, 소사少師의 관직을 거쳐 농서군개국공에 봉해졌다. 우문태宇文泰(북주의 문제) 및 태보 이필李

弼, 대사마 독고신獨孤信 등과 함께 '주국대장군柱國大將軍'에 봉해져 당시 '8주국가八柱國家'에 속하여 최고의 영예를 누렸다. 북주 건덕 6년(577) 10월 8일, 이호는 경성의 자택에서 숨을 거두었는데 당시 72세였다. 처음에 장안에 매장했다. 북주가 개창되어 당국공唐國公에 봉해졌다. 대업 2년(606) 정월 18일 청수淸水로 이장했다. 당이 건국되어 무덕 원년 6월 22일(618년 7월 19일), 경황제景皇帝로 추존하고 묘호를 태조라고 했다. 또 그의 시신을 장안으로 옮겨 지금의 영강릉에 안장했다.

영강릉은 현재 섬서성 삼원현 능전향陵前鄕 석마도촌石馬道村 북쪽과 후가보촌侯家堡村 서남쪽 100m 지점에 있다. 송민구宋敏求의 『장안지』 권20의 기록에 근거하면, "당 경황제景皇帝의 영강릉永康陵은 (삼원)현 서북 18리에 있으며 … 봉내가 25리이다"고 되어 있다. 필원畢沅의 『관중승적도지關中勝迹圖志』 권8에서 "삼원현 북쪽 40리에 있다"고 되어 있다. 청말 증보판 『삼원현신지』 권1의 기록에 "현 북쪽 40리에 있다"고 한다. 현재 조사팀의 자료에 근거하면 '현 북쪽 40리'가 적합하다. 『장안지』에 기록된 '봉내 25리'는 처음 능원의 면적으로 추정된다. 현재 능원에는 봉토와 석각 몇 개만 남아있을 뿐 건축물, 담장, 궐루 등의 유적은 거의 사라지고 없다. 1992년 4월 20일, 섬서성이 제3차 중점문물보호단위로 지정했다.

영강릉의 형태와 규모에 대해 섬서성고고학연구소의 조사에 따르면, "영강릉의 형태는 '적토위릉積土爲陵'이며 진한이래 능침제도에 근거하여 조성한 것이다. 두 차례 이장을 거쳤으며 또 후대에 추봉追封했기 때문에 그 규모면에서 한계가 있다. 실제 제왕의 능묘와 비교할 수 없겠지만 능원의 규모, 석각의 형태와 수량은 상당히 뛰어났을 것으로 보인다. 특히 능묘 앞 신도 양측의 석각은 전대 왕조의 석각예술을 계승한 것으로 보인다(鞏啓明, 「당영강릉조사기」, 『文博』, 1998년 제5기)." 영강릉의 현재 봉토는 거의 원추형에 가깝고 주위 길이가 약 122m, 잔고가 8m에 이른다. 봉토퇴 주위 및 부근에는 소나무가 심어져 있다. 봉토 남쪽에 240여 m에 이르는 신도가 있

고, 그 양쪽으로 석상이 늘어서 있
다. 석상은 석주 1쌍, 독각수(천록)
1쌍, 석인 1쌍, 석사자 1쌍이 있다.

│석주│ 석주 1쌍은 신도 최남단
에 있는데 남쪽으로 석마도촌과
약 300m 떨어져 있으며 동서 대칭
을 이룬다. 동쪽에 위치한 석주는
땅으로 내려 앉아 있는데 석좌石座,
주신柱身, 주두柱頭 부분이 모두 분
리되어 있다. 석좌는 방형으로 길
이와 너비가 각각 1.10m, 높이가

217 영강릉(永康陵) 서쪽 석주 잔좌(殘座)

0.50m이다. 석좌 윗부분에는 2층의 원형기대圓形基臺를 조각했다. 하층의
직경은 1.10m이다. 상층 직경은 0.82m인데 그 중심부에 직경 0.30m, 깊이
0.12m의 원형장부의 홈을 뚫어 주신柱身을 고정했다. 석좌 아래 부분에 원
래 초석 두 개가 있었지만 지금은 남아 있지 않다. 주신은 8각형으로 되어
있고 잔고가 2.80m인데 중간의 능면棱面 너비는 0.90m이다. 주두의 높이
는 0.90m이고 네 부분으로 이루어져 있다. 최저층이 복련8릉반覆蓮八棱盤
으로 높이는 0.26m이고 8릉반 위에는 원구圓球 8개가 주위를 두르고 있는
데 높이가 0.16m이다. 원구 위에는 앙련반仰蓮盤으로 되어 있고 높이는
0.14m이다. 가장 꼭대기 부분은 원형보주圓形寶珠로 되어 있고 높이는
0.34m이다. 서쪽 석주는 석좌와 주신만 남아 있다. 석좌의 길이와 너비는
1.30m, 높이는 0.50m이다. 석좌 정면頂面은 2층의 원형으로 조각되어 있는
데 기좌는 이미 파괴되어 중간에 장부 홈만 남아 있다. 주신은 8각형이며
잔고가 2.20m인데 중간의 능면 너비가 0.25m이다. 주신에는 전각으로 '당
영강지묘唐永康之墓' 다섯 글자가 남아 있다.

| 독각수(獨角獸) | 독각수 (혹은 천록이라고 함) 1쌍은 석주 북쪽 29m 지점에 위치하며 동서로 마주보고 있는데 그 형태와 크기가 비슷하다. 동쪽 독각수는 이미 무너져 내려 사지가 떨어져 나가고 겨우 몸과 머리 부분만 남아 있으며

218 영강릉 신도 서쪽 독각수(獨角獸)

석좌 역시 부서졌다. 서쪽 독각수는 길이 2.80m, 너비 1.20m, 높이 0.50m 의 석좌 위에 배치되어 있다. 몸 길이는 2.60m, 흉관은 0.70m, 높이 2m이 며 왼쪽 다리와 꼬리가 떨어져 나갔고 머리 꼭대기에 있는 독각 역시 파손 되었다.

| 석마(石馬) | 석마는 2쌍인데 동쪽 두 마리는 남아 있고, 서쪽은 남아 있 지 않다. 동쪽 첫 번째 말은 독각수의 북쪽 28m 지점에 있다. 석마의 머리, 꼬리, 사지 부분은 모두 파손되었다. 말 길이는 1.90m, 흉관이 0.70m이다. 안복鞍袱, 안천鞍韉, 마등馬鐙의 장식을 모두 갖추고 있다. 석좌는 없고 초 석의 길이가 2.20m, 너비 1.40m, 높이 0.60m이다. 두 번째 말은 첫 번째 말 북쪽 28m 지점에 위치한다. 말의 머리와 다리 부분은 부서지고 몸체는 양 호하다. 말 길이는 1.85m, 높이 1.15m, 흉관은 0.65m이다. 안복, 안천, 앙 추鞅鞦는 완전하게 남아 있다. 석좌의 길이는 2m, 너비 1.15m, 높이 0.30m 이며 초석은 남아 있지 않다.

| 석인(石人) | 석인 1쌍은 두 번째 석마 북쪽 약 60m 지점에 있다. 석인은 석좌와 한 덩어리의 돌로 이루어져 있다. 동쪽 석인의 높이는 2.23m, 어깨

너비가 0.70m이다. 머리에는 고관高冠을 쓰고 있으며 소매가 넓은 긴 옷을 입고 있다. 앞부분이 둥근 신발을 신고 있으며 두 손은 검을 짚고 있다. 얼굴표정이 근엄한 무관의 형상이다. 발아래 석좌의 길이는 0.87m, 너비 0.47m, 두께 0.20m이다. 석좌는 초석과 상당히 견고하게 이어져 있다. 초석의 길이는 1.02m, 너비 0.54m이며 지면으로 드러난 부분의 높이가 0.21m이다. 동쪽 석인은 1960년에 서안비림박물관 석각실로 이전했다. 서쪽 석인상은 허리 아래 부분만 남아 있는데 그 형상은 검을 짚고 있는 무관의 모습이다.

| 석준사(石蹲獅) | 석준사石蹲獅 1쌍은 석인 북쪽 약 60m 지점에 위치한다. 동쪽 석사자는 이미 파손되어 겨우 몸체 부분만 남아 있다. 서쪽 석사자 높이는 2.05m이며 석판위에 웅크리고 앉아 있는 모습이다. 머리가 크고 넓은 입에 눈은 돌출되어 있고 치아를 드러내고 앞을 응시하고 있는데 앞발은 쭉 펴고 뒷발은 구부리고 있는 모습이다. 흉부가 튼튼하고 신비로운 자태를 드러내고 있는 조각기법은 초당시기 석각예술의 걸작으로 평가받는다.

영강릉의 배장묘 유무에 대해 지금까지 학계에서 많은 관심을 갖고 있다. 문물고고학팀의 조사에 따르면, 영강릉 봉내 25리 내에 해당하는 곳이 지금 삼원현 능전향의 초촌焦村, 흥륭興隆, 삼점三店과 능전촌 부근에 정왕 이수李壽, 이효동李孝同(이수의 아들), 이광업李廣業, 우지녕于志寧, 우대우于大犹, 우지미于知微, 장회락, 장회량, 우지방 등 12기의 묘가 있다고 한다. 그 중에 1973년 이수의 묘를 발굴했는데 그곳에서 묘지명이 출토되었다. 문헌에는 영강릉의 배장묘에 대한 기록이 없다. 이후 영강릉 주변의 묘지 발굴 및 고고학 조사를 통해 배장묘 연구를 기대해 본다.

| 회안 정왕 이수(淮安 靖王 李壽)의 묘 | 이수의 자는 신통神通이고 고조 이연의 종부제從父弟이다. 무덕 원년(618), 우익위대장군右翊衛大將軍에 임명

되고 영강군왕에 책봉되었다. 이후 회안군왕, 지절산동도위무대사持節山東
道慰撫大使가 되었다. 무덕 4년에 하북도행대, 상서좌복야에 임명되어 병사
2천명과 8백필의 말을 거느리고 낙주洛州에 주둔했다. 다음 해, 이세민을
따라 유흑달을 토벌하는데 참여하여 그 공로로 좌무위대장군에 임명되고
현과장군玄戈將軍에 제수되었다. 정관 원년(627), 개부의동삼사開府儀同三司
가 되고 봉읍 5백호를 받았다. 정관 4년 12월, 경성 연복리延福里 자택에서
세상을 떠났는데 향년 54세였다. 태종이 그에게 사공司公을 추증하고 시호
를 '정왕靖王'이라고 했다. 다음 해 12월 11일(632년 1월 8일), 옹주 삼원현의
만수원萬壽原에 장례지냈다. 정관 14년 태종이 조서를 내려 고조의 사당에
서 제사지내도록 했다.

이수의 묘는 섬서성 삼원현 능전향陵前鄕 초촌焦村에 위치한다. 1972년
묘 안에 물이 차서 천정이 무너져 내렸다. 지하의 유물을 보호하기 위해 섬
서성박물관과 섬서성문관회가 1973년 3월부터 8월까지 이수의 묘에 대한
발굴정리 작업을 마쳤다. 현재 남아있는 봉토는 불규칙한 원추형 모양으로
잔고가 8.40m이며 주변의 길이는 61.40m이고 항토축성이다. 봉토 남쪽에
석인 1개, 석양石羊 2쌍, 석호 1쌍, 석망주 1쌍이 배치되어 있다.

묘 지하 부분은 묘도를 따라 과동, 천정, 소감, 용도와 묘실 등으로 구성
되어 있으며 전체 길이는 44.40m이다. 경사진 묘도의 수평 길이는 16.80
m, 너비가 2.30m이다. 과동 4개는 길이가 1.80~2.60m, 너비 2m, 높이 2.46m
이다. 천정 5개(1개는 甬道에 있음)는 매장 후에 항토를 이용하여 전부 메웠
다. 소감 2개는 제4과동 동서 양벽에 위치하며 토동土洞으로 평면은 산형鏟
形이고 목문木門은 이미 부식되어 남아 있지 않다. 동쪽 소감 북면에 도용
이 놓여 있고, 남면에 화고火烤가 있고 지면에 2m² 정도 되는 칠피漆皮 1층
이 잔존한다. 칠피에는 회도관灰陶罐 6개가 놓여 있다. 서쪽 소감의 부장품
은 이미 도굴당하여 겨우 남립용男立俑 1개, 사이백자관四耳白瓷罐 1개가 남
아 있었을 뿐이다. 용도는 벽돌로 되어 있고, 석문石門으로 경계를 삼아 전

후前後 양단兩段으로 나누었다. 전단은 경사진 토면土面으로 길이는 4m, 너비가 1.86m, 높이가 2.30m이다. 후단은 방전方磚을 사용했는데 길이가 2.80m이고, 너비는 1.40m, 높이가 1.90m이다. 남쪽으로 석문과 0.40m 떨어진 지점에 벽돌로 쌓은 봉문封門 담장이 있다. 석문에는 주작, 대수면大獸面이 부조되어 있고, 선각으로 인동문과 동물문양이 그려져 있다. 석문 안에 귀형묘지龜形墓誌 1합合이 놓여 있다. 묘지의 길이는 1.66m, 너비 0.96m, 높이 0.64m이다. 그 형태는 짐승의 머리에 거북의 몸을 하고 있으며 네 다리는 장방형의 석좌에 기어가며 엎드려 있는 모습인데 본래 채색도금을 했을 것이다. 거북의 등은 지개誌蓋이고 정중앙에 양각의 전서篆書로 '대당고사공공상주국회안정왕묘지명大唐故司空公上柱國淮安靖王墓誌銘'의 16자가 있다. 지문은 정서正書 31행으로 행마다 37자가 들어 있는데 모두 1,071자가 된다. 이 지문은 현재 서안비림박물관에 소장되어 있다. 귀형묘지龜形墓誌는 당대에 흔하지 않다. 낙양에서 일찍이 출토된 북위의 『원현준묘지元顯儁墓誌』 역시 거북 모양으로 현재 남경박물원에 소장되어 있다.

묘실의 길이는 3.80m, 너비 3.95m이다. 네 벽은 벽돌을 포개어 쌓았고 아치형 토동정土洞頂은 발굴시에 무너져 내려 원래 높이는 현재 알 수 없다. 묘실 동쪽 부분은 벽돌을 깔았고 서쪽에는 석곽 하나가 놓여 있다. 석곽은 28개의 청석靑石으로 이루어졌는데 길이는 3.55m, 너비 1.85m, 높이가 2.20m이다. 석곽 외부에는 얕게 부조하여 채색 도금한 사신四神, 문무시종, 용과 봉황을 타고 있는 신선 그림이 있다. 내부 사방 벽면에는 음선陰線 조각의 악무시녀樂舞侍女, 남녀내시男女內侍, 성상星象 등의 선각화가 있고, 석곽기좌石槨基座의 사방에 12간지의 도안을 선각했다. 곽 내부에 안치한 목관은 부식되어 남아 있지 않다. 관곽 사이에 석회 덩어리와 방부제 등이 흩어져 있다. 곽 내부의 부장품으로는 구슬 몇 개가 남아 있을 뿐이다. 묘실 동남각東南角 및 귀형묘지龜形墓誌 뒤편에 커다란 도용陶俑이 놓여 있으나 묘지가 도굴당하여 심하게 파손된 상태다. 묘실 북쪽 양각兩角에 각각 소동경小銅鏡이 1개씩 있는데 벽사용辟邪用으로 설치한 것이다. 묘실 내에서 동완銅碗, 동경, 금장식류, 요주料珠, 깨진 유리병 등이 출토되었는데 원래 석곽 내부에 비치된 부장품이었던 것으로 추측된다. 용도 내에서 발견된 두 개의 도동盜洞과 석곽이 이미 파손되어 열려 있는 점에 근거해 볼 때 이 묘는 적어도 두 차례 정도 도굴당한 것으로 추정된다.

벽화는 묘도, 과동, 천정, 용도, 묘실 내에 분포되어 있다. 묘도 동서쪽 벽화는 상·하 두 층으로 나누어져 있는데 상층은 동서 대칭으로 비천과 수렵도가 있고, 하층에는 동서 대칭의 기마출행도騎馬出行圖가 있다. 과동 및 천정의 동서 벽면에는 보행의장대步行儀仗隊가 그려져 있으며 제4천정 동서 벽 하단에 각각 두 폭의 대형 극가戟架를 그려 놓았다. 제1에서 제4과동 및 용도의 남쪽 부분에는 궐루건축도闕樓建築圖가 그려져 있다. 제3천정의 기부基部에서 천정의 상부로부터 떨어져 내린 여러 조각의 벽화파편을 발견했는데 그 주제는 농경, 목축, 잡역 등에 관한 내용이다. 용도 입구 동서 벽 상단에는 손에 연꽃을 받쳐 든 비천도안飛天圖案이 있고, 그 하단에는 두 사람이 그려져 있다. 용도 중앙부 동서 벽에는 대칭으로 내시도內侍圖, 시녀도侍女圖가 있고, 정부頂部에는 대형 인동도안忍冬圖案이 있다. 뒷면 동쪽 부분에는 사원寺院, 전당殿堂, 쌍각雙閣, 사미沙彌, 도사道士, 여관女冠 및 마구馬廄, 초료고草料庫 등의 벽화가 있다. 묘실 북쪽 벽의 동쪽 면에는 정원庭院을 그렸는데 그 주제는 열극列戟, 악무樂舞, 시녀侍女 등이 있고, 남쪽 벽 하단(묘실 문 양측)에는 시녀도가 있다. 나머지 벽화는 내용을 알 수 없을 정도로 희미하다.

출토 유물은 도陶, 자瓷, 금金, 동銅, 철鐵, 옥류玉類, 유리 등 333건에 이른다. 그 중 채색 도금한 무사용武士俑, 진묘수鎭墓獸, 남의장용男儀仗俑, 여무용女舞俑, 기갑마무사용騎甲馬武士俑, 남기마고취용男騎馬鼓吹俑, 여시입용女侍立俑, 여기마용女騎馬俑, 채회첩금태마彩繪貼金䭾馬, 마구馬駒, 낙타, 돼지, 개 등 여러 가지 생활용품이 출토 되었다.

7. 세조 이병李昞의 흥령릉興寧陵

세조 이병(?~572)은 태조 이호의 아들이며 고조 이연의 부친이다. 『주서周書』와 『신·구당서』에 근거하면, 이병의 부친 이호의 관직은 위魏의 좌복야에 이르고 농서군왕에 봉해졌다. 주문제周文帝 우문태宇文泰 등 8명과 함께 '주국대장군柱國大將軍'에 봉해졌다. 주가 위로부터 선양의 방법으로 왕조를 계승하자 당국공唐國公이 되었다. 이호가 세상을 떠나자 이병이 그 작위를 세습했다. 『구당서』 고조본기에 의하면, "무덕武德 초에 원황제元皇帝로 추존하여 묘호는 세조, 능 명칭은 흥령興寧이라고 했다"고 한다. 『신·구당서』의 고조 이연의 기록에 근거하면, "주周 천화天和 원년(566)에 장안에서 태어났으며 7세에 당국공을 세습했다"고 한다. 이 기록을 근거하여 추정해 보면 이연의 나이 7세가 되는 해는 북주 무제 우문옹宇文邕 건덕 원년(572)이므로 이병은 아마 건덕 원년에 세상을 떠난 것으로 보인다. 즉 이병은 북주 말에 세상을 떠났으며 아직 수왕조의 통치에 진입하지 않은 상태이므로 그의 묘는 사실 주국공묘周國公墓에 해당하며 당대 제왕능묘에 속하지 않는다.

흥령릉은 섬서성 함양시 위성구渭城區 정양진正陽鎮 후배촌後排村의 북쪽 평원에 위치하며 함양시와 약 20km 떨어져 있다. 1956년 8월 6일 섬서성이 제1차 중점문물보호단위로 지정했다. 송민구宋敏求의 『장안지』 권12 기록에 "당세조 원황제 흥령릉은 함양 동쪽 35리 운향雲鄉에 위치하며 사방 5리이다"는 내용이 있는데, 이곳이 즉 현재 한가만향韓家灣鄉 이위촌怡魏村 정남 1.50km 지점이다. 이위촌의 명칭은 또 소성촌蕭城村이라고도 불리는데 그 까닭은 서한시기 장릉읍長陵邑이 이곳에 있었기 때문이다.

흥령릉은 당대 이전에 건축되었으며 당대 제왕능묘에 포함되지 않지만 그 규모와 형태 및 건축구조, 특히 능원내 석각군石刻群의 배치와 진열을 보면 당대 제왕능묘에 큰 영향을 주게 되었다는 것을 알 수 있다(賁安志, 「홍

219 홍령릉(興寧陵) 전경

220 홍령릉 잔존 봉토

녕릉석조예술」, 『美術』, 1984년 제4기).

홍령릉의 원래 능원 및 봉토에 대해 고증할 방법이 없다. 1980년대 조사기록에 의하면 잔총의 높이가 10m 정도였고, 저부 직경이 약 15m로 나타났다. 최근 조사에 따르면 잔고가 겨우 5m이고 직경은 3.50m이다. 봉토 남쪽에 원래 석각이 양쪽으로 있었다. 석각은 석주 1쌍, 석천록 石天祿 1쌍, 안마 鞍馬 2쌍, 석인 3쌍, 석준사石蹲獅 1쌍이 있다. 그 중에 석주와 석인은 일찍이 무너져 땅 속에 묻혀 버렸다. 나머지 석각의 상황은 다음과 같다.

| 석천록(石天祿) | 석천록(石麒麟이라고도 함)은 해치獬豸라고 부르며 속칭 독각수獨角獸라고도 하는데 선악을 식별하고 충신과 간신을 분별하며 시비곡직을 판단하는 전설의 짐승으로 알려져 있다. 『이물지異物志』의 기록에

해치는 "일각一角이
며 성품이 충성스럽
고, 인두人頭를 본
즉 정직하지 않으면
들이 받는다"고 한
다. 홍령릉의 독각
수 형상은 호랑이와
닮았으며 체구가 거
대하고 조각형태가

웅장하다. 신장 2.50m에 머리는 높이 쳐들고 있고 머리 부분에 독각이 조
각되어 있다. 건장한 체구에 가슴은 앞을 향해 곧게 펴고 있으며, 앞 다리
상부에 간단한 권운卷雲문양이 있다. 4족四足의 형태는 호랑이 발톱을 닮았
고 석좌石座와 서로 연결되어 있으며 꼬리는 내려뜨리고 있는 모습이다. 조
각기법은 매우 간결하고 소박하지만 영수靈獸의 위엄과 용맹을 잘 표현했
다. 독각수를 능원 앞에 세우게 된 의미는 그 충직함과 용맹스러움을 통해
능묘를 수호하려고 한 고대 중국인들의 사상을 담고 있다.

| 석안마(石鞍馬) | 석안마 2쌍은 동서로 마주보고 있다. 말 신장은 1.20m
인데 사지가 모두 훼손되었다. 머리에는 유륵攸勒을 쓰고 있고 몸에는 안복
鞍袱, 안천鞍韀, 앙추鞅鞦 등의 장식을 하고 있다. 조각기법은 고풍스럽고
소박한 멋을 담고 있다. 당릉의 석장마石仗馬는 대부분 홍령릉의 석안마石
鞍馬 조각에서 영향을 받아 그 기법이 비슷한데 다만 장식면에서 더욱 화려
하게 변화했다.

홍령릉의 명칭은 고조 이연이 당을 건국한 이후 그 부친을 추존한 것으
로 대당제국의 안녕과 번영을 기원하는 뜻에서 명명한 것으로 추정된다.
홍령릉은 북주 초기에 세워졌으나 당왕조 건립 이후 무덕 연간에 능묘의

222 홍령릉 신도 서쪽 석안마(石鞍馬)

석각이 추가 배치되어 그 풍격은 북주와 수왕조 시대 장인들의 조각기법을 담고 있다. 고종과 무측천의 건릉 능묘건축 이전에 당왕조의 능원건축제도는 아직 규정된 제도가 없었다. 때문에 능원 앞 석각의 주제 및 품류品類와 수량은 건릉 이후 제도가 수립되고 나서 등장하는 석각제재, 조형, 조각기법과는 다소 차이가 있다. 홍령릉의 석각들은 각자 독특한 풍격과 뛰어난 예술성을 담고 있으며 북주와 수왕조의 조각기법이 당대 능원 건축에 반영된 흔적을 살펴 볼 수 있는 중요한 자료를 제공해 준다.

223 홍령릉 석사(石獅)

부록 附錄

1. 당대 황제 연표

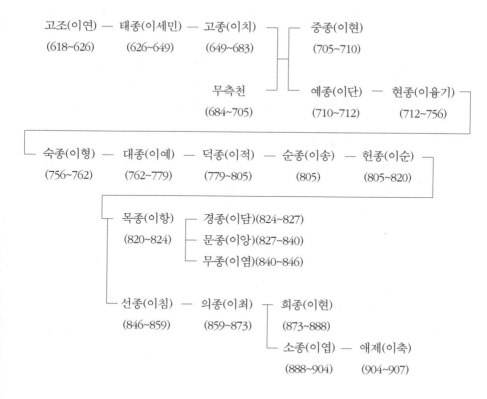

고조(이연) ─ 태종(이세민) ─ 고종(이치) ┐ ┌ 중종(이현)
(618~626)   (626~649)   (649~683) │ │ (705~710)
                                        │ │
                              무측천   │ └ 예종(이단) ─ 현종(이융기) ┐
                              (684~705) │   (710~712)   (712~756) │

숙종(이형) ─ 대종(이예) ─ 덕종(이적) ─ 순종(이송) ─ 헌종(이순) ┐
(756~762)   (762~779)   (779~805)   (805)   (805~820) │

          목종(이항) ┬ 경종(이담)(824~827)
          (820~824) ├ 문종(이앙)(827~840)
                    └ 무종(이염)(840~846)

          선종(이침) ─ 의종(이최) ┬ 희종(이현)
          (846~859)   (859~873) │ (873~888)
                                 └ 소종(이엽) ─ 애제(이축)
                                   (888~904)   (904~907)

2. 당대 황제의 묘호 · 성명 · 연호 · 시호 · 능명 일람표

廟號	姓名	年號	諡號	陵名
高祖	李淵	武德	大武皇帝, 神堯皇帝, 神堯大聖大光孝皇帝	獻陵
太宗	李世民	貞觀	文皇帝, 文武聖皇帝, 文武大聖大廣孝皇帝	昭陵
高宗	李治	永徽, 顯慶, 龍朔, 麟德, 乾封, 總章, 咸亨, 上元, 儀鳳, 調露, 永隆, 開耀, 永淳, 弘道	天皇大帝, 天皇大聖大弘孝皇帝	乾陵
武則天	武曌	光宅(祠聖, 文明), 垂拱, 永昌, 載初, 天授, 如意, 長壽, 延載, 證聖, 天册萬歲, 萬世登封, 萬世通天, 神功, 聖歷, 久視, 大足, 長安	則天大聖皇后, 大聖天后, 則天皇太后	乾陵
中宗	李顯	(祠聖), 神龍, 景龍	孝和皇帝, 大和大聖大昭孝皇帝	定陵
	李重茂	唐隆	(少帝)(溫王)	
睿宗	李旦	(文明)景雲, 太極, 延和	大聖眞皇帝, 玄眞大聖大昭孝皇帝	橋陵
玄宗	李隆基	先天, 開元, 天寶	明 · 至道大聖大明孝皇帝	泰陵
肅宗	李亨	至德, 乾元, 上元, 寶應	宣 · 文明武德大聖大宣孝皇帝	建陵
代宗	李豫	廣德, 永泰, 大歷	睿文孝皇帝	元陵
德宗	李適	建中, 興元, 貞元	神武孝皇帝	崇陵
順宗	李誦	永貞	至德弘道大聖大安孝皇帝	豊陵
憲宗	李純	元和	神聖章武孝皇帝, 昭文章武大聖至神孝皇帝	景陵
穆宗	李恒	長慶	睿聖文惠孝皇帝	光陵
敬宗	李湛	寶歷	睿武昭愍孝皇帝	莊陵
文宗	李昂	大和, 開成	元聖昭獻孝皇帝	章陵
廟號	姓名	年號	諡號	陵名
武宗	李炎	會昌	至道昭肅孝皇帝	端陵
宣宗	李忱	大中	聖武獻文孝皇帝, 元聖至明成 武獻文睿智章仁神聰懿道大孝皇帝	貞陵
懿宗	李漼	咸通	睿文昭聖恭惠孝皇帝	簡陵

僖宗	李儇	乾符, 廣明, 中和, 光啓, 文德	惠聖恭定孝皇帝	靖陵
昭宗	李曄	龍紀, 大順, 景福, 乾寧, 光化, 天復, 天祐	聖穆景文孝皇帝	和陵
哀帝	李柷	天祐	(哀帝) (昭宣帝) 昭宣光烈孝皇帝	溫陵

3. 당십팔릉(唐十八陵) 현황

능명	건립 연도	건축 구조	소재지	시기	능원 면적	현존 배장묘 수량	비고
獻陵	貞觀9年 (635)	堆土 成陵	三原縣 徐木原	初唐	10km	52基	『唐會要』등은 25基, 『長安志』는 23基를 기록하고 있는데 고고학 발굴조사 결과 총 52基로 나타남
昭陵	貞觀 10年 (636)	因山 爲陵	禮泉縣 東北 九嵕山 (海拔 1,224.9m)	初唐	60km	현재 194基가 확인됨	배장묘의 姓名, 身分 과 入葬時期를 알 수 있는 것은 73基임
乾陵	文明 元年 (684)	因山 爲陵	乾縣城 北梁山 (海拔 1,047.3m)	盛唐	40km	17基	『唐會要』에는 16基라 고 기록하고 있는데, 『文獻通考』에는 17基가 기록됨
定陵	景雲 元年 (710)	因山 爲陵	富平縣 城北 鳳凰山 (海拔 751m)	盛唐	20km	8基	『唐會要』에는 8基라 고 기록되어 있는데, 『文獻通考』에는 6基라고 되어 있음
橋陵	開元4年 (716)	因山 爲陵	蒲城縣 西北豊山 (海拔 734m)	盛唐	20km	8基	『唐會要』에는 8基 라고 되어 있는데 발굴조사 결과 15인으로 확인됨
泰陵	廣德 元年 (764)	因山 爲陵	蒲城縣 東北 金粟山 (海拔 852m)	中唐	38km	1基	『唐會要』에는 1基 라고 되어 있는데 『舊唐書』에는 元獻 皇后 楊氏를 泰陵에 合葬했다고 함

建陵	廣德 元年 (764)	因山 爲陵	禮泉縣城 북쪽 武將山 (海拔 783m)	中唐	20km	3基	『唐會要』는 郭子儀, 『新唐書』는 章敬皇后 와 李懷讓이 합장 되었다고 기록됨
元陵	大歷 14年 (779)	因山 爲陵	富平縣 서북쪽 檀山 (海拔 851m)	中唐	20km	無	『舊唐書』기록에 睿貞 皇后는 皇后의 옷으로써 능침 우측에 합장했다고 함
崇陵	永貞 元年 (805)	因山 爲陵	涇陽縣 서북쪽 嵯峨山 (海拔 955m)	中唐	20km	1基	『舊唐書』에 昭德皇后 王氏를 합장했다고 되어 있음
豊陵	元和 元年 (806)	因山 爲陵	富平縣 東北 金瓮山 (海拔 851m)	中唐	20km	1基	『新唐書』,『舊唐書』, 『通鑑』에 莊憲皇后 王氏를 배장했다고 기록됨
景陵	元和 15年 (820)	因山 爲陵	蒲城縣 東北 金熾山 (海拔 851m)	中唐	20km	2基	『新唐書』,『舊唐書』, 『唐會要』등에는 4基로 되어 있으나 현재 발견된 것은 2基임
光陵	長慶 4年 (824)	因山 爲陵	蒲城縣 東北 堯山 (海拔 972m)	中唐	20km	2基	『長安志』등은 2基라고 되어 있으나 현재 발견된 것은 1基임
莊陵	大和 元年 (827)	堆土 成陵	三原縣 東北 荊原	中唐	20km	1基	『唐會要』에 1基로 되어 있음. 원래는 封墳이 있었지만 현재 평지로 변함
章陵	開成 5年 (840)	因山 爲陵	富平縣 東西 天乳山 (海拔 783m)	中唐	20km	1基	『長安志』에 1基라고 되어 있음. 원래 봉토가 있었으나 현재 평지로 변함
端陵	會昌 6年 (845)	堆土 成陵	三原縣城 북쪽 徐木原	晚唐	20km	1基	『新唐書』后妃傳에 武賢妃 王氏가 端陵에 배장되었다고 기록됨
貞陵	咸通 元年 (860)	因山 爲陵	涇陽縣 西北 仲山 (海拔 1,003m)	晚唐	60km	1基	『文獻通考』에 1基라고 기록됨

簡陵	乾符元年 (875)	因山 爲陵	富平縣 紫金山 (海拔 889m)	晚唐	20km	無	
靖陵	文德元年 (888)	堆土 成陵	乾縣 鐵佛鎭 南陵村 東北	晚唐	20km	無	

4. 당십팔릉 기존 석각 위치와 현재 석각 분포 현황

능명	기존 석각 위치	현존 석각 위치
獻陵	四門 밖에 각각 石虎2 南門 밖에 石犀2, 華表2	현재 石虎4, 石犀2, 華表2(1殘). 그 중에 石虎, 石犀가 1개씩 西安碑林博物館으로 옮겨져 보존됨.
昭陵	陵山 北闕에 蕃酋像14尊이 설치됨. 東西 양측에 昭陵6駿이 설치됨. 后寨村 石獅 2개가 발견됨	陵山 北闕에 현재 蕃酋像 7개가 있음. 昭陵6駿 中 4駿은 西安碑林博物館에 보존됨. 2駿은 미국 펜실버니아대학 박물관에서 보존하고 있음. 石獅는 현재 西安碑林博物館에 보존됨.
乾陵	四門 밖에 각각 石獅 2개, 北門 밖에 仗馬 및 控馬人 각각 6개, 南門 밖에 蕃臣像 61개, 石碑 2개, 石人(翁仲) 20개, 仗馬 및 控馬人 各 10개, 鴕鳥 2개, 翼馬 2개, 華表 2개	현재 石獅5(西門1, 北門 殘存), 北門에 仗馬2(1개는 파손됨) 및 仗馬石人座1, 그 밖에 1方座가 있음. 南門 밖에 蕃臣像61尊 (모두 殘存), 石碑2, 石人 10쌍(3개는 殘存), 仗馬 및 馭衆7(3개는 殘存), 鴕鳥2, 翼馬2, 華表2. 그 밖에 石人座 2개가 있음.
定陵	蕃臣像과 述聖紀碑가 없는 것 외에 기타 乾陵과 같음	현재 石獅2(1개는 다리가 파손됨), 石人5(2개는 殘存)
橋陵	蕃臣像과 無字碑가 없는 것 외에 나머지는 定陵과 같음. 다른 점은 翼馬가 翼獸로 바뀌어져 있음	四門 石獅 모두 존재, 石人9쌍, 石馬5쌍 (殘存), 華表2(1개는 殘存), 鴕鳥2, 飛馬2, 北門6馬(殘存)
泰陵	蕃酋像 8尊이 있는 것 외에 나머지는 橋陵과 같음	四門 石獅6, 華表2(1개는 殘存), 飛馬2, 鴕鳥2, 石人9쌍, 石馬5 北門 6馬는 東列 3개가 보존됨
建陵	橋陵과 같음	四門 石獅 모두 남아 있음 華表1(넘어짐), 鴕鳥1, 石人10쌍, 石馬5쌍 北門 6馬 및 控馬人 모두 유실됨

元陵	橋陵과 같음	華表1(넘어짐), 石獅2쌍(殘存), 馬3쌍(殘), 石人1. 北門 6馬 및 控馬人 유실됨
崇陵	泰陵과 같음	四門 石獅 모두 존재. 華表2, 鴕鳥2, 飛馬2, 石立像 1存(身穿斗蓬) 石人9쌍(全殘), 石馬9(모두 殘存) 北門 6馬 皆佚, 控馬人3(殘存)
豊陵 景陵	橋陵과 같음 橋陵과 같음. 다른 점은 北門에 小石獅2쌍이 있음	石獅1, 華表1(殘存); 北門仗馬2 四門 石獅 모두 존재. 北門 6馬(殘存) 南門 華表 2存(東僕西裂), 飛馬2, 鴕鳥1, 石人5(3殘存), 仗馬9
光陵	橋陵과 같음	四門 石獅4存 北門 6馬(殘存) 南門 華表2(東僕西殘), 石人佚1, 그밖에 모두 殘存, 仗馬3, 飛馬2, 鴕鳥1(殘存)
庄陵	泰陵과 같음	西門 石獅6 南門 石人2存, 石馬2(모두 殘存), 仗馬3, 飛馬2, 鴕鳥1(殘存)
章陵	橋陵과 같음	石獅1, 華表1(殘存), 石人1(殘存), 仗馬1(殘存)
端陵	橋陵과 같음	四門 石獅3쌍이 있음. 石馬3, 華表1, 飛馬2(殘存), 鴕鳥1 (현재 西安碑林博物館) 仗馬6, 石人5(모두殘存)
貞陵	橋陵과 같음	華表2, 飛馬2, 鴕鳥1, 仗馬6(모두殘存), 石人2, 石獅8(1殘存), 北門 仗馬4
簡陵	景陵과 같음. 北門에 배치한 小石獅 4개가 다르다	四門 石獅5, 北門 小石獅3存, 仗馬2(殘存); 石人2(殘存), 飛馬2(현재 陝西歷史博物館)
靖陵	橋陵과 같음	華表2(모두 넘어짐), 翼馬1(殘存), 石人2(殘存), 仗馬3(1殘存), 石獅1(매우 심하게 부서진 상태)

5. 견릉 육십일존번신석상(현재 밝혀진 36人 석상) 현황

번호	명칭	관직 중앙관	관직 지방관	정식명칭	품계	소재지	관할행정 구역	현재 위치	건립 시기	석상 위치	문헌 기록
1	僕固 乙突	左威衛 大將軍	金微 都督	故左威衛大將軍僕固乙突	正三品	鐵勒 僕固部	安北 都護部	蒙古 肯特山一帶	死後 立像	東群 석상	『舊唐書·回紇傳』
2	葛塞匐	左衛 大將軍	燕然 都督	故左衛大將軍兼燕然大都督葛塞匐	正三品	回紇 多覽部	安北 都護部	蒙古 肯特山의 경계	死後 立像	東群 석상	『舊唐書』195
3	結襲闕 俟斤 傅某 賀咄	左威衛 大將軍	堅昆 都督	左威衛大將軍兼堅昆都督結襲闕俟斤傅某賀咄	正三品	堅昆部	安北 都護部	唐努山以北 葉尼塞河 上游	死後 石刻	東群 석상	『資治通鑑』199
4	阿史那 彌射	驃騎大 將軍行 左衛 大將軍	昆陵 都護	故大可汗驃騎大將軍行左衛大將軍兼昆陵都護阿史那彌射	正一品	西突闕 五咄陸部	北庭 都護部	以東, 天山以北 조항 巴爾喀什湖이내	死後 立像	西群 제1열에 서 가장 북쪽	『金石錄』24
5	阿史那 元慶	大將軍	昆陵 都護	十姓可汗阿史那元慶	正三品	上同	北庭 都護府	上同	死後立像	발굴 기대	『舊唐書』194
6	華姜 勤德	左威衛 將軍	鷹娑 都督	左威衛將軍鷹娑都護鼠尼施處華姜勤德	正四品	鼠尼施 鼠華部	北庭 新疆開都河 流域		不詳	발굴 기대	『唐會要』73

7	傍斯	右威衛將軍	浩山都督	故右威衛將軍兼浩山都督突騎施傍斯	正三品	突騎施, 阿利施部	北庭都護府	伊犁河流域	不詳	발굴 기대	『西域國志』10
8	護斯	左武衛將軍	雙河都督	故左武衛將軍兼雙河都督提腕施含護斯	正四品	提腕施, 含提腕部	北庭都護府	新疆博羅塔拉河流域, 府城은 지금 博樂縣城 서쪽	不詳	발굴 기대	『新唐書』『舊唐書』
9	盎路	左威衛大將軍	匐廷都督	故左威衛大將軍兼匐廷都督應木昆屈律啜阿史那盎路	正四品	突騎施五, 木昆部	北庭都護府	新疆昌吉回族, 回吸곳이다	不詳	발굴 기대	『新唐書』
10	阿史那忠節	無	鹽泊都督	右金吾衛大將軍兼十姓可汗鹽泊都督阿史那忠節	正四品	胡祿屋部	安西都護府	淮噶爾盆地北部, 瑪拉斯河一帶	不詳	西群 제5열 등제	『舊唐書·突厥傳』
11	昆職	右金吾衛大將軍	大漠都督	右金吾衛大將軍兼大漠都護三姓咽面葉護昆職	正三品	突騎施五等, 織俟部	北庭都護府	斯河, 斯河에서부터 巴爾喀什湖까지	不詳	발굴 기대	『新唐書·突厥傳』
12	斛瑟羅	平西軍大總管	蒙池都督	十姓可汗阿史那斛瑟羅	正三品	突騎五等, 失畢部	北庭都護府	冬季 額爾齊斯河	不詳	불명	上同
13	度悉波	右領軍將軍	千泉都督	右領軍將軍兼千泉都督俟斤阿悉吉度悉波	正三品	阿悉吉尼執部	北庭都護府	碎葉河(楚河), 明布拉克一帶	不詳	불명	上同

번호	이름	관직①	관직②	관직 전체	품계	부/지역	도호부	현재 위치	備考	立像	典據
14	那斯	右金吾衛將	俱蘭都督	故右金吾衛將軍兼俱蘭都督那斯	正三品	阿悉吉闕部	北庭都護府	舊蘇聯吉豆吉孜盧失沃伊一帶	東群 제5열 남쪽 쇄엽성	不詳	上同
15	藍羨	右衛將軍	頡利都督	故右衛將軍兼頡利都督侯斤阿悉吉	正三品	拔塞干部	北庭都護府	키르기즈이 古城址 碎葉河 등지	不詳	不詳	上同
16	安車鼻施	無	刺史	碎葉州刺史安車鼻施	正五品	碎葉地區	北庭都護府	楚河의 古城馬克附近의 托克馬克	不詳	死後立像	『신당서』, 『구당서』「돌궐전」
17	祉利	左武衛大將軍	大首領	故左武衛大將軍大首領十姓部落	正三品	十姓部落	北庭都護府	天山以北	기대	死後立像	『신당서』·「귀자전」
18	白素稽	右驍衛大將軍	龜茲都督	故右驍衛大將軍龜茲都督白素稽	正三品	龜茲國	安西都護府	新疆庫車	不詳	死後立像	上同
19	白回地耀微	右武衛將軍	龜茲都督	故右武衛將軍龜茲王白回地耀微	正三品	龜茲國	安西都護府	新疆庫車	不詳	死後立像	上同
20	阿力	無	龜茲大首領	龜茲大首領那利白阿力	正三品	龜茲國	安西都護府	新疆庫車	不詳	死後立像	上同
21	裵夷健密施	無	疎勒王	疎勒王裵夷健密施	正四品	疎勒部落	安西都護府	葱嶺附近	不詳	死後立像	『책부원귀』970

22	尉遲敬	無	于闐王	于闐王尉遲敬	正四品	于闐王	安西都護府	新疆 和田	692년 以後	西群 제2열 남쪽 첫번째	『冊府元龜』964
23	斯陀勒	無	國王	朱俱半國王斯陀勒	正四品	朱俱半國	安西都護府	新疆 葉城縣 車爾	발굴 기대	西群 제5열 남쪽 두번째	『舊唐書·朱俱般』
24	何伏帝延	無	城主	播仙城主何伏帝延	正四品	播仙鎭	安西都護府	新疆 且末縣 지역	발굴 기대	西群 제8열 남쪽 두번째	『沙州地誌』
25	泥涅師師	無	國王	康國王泥涅師師	正四品	康國	安西都護府	舊蘇聯 중앙아시아 지역 撒馬爾干	발굴 기대	西群 제5열 북쪽 첫번째	輔翮及 考古史料
26	石忽羅	無	王子	石國王子石忽羅	正四品	石國	安西都護府	烏茲別克首府 지역	발굴 기대	西群 제4열 북쪽 첫번째	上同
27	羯達健	無	王子	吐火羅王子特勒羯達健	正四品	吐火羅國	安西都護府	아프가니스탄 경내 북부	발굴 기대		
28	卑路斯	右驍衛大將軍	國王 都督	右驍衛大將軍兼波斯都督波斯王卑路斯	正四品	波斯國	安西都護府	이란 경내	발굴 기대		『新唐書·波斯傳』
29	南昧	無	大首領	波斯大首領南昧	正四品	波斯國	安西都護府	이란 경내	발굴 기대		上同
30	頡利發 (官名)	無	無	臨難·大首領可汗頡利發	無	不詳	不詳	不詳	無		上同

31	慕容諾曷鉢	無	國王	吐谷渾青海王駙馬都尉慕容諾曷鉢	正四品	吐谷渾	安西都護府	青海省 경내	발굴 기대
32	徒那鉢	無	國王	吐渾樂王徒那鉢	正四品	吐谷渾	安西都護府	青海省 경내	발굴 기대
33	贊婆	無	大酋長	吐蕃大酋長贊婆	正四品	吐蕃	安西都護府	青海省 경내	발굴 기대
34	悉囊熱	無	大論	吐蕃使大論悉囊熱	正四品	吐蕃	安西都護府	青海省 경내	발굴 기대
35	移力貪汗達干	無	達干	默啜使移力貪汗達干	正四品	吐蕃	安西都護府	青海省 경내	발굴 기대
36	葛邏嗔達干	無	達干	默啜使葛邏嗔達干	正四品	吐蕃	安西都護府	青海省 경내	발굴 기대

출전:
- 31: 『新唐書·吐蕃傳』
- 32: 『冊府元龜』979
- 34: 西群제 6열 남쪽 첫번째 『冊府元龜』970
- 36: 不詳

참고문헌 : 1. 陳國燦, 「唐乾陵石人像及其銜名的研究」, 『文物集刊』第2期, 1980年 9月.
2. 岑仲勉, 『隋唐史』, 1982年 5月.
3. 張鴻杰, 「乾陵 "六十一蕃臣像" 考迹」, 『渭南楂古』, 1996年 第3期.

6. 현재 확인된 소릉 배장묘 현황

	陪葬者 姓名	墓主의 身分	埋葬 時間	封土 形式	備考
皇室 宗親	長樂公主	太宗 제5녀, 長孫皇后 소생	貞觀17년(643)	覆斗形	
	彭城夫人	太宗 乳母	貞觀18년(644)	圓錐形	
	段簡璧	太宗 外甥女, 高密長公主 소생	永徽2년(651)	圓錐形	
	韋昭容	太宗昭容韋尼子	顯慶1년(656)	無封土	
	蘭陵公主	太宗 제12녀	顯慶4년(659)	圓錐形	駙馬 竇懷哲과 合葬
	新城公主	太宗 제21녀, 長孫皇后 소생	龍朔3년(663)	圓錐形	
	淸河公主	太宗 제11녀	麟德1년(664)	圓錐形	駙馬 程處亮과 合葬
	韋貴妃	太宗妃, 紀王 李愼의 生母	麟德2년(665)	依山爲墓	
	陸妃	紀王 李愼의 妃	乾封1년(666)	圓錐形	
	趙王 李福	太宗 제11자	咸亨1년(670)	圓錐形	
	遂安公主	太宗 제4녀	咸亨1년(670)	圓錐形	
	燕妃	太宗의 妃, 越王 李貞의 生母	咸亨2년(671)	圓錐形	
	城陽公主	太宗 제16녀	咸亨 年間	覆斗形	駙馬 薛瓘과 合葬
	臨川公主	太宗 第10녀, 韋貴妃 소생	永淳1년(682)	圓錐形	駙馬 周道務와 合葬
	越王 李貞	太宗 제8자	開元6년(718)	不詳	移葬
	李沖	낭야왕, 李貞의 長子	開元6년(718)	不詳	移葬
	李承乾	태종의 장자(廢太子) 恒山 愍王	開元26년(738)	圓錐形	移葬
	陰嬪	太宗妃		無封土	
	蔣王 李惲	太宗 제7자		圓錐形	妃 元氏와 合葬
文武 臣僚	溫彦博	中書令, 虞國公	貞觀11년(637)	圓錐形	
	楊恭仁	雍州牧	貞觀13년(639)	圓錐形	
	宇文士及	中書令, 郳國公	貞觀16년(642)	圓錐形	
	段志玄	左衛大將軍, 褒國公	貞觀16년(642)	圓錐形	
	魏征	侍中, 鄭國公	貞觀17년(643)	依山爲墓	俗칭 "魏陵"
	褚亮	弘文館學士, 散騎常侍	唐高宗 初年	圓錐形	
	王君愕	左武衛大將軍, 邢國公	貞觀19년(645)	圓錐形	
	薛頤	太史令	貞觀20년(646)	無封土	
	高士廉	尙書右僕射, 申國公	貞觀21년(647)	墓而不墳	
	李思摩	右武衛大將軍	貞觀21년(647)	冢象山形	夫人과 合葬
	房玄齡	尙書左僕射, 梁國公	貞觀22년(648)	圓錐形	
	孔穎達	國子祭酒, 曲阜縣公	貞觀22년(648)	圓錐形	
	馬周	中書令	貞觀22년(648)	圓錐形	

裵藝	贈晋州刺史, 順義公	貞觀22년(648)	圓錐形	
李靖	尙書右僕射, 衛國公	貞觀23년(649)	冢象山形	夫人과 合葬
豆盧寬	鎭軍大將軍, 芮國公	永徽1년(650)	圓錐形	
牛進達	左驍衛大將軍	永徽2년(651)	圓錐形	
薛收	天策府記室參軍	永徽6년(655)	圓錐形	
崔敦禮	太子少師, 中書令	顯慶1년(656)	圓錐形	
唐儉	禮部尙書, 莒國公	顯慶1년(656)	圓錐形	
執失善光	左監門將軍兼尙食供奉	開元10년(722)	不詳	執失思力의 조카
梁仁裕	左金吾大將軍	不詳	圓錐形	
張阿難	右監門將軍, 檢校内侍	咸亨2년(671)	圓錐形	
姜簡	左領軍衛將軍, 郕國公	永徽中	無封土	姜行本의 아들
段綸	段簡璧父, 駙馬	不詳	不詳	段簡璧 墓誌에 근거하여 추정
駱君墓				출토 華表에 '駱君 墓' 三字가 있음

기타	宮人①			無封土	無名
	宮人②	二品昭儀	永淳1년(682)	無封土	西宮二品 昭儀
	宮人③	三品婕妤	永昌1년(689)	無封土	宮人金氏, 亡尼
	宮人④		顯慶2년(657)	無封土	五品 亡宮
	宮人⑤	三品婕妤	麟德2년(665)	無封土	三品 亡尼
	宮人⑥			無封土	無名
	典燈宮人⑦		儀鳳2년(677)	無封土	無名
	宮人⑧		長安3년(703)	無封土	大周 三品 亡宮
	契苾夫人	契苾何力의 女	開元9년(721)	圓錐形	

주 : 1. 본 表는 昭陵博物館 張婉麗가 제공했음(2003년 5월 기준).
　 2. 墓主身分은 魏徵, 宇文士及을 제외하고 모두 묘지(墓誌)에 근거했으며 그 밖에 관련 문헌
　　 을 참조했음.

ㅈ